애환의 블루스에서
희망의 블루스로

애환의 블루스에서
희망의 블루스로

방송문화진흥회 엮음

미디어에 대한 시청자의 비판적 사고력과 능동적 이해력을 고양하고, 시민사회 전반의 미디어 리터러시 역량을 강화하기 위해 시작한 '좋은 방송을 위한 시민의 비평상'이 어느덧 25회째를 맞이했습니다.

방송문화진흥회는 시민의 비평상을 통해 전문가의 영역으로만 여겨졌던 방송 비평을 일반 시민의 영역으로 확대하고, 순수한 시청자의 시각에서 방송 프로그램을 비평할 수 있는 공론장을 열었다는 측면에서 큰 보람을 느끼고 있습니다. 각 방송사가 옴부즈맨 프로그램 등을 통해 시청자의 의견을 파악하고 있지만, 개별 프로그램에 대한 시민들의 깊이 있는 분석과 의견을 접할 수 있다는 점은 시민의 비평상만이 갖는 강점입니다.

올해 응모한 비평문들을 살펴보면 여전히 흥행한 드라마와 예능 프로그램을 주제로 삼은 작품이 다수를 차지했습니다. 그러나 전보다는 비평 대상 프로그램이 더 다양해졌고, 특히 시사 교양 프로그램을 비평한 수작들도 눈에 띄어 고무적입니다. 앞으로도 시청률이 높지 않아도 사회적·공익적 측면에서 의미 있었던 다양한 분야의 프로그램들을 발굴해 재조명하는 좋은 비평문이 많아지기를 희망합니다.

이번 당선작들을 보며 '관찰 예능'과 'MZ세대'라는 두 가지 키워드에 주목하게 됩니다. 이 키워드들과 연관된 비평문들에서 공통으로 발견되는 점은 일반인 출연자의 인격권에 대한 문제의식입니다. 예전에는 출연자가 대부분 전문 방송인들이었지만, 요즘에는 일반 시민들이 출연자는 물론이고 연출자 역할을 하기도 합니다. 사생활이 여과 없이 노출되는 관찰 예능이 대세가 되고 출연자의 나이도 어려지면서 초상권처럼 마땅히 보호받아야 할 시민의 권리가 침해되는 데 대한 날카로운 지적들이 있었습니다. 시청자의 눈으로 바라보지 않았다면 무심코 지나쳤을 부분을 예리하게 지적한 비평문들을 보면서 시민의 비평상의 취지를 다시금 되새기게 됩니다. 좋은 비평문으로 수상의 영광을 차지하신 수상자 여러분께 진심으로 축하의 말씀을 드립니다.

아울러 제25회 좋은 방송을 위한 시민의 비평상 공모전에 관심과 애정을 갖고 참여해 주신 모든 분에게 감사의 인사를 드립니다. 수상 여부에 관계없이, 진솔하고 정성 어린 비평문을 보내주신 시민 여러분 덕분에 미디어에 대한 시민주권 논의가 더욱 활성화될 수 있었다고 생각합니다.

또한 매년 공동 주최로 시민의 비평상에 큰 힘이 되어주시는 MBC 관계자분들과 심사를 맡아주신 김도인 심사위원장님과 심사위원님들, 수상집을 발간하는 데 도움을 주신 한울엠플러스(주) 관계자분들께도 감사의 말씀을 전합니다.

방송은 수용자인 시민 없이는 존재할 수 없습니다. 방송은 기본적으로 시민의 다양한 욕구에 부응하며 그들의 이익에 봉사해야 합니다. 시민은 단순히 방송을 소비하는 수동적 존재에 그치지 않고, 비평을 비롯한 다양한 참여를 통해 함께 방송을 만들어가는 주체이기도 합니다. 방송문화진흥회는 이러한 미디어 시민주권을 강화하고자 시민의 비평상을 비롯한 의미 있는 시청자 사업을 전개하고 있습니다. 시민 여러분의 변함없는 관심과 성원을 부탁드립니다. 감사합니다.

2022년 12월

방송문화진흥회 이사장 권태선

최근 몇 년간 K콘텐츠의 비상과 글로벌 위상은 놀라울 정도입니다. 아카데미 4관왕을 거둔 〈기생충〉과 에미상 6관왕의 〈오징어게임〉, 윤여정 선생님의 아카데미 여우조연상 수상, 음원 발표와 함께 빌보드 차트 1위가 낯설지 않은 BTS 등등, 10년 전만 해도 상상할 수 없던 일들이 벌어지고 있습니다.

특히 코로나19로 인해 전 세계적으로 침체된 분위기 속에서도 K콘텐츠는 오히려 비대면 디지털 네트워크를 통해 더 빠르게 글로벌 시장에 자리 잡고 있습니다. 이러한 콘텐츠의 급성장과 함께 따라줘야 하는 것이 비평이 아닐 수 없습니다. 비평은 이제 날아오른 K콘텐츠가 제대로 된 방향으로 가고 있는지, 그것이 이 시대에 글로벌 시장 속에서 어떤 가치와 의미가 있는지 들여다볼 수 있게 해주기 때문이죠.

올해 제25회 시민의 비평상 최종 심사에는 드라마부터 예능, 교양 프로그램까지 다양한 영역에 걸친 비평문들이 올라왔는데요, 다만 아쉬운 점은 일부 성공적인 몇몇 드라마와 예능 프로그램에 대한 다소간의 쏠림 현상을 보였다는 점입니다.

이렇게 된 데는 아무래도 최근 다양한 플랫폼들이 생겨나면서 콘텐츠들도 쏟아져 나오고 있지만, 그래서 오히려 크게 성공한 작품에 대한 주목도가 더 높아져 있기 때문일 것입니다. 눈에 띄는 성공작들의 빛에 가려 가치 있는 프로그램들이 잘 보이지 않는 현실이 됐는데요, 향후 시민의 비평상에 도전하는 분들이라면 이런 프로그램들을 재조명하고 재평가하는 그런 작업을 시도하는 것도 나쁘지 않은 선택이 되리라고 생각합니다.

이번 시민의 비평상에서 뚜렷하게 보이는 것은 전체적으로 비평의 수준이 높아졌다는 것입니다. 물론 감상문에 머문 글이 몇몇 있긴 했지만, 대체로 저마다의 관점으로 프로그램들의 가치는 물론이고 문제점들까지 날카롭게 짚어내는 글이 많았습니다. 그중에는 프로페셔널한 비평도 더러 있었고, 마치 논문처럼 다양한 참고문헌을 동원한 글들도 있었습니다.

하지만 심사위원들의 평가는 프로냐 아마추어냐 하는 문제나, 또 다양한 참고문헌을 동원하느냐 아니냐의 문제와 별개로, 비평문이 얼마나 참신한 관점을 지니는가와 또 일관된 메시지를 논리적으로 전개하고 있는가에 맞춰서 이뤄졌습니다. 이것은 시민의 비평상이 '논문'과도 다르고, 또 전문적인 비평만을 대상으로 하지 않기 때문입니다. 다소 거칠어도 분명한 논조와 시각을 가진 비평이라면, 그걸로 충분히 의미와 가치가 있다고 봤습니다.

방송은 대중의 일상에 맞닿아 있다는 특징이 있습니다. 그래서 방송 비평 역시 전문가들만의 전유물이라기보다는, 일반 대중이 함께 참여하는 영역이어야 방송 발전에도 더욱 도움이 될 것입니다. 바로 이런 점이 시민의 참여를 독려해 온 시민의 비평상이 가진 가치일 것입니다. 25년째 이 상을 이어온 방송문화진흥회와 MBC 관계자분들의 노고에 감사드리며, 앞으로도 이 상이 계속 이어지길 바랍니다.

2022년 12월

심사위원 일동

차례

애환의 블루스에서 희망의 블루스로[1]

이행선

파제: '블루스'로부터

〈우리들의 블루스〉는 파제(破題), 즉 제목의 뜻을 밝힐 때 드라마의 정체
도 열어 밝혀지기 시작한다. 〈우리들의 블루스〉는 음악 장르인 '블루스
(blues)'의 정신과 형식을 차용하고 있기 때문이다. 따라서, 블루스의 특
성을 토대로 드라마의 정신과 형식과 정서를 유추하고, 드라마를 해석하
고 평가해 보려고 한다.

---

1   〈우리들의 블루스〉(tvN 드라마, 2022.4.9~6.12, 20부작)에 관한 비평문.

어원: '블루스'와 〈우리들의 블루스〉

'블루스'는 노예해방 후 미국으로 넘어온 남부 흑인들의 음악이다. 블루스의 어원에 관한 설 중 하나는 블루스가 장례 때 슬픔을 표현하는 의식으로 옷을 '푸른색'으로 물들여 입던 그들의 관습에 기인한다는 설이다. 다른 설은 불안감 혹은 우울감을 뜻하는 '블루 데빌스(Blue Devils)'라는 말에서 온 것이라는 설이다. 특히 초기 블루스(country blues)에는 백인 경찰들의 폭압과 같은 사회적 부조리나 실연과 같은 개인적 고통이 드러났는데, 이로 인한 '슬픔'과 '절망', 그리고 이러한 때에도 잃지 않는 '유머'가 블루스에 흘렀다.

그리고 보면, 〈우리들의 블루스〉라는 제목에는 블루스 어원의 의미가 함축되어 있다. 남부의 '푸릉' 사람들은 '푸른색' 바다에 둘러싸여 쉼 없이 노동한다. '옥동(김혜자)'은 아들 '동석'을 굶기지 않으려고 첩이 되어 종살이하고, '춘희(고두심)'는 아들 '만수(김정환)' 가족을 위해 일하고, '영옥(한지민)'은 장애인 언니 '영희(정은혜)'를 위해 일하고, '인권(박지환)'과 '호식(최영준)'은 각각 아들 '현(배현성)'과 딸 '영주(노윤서)'를 육지 대학에 보내려고 일하고, '한수(차승원)'는 딸을 프로골퍼로 성공시키려고 일하고, '은희(이정은)' 역시 부모님과 남동생 때문에 일한다. 그런데 '푸른색' 바다는 마을 사람들을 살 수 있게 하는 한편, 목숨을 앗아가기도 하므로 그들에게 '불안감'과 '우울감'을 느끼게도 하며, 섬 안에 갇혀 있다는 '절망감'을 느끼게도 한다. 이렇게, '푸른색' 마을 사람들의 이야기에는 '슬픔'과 '절망'의 선율이 흐르며, 남부 흑인들의 블루스가 길거리와 시장과 술집에서 울려왔듯, '중앙시장'과 '영옥의 술집'에서 울려온다. 즉, 드라마의 제목에는 블루스의 두 가지 어원에 관한 이야기가 내포되어 있다.

형식: '블루스'와 〈우리들의 블루스〉

〈우리들의 블루스〉의 형식 역시 블루스의 형식과 관련해서 해석될 수 있다. 블루스에서 "노래의 절은 동일한 패턴을 따른다. 가수는 노래하면서 기타로 반주를 넣을 수 있는데 가끔씩 다른 화음이나 추가 비트를 첨가할 수 있다. 그래도 기본 패턴은 동일하게 유지된다. 그리고 가수도 가사 내용이나 자신의 개인적 감성을 표현하기 위해 선율선을 바꿀 수 있다".[2] "블루스 형식은 …… 주고받기 형식(Call and Response), 블루스 스케일을 이용한 여러 코드 진행, 두 박자 또는 네 박자의 12마디로 진행하는 블루스가 일반적이며 장조와 단조가 뚜렷하지 않다."[3] 〈우리들의 블루스〉는 블루스의 형식처럼 '동석'과 '영옥'의 에피소드가 저음부에서 연주되고, 다른 인물들의 에피소드가 그 이야기를 변형시키며 그들의 이야기를 함께 연주하면서 때로는 장조의 분위기를, 때로는 단조의 분위기를 자아낸다. 이렇게 드라마의 단편들은 블루스처럼 서로 화답하고 있으며, 그 화답송의 선율은 때로는 밝고 때로는 어둡다.

이렇듯 블루스의 형식은 엄격하면서도 유연하다. "블루스 창법의 핵심은 음정의 모호하고 미묘함, 장식의 억제와 일부러 집어넣는 계산된 틀린 음, 그리고 리듬의 자유로운 구사다. 이런 음악적 특징 덕분에 블루스는 딱딱하고 단순한 백그라운드에 대비되는 매우 유연하고 개성적인 보컬 스타일을 얻을 수 있었다."[4] 드라마 리뷰 영상 인터뷰에서 작가는 배우들에게 새로운 연기 기회를 주고 싶었다고 말했는데, 아닌 게

---

2 제레미 유드킨(Jeremy Yudkin), 『서양음악의 이해』, 민은기 외 옮김(시그마프레스, 2013), 270쪽.
3 위키백과, "블루스".
4 제레미 유드킨(Jeremy Yudkin), 『서양음악의 이해』, 270쪽.

아니라 배우 김혜자는 이 드라마에서 해본 적 없는 연기를 했다고 말했다. 이병헌을 비롯한 배우들의 연기도 그들이 출연한 다른 작품에서 볼 수 없는 것인 경우가 많았다. 그도 그럴 것이, 이 드라마는 각 캐릭터의 다양한 블루스로 이루어진 하나의 블루스인데, 그 블루스란 '푸릉'에서 형성된 삶의 형식이자 정신이자 정서이므로, 배우들은 사건이나 행동을 모방하기보다는, 형식과 정신이자 정서로서의 삶을 모방해야 했고, 그러다 보니 '개성적인 보컬 스타일'로 연기할 수 있었던 게 아닐까. "블루스는 형식이고, 동시에 사운드며, 또 동시에 정신이다"[5]라고 정의되듯, 그것을 차용한 〈우리들의 블루스〉 역시 형식이고, 동시에 서사이며, 또 동시에 정신이다.

옛것: '고향 드라마'

그런데 작가는 왜, 〈전원일기〉[6]나 〈대추나무 사랑걸렸네〉[7]와 같은 고향 드라마나 농촌 드라마가 떠오를 만한 이야기를, 새삼 새로운 방식으로 들려주는 것일까. 왜 〈전원일기〉 속 '복길(김지영)'과 '영남(남성진)'이 어른이 된 후의 고향 이야기를 들려주는 것일까. 이 두 드라마는 급격하게 산업화를 이룬 한국 사회에서 소외되어 가던 이야기를 담은 드라마다. 한편, 〈우리들의 블루스〉는 이 두 드라마가 담고 있는 이야기 위에, '푸릉'과 같은 곳에서 공동체적 삶을 살다가 1980년대 후반이나 1990년대 초

---

5   제레미 유드킨(Jeremy Yudkin), 『서양음악의 이해』, 270쪽.
6   MBC 드라마(1088부작), 1980.10.21~2002.12.29 방영.
7   KBS1 드라마(852부작), 1990.9.9~2007.10.10 방영.

반에 도시로 온 '한수'나 '미란'처럼 지금의 40대 후반에서 50대 초반 나이의 사람들이 신자유주의의 경쟁 체제 아래서 인간의 도구화와 기능화와 관계의 단절로 인해 경험하는 소외의 이야기를 얹은 드라마다. 그들에겐 '고향의 맛'[8]이 새삼 그립다. 〈전원일기〉가 종영한 지 20여 년이 지나 재방송되고, 3040세대를 비롯한 다양한 세대가 이 드라마를 많이 시청하는 현상, 그리고 이 드라마에 대한 감상문이나 이 현상을 분석한 칼럼들이 많이 생산되는 현상은, 우리가 공동체의 정(情)과 연대에서 느낄 수 있는 인간성을 그리워한다는 사실을 방증하는 것이 아닐까.

아닌 게 아니라, 드라마 제작발표회에서 한 기자가 드라마 배경으로 제주를 선택한 이유를 작가에게 묻자, 작가는 이웃끼리 모두 알고 관여하며 살아가는 제주 사람들의 삶에서 한국의 전통적 정서를 발견했으며 그러한 점에서 한국을 가장 잘 표현할 수 있는 곳이라고 생각했다고 답했다. 그리고 보면, 기존의 고향 드라마가 시청자에게 상기시키는 정서 역시 관계의 촘촘한 그물망 속에서 서로의 삶에 관여하는 한국적 정서였다. 〈우리들의 블루스〉는 우리 마음의 이러한 본향(本鄕)을 상기시킨다.

이러한 그리움을 〈우리들의 블루스〉는 해녀들의 팔에 새겨진 '일심(一心)'이라는 글자로 환기하는 한편, 그 정신을 선(線)과 돌(石)과 물(水)로 현현한다. 세 가지 요소의 물성은, 영화 〈기생충〉(2019, 봉준호 감독)과 대조함으로써 그 알레고리를 발견할 수 있다. 이 영화에서 오늘날 경제적 양극화와 고착화를 잘 드러내는 소재는 '선(線)'과 '돌(石)'과 '물(水)'이다. 우선, '동익(이선균)'은 운전기사인 '기택(송강호)'의 말이나 냄새를 두고 "선을 넘는다"라고 말하는데, 이는 '동익'의 의식에 사람 간

---

8   제일제당 '다시다' 광고 문구.

구별이 있음을 함축한다. 또, '민혁(박서준)'이 할아버지에게 받아 '기우(최우식)' 가족에게 선물한 '수석'은 외부의 힘이 작용하면 낙하할 뿐 부동(不動)의 성질을 지닌 것으로, 오늘날 빈부격차의 고착화를 상징한다. 한편, 쏟아지는 '빗물'은 '동익' 가족에게는 감상이나 놀이의 대상이 되지만, '기택' 가족에게는 생존을 위협하는 요소로 작용한다. 즉, 부동(不動)의 성질을 지닌 '돌'과 유동(流動)의 성질을 지닌 '물' 모두, 누군가에게는 무상성(無償性)에 관한 취미의 대상이지만, 다른 누군가에게는 더 비참한 처지로 이동하게 만들며 '기택' 가족이 해체되었던 것처럼 집단을 해체하는 장치로 작용한다.

선(線)과 돌(石)과 물(水)을 통해 〈기생충〉이 신자유주의 세계의 경쟁과 분열과 해체를 다루었다면, 〈우리들의 블루스〉는 그 극복을 다룬다. '푸릉' 사람들은 계층을 구분하지 않을 뿐만 아니라, 끊임없이 서로의 안녕을 묻고 개입함으로써 '선'을 넘는다. 그들은 누군가가 벽을 세우면 '일심(一心)'으로 그 벽을 허물고 개입한다. 또 '옥동'이 '춘희' 아들 '만수'가 크게 아프다는 소식을 들었을 때 돌에 소망을 담아 기도하는 모습에서 알 수 있듯이, 그들에게 '돌'은 무상성(無償性)에 관한 취미의 대상이 아니라 타인을 위한 소망을 전이하는 성물(聖物)이다. 그들은 '만수'나 '옥동'이 아팠을 때, 그리고 '은기(기소유)'가 100개의 달을 보며 기도하겠다고 했을 때 그러했던 것처럼, '푸릉'의 누군가가 고통에 처했을 때 그가 고통에서 구해지기를 '일심'으로 소망한다. 마지막으로, 그들에게 '물'은 해녀들이 그러하듯 '일심'으로 움직여야 살아남을 수 있는 곳이기에 공동체를 해체하게 하기보다는 통합하게 한다.

해녀들의 '일심(一心)', 그리고 첫 번째 에피소드인 동창회와 마지막 에피소드인 푸릉리와 오산리의 체육대회에서의 '푸릉' 사람들의 '일심'은, 서로를 구하며 살리는 마음이다. 마지막 회에서 다룬 체육대회의 마지막 장면은 높은 위치에서 촬영된 탓에, 운동장에 그려진 둥그런 원이 화면에서 전경(前景)의 이미지로 등장하는데, 이는 공동체의 원 밖으로 나가지 않는 그들 삶의 모습과 '일심'의 정신을 중심으로 원환적(圓環的)으로 살아가는 그들의 삶을 은유하는 이미지다. 많은 사람이 고립적인 방식으로 살아가는 오늘날, '푸릉' 사람들은 개인이 원자화되도록 두지 않는다. 그들은 어린이들, 임신한 청소년, 장애인, 남편과 자식을 잃고 모질게 일하는 노인, 첩살이하고 종살이하며 모진 삶을 살다가 암에 걸린 노인, 그 어머니 아래서 모진 삶을 함께 견딘 자식, 육지로 떠난 동료 모두를, '일심'으로 늘 염려하는 사람들이다. 이렇게 그들은 바로 이웃의 아픔을 자신의 아픔으로 전이시켜 노래하며, 위험하고 부조리한 사회에서 공동체를 이루며 살아갈 수 있는 미덕, 즉 '일심'을 노래한다. 그래서 그들의 노래는 '우리들의' 블루스인 것이다.

새것. '콤니버스' 드라마

앞에서 말했듯, 이 드라마의 특성은 에피소드들이 독립적이면서도 지속적으로 서로 화답하고 있다는 점이다. 드라마 리뷰 영상에서 작가의 말에 따르면, 작가는 새로운 형식을 시도해 보고자 했고 작가가 자료를 찾아본 한에서 이 드라마의 형식은 새롭다. 이전의 옴니버스 드라마들은 에피소드 중심으로 끝나지만 〈우리들의 블루스〉는 연속성을 가지고 있으며, 이 에피소드의 주인공이 저 에피소드에서는 조연이 된다. 따라서 시청자는 '동석'이 조연으로 출연하는 다른 에피소드를 보더라도 그의 서사를 궁금해하게 된다. 이러한 새로운 시도를 한 탓에 작가는 "기대하는 바도 염려하는 바도, 시청자가 이 형식을 어떻게 받아들일 것인지에 관한 것"이라고 했다.

그렇다면, 작가가 시도한 새로운 형식을 무엇이라고 부를 수 있을까. 만일 작가의 말대로 이전에 없던 형식이라면, 이 드라마의 장르는 새롭게 명명(命名)되어야 할 것이다. 이 드라마는 단편들을 모아 한 작품으로 만든 옴니버스(omnibus) 형식을 입고 있지만, 이 개념으로는 이 드라마 형식의 새로움을 드러낼 수 없다. 그래서 나는 '관여하다'라는 의미의 라틴어 '콤무니코(commúnǐco)'의 앞 글자를 라틴어 '옴니버스(omnibus)' 앞에 첨가해 '콤니버스(comnibus) 드라마'라는 이름을 떠올렸다. 이 드라마는 에피소드가 독립적이면서도 서로의 이야기에 관여하며 응답하고 있기 때문이다. 이를테면, '영옥과 정준' 편은 '영옥과 정준, 그리고 영희' 편으로부터, '동석과 옥동' 편은 '동석과 선아' 편으로부터 비로소 들여다볼 수 있게 된다.

그런데, 왜 작가는 기존에 추구했던 옴니버스 형식에 주연과 조연이 바뀌면서 에피소드들끼리 서로 화답하거나 서로의 일에 모두가 정도를 달리하며 관여하게 하는 새로운 형식을 실험했던 것일까. '푸릉' 사람들의 삶은 투명하고 상호적이며 밀접한 관계를 토대로 이루어져 있다. 그들은 이웃의 일에 적극적으로 참여하며 무언가를 선택하고 행동하는 데에 관여한다. 이를 깊이 관찰했다면, 그들의 진실한 이야기를 들려주고 보여주기 위해서는 필연적으로 이러한 형식을 취해야 했을 것이다.

아닌 게 아니라, 삶은 끊임없는 상호적 관여 속에서 형성된다. 삶은 내게만 해당하는 문제가 아니기에, 다른 사람의 삶 속에 내가 있고 내 삶 안에 다른 사람이 있다. 특히 그러한 상호 관여가 단절되지 않는 공동체에서는 특정인의 삶이 관심의 대상이 될 때가 있으며, 이는 순환한다.

제작발표회에서 한 기자가 이병헌에게 이 드라마에서만 할 수 있었던 연기 경험을 묻자, 그는 캐릭터들의 사연이 복잡다단한 층을 형성해 나가는 느낌을 받았으며 또 각자가 맡은 캐릭터로 '살고' 있는데 카메라만 돌면서 필요에 따라 특정 캐릭터를 클로즈업하는 느낌을 받았다고 했다. 이야말로, 삶의 핍진한 플롯이 아닐까. 실제로 '푸룽'과 같은 공동체에서 살아가다 보면 관계의 그물망은 촘촘히 짜여가고 그 과정에서 누군가에게 특별한 일이 생김으로써 당분간 그 누군가가 공동체 시야의 중심에 들어올 때가 있다. 그리고 그 누군가가 당분간 그 공동체 서사의 주인공이 된다. 이러한 사실을 생각하면, 작가는 내용과 형식에서 삶의 핍진성을 드러내기 위해 골몰했던 것이며, 이병헌의 고백은 드라마를 촬영하는 동안 했던 삶의 체험에 대한 고백이자 드라마가 성취한 리얼리티에 대한 고백인 것이다.

평가. 형식과 내용의 조화, 탁월한 착상과 성취된 목적

그러고 보면, 이 드라마의 내용은 이 형식이 아니고서는 온전히 전해질 수 없는 것이었다. 그렇다면, 작가가 새로운 형식을 실험하려고 '푸룽' 이야기를 다룬 것인지, 아니면 '푸룽' 이야기를 전하려고 새로운 형식을 고민한 것인지, 그 선후 관계가 궁금해진다. 이에 대해서는, 확실한 답이 내려지지 않는다. 이는 이 드라마가 내용과 형식의 완전한 조화를 실현했기 때문일 것이다. 이 이야기를 위해서는 이 형식이 아니면 안 되었으며, 이 형식을 위해서는 이 이야기가 아니면 안 되었다.

이렇게 완전한 조화를 이루며 이야기를 전하는 〈우리들의 블루스〉의 여운은, 내게 삶의 마디들을 떠올리게 한다. 서로의 슬픔과 절망에 응답하며 슬픔과 절망의 그물망을 함께 풀어내는 인물들은, 우리 역시 각자가 어딘가에 묶여 마음의 종살이를 하고 있지 않은지를, 물어온다.

내 마음의 최남단은 어디인지, 그 그물에는 누가 함께 얽혀 있는지, 다른 사람이 그물에 얽혀 종살이하고 있다면 그것으로부터 과연 나는 무관한지를, 물어온다. 내 마음속 블루스를 듣다가 문득, 묻는다. 다른 사람의 블루스가 들려오는지, 나를 향한 울부짖음일 수 있는 그 블루스에 응답할 것인지를, 묻는다. '종우(최병모)'에게 부당한 대접을 받는 '동석'을 보자 마음 안에 철철 흐르던 울음이 터진 '옥동'이 격렬하게 노래하는 단조 선율의 마디들, 죽음 앞에 있는 '옥동'에게 자신에게 미안함이 없느냐고 차마 목소리를 높이지는 못하고 '동석'이 조용히 따져 물으며 노래하는 단조 선율의 마디들, 체육대회에서 마을 사람들이 신나게 노래하는 장조 선율의 마디들은, 사람들과 함께 부르던 내 삶의 마디들을 떠올리게 한다.

이와 같은 감상은 드라마가 마지막 회에서 전한, '행복은 인간의 사명'이라는 메시지에도 함축되어 있다. 앞의 내용들을 고려하면, 아마도 이는, 그물망에 상처 입은 채 갇혀 있기보다는 나의 블루스를 부르고 다른 사람의 블루스를 들으며 관계의 그물망에서 살아갈 때 행복 역시 발견할 수 있을지 모른다는, 희망의 메시지일 것이다.

이러한 맥락에서 이 드라마의 제목을 다시 파제(破題)하면, 〈우리들의 블루스〉는 '소외에 대한 애환의 블루스이며 일심(一心)에 대한 희망의 블루스이자, 애환의 블루스에서 희망의 블루스로 넘어가는 초월적 블루스'라는 의미를 함축한다. 결국, 블루스의 형식과 정신에 '푸릉'의 삶을 담아냄으로써 잊힌 한국적 정서를 환기하되 그것을 새로운 옴니버스 형식으로 실험해 보겠다는 작가의 착상은 탁월했으며, 이를 통해 행복과 희망을 발견하게 하려 한 드라마의 목적 역시 성취되었다.

힐링보다 해방!

JTBC 드라마 〈나의 해방일지〉

━━━━━━━━━━━━━━━━━━━━━━━━━━ 김나연 ┘

한동안 한국 사회에서는 '힐링' 담론이 인기를 끌었다. 힐링 열풍 속에서 불멍, 물멍, 여행과 캠핑이 떴다. 힐링 열풍은 그만큼 피로하다는 비명이었다. 성과를 내기 위해 전력질주 해야 하는 경쟁사회에서 힐링은 자기 돌봄과 자기배려의 안간힘이었다. 그러나 힐링 문화는 성과 압력의 사회를 은밀히 지탱하고 유지하는 문화적 속임수가 아닐까? 여행이 끝나 일상으로 되돌아올 때 간혹 이유 모를 우울에 사로잡혔던 적이 한 번쯤 있을 것이다. 잠시 일상을 벗어나 저세상 풍경에 취한다고 해서 우리를 짓누르는 문제가 해결되지는 않기 때문이다. 크든 작든 비용 지불마저 요구하는 힐링 문화는 자본주의가 유혹하는 행복 산업이기도 하다. 어쩌면 우울은 현실에 대한 주체의 성숙한 반응인 것이다. 이러한 맥락에서 힐링보다 '해방'을 이야기하는 〈나의 해방일지〉(JTBC, 2022.4.9~2022.5.29, 16부작)는 참신하다. 더 이상 혁명이 일어나지 않을 것임을 잘 알지만,

'힐링'으로 삶을 속일 수 없기 때문이다.

〈나의 해방일지〉는 서울에 있는 직장에 출퇴근하기 위해 하루의 많은 시간을 써야 하는 3남매의 이야기다. 그러나 드라마 속 주인공인 3남매는 곧 우리 자신의 분신 자아이기도 하다. 우리들 다수는 3남매처럼 서울이라는 중심에서 떨어진 경기도 산포시, 즉 주변에서 살아가기 때문이다. 작중 창희의 "경기도는 노른자 서울을 감싸는 흰자"라는 자조처럼 주변부에서 살아간다는 것은 중심을 선망하고 그곳으로부터 멀리 떨어진 자신의 위치를 의식하면서 자기혐오에 사로잡히기 쉬움을 의미한다. 언제나 침울하거나 혹은 화가 나 있는 3남매처럼, 사회적 주변인들은 자기비하, 질투, 짜증 같은 부정적인 감정 경험에 노출되기 쉽다. 경기도민의 위치는 모호해서 수도권 바깥의 다른 지역들처럼 '로컬'을 자처하며 독자적인 삶의 양식을 계발하기도 어렵다.

사회적 주변인들은 들러붙어 자신을 사로잡는 불유쾌한 감정을 어떻게 떼어낼 수 있을까? 절치부심해 중심으로 진입하는 것이 사회적 주변인들이 취할 수 있는 한 가지 방법이 될지도 모른다. 자수성가한 사람들의 이야기를 복음성가처럼 되뇌며 행복한 사람이 되기 위해 자기계발에 매진하는 것이다. 그러나 근면과 성실로 계급이동을 할 수 있는 시대는 이미 저물었다. "젊은이여, 야망을 가져라"라는 말이 무색하게, 20대 젊은이들마저 탁월한 삶을 꿈꾸기는커녕 9급 공무원이 되어 최저 낙원에서 살아가기를 소망한다. 그렇다고 그나마 가진 것들을 훌훌 내던지고 귀농자나 자연인 대열에 합류하기도 어렵다. 헤아릴 수 없이 많은 시간 동안, 두고 온 세상을 향한 그리움이나 낙오의 고독과 싸워야 할지 모르는 것이다.

우리가 행복한 사람이 되기 위한 방안은 무엇일까? 선망과 동경을 품고 중심에 가까이 가려는 분투 대신에 우리의 취약성을 상호 환대하는 것은, 점차로 소수자화하고 있는 우리의 자기해방을 위한 대안이 될 수 있지 않을까? 우리가 서로를 추앙한다면 우리를 교체 가능한 존재로 취급하며 상처를 안겨주는 세상으로부터 상처 입은 마음이 조금은 치유되지 않을까? 3남매 중 막내인 미정은 환대의 혁명적 힘을 보여주는 인물이다. 대기업 카드 회사의 계약직 사원인 미정은 마을의 이방인이자 알코올중독자인 '구씨'에게 자신을 추앙하라고 명령한다. 자신은 단 한 번도 채워진 적이 없다며 바닥이 드러난 저수지에 물을 길어 붓듯이 가득 채우라고 말한다. '추앙'은 미정처럼 '갑을사회'에서 아래쪽에 위치하고 있지만, 기성 사회에 복종하고 생존을 위한 교활한 기술을 배우기 거부하는 사람들을 위한 자기돌봄의 기술이다. 그녀의 예언처럼 이야기의 끝에 이르면 미정과 구씨는 비록 드라마틱하게는 아니지만 조금은 행복을 느끼며 일상을 살아갈 수 있게 된다.

'에로스의 종말'이 선언되는 시대인 탓에 〈나의 해방일지〉는 다소 당혹스러움을 안겨준다. 미정은 여왕처럼 위엄에 차서 자신을 추앙하라고 명령하지만 그것은 기실 '구씨'를 구원하겠다는 선언처럼 읽힌다. 비록 절제미를 잃지 않는 알코올중독자이지만, 구씨는 치명적인 기억의 무게를 감당하지 못해 정처 없이 어디론가 떠내려가고 있는 듯 위태로워 보인다. 이렇듯 정체를 알 수 없는 남자를 사랑하겠다는 미정이 성모 마리아 콤플렉스에 빠진 것은 아닌지 의혹조차 든다. 미정이 구씨의 외진 집에 드나들 때 어떤 여성 시청자들은 불안한 예감으로 긴장했다고 고백하기도 한다. 남자와 여자가 함께 있는 장면은 화해롭기보다는 불안한 감정을 촉발시킬 만큼 젠더 전쟁이 깊어진 시대인 것이다. 그러나 미정은 결코 훼손된 남자를 구원하겠다며 자신을 천사로 착각하는 순진한 소녀가 아니다. 미정은 사랑이 우리를 치유하고 들어 올리는 마법적 경험이 될 수 있음을 설득하지만, 자신을 향한 추앙부터 요구하는 사랑

계약의 주체이기 때문이다.

왜 사랑이 아니고 '추앙'이어야 할까? 에리히 프롬은 『사랑의 기술』에서 사랑은 결코 빠지는 것이 아니라 능동적인 활동이라고 하면서 대상에 대한 배려, 책임, 존중, 지식의 기술을 이야기한다. 에리히 프롬이 지적하듯이 사랑은 구매욕과 상호 유리한 교환이라는 관념에 근거해 있는 우리의 전체적인 문화로부터 자유롭지 않다. 사랑은 사실상 남자의 권력과 여자의 아름다움이 교환되는 거래 문화의 일부다. 따라서 사랑을 하는 남녀는 서로에게 자신에게 없는 것을 요구하며, 사랑과 착취를 혼동한다. 남녀의 권력관계가 비대칭적인 사회에서 사랑의 기술을 익혀야 하는 쪽은 여성이 되기 쉽다. 여성은 사랑의 기술(art)로 경쟁사회에서 영혼이 마모된 남성을 치유하고, 남성이 사회적 과업을 달성할 수 있도록 감정노동의 제공을 강요당하기도 한다. 사랑은 여성의 희생과 복종을 요구하는 지배의 언어인 것이다. 바로 이러한 점으로 인해 20~30대 젊은 여성들 사이에서는 '탈로맨스', '비혼'이 선언되기도 한다.

그러나 〈나의 해방일지〉는 사랑의 환상을 이야기하기보다 사랑의 혁명을 이야기하는 전위적인 텍스트다. 돈을 갚지 않는 애인 때문에 신용불량자가 될 위기에 처한 미정은 구씨에게 자신을 추앙하라고 명령함으로써 사랑의 기술을 가르친다. 사랑은 상대에 대한 나르시시즘적인 착취가 아니라 그 대상의 생명과 성장에 대한 능동적인 관심임을 일깨우듯이 먼저 자신을 추앙하라고 요구한다. 미정의 오빠인 창희의 사랑 서사는, 사랑은 상대방의 지금까지 살아온 삶에 대한 무조건적인 인정에서 시작되어야 함을 암시한다. 창희가 사랑하는 지현아는 성적으로 무절제한 삶을 살아온, 자유로운 영혼의 소유자라는 점에서 여성의 성에 대한 급진적인 상상력을 보여준다. 또한 그간 손해 보지 않겠다는 각오로 사랑에 임해온 기정은 결혼 상대로는 최악의 조건을 가진, 애 딸린 이혼남이자 미혼의 누나들과 살아가는 조태훈을 사랑하기로 결단한다. 마치 부동산을 구매하듯이 상대를 고른다면 사랑이 영혼을 들어 올리는 구원이 되지 못한다는 것을 알기 때문이다.

해방으로서의 사랑 서사는 우리 시대의 곤궁함을 비추어주기조차 한다. 오욕의 먼지를 뒤집어쓴 사랑을 다시 불러와 새롭게 이야기해야 할 만큼 희망을 찾기 어려운 현실이다. 경쟁사회의 말단에 위치한 미정의 이야기는, 정의나 연대 같은 사회적 가치가 무너진 사회에서 개인이 기댈 수 있는 유일한 인식처가 사랑임을 보여준다. 미정의 일터는 신분 사회와 다를 바 없고, 그곳에서 계약직 사원인 미정은 존엄한 인간이 아니라 언제든 교체 가능한 물건처럼 그 존재가 하찮다. 직장 상사의, 직급에 근거한 무시나 혐오와 달리 미정은 사내 디자인 공모대회에서 1등 상을 받을 만큼 탁월한 미적감각의 소유자다. 그러나 미정은 동기이지만 정규직인 동료와 유부남 직장 상사의 불륜 사건에 휘말리면서 정규직으로 전환되지 못하고 회사를 나오게 된다. 미정의 '노오력'과 능력(재능)은 미정을 무시당하는 계약직이 아니라 당당한 정규직으로 만들어 주지 못한다.

미정이 억울한 사건에 휘말려 위기에 처하자 시청자 게시판에서는 우려와 희망의 말이 오갔다. 누군가는 미정이 속한 사내 동아리 '해방클럽'의 일원인 조태진이 회사 법무팀 소속이라는 점을 들어 동아리 사람들이 그녀를 구원해 줄 것이라고 예측했다. 그러나 기대와 불안 속에서 일주일의 시간이 흘러 다시 만난 미정은 회사에서 '떨려났고', 새롭게 이직한 회사에서는 더 이상 디자인 업무를 담당하지 않았다. 새 회사에서 단순노동에 가까운 업무를 담당하지만 다행히도 미정은 밝고 활기차 보였다. 비록 대기업이 아닌 중소기업이지만 미정은 자신이 맡은 업무의 명쾌함과 작은 회사 특유의 느슨함에서 편안함을 느끼는 것으로 보였다. 그러나 미정이 타고난 미감을 가진 디자이너라는 사실을 알고 있는 시청자로서는 적잖은 고통을 느낄 수밖에 없다. 미정은 생활을 지키기 위해서 꿈을 버리고 재능을 썩혀야 했던 것이다.

　아마도 대중에게 환상을 주입하는 일을 제 역할이라고 여기는 작가라면, 미정을 정규직으로 승진시키고 불륜 남녀를 퇴사시킴으로써 시청자의 사회와 세상에 대한 의혹을 무마하고자 했을 것이다. 만약 막장이 전문인 작가라면 스펙터클한 복수의 서사를 통해 우리의 억압된 공격욕을 충족시키면서, 보복을 원한다면 능력부터 기르라고 설득했을 것이다. 막장 드라마는 사실상 능력주의에 기초해 있다. 그러나 박해영 작가는 이와 같은 드라마의 익숙한 관습 혹은 문법을 거절한다. 작가가 지독히도 비판적이고 냉소적인 사람이라고 몰아세울 수는 없다. 직장 내 갑질에 관한 뉴스들은, 세상이 우리가 짐작하는 것 이상으로 나빠지고 있음을 보여준다. 바야흐로 능력주의를 내세운 무한 경쟁이 이루어지고 있다. 국가는 각종 탈규제와 유연화 정책들을 통해 개인을 경쟁적 시장에 던져두고 있다. 그러나 능력주의는 사회에 이미 존재하는 차별을 은폐하고 또 유지하는 이데올로기에 불과하다. 따라서 더 이상 자기계발의 모범적 주체가 된다는 것도 순진하고 어리석은 일이다.

　〈나의 해방일지〉는 지극히 보수적인 사랑의 환상이 아니라 오히려 그것에 균열을 내는 급진적인 서사다. 그것은 점차로 이방인, 난민, 소수자화되고 있는 우리에 대한 환대의 윤리로서 사랑을 이야기한다. 추앙으로서의 사랑은 인간으로서 대접받거나 존중받지 못했고, 그로 인해 외롭고 아팠던 우리에 대한 이해와 연대의 윤리다. 다시 경기도민의 이야기로 돌아가 보자면, 주변인들은 지배 질서에 묶여 사회에 대한 인정 욕망과 정서적 애착을 떨치기 힘들다. 주변인으로 살아가는 것은 슬픔, 무기력, 우울, 자기혐오, 공허 같은 감정들에 사로잡혀 자신을 갉아먹는 경험과 다르지 않다. 〈나의 해방일지〉는 이처럼 위태로운 주변인들에게 세상을 바꿀 수는 없지만, 우리가 서로를 환대한다면 삶은 견딜 수 있는 것이 되리라고 말한다. 앞서 말했듯이 〈나의 해방일지〉는 자기나 사랑에 대한 환상화 기획이 아니다. 힐링을 통한 자기돌봄이 아니라 상호돌봄을 이야기한다는 점에서 〈나의 해방일지〉는 건강하고 그 대안은 지극히 현실적이기도 하다. 너와 내가 서로를 환대한다면 어느새 세상이 변할 수도 있다는 낙관이 지금은 더욱 필요한 때인 것이다.

조각난 화음들의 모자이크

tvN 〈우리들의 블루스〉가 발산하는 삶의 빛깔에 대한 소고

최윤경

0. 프롤로그(prologue)

〈우리들의 블루스〉(2022.4.9~2022.6.12)는 한국 드라마에서 독특한 위치를 점한다. 단일한 장르에 국한되지 않으며, 드라마를 관통하는 서사도, 주인공도 부재하기 때문이다. 중심인물이 바뀌며 진행되는 개별 이야기들의 조합은 '옴니버스'라는 형식으로 소개되었는데, 이 또한 각각의 이야기가 독립적·순차적으로 진행되는 것이 아니기에 전형적이라고는 볼수 없다. 오히려 가상의 '제주 푸릉리'에서 일어나는 얽히고설킨 인물들의 관계가 전체를 이루는 이 드라마는 블루스 특유의 '부름과 응답(call and respond)'으로 화음을 증폭시켜 희로애락으로 구축된 모자이크를 만들어낸다. 그 내부에서 맞닿은 소리의 조각들은 빛을 받아 수많은 빛깔을 발산하면서 시청자의 사유와 정서에 잔잔한 파동을 일으킨다. 이 노래는 한때 파열되었던 화음들이 모자이크 되어 뿜어내는 빛의 아우성, 즉 삶에 대한 찬가다.

1. 깨진 화음들, 마주하다

총 20부작으로 구성된 〈우리들의 블루스〉에는 15인의 이름을 둘에서 최대 넷으로 짝지은 제목이 매회 한 장면으로 삽입된다. 그런데 이 표제는 진행될 내용의 주요 인물에 관한 정보 제공 역할을 하는 동시에 시청자의 예상을 비껴가 사유를 촉발하는 계기가 되기도 한다. 첫 회를 살펴보자. 드라마의 처음은 새벽녘의 정준(김우빈)이다. 그는 주거 공간으로 개조한 버스 안에서 등대를 바라보며 양치질을 한다. 다음은 잠들어 있는 영옥(한지민)과 듣고 있는 노래를 흥얼거리며 주먹밥을 만드는 은희(이정은)다. 그 주먹밥 하나는 출근길 텅 빈 도로에서 마주친 정준에게 전해지고, 이어지는 화면에는 항구에서 얼음을 나르는 호식(최영준)의 아침 일과가 그려진다. 경매장에서 어물을 떼러 다시 만난 은희와 정준. 그 뒤 카메라는 자리를 옮겨 시장을 비춘다. 여기서의 은희, 정준, 호식의 움직임은 활기찬 개장 풍경의 일부다.

영옥은 어디에 있을까? 해녀들의 이동을 담당하는 그녀는 그날도 늦어 혜자(박지아)의 꾸중을 듣고 배를 탄다. 삼촌(제주도에서 남녀 구별 없이 어르신을 친근하게 부르는 호칭)들에게 멀미약을 건네며 애교를 떨지만 "바다에서 귀찮게 붙지 말라"는 혜자의 핀잔만이 돌아올 뿐이다. 신경 쓰지 말고 상군 해녀 춘희(고두심)에게 붙으라고 조언하는 막내 해녀 달(조혜정). 그 와중에 영옥은 선장인 정준에게 윙크하고 밥 먹었냐는 손짓까지 하다 근처에서 항해하고 있는 배 선장(윤병희)에게도 눈짓, 손짓으로 친밀감을 표한다. 춘희에게 "여시 같은 년", "하는 말마다 거짓말 같은 육지 것"을 내쫓으라는 혜자. 정준은 동생 기준(백승도)에게 만약시의 자신과 영옥의 교제에 대한 의견을 묻는데, 기준은 단번에 영옥을 "헤프다"라고 반대한다. 이윽고 물에 들어갈 시간. 영옥은 휴대폰을 비닐에 싸 테왁(해녀가 물질할 때 몸을 뜨게 하는 공 모양의 기구)에 끼운다. 여태껏 말이 없던 춘희는 바닷속에서 자신에게 다가오는 영옥에게 팔을 휘저어 가라는 의사를 보인다. 어리둥절하던 영옥은 곧 다른 지점에서 전복을 캐고, 바쁜 은희는 손님과 값을 흥정하는 데 신경이 곤두서 있다. 이렇게 10여 분의 오프닝 시퀀스가 끝난 뒤 화면을 채우는 자막은 '한수(차승원)와 은희1'이다.

초입에 언급조차 되지 않았던 '한수'라는 이름은 시청자의 호기심을 일으켜 사고의 전환을 매개하는 경계선이기도 하다. 마찬가지로, 시청자의 기억 속에 잠재된 오프닝의 이야기 중 하나는 4회 '영옥과 정준1'로 생성되지만, 여기서의 처음은 선아(신민아)다. 아침부터 남편과 충돌하는 그녀는 일어나는 것조차 버거운 우울증 환자로 묘사된다. 선아는 6회와 9회에서 동석과 짝을 이뤄 극의 중심인물이 되는데, 6회의 오프닝은 고등학생인 영주(노윤서)와 현(배현성)이 아이를 낳기로 결심하는 장면으로 시작해, 길에서 이를 목격한 은희의 염려 섞인 혼잣말을 통해 둘의 아빠가 언급되는 것으로 끝난다. 9회의 시작은 그 아버지들, 호식과 인권(박지환)이다. 과거에 의도치 않게 서로에게 상처를 줘 앙숙이 되었던 둘은 아이들의 무사(無事)를 위해 사과하고 용서함으로써 서로를 사돈으로 인정한다. 이처럼, 극의 오프닝과 중심인물이 연결되지 않는 형식의 반복은 '내'가 중심이 되는 세계가 제각각 중심이 되는 다른 세계들과 공존하는 것임을 함의한다. 드라마가 지칭하는 '우리들'은 동등한 개별 세계의 집합으로서 단일한 것이다. 그러므로 여기에는 주인공이 없다.

　본편에서도 이러한 흐름은 유지된다. 중심인물의 이야기는 그 인물의 중심 사건과 무관한 다중의 이야기를 포함하며, 1회 오프닝의 일부가 4회 '영옥과 정준1'로 생성된 것처럼 이후에 생성될 이야기가 잠재되어 있을 뿐 아니라 잠재되었던 것이 이번 편에서 생성되기도 한다. 4회를 이어서 보자면, 이는 연애를 시작하는 남녀의 사랑 이야기다. 하지만 1회 오프닝에서 제기되었던 영옥에 대한 해녀들의 불만이 행동으로 분출되는가 하면, 영주와 현, 호식과 인권의 이야기가 파편처럼 삽입된다. 임신 테스트기를 사려다 상점에서 인권과 마주쳐 실패하는 상황, 인권이 "현은 영주의 꼬붕"이라는 학생들의 말에 분노할 때 마침 등장한 호식과 다투는 전개는 잠재된 이야기로서 잠시 잊혔다가 5회 '영주와 현', 7~8회 '인권과 호식', 6회와 9회의 오프닝에서 다시 떠오른다. 사실, 이 넷의 관계는 일찍이 2회 '한수와 은희2'에서 삽화로 다뤄진 바 있다. 같은 건물에 사는 영주와 현이 술에 취한 아빠의 마중을 나가다 계단에서 입맞춤하는 장면, 차에서 휘청거리며 내리는 인권에게 욕을 듣고 맞으면서도 아빠를 부축하는 현, 몸을 가누지 못하는 상태로 사랑스럽게 '딸내미'를 부르는 호식을 제치고 가는 영주. 각자의 부모와 자식을 대하는 이러한 태도는 7~8회의 임신이라는 사건을 둘러싼 넷의 반응에 근거가 된다. 이처럼 개별 이야기의 면면은 상황이 종료되는 순간 잠재된 과거, 즉 실현될 미래로 전환되어 이후 시청자가 예상치 못한 시공간에서 현시된다. 이로써 드라마는 개별 세계란 다른 세계로 끊임없이 침투하는 '열린 세계'임을 드러낸다.

　또한, 침투하는 것을 넘어 '개입'으로 이야기의 국면이 전환되기도 한다. 일례로, 12~13회의 중심 내용은 어릴 적부터 의리로 뭉쳤던 '미란(엄정화)과 은희'의 우정이다. 하지만 성인이 되어서도 공주와 무수리로 비교되는 둘의 관계에는 미란에 대한 은희의 고마움, 열등감, 배신감이 복합적으로 쌓여 있다. 오랜만에 제주에서 만난 둘은 계속되는 오해로 결국 그 감춰왔던 감정이 표면화되면서 관계가 깨진다. 그리고 그 균열이 접합되는 데는 미란을 다른 시각에서 보고 가엾어하는 옥동(김혜자)의 진심 어린 말과, 오해를 야기한 사건의 진실을 알리는 인권의 전언이 있다(14회). 이것이 타인과의 일상적 대화가 우연히 관계에 영향을 끼친 경우라면, 모자지간인 '옥동과 동석'의 갈등에 공감하는 선아가 그에게 건네는 조언은 위로로서 관계에 영향을 미친다(18회). 옥동에 대한 동석의 미움은 부모가 자식을 외면했다는 점에서 자살한 아버지에 대한 선아의 원망과 중첩된다. 그에게 "왜 그랬냐고" 어머니에게 따지고 물으라는 그녀의 말은 동석이 옥동과의 목포행을 결심하게 되고 이후 그 물음을 실행함으로써 관계가 회복되는 계기가 된다(19~20회). 16~17회에서는 푸릉마을의 모두가 '춘희와 은기(기소유)'의 부름에 응답한다. 달 100개가 뜬 곳에서 기도하면 100개의 소원이 이뤄진다는 아빠의 말을 믿는 어린 은기가 그곳에서 위중한 아빠의 회복을 기도하고 싶어 하지만, 날씨도 도와주지 않는 상황. 밥도 안 먹고 떼쓰는 손녀를 염려한 춘희는 어디론가 전화를 한다. 그리고 하늘과 바다가 이어진 까만 세상에 100척의 배가 발산하는 노란 빛이 달이 되어 떠오른다.

　드라마의 이러한 흐름은 현실의 운동 방식을 대변한다. 이는 어딘가에서 살아가는 수많은 '나'가 어쩌면 우연이라도 나와 직간접적으로 관계될 수 있다는 것. 그래서 그 관계는 파편화된 나의 세계를 접합할 뿐 아니라 다른 세계에도 가닿게 한다는 사실이다. 마치 응답을 기다리는 부름에 목소리가 더해져 화음이 되는 블루스처럼, 형형색색의 조각들이 연결된 모자이크처럼, 드라마의 개별 이야기는 열린 상태로서 계속해서 섞이고 변화해 점점 더 커다란 '우리들의 이야기'가 되어간다.

하지만 마지막 회가 그 증폭의 끝은 아니다. '우리들'에는 시청자가 포함되기 때문이다. 드라마는 끝났다. 이제 그 속에 잠재된 이야기가 화면 밖에서 생성되어 우리를 '우리들'에 끌어들이고 있는 현재의 이야기를 할 시간이다.

2. 모자이크에 빛이 내리면

19세기 말 미국 남부 미시시피의 목화밭. 그 끔찍한 노동 현장에서 흑인 노예들은 희망을 잃지 않기 위해 세상을 향해 소리를 내었다. 그것은 피의 현장에서 일하면서도 누군가가 시작하면 누구라도 화답해 음을 쌓아 하나가 되는, 절망에 저항하는 노래였다. 노희경 작가는 "블루스가 우리의 트로트 같기도 하고, 특히 아픈 사람들이 아프지 않으려고 부른 음악이라는 게 좋았다"[1]라고 한다. 블루스는 소리로써 서로를 보듬는 음악이다. 마찬가지로 괴테(Johann Wolfgang von Goethe, 1749~1832)에 의하면, 색은 빛의 밝음과 어둠이 만나는 경계에서 발생한다. 그리하여 모자이크가 빛을 받으면 조각 본연의 색이 드러나는데, 동시에 인접한 색과 대비되어 시각적으로 변색된다. 서로 영향을 주고받아 색의 명암과 채도가 달라지기 때문이다. 색과 색이 포용해 만들어낸 그 빛깔은 다채로운 음이 함께 피어나는 화음과 닮았다.

　　드라마에는 색과 음만큼 다양한 인간 군상이 등장한다. 딸의 유학 자금을 대느라 등골이 휘는 한수. 가족들 부양에 이미 등골이 빠진 은

1　"톱배우 총출동한 노희경 신작 '우리들의 블루스'…… 연기 보는 재미있을 것", ≪마이데일리≫, 2022.4.7.

희. 다운증후군으로 태어나 '시선폭력'과 혐오에 노출된 영희. 그녀의 유일한 보호자이기에 물질할 때조차 휴대폰을 테왁에 끼워두는 동생 영옥. 원치 않은 임신으로 기로에 선 영주와 현. 자식을 위해 고된 노동을 불사하며 살았는데, 자식에겐 그저 떠나고 싶은 존재가 되어버린 호식과 인권. 어릴 적 부모에게 받은 상처 때문에 정착하지 못하고 떠도는 동석과 우울증에 시달리다 이혼당하고 자살을 시도한 선아. 세 번 이혼했다는 이유로 가족의 수치가 된 미란. 바다에게 남편과 딸을 뺏긴 후 동석과 살기 위해 남편 친구의 첩이 되어 온갖 고초와 수모를 겪은 옥동. 자식 넷 중 셋까지 잃은 해에 남편까지 병사해, 자신이 혼자 키워 가정을 이룬 만수만이 삶의 행복인 춘희. 아빠의 투병으로 할머니에게 맡겨진 은기. 이렇듯, '우리들'의 이야기는 애처롭다.

그런데 이러한 이야기는 사실 우리가 살고 있는 현실의 재현이기도 하다. 떠올려 보시기를. 매 끼니를 대충 때우는 기러기 아빠, 가족에게 헌신하느라 어느 것 하나 누려보지 못한 어떤 이의 삶, 사회적 약자의 인권 문제, 이를 함께 겪어야 하는 보호자의 노고, 미성년이라면 더욱 가혹한 혼전 임신에 대한 부정적인 시선, 부모 자식 간의 불화, 부모의 보살핌을 받지 못한 아이의 비극, 사업에 실패해 자살한 가장, 우울증을 앓는 주변인, 이혼에 대한 편견, 예상치 못한 가족의 죽음과 뒤따른 가난, 자식을 잃은 부모의 슬픔, 조부모와 살 수밖에 없는 아이의 불행 등. 어떠한가, 어디선가 들어봤음직한 이야기가 아닌가? 이처럼 드라마는 기억에 잠재되어 있던 나와 내 주변의 이야기를 상기시킨다. 우리의 이야기도 애처롭다.

특히, 드라마에서 그 감정이 더욱 현실적으로 와닿는 부분은 실제 장애인이 장애인 역으로 출연하는 장면이다. 영희 역의 발달장애인 정은혜 님과 별이 역의 청력장애인 이소별 님의 연기는 한국 드라마에서 낯선 것이다. 그만큼 이들을 기용하는 일은 제작진에게도 도전이었을 테다. 결과적으로, 그 시도는 장애인에 대한 세간의 관심을 일으켰다. 이와 관련된 인터넷 기사와 블로그의 글은 열거하기 어려울 정도로 많다. 시사 교양 프로그램 MBC〈스트레이트〉[2]에서는 발달장애인을 구성원으로 둔 가족의 처절한 삶과 지원 정책의 문제점, 외국의 사례 등을 조명했는데, 여기서 15회 '영옥과 정준 그리고 영희2' 편에서의 장면이 자료 화면으로 사용되었다. 이어서 현실에서의 정은혜 배우와 가족의 삶도 장애인 가족의 한 사례로 소개되었다. 드라마와 시사 교양 프로그램의 내용은 크게 다르지 않았다. 다른 점이라면, 현실은 더 혹독하다는 것이다.

그렇다면, 이토록 잔인한 대우를 받는 사회적 약자는 누구인가. 이는 사실 상대적인 개념이다. 강자와 약자는 흔히 '기능'적인 측면으로 구분되는데, 화가가 본업인 정은혜 배우는 그림을 그리는 데는 강자다. 이소별 배우 또한 듣지 못하기에 보상 감각에 있어서는 강자일 테다. 그밖에 약자는 정상과 비정상을 가르는 사회의 '이데올로기'에 의해 만들어지기도 한다. 우리 사회에서 미성년자의 임신은 아이를 낳고 안 낳고를 떠나 안타까움을 넘어 따가운 시선을 받는 비정상으로 치부된다. 극중 영주와 현은 강제 전학의 위기에 처하는데, 이는 학생인권조례에 명시된 차별에 해당한다. 현의 항의와 학생들의 응원으로 처분은 면했지만, 결국 현은 생활비를 벌기 위해 자퇴한다. 드라마의 울림은 현실을 보임으로써 시청자에게 사유를 유도해 고정관념을 깨고, 잊었던 사회적 의제를 떠올리게 하는 데 있다. 드라마는 우리 모두가 약자도, 강자도

---

2   MBC, "잇따르는 죽음…… 벼랑 끝에 선 '발달장애'", 〈탐사기획 스트레이트〉, 172회 (2022.6.12).

아닌 단지 불완전한 존재일 뿐이라고 말한다. 하지만 어떤 상황에서든 관계로써 하나로 연결될 수 있으니 괜찮다고 위로한다.

한편, 이 같은 메시지는 코로나바이러스감염증-19로 인한 사회적 거리두기와 소셜 네트워크 서비스(SNS)를 통한 소통이 일상화된 현대사회에서 비대면에 의해 닫힌 세계, 선택적 소통으로 소외된 세계, 기능을 발휘하지 못해 삭제된 세계를 생각하게 한다. 물론, 세계는 열려 있다. 설사, 자의로 문을 잠근다고 해도 틈은 생기기 마련이다. 하지만 존재로서 인지되지 못한다면 외부와 단절된 상태와 다름없다. 이들까지도 모자이크에 닿아 더 풍성한 화음을 만들어낼 확장된 세계는 가능할까. 드라마에서는 가능했다. 여기서 세계를 잇는 관계의 첫걸음은 다른 세계에 대한 '관심'이었다. '나'의 관심으로 새로운 것을 알게 되어 생각이 바뀌었고, 그래서 감정이 변했고, 그러니 행동이 달라졌다. 관계는 행동으로서의 '공감'이 실현되는 순간인 셈이다. 행동하지 않으면 잠재된 것은 실현되지 않는다. 이제 현실에서 우리가 그 가능성을 실현할 때다.

3. 에필로그(epilogue): 끝에서 다시 시작으로

드라마에는 하늘과 산, 바다와 육지가 한 폭에 담긴 장면이 수차례 나온다. 공중에서 조망하는 시선으로 촬영된 드넓은 풍경은 시청자에게 던져진 일종의 '시'다. 수려한 영상미로 재현된 자연은 앞의 이야기를 품고 그곳을 오가는 모든 존재를 상상하게 한다. 예컨대, 마지막 회에서 한라산 에피소드 이후에 배치된 전경에는 어망(어머니의 제주 방언)의 소원 성취를 위해 정상을 향해야 했던 동석 대신 아픈 옥동의 하산길을 동행해 준 등산객들도 있을 것만 같다. 이 시적 이미지는 암환자였던 옥동이 마지막 아침 일과를 수행하기 직전에 나온다. 그로부터 한 달이 지나 치러진 '제23회 푸룽리와 오산리의 한마음 체육대회'에서는 새로운 개별자들까지 합세한 흥거운 정경이 펼쳐지는데, 옥동도 실상 모든 이의 기억에 잠재된 상태로 그들과 함께하는 셈이다. 모두가 시의 일부다. 드라마의 끝에서 '우리들'은 어깨동무하고 아우성친다. "조지자!" 그러고는 싸울 태세를 갖추고 세상의 장벽을 향해 돌진한다. 그 시작을 지켜본 우리도 손잡고 외치기를 바라본다. 이기자! 모든 불행을. 그리하여 당신의 삶에 빛과 노래가 충만한 날들이 깃들기를 기원한다.

알지만 덮어두고 있던 사실

유수미

그들은 그 이후 오래오래 행복하게 잘 살았을까?

> "이제 나 어떡해?"
>
> "생각해 보자."
>
> "뭘 생각해. 지울 거야."
>
> "그 애 내 아기이기도 하잖아."
>
> "아기라는 말 쓰지 마. 나만 독한 년 만들지 마. 죄책감 갖게 하지 마."

드라마 〈우리들의 블루스〉에 나온 대사다.[1] 원치 않은 시기에 찾아온 손님은 예상치 못했기에 혼란스럽고, 아직 받아들일 준비가 안 되

---

[1]   tvN 드라마(20부작), 2022.4.9~2022.6.12 방영.

었기에 맞닥뜨리게 될 상황이 두려울 수밖에 없다. 그 손님이 청소년이라는 미성숙한 나이에 찾아온 임신이라면 더더욱. 한편, 드라마 속 청소년 임신은 그 '찐' 현실의 문제를 포괄적으로 다루지 않기 일쑤다. 드라마 〈우리들의 블루스〉 속 등장인물 고교생 '영주'는 '현'에게 "나 진짜 너만 믿고 직진한다!"를 외치며 아이를 낳기로 결정한다. 이들은 아름다운 청춘들의 사랑으로 비춰지며 해피 엔딩으로 막을 내린다. 마치 여느 동화 속 결말처럼 '오래오래 행복하게 살았답니다'를 연상시킨다. 그러나 과연 그들은 그 이후 오래오래 행복하게 잘 살았을까?

드라마의 결말은 현실의 시작일 뿐이다. 현실은 아이를 낳을지 말지를 결정하는 것으로 끝나지 않는다. '출산을 할 것인가 말 것인가'라는 선택의 기로는 '청소년의 임신'이라는 사건에서 직면하게 될 첫 번째 문제일 뿐이지 엔딩이 아니다. 선택 그 후는? 아이를 낳기로 결정했다면, 다니고 있는 학교는 어떻게 할 것이며 아이를 낳기 위해 들어가는 비용과 양육 과정에 요구되는 시간과 비용, 나아가 아이를 어떻게 양육하고 교육해 성장시킬지 등등, 출산 그 후의 문제는 드라마에서 철저히 배제된다.

MBN의 관찰 리얼리티 예능 〈어른들은 모르는 고딩엄빠〉(이하 〈고딩엄빠〉)는 10대의 나이에 부모가 된 청소년의 출산과 육아의 현실을 포괄적으로 조명하며 지금까지 배제되어 왔던 출산 그 후의 이야기도 함께 다룬다. 엄숙주의[2]의 잣대로 청소년들의 섹슈얼리티를 감추고 덮어두려는 전통적인 이데올로기에서 벗어나 고등학생의 성문화와 청소년 부모의 현실을 수면 위로 끌어올렸다는 점에서 새롭다. 필자는 사회적으로 외면받았던 고등학생 엄마, 아빠의 이야기를 다루는 프로그램을

---

2   모든 정욕(情慾)을 억제하고 이성을 좇는 것으로써 도덕의 표준을 삼는 학설을 말한다.

통해 '청소년 임신'이라는 실태를 파악하고 청소년의 성(性) 경험을 엄격하게 단속하는 사회에서 10대들의 임신을 풀어나가는 〈고딩엄빠〉가 청소년의 임신을 어떻게 풀어나가는지, 그리고 그 한계점을 분석할 예정이다. 더불어 청소년의 임신과 육아를 다루는 새로운 프로그램에서 발견할 수 있는 사회의 문제는 무엇인지 들여다보고자 한다.

덮어두고 외면하면 있는 사실이 없는 사실이 될까?

〈고딩엄빠〉는 '미성년자'라는 신분으로 부모가 된 학생들이 어떻게 부모가 되고, 어떤 일상을 보내고 있는지를 다루는 관찰 예능 프로그램이다. '고딩엄빠'로 지칭되는 이들은 모두 청소년이며 청소년기를 겪은 혹은 겪고 있는 아이들이다.

청소년기는 신체적·정서적·도덕적·사회적 발달이 이뤄지는 성장기이자, 아동기에서 성인기에 이르는 과도기다. 특히 청소년기는 발달 특성상 생물학적 변화와 생식기관 및 기능이 성숙되며 자연스럽게 성(性)적 욕구와 관심이 높아지는 시기임이 자명하다. 그러나 이와 같이 청소년기의 성적 관심과 충동은 근대사회의 도덕과 규범 속에서 억제되고 은폐되는 것이 보편적인 현실이다.[3] 또한 근대 교육의 발흥과 학구열의 증대로 청소년들에게 '학생' 신분으로서의 지위가 정체성으로 자리매김하게 되면서 더욱 청소년에게 '성'은 도외시해야 할 대상으로 여

---

3   구병삼(BS Koo)·이찬(C Lee)·신재철(JC Shin)·김탁(T Kim)·송준(J Song)·홍명호(MH Hong)·박영주(YJ Park), 「10대 여성 성(Sex)에 관한 연구(Sexuality of Adolescent)」, ≪Obstetrics & Gynecology Science≫, 39(6)(1996).

겨졌다. 반면, 뉴미디어 활용에 능숙한 청소년들은 다양한 콘텐츠뿐만 아니라 성(性) 콘텐츠에도 쉽게 노출되고 있으며 예전보다 어린 나이에 성행동을 접하게 되었다. 이것이 청소년 성문화의 현주소다. 2020년 통계청 기준으로 한 해에 출산하는 10대의 숫자가 918명에 달한다는 것이 이를 방증한다. 질병관리본부 등의 「청소년 건강 행태 조사」에 따르면 청소년의 성관계 경험 비율은 지난 2009년 5.1%에서 2019년 5.9%로 증가했음을 확인할 수 있다. 한편, 청소년들의 성관계 경험은 늘어나고 있음에도 올바른 피임법을 몰라 준비되지 않은 임신을 하는 청소년들의 비율도 상당했음을 확인할 수 있다. 「청소년 건강행태조사 통계」에 따르면 성관계 경험이 있다고 응답한 비율은 전체의 5.7%였지만, 이 가운데 피임 실천율은 59.3%에 그쳤다. 서울신문·초록우산어린이재단이 청소년기에 임신·출산한 부모 100명을 대상으로 생활 실태 심층 조사를 진행한 결과 임신한 이유에 대해 "피임에 실패해서" 41%, "피임 방법을 몰라서" 24%, "상대방의 강제에 의해서"라고 응답한 사람이 16%였다(복수 응답).

　　드라마에서도 10대들의 임신이 소재로 다뤄지고 있는 요즘, 10대의 임신이 결코 덮어두고 외면할 수 없는 현실이 되었으며 이러한 청소년의 성문화에 대한 실태를 수면 위로 올리려는 미디어의 흐름을 부정적으로 볼 수만은 없다. 그러나 〈고딩엄빠〉라는 프로그램이 그들에 대한 편견을 타파하고, 미성년자라는 신분으로 부모가 된 학생들의 일상 속 그들이 성장하는 모습을 통해 가족의 의미를 찾아본다는 의도는 그 방향성을 잃었다.

포맷의 문제, 미성년 임신의 편견 '완화'가 아닌 편견 '강화'가 되기까지

해당 프로그램은 '리얼리티 관찰 예능'으로 10대에 부모가 되기까지의 과정을 보여주고 현재 그들의 삶을 관찰하는 방식으로 구성되었다. 미성년의 나이로 부모가 된 이들의 생활을 관찰하기에 앞서 이른 나이에 아이를 가지게 된 출연자들의 서사를 재연드라마로 구성해 이야기를 풀어나갔다. VCR로 구성된 재연드라마는 재연배우들이 고딩엄빠가 되기 전까지의 만남, 연애 스토리나 가족사, 임신을 한 후의 생활 등을 연기해 그들의 서사를 보여주었고, 이후 출연자의 실제 생활을 보여주었다. 그 과정 속에서 출연자와 고정 패널 박미선, 하하, 인교진 세 명의 MC들이 자신의 생각이나 심경을 공유하며 커뮤니케이션했고, 성교육 전문가가 지식을 전달하거나 심리 상담가가 상황에 대한 조언 등을 전해주며 방송을 진행했다. 이러한 전반적인 흐름만 본다면 미성년자의 임신에 관한 스토리를 전달하면서 기획의도대로 청소년의 나이에 부모가 된 이들의 생활을 관찰하면서 그들을 향한 편견을 깰 수 있을 것처럼 보인다.

그러나 실상은 그렇지 못했다. 시청자들이 해당 프로그램을 좋은 시선으로 볼 수 없는 이유는 청소년이 부모가 되겠다는 선택을 하기까지의 과정에서 어떠한 계획도, 준비된 모습도 찾아볼 수가 없다는 점 때문이다. 고딩엄빠들을 향한 편견을 깨부수겠다던 〈고딩엄빠〉에서는 고딩엄빠들의 무계획적이고 여전히 어린, 대책 없는, 아직 누구를 양육할 능력이 없는 모습을 그대로 보여주고 있었다. 임신이 되었다고 출산을 선택하는 것이 책임을 다하는 것이 아님에도 임신이 되었으면 출산을 선택하는 것이 책임을 다하는 것이라고 생각하는 듯한 '말뿐인 책임감'을 보여준다. 출연자들은 무계획 임신 후 책임이 진정으로 무엇인지도 모르는 상황에서 "이 아이가 나에게 온 이유가 있겠지"라며 혹은 성인인 남편이 아직 고3인 아내에게 "우리 아기 심장 소리가 계속 맴돌아, 다시 생각해 보자"라며 여자의 인생 앞에 주어진 진로는 무시한 채 아이의 심장 소리를 거론하며 출산을 선택하도록 한다. 그들은 어떠한 계획이나 앞날에 대한 대비는 하지 않은 채로 '책임'이라는 명목하에 실질적인 책임은 논외로 하고 있는 이기적인 모습을 보이며 청소년의 나이에 부모 되기를 선택한다. 물론 청소년에 임신을 하게 된 이들이 계획을 가지고 진정으로 부모의 책임을 다하는 모습이 생활 속에서 관찰이 된다면 기획의도를 달성했을지도 모른다. 그러나 이어지는 고딩엄빠들의 출산 후 생활은 이른 나이에 부모가 되어 아이를 책임지겠다는 첫 의지가 무색할 정도로 제대로 부모로서 아이를 케어하지 못하는 모습을 보여주었다.

2022년 3월 13일 방영된 〈고딩엄빠〉에서 '고3맘' 이루시아는 생후 20개월 된 아기에게 간이 센 냉동식품을 먹이는가 하면 아이를 더러운 환경 속에서 방치하다시피 양육한다. 이 외에도 책임을 지겠다며 당당하던 남편은 연락이 끊긴 지 오래거나, 책임을 진다던 출연자가 아이를 키운다기보다 그들의 부모가 출연자의 아이를 양육하는 모습이 관찰된다. 또한 가정폭력과 흉기 난동으로 논란이 된 청소년 부모도 있었다. 회차와 시즌이 늘어갈수록 고등학생 엄빠가 아니라 중학생 엄빠가 등장하기도 하며, 하루 벌어 하루 사는 대책 없는 청소년 부모의 모습도 노출되었다. 해당 프로그램은 청소년 임신과 양육에 대한 편견을 깬다기보다 오히려 그들을 향한 편견과 선입견을 강화하고 주입하고 있다. 어떤 누가 이 프로그램을 보고 청소년의 나이에 부모가 된 이들에 대한 편견과 선입견을 깰까? 출연자의 책임의식 부재가 프로그램 탓은 아니다. 다만 프로그램을 기획하고 그 의도를 설정했다면, 그리고 그 의도가 미성년의 나이로 부모가 된 이들의 편견을 깨고 성장을 담는다는 것이었다면 출연자들의 모습이 마냥 이상적일 수 없다는 것을 예측하고 오히려 이들을 단순 관찰하는 예능으로 프로그램을 구상하지 말았어야 했다. 물론 프로그램 구성 중간에 성교육, 전문가 상담이라는 코너가 있지만 이미 부모가 된 이들에게 피임법을 가르쳐주거나 '책임'이라는 추상적인 개념을 와닿게 할 만큼의 시간이 되지 않아 그들에게 실제적이고 구체적인 도움이 되지는 못하는 면이 있어 부족하다. 오히려 〈금쪽같은 내 새끼〉와 유사한 포맷으로 어린 나이에 부모가 된 과정과 그들의 서사, 그리고 그들의 실제 생활을 돌아본 후 그들에게 솔루션을 제공하는 방식으로 프로그램을 기획했다면 더 낫지 않았을까? 솔루션을 통해 그들이 말하는 '책임'을 제대로 이행할 수 있도록 건설적이고 발전적인 도움을 주고, 이를 실행해 나가는 모습을 스크린에서 보여주었다면 청소년 부모가 된 이들이 우리와 함께 살아가는 한 구성원으로서 성장해 나가는 모습을 볼 수 있지 않았을까. 더불어 임신과 출산, 양육이 단순히 가벼운 문제로 치부되는 것이 아니라 '청소년 임신'이라는 사회적인 문제가 공론화되고 현실적인 고민거리이자 과제로 남았을 것이다.

패널의 말과 생각은 시대를 반영한다

〈고딩엄빠〉에서뿐만 아니라 대부분의 방송에서 중요한 것은 패널의 역할이다. 패널은 시청자의 마음을 대변해 주는 역할을 하기도 하고 사회적인 분위기나 통념을 드러내는 수단이 되기도 한다. 시대별로 패널들의 언행을 보면 그 시대상을 파악할 수 있기도 하다. 그렇기 때문에 미디어에 노출되는 패널들의 역할은 방송에서 중요할 수밖에 없다. 이렇듯 패널의 역할이 중요한 가운데, '청소년 임신과 양육'이라는 문제를 다루고 있는 〈고딩엄빠〉는 예능을 표방하고 있기 때문에 패널의 언행이 더욱 중요한 요소라고 할 수 있다. 그들의 말을 통해서 자칫 '청소년 임신'이라는 사실이 가볍게 치부될 수 있기도 하고 패널이 그들을 향해 내뱉는 충고와 공감이 청소년 부모를 그리는 시선이 되어 미디어를 시청하는 누군가에 잘못된 가치관과 신념을 갖게 할 수도 있기 때문이다.

〈고딩엄빠〉에서 박미선과 하하, 인교진은 각각 엄마, 친한 삼촌, 아빠 같은 존재로서 패널의 위치를 담당하고 있다. 그러면서 그들은 공감과 충고, 우려를 표한다. 그러나 특히 그들이 출연자들을 향해 취하는 스탠스는 "대단하다", "기특하다"라는 것이다. 이러한 반응은 임신에 대한 그리고 출산에 대한 스테레오타입을 보여주는 것이기도 하다. '임신을 했기 때문에 응당 출산을 하는 것이 책임을 지는 것이다'는 당위적 행위로 몰아갈 수 있기 때문이다. 이러한 사고는 사실 이전부터 우리도 모르게 가지고 있던 통념이다. 이는 '낙태죄'라는 것을 통해서도 엿볼 수 있다. 임신을 했는데 출산을 하지 않는 것은 범죄행위였던 것이다. 아이를 하나의 객체로 보아 그를 살해했다고 보았기 때문이다. 임신을 했다면 출산을 선택하는 것이 옳은 세상이었다. 그러나 형법상 낙태죄는 2019년 4월 헌재의 헌법불합치 결정으로 효력이 상실되었다. 따라서 2021년 1월 1일부로 낙태죄는 형법상 효력을 잃게 되었다. 낙태죄에는 어폐가 있기 때문에 형법상 효력을 잃게 된 것이다. 바로 여성의 자기 결정권을 과도하게 침해한다는 점이다. 낙태죄는 여성에게 '출산'이라는 선택지만을 남겨두고 남성에게는 낙태를 종용하지만 않았다면 처벌을 면하게 하는, 여성에게만 불리한 처벌이었던 것이다. 출산에 대한 자기결정권이 부재한 여성은 아이를 낳을 수밖에 없는데, 남성의 경우 회피나 도망을 치는 경우도 있었기 때문에 부모가 자신의 아이를 키우는 것은 당연함에도 남성이 도망치지 않았다면 책임을 진 칭찬받을 만한 사람으로 비춰지는 것이다. 낙태가 죄였고, 임신 중단과 출산 중 어떤 것이 옳다라는 당위성이 법적으로 존재했기 때문에 그러한 관념이 결국 낙태죄가 효력을 잃게 되었음에도 〈고딩엄빠〉에 출연한 패널들은 무의식적으로 아이를 낳는다는 선택을 했기에 "기특하다"라는 스탠스를 취하게 된 것이라고 보았다. 그러나 미디어 속에서 그들이 사회적 분위기와 가치관을 형성하는 입장에 서 있다는 것을 인지한다면 어린 나이에 무계획으로 '출산'을 택한 이들을 칭찬하고 기특한 대상으로 본다면 여전히 이에 배치되는 행동을 한 이들의 선택은 존중받지 못하는 것이 된다는 것을 인식해야 된다. 패널들은 자신의 역할이 프로그램을 진행하고 이끌어나가는 것뿐만 아니라 이 시대의 상을 반영하고 있음을 알아야 한다고 생각한다.

그래서 사회의 문제는?
미디어는, 우리는 어떻게 해야 되는가

〈고딩엄빠〉에 출연한 청소년 부모들을 보면 그들이 그토록 어린 나이에 책임지기 버거운 상황을 만들게 된 원인을 '청소년 대상의 성교육 및 부모교육의 부재'에서 찾아볼 수 있다. 앞서 언급했듯, 학구열의 증대와 경쟁주의 사회 속에서 학문에 대한 교육은 나날이 높아지고 있지만, 그에 비해 부모 교육과 성교육은 교육의 사각지대에 위치하고 있다. 청소년을 대상으로 한 필수적인 교육이 공교육 현실에서는 너무 기초적이고 시대에 동떨어져 있는 상황이다. 이러한 문제를 사회가 인지하고 청소년 대상의 올바른 기초교육이 이뤄져야 한다. 또한 프로그램에서 제도적 지원을 단순히 알리는 것을 넘어서 출연자들에게 실질적으로 도움이 될 만한 제도적 방안을 컨설팅해 주면서 그들이 성장하는 모습을 방송을 통해 보여준다면 더 좋은 방송이 될 수 있을 것이다. 또한 이를 보는 시청자, 또는 이를 시청하기 거부하는 소비자 역시 이들을 미성년에 부모가 된 그들을 정상/비정상 가족 이분법적 측면에서 비정상 가족으로 치부하지 말아야 하며 그들을 기특하게 여겨서는 안 된다. 다만, 편견을 갖고 볼 것이 아니라 우리 사회에 존재하는 또 다른 하나의 구성원으로서 바라보는 자세를 갖출 필요가 있다. 더불어 미디어는 청소년의 임신과 출산에 대한 다양한 자기결정권적인 모습을 비출 필요가 있다. 임신 중단 혹은 출산 중 하나가 옳은 결정이라는 당위성에서 벗어나 보다 다양한 결정 과정과 방식이 드러난다면 대중은 그들을 향해 어떤 비난과 옹호를 하지 않고, 있는 그대로 그들을 수용하게 될 것이라고 본다. 또, 그 어떤 선택을 한 이들이 위축되지 않고 당당히 사회의 일원으로서 살아갈 것이라고 생각한다.

"엄마, 제 초상권도 보호해 주세요."

채널A 〈요즘 육아 금쪽같은 내 새끼〉를 중심으로

이정현

들어가며

나 방송 못 하겠어요.

4월 1일 〈요즘 육아 금쪽같은 내 새끼〉 방송에는 '통제하는 아빠와 숨 막히는 3남매'의 사연이 공개되었다. 그중 '2호 금쪽이'가 촬영을 거부하는 장면이 그대로 방송되었다. '금쪽이'는 엄마와의 통화에서 카메라를 가리고, "재혼 가정이라서 재혼 가정인 거 들키기 싫은데"라며 눈물을 보였다. 아이의 나이는 19살이었다. 육아 예능 프로그램에서 아이의 사생활이 보호받고 있지 못하다는 문제점을 여실히 보여주는 장면이었다. 더욱 심각한 것은 해당 '금쪽이'보다 연령층이 훨씬 낮은 아이들이 텔레비전에 등장하고 있다는 것이다. 이런 의문을 제기하고 싶다.

"아이의 초상권은 부모의 것인가." 이제 육아 예능 프로그램은 아이들의 초상권과 사생활이 제대로 보호되고 있는지 고찰해 봐야 한다.

1. 육아 예능 프로그램의 인기

육아 예능 프로그램이 인기 있는 이유: 인간 본연의 욕구

육아 예능 프로그램의 인기는 현재진행형이다. 2013년 MBC 〈아빠 어디가?〉를 필두로 KBS 〈슈퍼맨이 돌아왔다〉, MBN 〈어른들은 모르는 고딩엄빠〉, MBC 〈물 건너온 아빠들〉 등 수많은 육아 예능 프로그램이 등장했다. 이들의 공통점은 '리얼리티 프로그램'을 표방하고 있다는 점이다. 리얼리티 프로그램이 인기를 얻은 근본적인 이유는 인간 본연의 '관음적인 호기심'과 '훔쳐보기'의 쾌락에 있다. 때로는 드라마적인 요소를 극대화해 재미와 감동을 더하기도 하지만 기본적으로 '사실'을 관찰하게 함으로써 시청자로 하여금 일종의 '관음'을 허용한다. 시청자들이 육아 예능 프로그램을 시청한 이유 역시 프로그램이 구현하고 있는 일상의 환상을 보고 싶었기 때문이다.

　기존의 육아 예능 프로그램들은 시청자들의 '관음'을 허락한다. 시청자들은 관찰자가 되어 연예인이라는 삶을 관음하고 본인과 유사한 점을 찾고, 귀여운 아이들을 보며 '힐링'하고 쾌락을 느낀다. 대표적으로 꾸준히 인기를 얻고 있는 〈슈퍼맨이 돌아왔다〉는 리얼리티 예능 프로그램을 표방하면서 다양한 아빠의 육아 모습을 자연스럽고 일상적인 모습으로 보여줬다. 적어도 시작은 그러했다. 특별할 것만 같았던 연예인의 삶이 '육아'라는 공통의 코드와 합쳐지면서 공감을 형성했고,

시청자들과 가까워질 수 있었다. 이와 맞물려 어린아이의 천진난만함과 순진함, 때로는 귀엽고 영특한 모습들은 시청자에게 쾌락과 웃음을 주었다.

훈육 예능으로의 진화: 〈요즘 육아 금쪽같은 내 새끼〉의 인기

최근 트렌드는 바뀌었다. 자녀들의 귀여움을 소비하던 시청자들이 아이들의 문제와 변화에 주목하기 시작했다. 시청자들은 육아 예능 프로그램을 통해 육아에 대한 정보를 얻고, 올바른 부모의 역할을 파악하는 등 정보를 탐색한다. 따라서 아이들의 잘못된 점을 방영하면서 그것을 교정하는 방향으로 진행되는 '훈육 예능'이 인기를 얻고 있다. 〈요즘 육아 금쪽같은 내 새끼〉가 인기를 얻은 이유 역시 '훈육 예능'을 표방했기 때문이다. 해당 방송은 2020년 5월 29일부터 방영 중인 채널A의 육아 프로그램으로 '일반인'을 대상으로 하고 있다. 해당 포맷은 이러하다. 패널들과 '오은영' 박사는 VCR 영상을 통해 의뢰인의 육아 모습을 관찰한다. 출연진들은 관찰 영상을 보고 육아와 관련한 문제에 관해 토론하고, '오은영' 박사는 의뢰인의 자녀에 대한 가장 적합한 육아법 '금쪽처방'을 내린다.

해당 프로그램은 대중에게 인지도가 높은 육아 박사 '오은영' 박사를 등장시켜 시청자들의 높은 신뢰를 얻었다. '오은영' 박사는 정신건강의학과 의사로 SBS 〈우리 아이가 달라졌어요〉에 출연하면서 아동 전문가로 인지도를 높였다. 한국에는 '3대 선생님'이 있다. 바로 요리계의 '백종원', 개통령 '강형욱', 육아계의 '오은영'이다. 시청자들은 '착한 예능'을 표방하고 있는 〈요즘 육아 금쪽같은 내 새끼〉를 보며 육아에 대한 정보를 얻고, '오은영' 박사가 내린 솔루션을 신뢰한다. 이처럼 육아 예능 프로그램은 '리얼리티'라는 특성을 가진 오락 프로그램이지만, 시청

자들의 높은 신뢰를 받으며 시청자의 가치관 태도, 현실 인식에 영향을
미치기도 한다.

2. 자극적인 상황에 노출되는 아이들

육아 예능 프로그램은 어린아이를 TV에 노출시킨다는 점에서 주의가 필
요하다. 하지만, 아동과 청소년들은 자극적인 상황에 무분별하게 노출되
고 있다. 또한, 어린이의 인격과 사생활은 보호받지 못하고 있다. 지난달,
KBS 〈살림남2〉는 야구선수 출신 '홍성흔'의 아들 '홍화철'이 친구들과 함
께 포경수술을 받는 장면을 그대로 방송했다. 방송 이후 시청자 게시판
에는 "아이들의 인권은 없냐", "보기 불편했다"라는 댓글들이 올라왔다.
시청자들은 아동을 강제로 포경수술 하는 장면이 미성년자의 성적 자기
결정권을 박탈한 아동학대이며, 희화화되었다고 비판했다.
　　과거 〈슈퍼맨이 돌아왔다〉는 가수 '개리'가 아들 '하오' 앞에서 쓰
러지는 연기를 하는 장면을 방송해 비난받은 바 있다. 당시 '하오'는 "우
리 아빠 살려주세요"라고 소리치고 울음을 터뜨렸다. 이내 '개리'는 "아
빠가 장난친 거야"라고 말하며 일어난다. '하오'는 만 2세에 불과했다.
결국 이 장면은 아동의 정서적 발달과 성장에 악영향을 줄 수 있다는 지
적이 나왔고, 방송통신심의위원회의 행정지도 권고를 받았다. 방송국
이 이러한 장면을 연출하는 이유는 '리얼리티'의 지루함을 극복하고, 시
청자에게 '재미'를 주기 위함일 것이다. 그러나 이러한 장면은 시청자에
게 비난받고, 시청자들에게 불편함을 안겨주고 있다. 그 과정에서 희생
되는 건 어린 자녀일 뿐이다.

지켜지지 않는 아이들의 초상권: 셰어런팅

2016년 캐나다에서는 13세 소년이 부모가 페이스북에 수천 장의 사진을 올려 본인의 이미지를 심각하게 훼손했다며 소송을 제기했다. 영국의 일간지 ≪가디언≫은 이같이 SNS에 자녀의 사진을 올리는 부모를 '셰어런팅'이라고 불렀다. '셰어런팅'은 공유를 뜻하는 '셰어(share)'와 양육을 뜻하는 '페어런팅(parenting)'이 합쳐진 용어다. 한국에서는 부모가 SNS나 블로그에 아기의 사진을 올리는 걸 쉽게 목격할 수 있다. 그걸 전적으로 비난하는 것은 아니다. 부모가 사랑하는 아이를 자랑하고 싶고, 기록하고 싶은 건 당연하다. 하지만, 아이의 초상권과 디지털 환경 속 '잊힐 권리'를 간과한다면, 그 의미는 퇴색될 뿐이다.

　　예능 역시 마찬가지다. '착한 예능'을 표방했더라도, 그 의의가 퇴색할 수 있다. 대부분의 관찰 예능에 출연하는 아동의 초상권과 사생활은 부모와 제작진에 의해 결정된다. 하지만, 아이들은 자신이 어떤 방송에 출연하는 것인지, 자신의 행동이 어떤 식으로 비칠지, 방송 출연으로 어떤 일을 겪을 수 있을지 등등을 확실히 알기에는 나이가 어리다. 따라서 우리는 부모의 동의만으로 관찰 예능에 출연하는 아동의 사생활과 초상권을 제작진이 활용해도 되는지 숙고해 볼 필요가 있다.

〈요즘 육아 금쪽같은 내 새끼〉 속 셰어런팅: 낙인효과 발동

〈요즘 육아 금쪽같은 내 새끼〉는 아이의 이름 대신 '금쪽이'라고 부름으로써 시청자들이 아이의 신변보다는 문제 상황에 집중할 수 있도록 하는 노력을 보였다. 하지만 아이의 얼굴은 그대로 방영되며, 아이의 이름은 음성으로 드러난다. 아동의 초상권이 제대로 보호받고 있지 못하고 있는 것이다. 지난 4월 방영된 회차에서는 출연한 아동이 "방송 못 하겠어요"라고 말하며 카메라를 가리는 등 촬영을 거부하는 모습이 그대로 방송되었다. 아동의 의사가 충분히 반영되고 있지 못한다는 점은 아이와 부모를 위한 '착한 예능'이라는 프로그램의 의의를 퇴색시키고 있다.

또한, 훈육 예능을 표방하고 있는 〈요즘 육아 금쪽같은 내 새끼〉는 훈육 대상이 되는 아이의 심각한 언행까지 공개하고 있다. "엄마, 진짜 나쁜 ×이다. 죽여줘 제발"이라고 하는 13세 딸의 폭언이 그대로 방송되었고, 쥬얼리 출신 '이지현'의 아들이 폭언을 퍼붓고 무차별적인 폭행을 가하는 장면이 그대로 방송되었다. 아이의 행동을 고치고 부모로서 솔루션을 듣기 위함이지만, 이는 시청자들로 하여금 낙인효과를 발동하도록 했다. 실제 이지현의 아들은 친구에게 '정신병자'라는 놀림을 받기도 했다.

기존의 육아 예능 프로그램이 아이들의 일상을 시청자들이 관찰하고, 아이들의 엉뚱한 모습에서 재미를 느끼는 구조였다면 '훈육 예능'을 표방하면서 아이의 부정적인 측면이 부각되고 있다는 점은 주의를 기울여야 할 부분이다. 실제 '이지현'과 이지현의 '아들'은 시청자들에게 악성 댓글을 받아야 했다. 훈육 예능의 시청자는 '바람직한 훈육'을 기대한다는 점에서 그 평가가 긍정적이기보다는 부정적이다. 비난의 댓글이 달리는 건 시청자들도 경계해야 하는 부분이지만, 훈육 예능의 특성이라 볼 수 있다. 하지만, 이는 어린아이가 감당하기에는 너무 가혹하다. 디지털 환경 속 '잊힐 권리'가 논의되는 상황에서 아동의 문제가 있는 행동이 고스란히 영상 기록으로 남게 된다는 점은 문제가 될 수 있다.

〈요즘 육아 금쪽같은 내 새끼〉 속 셰어런팅: 자극적으로 소비되는 아이의 이미지

〈요즘 육아 금쪽같은 내 새끼〉 55회에는 큰 눈망울을 가진 착한 여자아이 '금쪽이'가 등장한다. 언니와 함께 TV를 시청하던 '금쪽이'는 이내 '본인의 특정 신체 부위'를 만지기 시작한다. 그로 인해 염증까지 생기는 문제도 발생한다. 해당 VCR을 본 '오은영' 박사는 '금쪽이'가 불안해할 만한 요소가 있냐고 묻는다. 다음 VCR에서 '금쪽이'의 상처가 드러난다. 항상 퇴근이 늦는 아빠 때문에 일을 하면서 육아까지 해야 했던 엄마가 가출한 적이 있었고, 이는 '금쪽이'에게 상처로 남았다. "나는 엄마, 아빠 둘이 사이가 좋았으면 좋겠어." '금쪽이'가 한 말이다.

"언니가 꼭 안아줄 테니까 걱정하지 마!"라는 언니의 말에 "언니 최고"라고 '금쪽이'가 답한다. 언니와 '금쪽이'는 사이가 좋은 자매였다. 둘은 이내 부모님의 사이가 좋아질 방법에 관해 토론한다. 솔직하고 아이다운 순수한 대화였다. '오은영' 박사는 둘의 대화를 '가까운 사람들이 꼭 나눠야 하는 대화의 정석'이라고 평가했다. 결국, '금쪽이'의 행위는 부모가 채워주지 못하는 감정을 채워주는 유일한 돌파구였던 것이다.

하지만, 문제는 방송 이후 발생한다. 포털 메인에 관련 클립이 "엄마한테 내가 비밀로 해줄게~ 찌찌(?) 만져~"라는 제목으로 그대로 노출된 것이다. 심지어 썸네일에는 아이의 얼굴까지 노출된 상황이었다. 다른 클럽 영상 제목 또한 "찌찌는 긁으면 까칠까칠해서 좋아"였다. 마치 음란물을 연상시킬 정도로 자극적인 해당 제목은 아이의 상처를 그저 장사꾼의 자극적인 이미지로 소비했다. 아이는 불과 6살이었다. 이는 시청자들로 하여금 불쾌감을 유발했고, 결국 영상 제목은 수정되었다. 하지만, 이 영상 제목을 아이가 봤다면 그 상처는 돌이킬 수 없었을 것이다. 아이와 부모를 위한다는 육아 예능 프로그램이 해서는 안 되는 대표적인 사례로 볼 수 있다.

3. 육아 예능 프로그램과 아동의 초상권

독립적 인격체: 아이의 초상권

1991년 미국의 유명 록밴드 '너바나'의 앨범 표지에는 아기의 알몸 사진이 등장한다. 해당 앨범 표지는 밴드가 유명해지면서 하나의 문화 아이콘이 되어 소비되었다. 사진의 주인공 '스펜서 엘든'(현재 31세)은 생후 4개월 된 자신의 알몸이 앨범에 사용된 것이 '아동 성 착취'에 해당한다며 손해배상 청구를 제기했다. 소송은 기각되었지만, 어린아이에 대한 '초상권' 문제를 촉발했다.

　〈요즘 육아 금쪽같은 내 새끼〉의 기획의도는 "육아가 어려운 부모를 위해 베테랑 육아 전문가가 맞춤형 솔루션 및 육아 코칭을 제공한다"이다. 그 취지가 아무리 육아에 지친 부모를 돕기 위함이라고 했더라도 그 과정에서 아동은 '문제아'로 낙인찍히고 시청자들로 하여금 '관음'의 대상이 되고 있다. 또한, 아동에 대한 낙인효과는 '문제를 가진 어린이'에서 '해결된 어린이'가 되어도 발동한다. '해당 프로그램은 과연 착한 예능일까', '철저히 부모와 성인에게 초점이 맞춰진 프로는 아닐까' 하는 의문이 든다. 방송계는 아동 인권의 차원에서 이 문제를 심각하게 인지할 필요가 있다.

　해외에서는 우리와 달리 아동에 대한 '초상권' 논의가 이루어진 편이다. 우리보다 초상권에 민감한 미국에서는 오래전부터 할리우드 스타들이 파파라치 사진에 아이 얼굴을 모자이크하기를 부탁하고 있다. 또한, 법적으로 제재를 가하기도 한다. 프랑스에서는 부모가 자녀 사진을 본인 동의 없이 SNS에 게재할 경우 사생활을 침해한 혐의로 3만 5000파운드의 벌금이나 1년 이하의 징역에 처할 수 있다. 유럽연합은 '미성년자들을 위한 잊힐 권리'라는 특별 조항을 개설했다. 만 18세 이하의 미성년자는 자신의 동의를 구하지 않은 사진이나 동영상, 개인정보가 SNS나 웹사이트에 게재되었을 때, 정보 공개 금지를 요구할 수 있다.

독일에는 육아 예능 프로그램이 없다. 독일에서 아이는 소비의 대상이 아니다. 만약, 방송과 드라마에 아이들이 나온다면, 그것은 곧 '아동 노동'을 의미한다. 따라서 엄격한 절차를 걸쳐 이뤄진다. 또한, 독일은 아이를 미디어에 출연시킬 때, 양육권자뿐 아니라 사회의 동의를 함께 받는다. 이는 아이를 부모의 소유물이 아닌 사회가 보살펴야 할 미래의 인격체로 보고 있다는 것이다. 우리 역시 아이들의 이미지를 단순히 부모의 소유물이 아닌 하나의 개별적 인격체로 존중해야 한다. 아이의 초상권은 부모의 것이 아니다. 그 권리는 아이들에게 있다.

나가며

얼마 전, KBS 〈편스토랑〉에서 이질적인 장면을 목격했다. 작년 9월 〈편스토랑〉에는 '정상훈'의 귀염둥이 세 아들이 등장했다. 본격적인 촬영 시작 전, '정상훈'은 촬영에 관해 설명하며 아이들에게 TV에 얼굴이 나와도 되는지 동의를 구했다. '상훈'은 아이들에게 부끄러우면 나오지 않아도 된다고 말하기도 했다. 아이들은 촬영을 허락했고, 허락과 동시에 화면에 얼굴이 공개되었다. 육아 예능 프로그램이 쏟아져 나오는 시대에서 이러한 장면을 처음 본다는 게 어색했다. 어쩌면, 우리가 그동안 간과했던 걸 '정상훈'이 그리고 〈펀스토랑〉에서 보여줬기에 이질적이고, 어색했던 것이 아닐까.

　육아 예능 프로그램 속 어린 자녀들은 본인의 의지와 상관없이 타인에게 일상이 노출되고, 주변의 과도한 관심 속에서 자라고 있다. 또한, 한번 방송된 장면은 인터넷에 계속 떠돌아다니며 노출된다. 아이가 성인이 되었을 때 받을 혼란과 지워지지 않는 사회적 낙인은 그들의 인격을 침해한다. 미디어는 프로그램 제작에 있어 어른들의 이점이 아닌 아이의 '인권'을 최우선으로 생각해야 할 것이다.

　우리가 아이들을 보며 '힐링'한다는 의미는 우리가 아이를 '소비'하고 있다는 뜻으로도 해석된다. 아이들은 소비의 대상이 아니다. 아이의 초상권은 마땅히 보호받아야 한다. 오로지 '아이'를 위해서만 사용되어야 한다. 〈펀스토랑〉에서 희망을 봤듯이 TV 속 아이들이 어른들에 의해 이용되는 게 아닌 보호받는 세상이 오길 기대한다.

〈꼬리에 꼬리를 무는 그날 이야기〉의 멜로드라마, 다큐멘터리적 텍스트 분석

삼풍백화점 참사와 씨랜드수련원 참사를 중심으로

─────────────── 장성원 ┐

1. 들어가며

강주현, 허윤철은 "TV 리얼리티 프로그램 〈골목식당〉은 그것이 표방하는 '영세자영업자에 대한 지원' 이면에 맛의 서열화·표준화, 숨은 실력자 대 문제적 자영업자의 대비를 통해 영세자영업의 문제를 사회 구조적 문제가 아닌 개인의 문제로 치환시키는 경향을 내포한다"라고 서술한다.[1] 이들의 연구에 따르면 〈골목식당〉은 신자유주의적 해법을 제시하고 신자유주의적 영웅신화를 창출한다. 김주미, 한혜경은 "TV 프로그램 〈비타민〉이 정보의 오락화를 추구하는 과정에서 노화된 몸의 희화화가 발생하

---

[1]   강주현·허윤철, 「TV 리얼리티 프로그램이 구성하는 사회적 신화: SBS 백종원의 〈골목식당〉 텍스트 분석」, 《한국방송학보》, 35(4)(2021).

고 노화 방지를 하지 못한 출연자가 실패자로 낙인찍히는 것을 보여주며 노화에 대한 공포심을 강화한다"라고 서술한다.[2] 김남일에 따르면 〈무한도전〉이 완벽한 남성적 몸과 사회적 성공에 대한 갈망의 사회적 지배 질서를 스스로 격하시키는 것이 시청자들로 하여금 웃음을 유발한다"라고 서술한다.[3] 이처럼 TV 프로그램이 제시하는 이미지의 내면을 살피며 그것이 표방하고 있는 이데올로기, 가치, 기능을 분석하는 텍스트 분석이 여럿 이루어져 왔다. 〈꼬리에 꼬리를 무는 그날 이야기〉(이하 〈꼬꼬무〉)는 2020년 9월 17일부터 방영한 SBS의 TV 시사 교양 프로그램으로 사회적 사건, 참사, 범죄, 역사, 사회상 등을 주제로 다룬다. 〈꼬꼬무〉는 2021년 한국방송비평학회로부터 한국방송비평상을 수상한 바가 있으며,[4] 회마다 상이하지만 '유튜브'에 업로드된 클립의 조회수가 적게는 40여만 회, 많게는 900여만 회를 기록하는 등 그 화제성을 짐작할 수 있다. 〈꼬꼬무〉 특유의 전달 방식 또한 화제가 되었다. 이야기하는 '화자'와 듣는 '청자' 역할을 맡는 두 출연자들은 스튜디오에서 마주 보고 앉아 주제에 관해 이야기한다. 이러한 '1 : 1 이야기'로 주제를 풀어가는 형식은 〈꼬꼬무〉 특유의 특징이라고 할 수 있다. 프로그램의 출연자인 장도연은 제작 발표회에서 "각기 다른 시점으로 이야기를 해석하는 재미도 있고, 다른 출연자들의 실감 나는 반응이 시청자의 몰입을 높이는 것 같다"라고 발화했다.[5] 또한 〈꼬꼬무〉는 다루는 주제 범위가 넓다. 2022년 4월 21일에

2   김주미·한혜경, 「TV 건강프로그램의 '노화의 의료화' 의미화 방식: KBS 〈비타민〉의 텍스트 분석을 중심으로」, ≪한국언론정보학보≫, 61(1)(2013).

3   김남일, 「텔레비전 오락 프로그램에서 웃음유발의 정치성: MBC-TV 〈무한도전〉의 텍스트 분석을 중심으로」, ≪한국방송학보≫, 22(6)(2008).

4   "SBS '꼬꼬무', 한국방송비평상 수상", SBS NEWS, 2021.12.9.

5   "윤종신·유희열·장도연…'이야기꾼'들의 전성시대", ≪스포츠동아≫, 2021.5.11.

는 '하시마섬 한국인 노동자 강제 징역'이라는 주제로 역사적 사건을 다뤘고, 2021년 6월 10일에는 '삼풍백화점 붕괴 사건'을 주제로 사회적 참사를 다뤘다. 이 밖에도 각종 범죄사건, 인물의 기행(奇行) 등을 다뤄왔다. 정리하자면 TV 프로그램 〈꼬꼬무〉는 사회적 이슈 및 사건, 역사 등의 다양한 주제를 '이야기' 형식으로 시청자들에게 전달하는 높은 화제성을 가진 프로그램이라고 정의할 수 있다. 본 비평은 앞서 언급한 연구의 맥을 이어받은 '텍스트 분석' 형식이다. 〈꼬꼬무〉의 여러 주제 중 〈핑크빛 욕망의 몰락: 삼풍백화점 붕괴 참사〉와 〈마지막 여름캠프: 씨랜드 화재 참사〉로 대표되는 '참사'를 주제로 선택했다. 그 결과 세월호 참사 이후 영화와 다큐멘터리에서 나타났던 특징을 〈꼬꼬무〉에서 발견할 수 있었는데, 이에 따라 〈꼬꼬무〉에서 멜로드라마적 텍스트와 다큐멘터리적 텍스트가 어떻게 나타나는지와 그 효과에 대해 비평하고자 한다.

2. 〈꼬리의 꼬리를 무는 이야기〉의 멜로드라마적 텍스트

첫 번째로 〈꼬꼬무〉의 '멜로드라마적 텍스트'를 분석했다. 김윤희에 의하면 영화 장르 중 '멜로드라마'는 관객이 이야기를 이성이 아닌 '감성'으로 받아들일 수 있도록 할 것이 요구된다.[6] 즉, 멜로드라마를 "대중을 사회적 규준, 이데올로기에 순응하도록 이끄는 장르"라고 설명한다. 덧붙여 멜로드라마의 서사가 재현하는 도덕, 양심에 기반한 인간 고유의 가치는 시간이 지나면서 인간이 놓쳐왔던 가치를 되새기도록 이끌기도 한다

---

6   김윤희, 「사회적 참사를 기억하고 애도하는 방식 고찰: 영화 〈악질경찰〉과 〈생일〉을 중심으로」, ≪우리문학연구≫, 72(2021), 30쪽.

고 서술했는데, 김윤희는 영화 〈생일〉의 네이버 관객 댓글을 근거로 사회적 참사를 주제로 한 멜로드라마를 관람한 관객들이 참사를 목도하며 느꼈던 '그때 그 감정'들을 복기하고, 성찰한다고 분석했다.[7] 〈꼬꼬무〉 또한 멜로드라마의 서사를 시청각 영상들을 통해 제공한다. 삼풍백화점 붕괴와 씨랜드수련원을 주제로 한 '상상력'이 가미된 '허구적 재현 영상'을 제공하는 것을 발견할 수 있다. 프로그램은 각 참사의 당사자를 주인공으로 한 상상력이 가미된 서사를 출연자들의 내레이션, 재연 영상을 통해 '이야기'한다. 삼풍백화점 편에서 '산만'이라는 삼풍백화점 아르바이트생의 천진난만한 성격과 붕괴 당일이 아르바이트 마지막 날이라는 캐릭터 설정을 '서사'를 통해 이야기한다. 씨랜드수련원 편에서는 7살 아이 '세라'가 소풍을 준비하기 위해 스스로 간식을 챙기고 아끼는 세일러문 잠옷을 챙기는 '서사'를 보여준다. 영상 속 인물이 허구적 인물인지, 인물의 설정이 허구인지와 관계없이 〈꼬꼬무〉가 보여주는 영상은 '허구적 재현 영상'이며 영상 속 희생자들의 평화롭고 일상적인 '서사'는 이후 참사의 발생을 지나면서 참사의 비극성을 고조시키는 '상상적 미디어'로서 기능한다. 김예란은 세월호 참사 당시 JTBC의 '바다에서 온 편지'를 '상상적 미디어'라 칭하며 희생자들의 순진무구한 모습을 보여주는 영상은 참사의 잔혹함과 대비를 이루며 비극성을 고조하고, 그들에 대한 그리움과 회환의 상상들을 불러일으킨다고 서술한다.[8] 이와 마찬가지로 〈꼬꼬무〉라는 시사 교양 프로그램 속 재연 영상은 일종의 '서사'를 제공해 시청자의 '이야기'로 형상화된 사건을 감성으로 받아들이게 유도하고, 참사 당시에 느꼈던 혹은 당시에 느꼈을 감정을 불러일으킴으로써 시청자들의 공감과 성찰을 유도

---

7 김윤희, 같은 논문, 30쪽.

8 김예란, 「죽음과 기억의 미디어 쟁투: 세월호 참사의 역사화를 위한 하나의 계보학적 관점」, ≪언론정보연구≫, 54(1)(2017), 139쪽.

하는 멜로드라마적 텍스트의 성질을 가진다. 또한 방송 마지막에 '오늘 당신의 생각은?'이라는 질문을 던지고 출연자들이 답하는 것은 프로그램이 시청자들에게 성찰을 요구하는 것이 직접적으로 나타나는 대목이다. 〈꼬꼬무〉가 다루는 사회적 참사의 발생 시기와 '방송'이라는 미디어의 광범위한 시청자들의 연령층을 고려하면 '상상적 미디어'를 사용한 또 다른 이유를 짐작할 수 있다. 삼풍백화점 붕괴는 1995년, 씨랜드수련원 화재는 1999년 발생했다. 사건 당시 태어나지 않아서 미디어를 통해 사건을 접하지 않았거나, 접했더라도 참사에 대한 의미화가 상대적으로 약했을 젊은 층들의 감성을 자극하고 공감을 유도하기 위해 '상상적 미디어'로 기능할 수 있는 '서사'를 제공한 것으로 이해된다.

3. 〈꼬리의 꼬리를 무는 이야기〉의 다큐멘터리적 텍스트

또한 〈꼬꼬무〉는 참사 당사자 및 유가족의 인터뷰를 통해 피해자의 희생과 유가족의 슬픔을 '애도'하게 만든다. 한국전쟁 희생자의 유가족과 인터뷰를 진행한 김동춘은 "피해자가 그것이 자기 자신만의 특별한 기억이 아님을 확인할 수 있도록 당사자와 더불어 남이 함께해 주는 것"이라고 말한다.[9] 김윤희의 말을 인용해 '공감하는 타자'로서 고통받는 사람들과 함께하며 참사를 극(영화)의 형태로 기록했다는 점에서 영화 〈생일〉이 '보살핌의 윤리'를 영화적으로 실천했다면,[10] 〈꼬꼬무〉는 참사 생존자와 유가족의 인터뷰라는 장치를 통해 그들의 심정을 듣고 그것을 방송함으

---

9 김동춘, 『이것은 기억과의 전쟁이다: 한국전쟁과 학살, 그 진실을 찾아서』(사계절, 2013), 80쪽.
10 김윤희, 「사회적 참사를 기억하고 애도하는 방식 고찰」, 31쪽.

로써, 시청자들과 유가족의 '공감의 장'을 형성하는 식의 '다큐멘터리적 보살핌의 윤리'를 실천한다.

> 이산만(삼풍백화점 생존자): 당사자의 목소리가 필요하다고 생각했기 때문에 나온(출연한) 거예요.…… 유가족들이 원하는 것은 시스템이 바뀌고 구조가 바뀌는 거예요.

> 이상학(씨랜드수련원 화재 참사 유가족): 사망자 명단을 보니까 우리 세라 이름이 딱 있는 거예요.…… 진짜 하고 싶은 말은…… 우리 어른들이 한 번만 더 모든 일을 할 때 이게 이렇게 해도 되는 건가? 심사숙고해서 결정을 해가지고 다시는 이런 사고가 되풀이되지 않도록 도와주셨으면 감사하겠습니다.

프로그램이 형성하는 '애도의 장'은 출연자들이 방송 도중에 참지 못한 눈물을 쏟아내는 장면에서 심화·가시화된다. 이는 〈꼬꼬무〉의 '1 : 1 이야기' 형식의 연출이 돋보이는 부분인데, 화자와 청자 둘만의 공간에서 둘만의 이야기가 이루어지고, 이야기의 서사가 심화되었을 때 왈칵 쏟아지는 눈물은 강렬한 감정을 환기한다. 이때 눈물은 자연스럽게 상대방에게 옮겨가기도 하는데 화자가 터뜨린 눈물을 청자가 이어받는 '정서의 번짐'은 곧바로 시청자로 향한다는 것을 알 수 있다. 이 사실은 유튜브 클립 댓글에서 확인할 수 있었다. 〈마지막 여름캠프: 씨랜드 화재 참사〉의 유튜브 클립 댓글을 분석했을 때 "아기들이 한곳에 모여 있었다는 얘기 듣자마자 눈물이 나왔다. 너무 속상하다", "우는 모습이 너무 슬프고 딱 유가족들의 마음이 아닐까 해서 눈물이 차오르네요", "얼마나 부모님을 찾고 선생님이 자신을 구해줄 거라 믿었을까?…… 손을 잡아주지 못해서 너무 미안해……" 등의 '위로'와 '애도'의 댓글이 지배적인 것을 확인할 수 있었다. 정리하자면 프로그램이 제공하는 생존자와 유가족의 인터뷰는 시청자들이 유가족의 입장에 서서 '공감하는 타자'로서 함께 슬퍼하게 만들고, 그들이 충분히 슬퍼할 수 있게 애도의 장을 형성한다. 그리고 이러한 애도의 장은 출연자들의 감정 표현으로 인해 심화되기도 하며 가시적으로 나타나기도 한다.

알라이다 아스만은 그의 저서 『기억의 공간』에서 어떠한 경험이 '기억'이 되기 위해서는 그것이 관련하고 있는 경험이 '완결'되어 지나간 것으로써 인식될 수 있어야 한다고 말한다.[11] 세월호 참사 당시 언론의 오보, 사건 원인의 진상규명이 이루어지지 않는 등, 경험(사건)의 '완결되지 않음'은 참사 당시 다큐멘터리 형태에 영향을 미쳤다. 구체적으로는 세월호 참사에 대한 자료 수집, 참사 당일 구조 작업과 관련한 의심스러운 행태들, 정부 당국이 문제를 둘러싸고 보인 수상한 행적들, 시간이 흘렀지만 우리가 이를 기억해야 하는 이유에 관해 주장하는 식의, '진실'을 밝히기 위해 사건을 '파헤치는' 다큐멘터리가 다수 등장하게 했다.[12] 삼풍백화점과 씨랜드 참사 또한 '완결되지 않은' 경험으로 존재한다. 백화점 붕괴 당시 사망한 희생자의 유가족들은 여전히 살아 있고 생존자들 또한 그날의 기억을 잊지 못한 채 살아간다. 씨랜드수련원의 화재 원인은 아직도 의문스러운 점이 있고, 유치원생들을 지도했던 교사들이 화재 당시 어디에서 무얼 하고 있었는지도 명확히 밝혀지지 않았다. 삼풍백화점과 씨랜드 참사는 '건축비 절감을 위한 부실공사'로 인해 발생하고 심각해진 '인재'라고 불리는데, 1995년과 1999년을 지나 현재

11   알라이다 아스만(Aleida Assmann), 『기억의 공간』, 채연숙 외 옮김(그린비, 2011).
12   김윤희, 「사회적 참사를 기억하고 애도하는 방식 고찰」, 41쪽.

까지도 유사한 사건이 빈번하게 일어나고 있다는 맥락에서 두 참사는 완결되지 않은 경험이다.[13] 완결되지 않은 두 참사에 대해 〈꼬꼬무〉는 다큐멘터리적 텍스트를 보인다. 사건의 발단부터 책임자의 처벌까지 정리해 보여주고, 풀리지 않은 여러 의혹들을 제시한다. 구체적으로는 씨랜드 참사에 대해 정부가 표명한 화재 원인을 사건 당시 목격자의 증언을 통해 반문하고, 삼풍백화점 건축 당시 부지의 용도변경 이유에 대한 합리적인 이유가 없다는 점을 주장한 것이 이에 해당한다. 즉 참사의 경과에 대해 단순 나열하는 것을 넘어서 참사 발생을 중심으로 '전과 후'에 걸쳐 어떤 주목할 점이 있는지 '파헤치는' 세월호 이후의 다큐멘터리적 텍스트를 발견할 수 있다.

다만 프로그램은 희생자들에 대한 애도와 사건에 대한 분석을 거쳐 '앞으로 나아가야 할 방향'을 구체적으로 제시하지는 않는다. 프로그램 마지막에 "오늘 당신의 생각은?"이라는 질문을 받은 출연자는 '사회 구조적인 개선 방향'보다는 '애도'에 가까운 '추상적인 개선 방향'을 답하면서 그대로 프로그램은 마무리된다. 즉, 〈꼬꼬무〉는 참사가 되풀이되지 않기 위한 구체적인·사회구조적인 방향을 모색·제시하기보다는 애도의 자세로 프로그램을 마무리한다. 그러나 참사 생존자·유가족의 인터뷰로 시작한 '애도'의 정서를 프로그램 마지막까지 이어나가는 것 또한 앞서 말한 '애도의 장'을 형성하는 다큐멘터리적 텍스트라고 볼 수 있으며, "오늘 당신의 생각은?"이라는 질문을 통해 완결되지 않은 경험에 대해 생각할 거리를 던지는 '담론 형성' 역할을 수행하는 것 또한 다큐멘터리적이라고 할 수 있을 것이다. 정리하자면 〈꼬꼬무〉는 참사의 진상

---

13   "삼풍백화점 붕괴·화성 씨랜드 화재 참사…… 강산 두 번 바뀔 동안 변한 건 없었다",
      ≪아시아경제≫, 2018.6.29.

규명을 위해 파헤치는 다큐멘터리적 텍스트를 보이면서도 세월호 이후 다큐멘터리에서 보이는 애도의 자세로 프로그램을 마무리한다. 또한 담론 형성의 역할을 수행하기도 하는데 이러한 측면에서 참사에 대한 〈꼬꼬무〉의 다큐멘터리적 텍스트를 발견할 수 있다.

4. 마치며

본 비평의 목적은 지상파 TV 시사 교양 프로그램 〈꼬리에 꼬리를 무는 그날 이야기〉가 참사를 주제로 방영할 때 멜로드라마적 텍스트와 다큐멘터리적 텍스트가 어떻게 나타나는지를 살피고, 그 효과를 분석함에 있다. 〈꼬꼬무〉는 참사의 희생자·당사자를 주인공으로 한 '이야기'를 제공하는데 이는 '상상적 미디어'로 기능해 시청자들이 참사에 대해 감성적 공감을 할 수 있도록 유도한다. 그리고 이는 〈꼬꼬무〉의 멜로드라마적 텍스트라고 할 수 있다. 반면 〈꼬꼬무〉에서 생존자와 유가족을 인터뷰하며 시청자들이 '공감하는 타자'로서 그들과 함께 애도할 수 있는 장을 마련하는 다큐멘터리적 텍스트 또한 발견할 수 있었다. 그뿐만 아니라 참사의 진행 과정을 나열하는 것을 넘어서 참사가 '완결되지 않은 경험'으로 있게 하는 각종 의혹과 맥락에 대해 파헤치는 세월호 참사 이후 다큐멘터리에서 보였던 텍스트 또한 발견할 수 있었고, 참사에 대한 공론의 장을 형성하는 다큐멘터리적 텍스트 또한 발견할 수 있었다.

　　다만 본 비평은 프로그램이 다루는 다양한 주제 중 '참사'에만 초점을 맞췄으며, 프로그램이 다루는 주제에 따라 그 텍스트가 달라질 수 있다는 한계점을 갖는다. 예컨대 현재 프로그램을 둘러싼 논쟁 가운데 "프로그램이 특정 범죄를 엽기적이고 일부 인물의 기행으로 '이야기'함으로써 사회구조적인 원인을 비가시화한다"라는 주장에 대해서 설명하지 못한다. 이에 따라 〈꼬꼬무〉가 다루는 주제별로 다양한 텍스트 분석이 이루어진다면 프로그램이 어떤 주제를 어떤 이데올로기적 시선으로 연출하는지 발견할 수 있을 것으로 예상한다.

● 참고문헌

1. 자료
TV 프로그램 〈꼬리에 꼬리를 무는 그날 이야기〉(최태환 기획, 2020~)

2. 논문, 저서
강주현·허윤철. 2021. 「TV 리얼리티 프로그램이 구성하는 사회적 신화: SBS 백종원의 〈골목식당〉 텍스트 분석」. 《한국방송학보》, 35(4).
김남일. 2008. 「텔레비전 오락 프로그램에서 웃음유발의 정치성: MBC-TV 〈무한도전〉의 텍스트 분석을 중심으로」. 《한국방송학보》, 22(6).
김동춘. 2013. 『이것은 기억과의 전쟁이다』. 사계절.
김예란. 2017. 「죽음과 기억의 미디어 쟁투: 세월호 참사의 역사화를 위한 하나의 계보학적 관점」. 《언론정보연구》, 54(1).
김윤희. 2021. 「사회적 참사를 기억하고 애도하는 방식 고찰: 영화 〈악질경찰〉과 〈생일〉을 중심으로」. 《우리문학연구》, 72.
김주미·한혜경. 2013. 「TV 건강프로그램의 '노화의 의료화' 의미화 방식: KBS 〈비타민〉의 텍스트 분석을 중심으로」. 《한국언론정보학보》, 61(1).
알라이다 아스만(Aleida Assmann). 2011. 『기억의 공간』. 그린비.

3. 인터넷 기사
《스포츠동아》. 2021.5.11. "윤종신·유희열·장도연…'이야기꾼'들의 전성시대". https://sports.donga.com/ent/article/all/20210510/106852080/3.
《아시아경제》. 2018.6.29. "삼풍백화점 붕괴·화성 씨랜드 화재 참사…… 강산 두 번 바뀔 동안 변한 건 없었다". https://www.asiae.co.kr/article/2018062909514154274.
SBS. 2021.12.9. "SBS '꼬꼬무', 한국방송비평상 수상". https://news.sbs.co.kr/news/endPage.do?news_id=N1006563737&plink=COPYPASTE&cooper=SBSNEWSEND.

시청자를 바보로 만드는 방법

관찰 예능, 그리고 관찰자 예능에서 나타나는 수동적인 대중

박춘기

최근 관찰 예능의 형식을 한 프로그램들이 각지의 방송사에서 등장하고 있다. 〈미운 우리 새끼〉, 〈나 혼자 산다〉, 〈전지적 참견 시점〉을 비롯해 일일이 언급하는 것이 무의미할 정도로 대다수 프로그램들이 이것에 해당한다. 하다못해 이제는 남의 연애 생활을 즐겨 보며 평가하는 것이 당연시되는 모습이다. 또한 관찰 예능은 예능의 모습을 바로 송출했던 것에서 나아가, 예능을 바라보는 1차 관찰자를 도입하는 새로운 형식을 활용한다. 〈나 혼자 산다〉는 혼자 사는 개인의 일상을 1차 관찰자인 관찰 예능 출연자들이 함께 보고 대화하는 모습을 담고, 〈미운 우리 새끼〉는 미혼, 이혼인 30~40대 연예인들의 삶을 그들의 어머니가 관찰하면서, 분노하거나 안타까워하는 반응을 보임으로써 시청자의 공감을 이끈다. 이처럼 1차 관찰자의 역할은 예능의 내용에 먼저 반응하고, 각자의 의견과 생각을 더해줌으로써 프로그램의 감칠맛을 내주는 존재들이다. 이 글에서는 관찰 예능을 바라보는 1차 관찰자를 설정함으로써, 시청자를 2차 관찰자화하는 관찰 예능의 형식을 '관찰자 예능'이라고 지칭한다.

이 글은 관찰 예능과 관찰자 예능의 문제점에 대한 논고다. 관찰자 예능의 문제점을 말하기에 앞서, 관찰자 예능의 형식을 사용하는 프로그램의 대부분이 관찰 예능에 해당한다. 즉, 관찰 예능과 관찰자 예능이 함께 활용되는 이유는, 아마도 대중의 호응을 이끄는 특징이 존재하기 때문일 것이다. 이에 관찰 예능의 흥행에 대한 원인을 분석함으로써 관찰자 예능의 문제점에 다가가 보자.

관찰 예능의 흥행 요인, 관음증은 문화인가?

전문가들은 다른 세계에서 살고 있다고 생각한 존재의 일상을 관찰함으로써, 접점에 공감해 친밀감을 느끼는 것을 관찰 예능의 흥행 요인으로 분석한다. 그러나 관찰 예능은 기존의 분석점인 '연예인의 일상에서 친밀감'을 느끼는 모습과는 다르게 연예인의 외적·내적인 특징을 따라가는 유행의 선도자로서 두각을 보이기도 한다. 관찰 예능에서 나타나는 연예인들의 사소한 아이템들이 시중에서 빠른 속도로 품절이 되거나, 연예인의 행동이나 습관이 '유행'이 되는 것을 통해서 확인할 수 있다. 나아가 재력을 과시하는 자동차, 가구의 가격이 온라인을 통해 알려짐으로써, 성공에 대한 욕구를 자극하는 우상화 현상이 나타나기도 한다. 즉, 관찰 예능의 흥행 요인은 대중과의 친밀감에서 나아가, 친밀하지 못한 우상화의 심리가 동시에 발현되는 것이라고 말할 수 있다. 이것은 당최 이해할 수 없는 대중의 이중적인 모습을 보여주기 적절한 사례이다. 그렇다면 관찰 예능을 어떤 관점에서 바라보아야 대중의 두 가지 성질을 정확히 이해할 수 있을까.

이 글에서는 남의 일상을 관찰하는 것 자체만으로 희열을 느끼는 디지털 관음증에 주목하고자 한다. 대중의 이중성을 분석하기 위해서는, 대중 자체의 본래적인 욕구에 주목함으로써 근본적인 원인에 다가가야 명확한 분석이 가능하다고 생각한다. 관찰 예능의 영향으로 나타나는 대중의 반응을 나열하고 그 속에서 공통점을 찾는 것보다, 대중의 본래 욕구에 주목해 두 가지 현상을 따라가는 것이 정확한 분석을 가능하게 한다.

이렇듯 관음증을 원인으로 보는 데는 텔레비전 이외에도 사회 문화 전반에서 관음증이 나타나고 있다는 점이 중요하게 작용한다. 현대의 SNS에서 나타나는 주류 문화는 관음증이 대중의 당연한 특징임을 보여줌으로써 관찰 예능을 관음증으로 해석하는 타당한 근거가 된다. SNS는 트위터 → 페이스북 → 인스타그램의 순서로 발전해 왔으며, 텍스트 → '이미지 + 텍스트' → 이미지의 과정을 통해서 네트워크의 구조가 점차 이미지화된다. 이때 이미지가 소통의 주된 흐름으로 등장하고 상대의 프로필에 들어와서 이미지를 훔쳐보는 것이 보편적인 문화가 되면서, 보다 편하게 훔쳐볼 수 있는 '염탐 계정'이라는 새로운 문화가 등장하게 된다. 이것은 관음증이라는 대중의 심리가 사회에 보편적으로 나타나는 특징임을 보여주는 대표적인 사례. 이로써 관음증이 대중의 특징임을 알아보았다면, 관찰 예능에 대입해 관찰 예능의 흥행 원인으로서 대중의 이중성을 분석하는 것은 적합한 시도일 것이다.

관찰 예능의 관음증과 수동성

관음증과 관찰 예능에서 발생하는 대중의 특징은, 수동성이라는 연결고리를 통해서 분석할 수 있다. 관음증을 처음 제시한 프로이트는 노출증과 관음증의 관계를 능동성과 수동성의 상호 변환 과정에서 발생하는 쾌락으로 보고 있다[1]. 관음증은 수동적으로 남을 관찰하는 것에서 나아가, 자신을 직접 그 상황에 대입하는 능동적인 사고로 전환될 때 발생하는 것이다. 노출증은 자신을 보여주는 것에서 나아가, 자신을 객체의 관점에서 바라보는 수동적인 사고로 전환될 때 나타나는 것이다. 프로이트는 두 가지 사례의 공통점을 수동성이라고 분석한다. 즉, SNS를 통해 나타나는 노출증과 관음증은 대중의 수동적인 사고를 의미하는 것이다. 관찰 예능 역시도, 대중의 관음증을 통해서 대중이 수동적인 자아를 형성하도록 만들 뿐만 아니라, 연예인들의 노출(신체 부위를 포함한 사생활의 노출) 역시도 수동적인 사고를 형성할 수 있다.

관음증을 통한 수동적인 자아를 통해서 관찰 예능에서 나타나는 대중의 이중성을 분석해 보자. 연예인에게 친밀감을 느끼는 것은, 관음을 통해서 수동적인 사고가 능동적인 사고로 변환될 때 간혹 느껴지는 유사성을 의미한다. 연예인의 사생활을 감상하면서 연예인의 일상생활을 자신의 상황에 대입시킬 때 실제 나와 비슷한 행동을 함으로써 발생하는 동질감을 말한다. 즉, 친밀감은 관음증을 통해서 느끼는 하나의 감정에 불과하다. 관찰 예능을 분석함에 있어서 연예인이 인간적이지 못한, 나와는 다른 모습을 보이더라도 대중이 호응하는 이유는, 그 목적이 그저 관음을 즐기는 것에 있기 때문인 것이다. 대중은 사생활을 관찰하

---

1   프로이트, 『본능과 그 변화』(1915).
　　① 하나의 '행동'으로서 관조 행위가 외부의 대상을 향해 이루어진다. ② 외부 대상으로 향했던 관음 본능이 주체 자신의 신체 일부분으로 향하게 된다. 이와 더불어 능동성이 수동성으로 전환되면서 새로운 목적, 즉 누가 바라보기를 바라는 목적이 설정된다. ③ 새로운 대상을 끌어들여 그 대상이 바라볼 수 있도록 그에게 자신의 모습을 내보인다.

고 스스로를 대입해 보는 것을 선호하며, 인간적인 그들의 모습에서 동질성을 찾는 것은 관음증이 주는 쾌락의 일부일 뿐이다. 아마도 동질성에서 느끼는 친밀감이라는 단어만으로 관찰 예능을 분석하는 것은, 관음증의 의미에 대한 분석이 부족했기 때문일 것이다. 그리고 관음에서 나아가 현실에서도 연예인의 행동을 닮아가고자 하는 모습은 우상화와 유행을 만들어낸다. 관찰 예능을 통해서 대입하고 즐겨 보았던 연예인의 일상을 현실에서도 느끼고 싶은 욕구가 유행을 만들어내는 것이다. 이처럼 남의 모습에서 영향을 받아 자신을 맞춰가는 것은 곧 수동적인 대중의 특징이 만들어내는 결과다.

실제로 미국의 사생활 토크쇼는 대중의 관음증을 유발한다는 점에서 큰 비판을 받는다. 이 문제는 대중의 수동성에 대한 염려에서 비롯된 것이다. 하물며 사생활을 직접 관찰하는 영상은 어떠한가? 남을 관찰하는 행위는 곧 대중의 관음증을 유도하며, 관음증은 대중의 수동적인 성질을 형성한다. 물론 대중이 본래 남을 관찰하는 것을 좋아해 관찰 예능이 흥행하는 것인지, 혹은 관찰 예능을 통해서 남을 엿보는 관음의 성격이 형성된 것인지 선후의 차이는 불분명하다. 그러나 관음증이 하나의 문화로 등장하는 것이 대중의 수동성이라는 문제점을 양산하게 될 것이라는 점에서 관찰 예능의 문제점은 명확하다. 그렇다면 관찰 예능의 형식인 관찰자 예능은 관음증을 통한 수동성과 어떤 연관성이 있을까.

새로운 예능 형식, 관찰자 예능의 등장

정확한 시기를 특정하기는 어렵지만, 관찰 예능에서는 대부분 1차 관찰자를 설정하는 '관찰자 예능'의 형식을 도입하기 시작했다. 아니, 모든 관찰 예능에는 항상 관찰자 예능이 꼬리표처럼 따라다닌다 하더라도 지나친 표현은 아닐 것이다. 관찰자 예능의 등장 배경이 단순한 우연인지 혹은 대중의 성향에 맞춰 등장한 것인지의 차례는 명확하지 않지만, 관찰자의 역할을 분석해 보면 우연이든 아니든 간에 대중에게 나타나는 문제점은 수동성으로 동일하게 귀결된다.

관찰 예능은 기존의 예능처럼 대화를 통해서 프로그램을 이끌어내는 형식이 아닌, 행동을 중심으로 예능을 이끌어나간다는 점에서 차이가 있다. 그러나 개인의 행동만으로는 출연자의 목적 혹은 심리가 구체적으로 드러나지 않기 때문에, 영화처럼 시청자들이 출연자의 의도를 직접 파악하는 과정이 필요하다. 이때 1차 관찰자의 역할은 출연자의 의도를 분석해 주는 목적을 가지고 있다. 시청자들이 파악해야 하는 출연자의 의도를 먼저 분석해 주거나 설명해 줌으로써 시청자의 궁금증을 해결해 주는 것이다. 또한 1차 관찰자는 시청자의 관점으로 반응하기 때문에, 시청자의 생각을 대변해 준다는 점에서 호응을 얻고 있는 것이다. 이것이 바로 관찰 예능에서 1차 관찰자들이 필수적으로 요구되는 이유다. 그러나 1차 관찰자의 반응과 사고가 시청자에게 직간접적인 영향을 준다는 점을 생각하면, 마냥 긍정적인 역할로 바라보기는 어렵다.

관찰자 예능의 수동성

영화와 드라마의 유익성은 작품을 하나로 꿰어내는 것에 있다. 다만 사람마다 주목하는 바가 다르므로 분석하는 과정이 다르기 때문에, 얻을 수 있는 것은 다르다. 그러나 1차 관찰자를 설정하는 것만으로도 이러한 유익성이 다소 제약된다. 관찰 예능에서 나타나는 대부분의 1차 관찰자들은 뛰어난 전문가나 평론가들이 아닌, 그저 얼굴이 알려진 연예인들로 구성된다. 이들은 예능의 내용에 대해 자신만의 독특하거나 새로운 시야가 아닌 일반적인 대중의 사고로서 예능을 분석하고자 한다. 단지 대중의 입맛에 맞게 반응하다 보니, 점차 그들의 평가가 곧 대중의 모습으로 비춰진다. 이것은 〈골목식당〉, 〈금쪽같은 내 새끼〉와 같이 전문가를 출연시켜 그들의 견해를 듣는 방식과는 조금 다르다. 전문적인 지식은 곧 배움을 전제로 하지만, 비전문적인 연예인의 분석은 공감에서 벗어나지 않기 때문이다. 방송 내용에 대해서 토론을 통한 다방면적 접근이 아니라, 시청자들이 공감할 부분을 언급하는 것은 일반적인 대중의 사고를 수동적으로 형성하는 것이다. 아직 의미가 명확하게 전달되지 않는다면, 만화책과 소설책의 차이점을 분석하기 위해서 '만화'의 역할에 주목해 보자.

만화책이 아이들의 상상력을 저해한다는 것은 한 번쯤은 들어봤을 법한 문제점이다. 소설책의 유익성은 단지 책을 어떻게 이해하느냐에서 나아가, 글을 얼마나 효과적으로 상상하는가에 대한 능력을 키워줌에 있다. 그러나 만화책은 소설의 내용에 화가가 생각하는 상상을 만화로 더하기 때문에, 독자로 하여금 그림에 갇힘으로써 소설책만큼 주체적으로 상상하거나 사고하기 어렵게 한다. 이러한 소설책과 만화책의 차이점은 예능을 바라보는 1차 관찰자의 유무와 비교할 수 있다. 1차 관찰자는 예능이라는 소설에 만화를 더한 설정이라고 말할 수 있다. 기존의 예능에서는 꽃이라는 자원에 대해 소개했다면, 시청자들은 이것을 마시거나 만들어 활용할 수 있다는 다양한 접근과 반응을 가능케 했다. 그러나 관찰자 예능에서는 꽃이라는 자원에 대해서 1차 관찰자가 먼저 접근함으로써, 시청자들의 사고방식에 직접적인 영향을 준다고 할 수 있다. 다음 과정은 대중의 의견을 공감하는 목적으로 출연했던 1차 관찰자가, 대중의 의견을 형성하는 것으로 선후가 변화되는 아이러니를 의미한다. 이것은 곧 자신의 기준으로 문제점을 판단하는 것이 아닌 대중의 입장에서, 그리고 나아가 다른 사람의 관점에서 무조건적으로 수용하는 형태가 되는 것이다. 따라서 1차 관찰자의 설정은 시청자의 반응에 직접적인 영향을 줌으로써, 여론을 형성하는 역할이 될 수 있음에 유의해야 한다. 소설을 이해하기 쉽도록 이미지를 보는 것에 익숙해짐으로써 나중에는 그림에 집중해 글은 그저 부연 설명에 불과해지는 것처럼, 스스로 상상하려는 시도조차 하지 않게 되는 과정과 유사하다. 더욱이 1차 관찰자의 분석을 받아들이면서 스스로 사고하는 습관을 잊어버릴지도 모른다.

둘째로 관찰자 예능 형식은 그 자체만으로 또 하나의 세계를 만들어낸다. 텔레비전의 소통은 단방향 소통으로 알려져 있으나, 전달된 내용에 시청자들이 반응하는 것까지가 하나의 프로그램이라고 할 수 있다. 네트워크의 발전으로 대중의 반응이 프로그램에 영향을 준다는 것을 인지하면서부터, 대중은 그저 관찰자가 아니라 참여자로서 지위를 가지게 되었다. 텔레비전이 단순한 일방적 소통의 미디어가 아니라 쌍방향으로 소통하는 미디어로서 두각을 드러내기 시작한 것이다. 그러나 1차 관찰자를 도입하는 것은 텔레비전 내에서 프로그램을 마무리 짓는 결과를 가져온다. 텔레비전과 소통함으로써 하나의 프로그램에 참여했던 것과 다르게, 하나의 프로그램을 관찰하는 역할로 전락하고 만 것이다. 이것은 시청자로 하여금 프로그램의 참여자가 아닌 단순한 관찰자로 만든다는 점에서 대중이 수동적인 참여에 익숙하게끔 만드는 것이다. 관찰자를 활용한 관찰 예능은 대중의 역할을 일방적인 관찰자의 범주로 끌어내리려는 듯하다.

본래 텔레비전은 바보상자라고 불렀다. 단방향 소통의 특징 때문에, 출연자의 모습을 단순히 관찰하는 행위가 능동적인 사고를 저해하기 때문이다. 그러나 1차 관찰자의 설정은 텔레비전의 단점을 보다 부각시킨, 수동성을 극대화한 모습이라고 할 수 있다. 행위자와 관찰자를 모두 포함한 프로그램은 이전에 예능을 보던 우리의 모습을 다시 텔레비전으로 옮겨놓은 모습으로, 보다 능동성을 둔화시킬 것이라고 생각한다.

관찰 예능과 관찰자 예능의 공통점, 수동적인 대중

'관음증'은 친밀감을 형성하고자 하는 대중과 유행을 따라가고자 하는 대중의 이중성을 분석할 수 있는 재료다. 그러나 대중의 경악할 만한 습성인 관음증은 수동적인 사고를 전제함에 유의해야 한다. 또한 관찰자 예능은 형식 자체가 대중을 수동적인 사고에 익숙하게 만든다. 이 글을 통해서 관찰 예능과 관찰자 예능은 서로 다른 방법을 활용해 대중의 수동적인 사고를 이끌어낸다는 위험성을 제시했다. 어쩌면 관찰 예능과 관찰자 예능이 함께 나타나는 이유는, 수동적인 대중의 호응을 얻을 수 있는 가장 효과적인 방법이기 때문일 것이다.

　　대중의 수동성, 그리고 수동적으로 수용된 여론은 곧 민주주의의 가장 큰 취약점으로 작용할 것이다. 시대는 갈수록 민주주의를 지지하고 있음에도 수동적인 사고를 가진 대중의 우민화는, 민주주의를 무의미하게 만든다. 따라서 수동적인 성격과 사고를 형성하는 프로그램은 그 자체로 개선이 요구된다. 현대는 네트워크의 발전 이전의 모습과 다르게, 텔레비전을 단순히 바보상자로 부르지 않을 수 있는 쌍방향의 소통이 가능하다는 점에서, 텔레비전의 단점을 극복할 수 있는 충분한 조건을 갖추었다. 그러나 단점을 극복하지는 못한 채, 더욱 확대하려는 것은 시대착오적인 행위라고 할 수 있다. 이것이 인위적인 목적을 통해서 대중을 다루기 쉬운 존재로 만들고자 한 것인지, 혹은 인간 내면의 더러운 욕심이 만들어낸 자연스러운 형성인지는 알지 못한다. 그러나 원인이 무엇이 되든 간에 반드시 변화되어야 할 문화임은 분명하다. 다소 이에 대한 논의가 늦었다고 생각되지만, 이제라도 잘못된 문화의 조류를 바꿀 수만 있다면 가치 있는 논의가 될 것이다.

텔레비전은 대중의 약점을 쥐고 한번 들어가면 빠져나오기 어려운 특징을 활용해, 그 속에서 수많은 문제를 수용토록 만든다. 또한 단점을 열거하기 무섭게, 우리에게 유익한 영향을 주는 것도 셀 수 없이 많다. 다만 그 속에서 텔레비전의 단점을 최소화하기 위한 시도를 보여준다면 그 자체로 세상을 이롭게 하는 일이라고 할 수 있다. 물론 그 과정이 쉽지 않겠지만 많은 방송인들이 대중의 욕구를 공략해 인기를 얻음으로써 따라오는 이익을 기다리기보다는, 방송을 통해 대중이 받는 영향을 심층적으로 의논해 선한 가치를 실현하고자 할 날이 오기를 기대할 뿐이다.

'돈 되는 교육'을 넘어

KBS2 〈자본주의 학교〉

김서현

서론

부동산 가격이 급등하고, 물가가 천정부지로 치솟는 가운데 월급만으로 원하는 만큼의 생활수준을 영위하기 어렵다는 불안감이 커지면서 많은 사람들이 재테크에 열을 올린다. 오히려 재테크를 하지 않는 사람들이 드물다 보니, 이른바 '벼락거지' 신세를 면하기 위해서는 너도나도 재테크에 뛰어들 것을 종용하는 시대다.

　　2019년쯤부터 가속화된 이러한 흐름은 방송 트렌드에도 고스란히 반영되어 왔다. SBS 〈돈워리스쿨〉, KBS 〈슬기로운 어른이 생활〉, JTBC 〈돈 길만 걸어요: 정산회담〉 등 방송사들은 앞다투어 재테크 프로그램들을 쏟아냈고 이러한 프로그램들의 주 시청 연령층은 이제 막 돈 불리기를 시작할 2030들이 대부분이었다.

그런데 바야흐로 2022년, 10대들에게 생존 경제를 가르쳐준다는 프로그램 〈자본주의 학교〉가 등장했다. 자본주의 사회를 살아가는 아이들에게 경제 조기교육이 필요하다는 것이다. 〈자본주의 학교〉는 파일럿 방송에서 8%의 순간 최고 시청률을 기록하며 화제가 되었고, 그해 4월에 정규 편성까지 되면서 경제 교육에 대한 대중의 높은 관심을 보여줬다.

하지만 프로그램이 진행될수록 시청률은 하락하는 모양새를 보이더니 방영 기간 중후반에는 주로 1%대에 머물렀다. 부동산, 자영업, 리셀테크 등 다채로운 주제를 다루면서 변화를 꾀했지만, 결국 최종 회차인 21회에 1.8%의 시청률을 기록하며 마무리되었다. 그 말인즉슨 시청자들의 기대에 충실히 부응하지 못했다고 볼 수 있다. 이 비평문에서는 표면상으로 나타나는 〈자본주의 학교〉의 주된 문제점이 무엇인지와 더불어 〈자본주의 학교〉의 메시지와 가치가 미칠 수 있는 영향이 무엇인지 분석해 보고자 한다. 또한 요즘 같은 시류에 맞추어 이러한 경제 교육 프로그램들이 어떤 방향으로 나아가는 것이 좋을지 의견을 정리해 보고자 한다.

본론

1) 자본주의 교육에 대한 피상적인 접근

OECD는 금융 이해력을 생존 도구로 규정하고 있다. 그만큼 우리 사회에서 금융 교육은 필수적인 과정이 되었다. 〈자본주의 학교〉도 아이들을 위한 경제 교육 프로그램을 표방하는 만큼, 아이들에게 경제 이해도를 높여주는 정보 전달에 치중한 유익함을 기대하고 시청했다. 하지만 프로그램은 관찰 예능 포맷의 체험 위주 프로그램으로, 실질적으로 유용한 경제 상식보다는 연예인 자녀들의 체험이 주가 되는 모습을 보여주었다. 가령 일일 아르바이트로 관광가이드를 하면서 경제적으로 어떻게 여행을 꾸려나가는지보다는 어떤 음식을 먹고 어떤 체험을 했는지를 중심으로 보여준다든지, 일일 치킨 장사를 하면서 일어나는 크고 작은 해프닝들을 보여주지만, 정작 가장 기본적인 근로계약서 쓰는 방법조차 알려주지 않는다든지 하는 식이다. 이렇듯 〈자본주의 학교〉는 아이들이 직접 돈벌이를 체험해 보고 그것을 그저 재밌게 구경하는 프로그램에 그친다. 학생 출연진들이 경제활동을 직접 해보았다는 것 자체에 의미가 있을지 모르나, '자본주의 생존법'을 알려준다는 캐치프레이즈에 비하면 경험을 통해 얻게 되는 지식은 너무나 얕은 수준에 머물러 있는 것이다. 시청자들의 입장에서는 더욱 프로그램을 통해 얻는 것이 부족하다고 느껴진다.

또한 〈자본주의 학교〉는 기본적으로 출연진들이 돈을 최대한 많이 버는 것이 목적으로 설정된 프로그램이다. 학생 출연진들은 100만 원의 시드머니를 받아 각자의 방식으로 돈을 불린다. 후에 이를 정산해 순위를 매긴 뒤 1위 수익금 전액을 기부하는 것이 기본 진행 방식이다. 좋은 취지와 더불어 흥미로운 전개를 기대해 볼 수 있는 대목이다. 하지만 동시에 프로그램이 유의해서 다루어야 할 것도 이 지점이라고 생각한다. 실제로 출연진들은 저마다 어떻게 하면 돈을 '더 많이' 벌 수 있을지 고민하기 시작한다. 본질적인 경제 관념을 바로 세우기도 전에, '돈벌이' 그 자체가 교육의 지향점이 되어가는 모습이 그려지는 것이다. 자본주의 세상을 현명하게 헤쳐 나가도록 하기 위함이라는 소기의 목적을 달성하기 위해서라면 단순히 돈을 양적으로 늘리는 기술 외에도 보다 본질적인 부분, 이를테면 돈의 가치와 시장의 원리 같은 개념을 학습할 수 있게 도와주어야 하지 않았을까? 실제로 전문성을 갖춘 패널들을 섭외했음에도 많은 분량이 단순한 리액션에 소모되곤 해 아쉬울 따름이었다. '관찰 예능'이라는 포맷에 이 같은 진행 방법은 자연스러울지 모르나, '교육'이라는 목표가 있는 이상 그에 걸맞은 진지한 고민이 필요하다고 생각한다.

2) 공감을 이끌어내지 못하는 이유

진짜 돈벌이를 보여준다는 관찰 예능이지만, 프로그램 속 출연진들이 경험하는 세상은 시청자들의 현실과는 큰 괴리를 보인다. 출연진 대부분이 연예인 자녀로서 부모에게서 물려받은 무형자산, 이른바 문화자본이라고 불리는 것들을 이용해 돈벌이에 나서는 모습을 보여주고 있기 때문이다.

　　이를테면 과거 〈아빠! 어디 가?〉라는 프로그램에 출연했던 윤후는 곡을 만들어서 저작권료로 돈을 벌고자 한다. 이 과정에서 유명 뮤지션 자이언티의 프로듀싱을 받는다거나, 트로트 가수 영탁이 멘토로 참여하기도 한다. 녹음 과정에서는 아버지 윤민수가 직접 프로듀싱에 나선다. 물론 곡을 만드는 데 있어서 윤후의 음악적 소질과 과거 방송에서 활약했던 경험이 발휘된 것은 틀림없는 사실이다. 하지만 아버지와 프로그램의 지원이 아니었다면 지금처럼 개인의 소질을 십분 발휘하고 인정받을 수 있는 기회가 주어지기는 어려웠을 것이다.

　　고(故) 신해철의 자녀인 신하연, 신동원 남매 또한 비슷하다. 아버지의 별명에서 영감을 받아 제작한 '마왕티콘'은 심사를 통과해 실시간 1위를 기록할 정도로 많은 관심을 모았다. 또 이를 굿즈로 제작해 판매한다거나 아버지의 영상을 상영하는 일일 카페를 열기도 했다. 이 또한 자녀의 노력과 재능의 결과물이긴 하나 자녀들을 보며 신해철을 추억하고 싶어 하는 팬들의 구매력이 이미 있었기에 많은 화제를 얻고 수익을 낼수 있었다. 그뿐인가, 신해철 생전 연을 맺어온 유명 사진작가의 도움으로 그를 오마주 한 광고를 찍거나 패션쇼 프로필을 찍기도 한다.

이런 활동들 자체는 전부 연예인 자녀 개인으로서 한다면 전혀 문제될 이유가 없다. 하지만 프로그램에서 일련의 진행 과정들을 단순히 '경제활동'으로 다루면 곤란해진다. 이들은 모두 보편적인 경제활동 경험과는 거리가 멀기 때문이다. 시청자들이 해당 경험들에서 무언가를 공감하기도, 배우기도 어려워지는 것은 당연한 일이다. 앞으로의 사회에서 금융 교육을 통한 금융 이해력의 차이가 빈부격차를 만들 것은 자명하기에, 세습된 경제력과 정보력의 차이를 메꾸어주기 위한 교육 프로그램으로서 〈자본주의 학교〉에 기대할 수 있는 바가 분명히 있었다. 하지만 프로그램은 오히려 대다수의 시청자들이 흉내조차 내기 어려운 출연진들의 단편적인 성취 경험들을 보여주면서 문화자본의 차이가 만들어낸 계급과 기회의 차이를 부각해 보여주는 효과를 낳지 않았는가?

3) '가난한 아빠'가 되시겠습니까?

『부자 아빠 가난한 아빠』라는 책이 한때 한국에서 많은 인기를 얻었다. 저자는 책에서 부자 아빠와 가난한 아빠를 대비하면서 어떤 행동을 취하느냐에 따라 부와 가난이 결정된다고 말한다. 그가 주장하는 자산은 일하지 않아도 지속해서 돈을 벌어주는 사업체, 부동산, 주식과 채권, 지적재산권이나 특허권 등이다.

프로그램이 은연중에 전하는 메시지의 골자도 이와 유사하다. 최소 중산층 이상의 삶을 자식에게 세습하기 위해서는 돈을 굴려 돈을 버는 방법에 대해 배우고 가르쳐야 한다는 것이다. 방송에선 실제로 11살아이가 새벽에 일어나 해외 주식을 사는 광경을 보여주고 그런 모습을 칭찬하고 현명한 아이라고 추켜세우는 모습 등이 반복적으로 등장한다. 어떤 아이는 "건물주가 되어서 일하지 않고 편하게 살고 싶다"라는 꿈을 밝히고, 누군가는 "돈을 벌어 부모님께 외제 차를 타게 해주고 싶다", "백화점을 차려 돈을 더 많이 벌고 싶다" 등의 포부를 말한다. 주변 어른들은 이를 기특하게 여긴다. 어린 나이에 사업가가 되었다는 한 게스트는 지출이 많지 않은 10대가 가장 돈 벌기 좋은 나이라고 생각한다며 사업에 도전할 것을 적극적으로 권한다. 어려서부터 재테크의 유용성을 설파하는 아이들을 보며 학부모들은 자신의 아이를 비교하고 뒤처져 있다고 생각하기 쉽다. 사교육, 조기교육 열풍이 거센 한국에서 이 같은 장면들은 학부모의 불안감을 부추기는 데 효과적이다.

그런 면에서 〈자본주의 학교〉는 정작 교육 대상인 아이들보다는 부모 세대를 타깃으로 한 프로그램으로 보인다. 이는 캐스팅에서도 드러난다. 트로트 가수 정동원이나, 부모 세대에게 많은 인기가 있었던 신해철의 자녀들, 과거에 육아 방송에서 '국민조카'로 활약했던 윤후가 성장한 모습 등이 등장한다. 아이들이 자발적으로 프로그램을 시청할 만한 동기는 부족해졌다. 10대가 더 이상 텔레비전을 보지 않는 추세임을 감안하더라도, 유튜브를 통해 업로드되는 〈자본주의 학교〉 방송 클립마저 부모 세대에 친숙하고 반가운 인물들의 근황으로 클릭을 유도하는 경우가 대부분이다. 자연히 〈자본주의 학교〉는 아이들에게 올바른 경제 관념을 가르쳐주기 위한 프로그램이라기보다, 부모에게 일찍부터 재테크를 가르치지 않으면 안 된다는 조바심을 일으키는 데에 더 초점을 맞춘 프로그램이 되었다. 과거 계층 사다리로 여겨졌던 '좋은 직업'을 얻는 수단은 공부였고, 이 사실이 우리나라의 교육열을 세계 최고 수준에 달하게 만들었다. 시대가 변함에 따라 앞으로의 계층 사다리로 여겨지는 재테크 교육에 관심이 쏠리는 것은 어찌 보면 당연한 현상일지 모른다. 하지만 앞서 언급했던 바와 같이 정보 전달 기능을 소홀히 하면서 불안감만을 조성해 자녀의 재테크 조기교육에 뛰어들 것을 종용하는 태도는 무책임하게 느껴진다.

이 같은 메시지가 더 위험하게 다가오는 이유는, 결국 자본주의에서 살아남지 못하는 것은 미리 공부하지 못한 개인의 책임이라는 논리와도 맞닿아 있기 때문이다. 자본주의는 결코 모두가 부자 될 수 있는 시스템이 아니다. 하지만 프로그램은 누구나 부자가 될 수 있다는 듯 환상을 심어준다. 돈을 많이 버는 것이 곧 경쟁에서 이기는 것이고 살아남는 것이라 가르친다. 아이들에게 성공과 경쟁만을 주입하기보다는 우리 사회가 너무도 쉽게 개인의 책임으로 치부하고 있는 것들을 바라볼 수 있도록 도와주어야 한다. 우리 대부분이 속하게 될 일반적인 노동자나 약자의 현실을 생각해 볼 수 있게 해야 한다. 그것이야말로 모두가 '돈'을 외치는 세상에서 역설적으로 '자본주의 학교'가 던져줘야 했을 메시지가 아닐까?

프로그램은 '기부'라는 명목상의 선한 목표를 통해 부자 아빠와 가난한 아빠라는 이분법의 전제들을 교묘히 가리고, 프로그램이 취하는 배금주의적인 태도를 정당화한다. 이 기부가 시혜적이기만 한 것이 아니라, 실제로 교육적인 효과를 갖기 위해서는 승자를 정해 소득을 기부하는 데서 그치지 않고 기부금이 구체적으로 어디에서 어떻게 쓰이고 있는지, 이러한 선순환 구조를 만드는 일이 얼마나 가치 있는지를 보여주는 것이 의미 있었겠다는 생각도 해본다.

결론: 자본주의 너머의 교육을 위해

〈자본주의 학교〉의 기획 자체는 무척 시의적절했다고 생각한다. 경제적 자립 능력이 필수적인 이 시대에서 어려운 경제 공부를 쉽고 재미있게 풀어나갈 수 있었다면 의도했던 대로 어른, 아이 할 것 없이 많은 사람들에게 도움을 줄 수 있는 프로그램이 되었을 것이다. 현재 우리나라의 금융 교육은 그 중요성에 비해 현저히 낮은 관심과 제대로 수행되기에 부적합한 교육 현실 속에 있다. 그렇기에 청소년, 아이들을 대상으로 경제 교육을 예능의 방식으로 풀어나간다는 시도 자체는 무척이나 환영할 만한 일이다. 그래서 더욱 아쉬움이 남는다. 〈자본주의 학교〉는 시청률 부진으로 9월 4일 종영을 맞았으나 앞서 지적했던 문제점들을 개선해, 혹은 〈자본주의 학교〉의 선례를 참고 삼아 더 나은 경제 교육 프로그램이 제작될 수 있기를 기대해 본다.

앞으로의 경제 교육 프로그램들이 진정으로 유익해지기 위해서는 단순히 '돈 버는 것'에만 초점을 맞추어서는 안 될 것이다. 또한 스타 출연진들의 일상 중계에 시청률을 의존하기보다는 시청자들이 공감할 수 있는 현실적인 경제생활의 모습들을 보여줬으면 좋겠다. 마치 세트장처럼 그들만을 위해 준비한 유리된 세계가 아니라 현실을 비추는 거울로서 프로그램이 역할을 다했으면 하는 바람이다. 가장 자극되기 쉬운 학부모를 타깃으로 삼아 불안감을 조성하는 것 역시 바람직하지 않다. 이를 통해 시청률을 확보하려는 것을 가장 경계해야 할 것이다. 나아가 경쟁과 성장 담론에 가려진 흔적들을 무시하지 않고 시청자들에게 자본주의 세상, 돈 되는 교육 그 너머에 있는 가치를 가르쳐주는 프로그램이 만들어지기를 바란다.

스스스: 스포츠의, 스포츠에 의한, 스포츠를 위한 예능

예능을 휩쓸고 있는 스포츠에 대한 고찰

임종철

스포츠의, 스포츠에 의한, 스포츠를 위한 예능은 TV에서 사라지지 않을 것입니다(Variety of the sports, by the sports, for the sports shall not perish from the TV).

에이브러햄 링컨의 게티즈버그 연설문 일부를 국민과 정부가 아닌 스포츠와 예능으로 바꿔서 오마주 했다. 현재 예능에 붐이 일고 있는 스포츠에 대한 고찰을 위의 문장을 가지고 구절 별로 나눠서 배경 및 진단과 현 상황, 한계와 나아갈 점을 알아볼 것이다.

Variety of the Sports: 배경 및 진단

코로나가 전 세계를 잠식한 지 햇수로 3년이 되어가는 시점에서 방송국은 거리두기와 방역을 준수하며 프로그램을 제작하는 데 익숙해졌지만 대부분 실내가 주 배경일 수밖에 없는 제작 환경은 차별성을 갖기 어려웠다. 비슷한 포맷의 프로그램들은 시청자에게 흥미를 주기 어려웠다. 그러나 스포츠는 달랐다. 코로나 초기에는 전면 중단되면서 단축 시즌을 맞는 위기를 겪었으나 시간이 지나면서 정상화되었고 단조롭고 반복되는 방송들 속에 매번 새로움을 느낄 수 있는 유일한 탈출구가 되었다. 침체되어 있던 일상에 역동성을 부여할 수 있는 스포츠에 대한 인기는 그어느 때보다 높아졌다.

더불어 1년 미뤄진 2020 도쿄 하계올림픽과 2022 베이징 동계올림픽, 월드컵까지 요 근래 1~2년 내에 국제행사가 몰려서 연달아 개최되다 보니 스포츠에 대한 전반적인 관심이 대내외적으로 고르게 유지되었다. 그 과정에서 국민 스포츠라 불리는 축구와 야구 말고도 배구, 골프, 테니스, 컬링, 쇼트트랙 등 각 종목마다 스포츠 스타들이 대거 등장하면서, 비인기종목이라고 일컫던 스포츠 영역에 대한 관심 또한 일회성이 아닌 지속적으로 이어졌다.

여태껏 스포츠 예능에 대한 시도는 종종 있어왔지만, 쉽지는 않았다. 스포츠는 보는 것과 하는 것의 편차가 큰 영역이다. 친숙하게 접할 수 있지만 전문적인 영역이다 보니 경력이 있지 않으면 진입장벽이 높았다. 재미를 추구하면 미숙한 장면의 연속이고 감동을 찾으면 다큐가 되어버려, 재미와 감동의 밸런스를 맞추기 어려웠다. 일례로 〈천하무적 야구단〉을 들 수 있다. 초반에는 야구 초보들이 훈련과 게임을 번갈아 하며 향상된 경기 실력을 보여주려는 것에 초점을 맞췄지만, 후반에는 고정 출연자들의 잦은 교체로 선수들 간의 호흡이 깨져버렸고 대회에 연달아 출전하며 너무 경기에만 집중하는 모습만 보여주어 웃음기를 잃어버렸다.

강호동을 필두로 한 〈우리동네 예체능〉이 어느 정도 성과를 거두었으나 어떤 운동이든 만능으로 해내는 강호동을 제외한 다른 출연자들의 기량은 기대에 못 미치는 경우가 많았다. 운동에 익숙하지 않은 와중에 여러 운동을 배워야 하는 스케줄상 상대적으로 짧은 연습 시간이 늘 발목을 잡았다. 씨름 선수 출신이면서도 탁월한 예능감을 갖춘 강호동까지는 아니더라도 두 가지 모두 가능한 존재가 부재했다. 그리고 이런 문제들을 해결할 수 있는 존재가 필요했다.

이를 가능케 하는 것이 스포테이너[1]의 등장이다. 이들은 균형자처럼 어느 정도 예능감도 있으면서 뛰어난 운동 실력도 갖췄다. 원래는 드물었지만 안정환, 서장훈, 박세리 등이 꾸준히 방송에 나오면서 그 숫자가 점점 늘어났다. 요즘은 은퇴한 이후 제2의 삶을 방송국에서 시작하는 선수들을 비롯해, 예전에는 시즌 성적에 안 좋은 영향을 미칠 수 있다는 이유로 미디어에 얼굴을 비추는 것을 고사했던 현역 선수들도 시대가 바뀌면서 인식이 달라져 팬들과의 소통을 위해 비시즌에 적극적으로 TV에 출연하고 있다.

사회문화적인 토대와 현실적인 여건이 마련된 가운데 〈뭉쳐야 찬다〉(이하 〈뭉찬〉)와 〈골 때리는 그녀들〉(이하 〈골때녀〉)의 성공적인 안착은 스포츠 예능이 증폭될 수 있는 직접적인 발판이 되었다.

---

1   스포츠와 엔터테이너의 합성어. 연예인처럼 방송 활동을 하는 스포츠 선수를 일컫는다.

By the Sports: 현 상황

여러 요인이 합쳐져 시너지를 일으킨 2022년은 스포츠 예능의 전성기라고 해도 무방하다. 2021년 연말부터 론칭한 스포츠 예능을 차례로 나열해 보면 〈내 이름은 캐디〉, 〈레전드 마스터스〉, 〈슈퍼 DNA는 피는 못속여!〉, 〈전설체전〉, 〈우리끼리 작전타임〉, 〈올탁구나!〉, 〈국대는 국대다〉, 〈마녀체력농구부〉, 〈편먹고 공치리3 랜덤박스〉, 〈빽 투 더 그라운드〉, 〈골프왕 시즌3〉, 〈청춘야구단〉, 〈최강야구〉, 〈노매너 스포츠: 동네 당구〉, 〈전설끼리 홀인원: 축구부 vs 농구부〉, 〈씨름의 여왕〉 등이 있다. 과거 한두 편에 그친 것과 달리, 이미 자리를 잡은 〈뭉찬〉, 〈골때녀〉를 포함하면 스무 개에 육박했다. 방영 시기가 모두 다르지만 일주일 내내 나온다고 해도 과언은 아닌 숫자다. 심지어 예능뿐만 아니라 스포츠를 소재로 한 드라마 〈너에게로 가는 속도 493km〉, 〈멘탈코치 제갈길〉이 만들어지기도 했다.

이처럼 예능이 스포츠에 열광하고 있는 이유는 무엇일까?

스포츠는 종목에 대한 호불호가 있을 수 있으나 남녀노소 모두 즐긴다는 면에서 사람들에게 친근하게 다가갈 수 있다. 특히 스포츠가 표방하는 이미지는 건강이기 때문에 호감을 가질 수 있는 긍정적인 요소로 작용한다. 해당 종목을 즐기거나 관심이 있는 사람들이라면 한 번쯤 찾아볼 수 있고 재미만 보장된다면 단단한 팬층을 확보할 수 있다.

리얼리티를 추구하는 현대 예능에서 스포츠는 그에 부합하는 특성을 가졌다. 흔히 스포츠를 "각본 없는 드라마"라고 부른다. 이는 제작자의 입장에서는 전체적인 틀을 잡아놓으면 최소한의 대본으로 구성 단계에 들일 노력을 줄여 편집이나 다른 곳에 힘을 쏟을 수 있다. 출연자에게는 흐름에 맞는 연출을 요구하지 않고 자율성을 부여함으로써 있는 그대로의 모습을 보여줄 수 있다. 제작자와 출연자가 서로에 대한 간섭을 줄이고 자신이 할 수 있는 것에 집중할 수 있다.

스포츠는 출연자마다 성장 스토리를 구축할 수 있다. 예능에서 활약하기 위해서는 자신만의 캐릭터를 잡는 것부터 시작한다. 캐릭터가 희미하다면 갈피를 못 잡고 존재감을 뽐낼 수 없다. 사실 캐릭터를 잡는 것은 쉬운 일이 아니다. 본인의 성향과 반대되는 이미지를 꾸며내야 될 수도 있고 주어진 요구에 따라 의지와는 상관없이 어떤 일을 해야 할 수도 있다. 그러나 스포츠는 자신을 고스란히 보여줄 수 있다. 오히려 꾸밈없는 모습이 자연스럽게 캐릭터로 피어나며 하나의 서사가 만들어진다. 자신을 단련해 극한까지 몰아붙이는 모습을 보면 최선을 다하는 것이 화면 밖에서도 느껴진다. 희로애락의 감정이 벅차오르고 거기에서 흘러나오는 진정성이 감동을 선사한다.

For the Sports: 한계

2022년 새해 벽두부터 예능에서 조작 문제가 불거졌다. 〈미운 우리 새끼〉(이하 〈미우새〉)와 〈골때녀〉였다.

〈미우새〉 출연자들끼리 "사자와 호랑이 중 누가 더 세냐?"라는 주제로 토론을 하는 모습이 전파를 탔는데 유튜브 콘텐츠 침펄토론에서 다뤘던 내용과 비슷했다. 물론 주제는 같을 수 있으나 대화의 흐름까지 유사하다는 지적을 받았고 결국 표절했다는 사실을 시인했다. 〈골때녀〉 또한 FC 구척장신과 FC 원더우먼의 경기가 상당히 치열한 공방전 끝에 6대 3으로 마무리되었다. 그런데 이 경기가 원래 4 대 0으로 일방적으로 끌려가던 경기였음에도 불구하고 접전처럼 보이도록 한두 점씩 주고받는 스코어로 편집해서 극적으로 조작한 정황이 네티즌들의 제보로 밝혀졌다. 이후 해명을 요구하는 여론이 들끓었다. 〈골때녀〉 제작진은 물론 일부 출연자들도 잘못을 인정했다. 이 과정에서 두 프로그램 모두 방송 관계자와 출연자들이 반성문을 쓰며 사과를 했지만, 온도차는 달랐다.

연말 시상식에서 다관왕에 오르며 SBS 간판 예능임을 입증했던 두 프로그램에 대한 비난의 여론은 상당했지만, 화살은 〈골때녀〉로 더 쏠렸다. 왜냐하면 〈미우새〉에서 했던 토론은 한 코너에 불과했지만, 〈골때녀〉의 스코어 조작은 정정당당과 공정을 표방하는 스포츠 정신에 위배됨과 동시에 해당 경기뿐 아니라 이전 경기들에까지도 영향을 미칠 수 있었다. 다행히도 조작은 한 경기밖에 없었지만, 시청자 입장에서는 합리적인 의심을 할 수 있는 상황이었다. 자칫 프로그램 존폐 여부가 논의될 수도 있었다.

스포츠의 가장 큰 적은 거짓이다. '스포츠' 예능의 장점이 예측 불허기 때문이다. 다만 장점은 곧 단점이라는 말이 있듯이 예측이 불가하다는 점은 한 치 앞을 알 수 없어 흥미진진함을 유발하기도 하지만, 원하는 그림이 나오지 않을 수도 있다는 의미도 된다. 명경기는, 평소에 무난한, 지루한, 재미없는 등의 여러 가지 경기가 있기 때문에 생기는 상대적인 개념이다. 특성상 매번 손에 땀을 쥐는 전개가 펼쳐질 수 없는 노릇이다. 생중계를 기본으로 하는 스포츠 경기는 어떤 일이 펼쳐질지 모르기 때문에 기대하고 본다. 하지만 스포츠 '예능'은 스포츠를 접목시켰다고 해도 어디까지나 예능이기에 재미를 생각하지 않을 수 없다. 더군다나 이미 일어난 일을 보여주기 때문에 편집하는 과정에서 딜레마가 있었을 것이다. 다만 〈골때녀〉는 정도를 벗어나 재창조하려고 해서 문제가 발생했다. 이러한 의혹은 경기를 기반으로 하는 스포츠 예능들에서 이전에도 심심찮게 제기된 점이기에 항상 주의가 필요하다.

수많은 스포츠 예능이 편성되었지만 면면을 살펴보면 여전히 몇몇 종목에 편중되어 있다. 기존에 〈뭉찬〉과 〈골때녀〉 같은 경우 대중에게 이미 익숙한 축구이고, 야구 관련 예능 세 편, 골프와 관련된 예능은 다섯 편으로 이 세 종목만으로도 벌써 과반에 이른다. 각자 관심 있는 스포츠 분야가 다양해졌지만 아무래도 시청률은 중요한 지표이기에 인기 있는 종목 중심으로 제작하는 안전한 방법을 선택했다. 하지만 그 결과 말 그대로 볼거리는 많은데 볼 것이 없는 상황이 연출되었다. 물론 씨름이나 탁구같이 새로운 시도도 엿보였지만, 시즌이 연장되지 못하고 단발성으로 그치고 말았다.

한편 어떤 편성을 하느냐에 따라 출연진에 영향을 주기도 하지만, 반대로 출연자가 편성을 결정하기도 한다. TV에 출연하는 많은 수의 스포테이너들은 대개 축구, 야구, 농구 선수 출신이 많다 보니 이들의 능력을 활용하는 방향으로 관성이 작용했다. 새로운 시도보다는 익숙하고 잘할 수 있는 것을 하는 게 낫다고 판단한 것이다. 이는 콘셉트만이 아닌 출연자마저도 중복되는 결과를 낳는다. 최대한 피해서 섭외하려고 노력하겠지만, 아예 배제할 수는 없다. 또한 운동신경이 있는 정형돈, 김민경 같은 연예인들이 스포츠 예능에 자주 출연하다 보니 새롭다기보다 볼 때마다 생겨나는 기시감은 더욱 커질 수밖에 없다.

Shall not Perish from the TV: 나아갈 점

앞으로 스포츠 예능이 보완해야 할 부분은 기시감을 얼마나 줄일 수 있는지가 관건일 것으로 보인다. 인기가 생기면 그에 따른 양적인 변화는 어쩔 수 없는 부분이다. 중요한 것은 질적인 변화를 이뤄내며 어떻게 살아남을 것인지에 달렸다.

우선 진정성을 보존하는 일이 중요하다. 스포츠가 항상 극적인 요소만 있을 수 없다는 점을 인정해야 된다. 적어도 긴장감이 있는 경기를 원하겠지만, 설사 원사이드하게 끝나더라도 그 상황에 맞게 담아내는 방법을 찾아야 한다. 한번 떨어진 신뢰는 다시 회복하기 어렵다 보니 신중해야 된다.

일반적으로 시즌제로 운영하는 방법이 있다. 멤버 구성을 바꾸거나 환경에 변화를 주는 식으로 새로움을 줄 수 있어야 한다. 이미 시즌제로 운영하는 〈골프왕〉 같은 경우 시즌 3까지 이어졌다. 상당수의 스포츠 예능들이 체력적인 부분을 요하기 때문에, 출연진의 상태를 재정비를 하면서 적절한 휴식을 제공하고 기량을 고르게 유지할 수 있도록 해야 한다.

새롭게 떠오르는 스포츠에 대한 관심이 필요하다. 야구 관중이 해마다 감소하고, 야구 생중계가 취소되자 여자 배구를 편성하기도 했다. 테니스 대회인 ATP250 코리아오픈이 성공적으로 개최되었으며, 올 6월에는 처음으로 스케이팅 올스타전이 열렸다. 이러한 현상은 사람들의 관심이 더 이상 축구, 야구에만 머무르지 않는다는 것을 보여주는 반증이다. 특히 E-스포츠가 크게 인기를 끌고 있음에도 프로그램이 전무하다는 것이 아쉬웠다. 수요가 다양해지는 만큼 사람들의 니즈를 충족시킬 만한 도전이 필요하다.

한 인물에 집중하는 것이 아닌 스포츠 자체를 이해하려는 노력이 필요하다. 〈우리끼리 작전타임〉이나 〈슈퍼 DNA는 못 속여!〉 등은 레전드 선수와 운동의 길을 가는 자녀들의 모습을 보여주었는데 이는 스포츠적인 재미를 추구했다기보다는 여타 관찰 예능과 별다르지 않았다. 셀럽이 되어버린 그들의 삶을 엿볼 이유는 딱히 없다.

궁극적으로는 스포츠가 가진 장점을 극대화할 필요가 있다. 스포츠를 예능에 접목하는 이유는 리얼함을 추구하기 위해서다. 그렇다면 어느 정도 방향성을 설정해 줄 필요가 있다. 야구선수가 야구를 하지 않고 축구선수가 축구를 하지 않는 방식으로 스포테이너들이 도전을 할 수 있는 범위를 확장해서 그들의 잠재력을 끌어낼 수 있도록 해야 한다.

확실히 몇 년 전과 비교해 스포츠 예능이 파이를 키웠다. 하지만 앞서 설명한 이유들로 시청자가 느끼는 기시감과 피로함으로 인해 금방 질릴 수 있다. 한때 TV만 켜면 나오던 오디션·육아·트로트 예능들이 점차 사라져 이제는 찾아보기 어려운 것처럼, 이러한 흐름 속에서 스포츠도 쇄신을 고려하지 않는다면 금세 사라질지 모른다. 스포츠 예능이 하나의 유행처럼 지나가 버리는 것이 아닌 트렌드로 자리 잡아 오랫동안 이어나가길 바란다.

환대 너머의 세계

KBS1 〈주문을 잊은 음식점 2〉를 중심으로

조은솔

지난 한 해, 텔레비전은 낯선 방문객들의 등장으로 들썩였다. 〈스트릿 우먼 파이터〉의 개성 넘치는 여성 댄서들, 〈이상한 변호사 우영우〉 속 자폐스펙트럼장애를 가진 변호사 우영우는 기존 텔레비전 환경에서는 쉽게 찾아볼 수 없던, 낯설고도 새로운 존재들이었다. 시청자들은 그들을 기꺼이 환대했고, 두 프로그램은 연일 자체 최고 시청률을 갱신하며 눈부신 성과를 거뒀다. 나 역시 그들의 활약에 열광했다. 비슷비슷한 예능 프로그램들과 비장애인 캐릭터로 가득한 한국 드라마들 틈에서 그들의 등장은 분명 단비와도 같았다. 그러나 시간이 다소 흐른 지금, 지난 1년을 찬찬히 되돌아보며 나는 조금 다른 이름 하나를 떠올린다. 신드롬을 일으키거나 어마어마한 시청률을 달성하지는 못했지만, 자신의 자리에서 조용히, 그러나 또렷하게 빛나던 프로그램 하나. 〈주문을 잊은 음식점 2〉가 바로 그것이다.

환대와 초대

앞서 언급한 두 프로그램과 마찬가지로 〈주문을 잊은 음식점 2〉 역시 낯선 존재를 시청자에게 소개한다. 바로 '경증 치매인'. 〈주문을 잊은 음식점 2〉는 경증 치매인들과 함께 음식점을 운영하는 것을 주제로 하는 시사 교양 프로그램이다. KBS1에서 방송되었으며, 총 6부작으로 구성되었다. 2018년 KBS스페셜을 통해 첫 시즌이 방영되었으니 약 4년 만의 귀환인 셈이다.

〈주문을 잊은 음식점 2〉는 조금 특별하다. 앞선 두 프로그램, 〈스트릿 우먼 파이터〉와 〈이상한 변호사 우영우〉 속 낯선 존재들은 시청자에게 '환대'받았다. 이는 곧 그들이 세계의 주인보다는 '방문객'에 가까운 존재였음을 의미하기도 한다. 〈스트릿 우먼 파이터〉의 여성 댄서들은 대중에게 무대를 선보일 기회를 얻기 위해 치열하게 경쟁해야 했다. 제작진은 비전문가인 유명인들을 무대 앞에 앉혀 사력을 다하여 춤추는 댄서들을 심사하도록 했고, 시청자들로 하여금 투표를 통해 평가에 참여하도록 유도했다. 이 모든 평가는 다음 무대를 선보이지 못하고 '탈락'할 팀을 정하는 일에 반영되었다. 한국의 기존 서바이벌 프로그램들이 애용하던 방식이다. 이 경쟁에서 살아남지 못한 여성 댄서들은 제작진과 시청자가 꾸린 세계 속에서 퇴장해야만 했다.

〈이상한 변호사 우영우〉 역시 크게 다르지 않다. 16부작 드라마인 〈이상한 변호사 우영우〉의 모든 회차를 통틀어 주인공 우영우를 제외하고 비중 있게 등장하는 장애인 캐릭터는 단 두 명뿐이다. 그들을 제외하면, 우영우의 주변은 온통 비장애인으로 가득하다. 자폐스펙트럼장애를 가진 인물이 주인공임에도 불구하고, 우영우에게는 단 한 명의 자폐인 지인조차 존재하지 않는 것이다. 비장애인으로 가득한 세계에 초대받은 우영우는, 그 세계에서 쓸모 있는 존재로 인정받기 위해 끝없이 자신의 존재가치를 증명해야만 했다. 드라마가 방영되던 시기, 서울의 지하철에서는 장애인 이동권 시위가 한창이었다. 출근길이 불편하다는 이유로 그들에게 분노하다가도, 집에 도착해서는 텔레비전 속 우영우를 보며 손뼉 치던 이들 역시 분명 존재했을 것이다. 이런 세계에서 우영우를 향한 '환대'는 어떤 의미를 가질 수 있을까. 환대란 결국, 세계의 주인을 자처할 수 있는 자들만이 인심 쓰듯 베풀 수 있는, 그런 마음인 것은 아닐까.

반면 〈주문을 잊은 음식점 2〉는 그들의 세계, 즉 경증 치매인의 세계로 시청자를 '초대'한다. 〈주문을 잊은 음식점 2〉는 제주도에 음식점을 마련해 네 명의 경증 치매인을 그곳의 직원으로 고용한다. 비연예인으로 구성된 일명 '깜빡 사인방'은 그곳에서 3일간, 하루 세 시간씩 주문을 받고 서빙을 하며 엄연한 직원으로서 노동한다. 그런데 앞서 말했듯이 음식점에는 특별한 점이 있다. 식당에 입장하기 전, 손님들은 가게 입구에 세워진 입간판을 마주하게 된다. 입간판에 쓰인 내용은 다음과 같다.

놀라지 마세요, 주문한 것과 다른 음식이 나올 수도 있습니다.
이야기해 주세요, 기다려도 주문한 음식이 나오지 않을 수도 있습니다.
이해해 주세요, 서투를 순 있지만 정성을 다해 주문을 받고 있습니다.

이와 같은 내용이 담긴 입간판은 6회에 걸쳐 여러 차례 방송된다. 이 안내문을 읽어 내리는 순간, 텔레비전 앞에 앉아 있는 시청자들은 음식점을 방문한 손님들과 마찬가지로 〈주문을 잊은 음식점 2〉라는 세계의 방문객이 된다. 식당을 이용하기 위해, 그리고 이 프로그램을 이해하기 위해 우리는 안내문을 잘 기억해 두어야 한다. 주문한 것과 다른 음식이 나올 수도 있다. 기다려도 주문한 음식이 나오지 않을 수도 있다. 그것이 〈주문을 잊은 음식점 2〉의 주인, 즉 경중 치매인의 세계이기 때문이다.

실제로 식당을 운영하는 동안 깜빡 사인방은 여러 차례 주문을 잊거나 서빙 실수를 한다. 그러나 그 어떤 손님도 그에 대해 항의하지 않는다. 놀라지 않기로, 그리고 이해하기로 약속했기 때문이다. 깜빡 사인방은 주문을 받으며 "처음 하는 거라 어색해요", "조금 서툴더라도 이해하세요"라고 당당히 이야기한다. 그럴 때면 손님들은 "아닙니다", "고맙습니다" 하고 답한다. 간혹 실수하더라도 자책할 필요 없다. "'주문을 잊은 음식점'이라 까먹었어" 말하며 웃으면 그뿐이다. 지나치게 빠르고 편리한, 젊고 건강한 이들만을 위한 세계의 규칙은 이곳에선 통하지 않는다. 〈주문을 잊은 음식점 2〉라는 세계에 초대받은 방문객으로서, 우리는 그곳의 규칙을 배워야 한다. 이 사소한 규칙을 지키는 것만으로도 주문을 잊은 음식점은 우리를 기꺼이 환영해 줄 것이다.

한 명의 사람으로서

여자들의 경우 질투나 욕심 등이 보여졌다면 남자들은 의리나 자존심 같은 것들이 강하게 느껴졌다.[1]

---

[1]   "힘이 다르다는 '스맨파', '스우파' 신드롬 이을까", ≪IZE≫, 2022.8.23. https://www.ize.co.kr/news/articleView.html?idxno=53195(검색일: 2022.10.11).

〈스트릿 우먼 파이터〉와 그 후속작인 〈스트릿 맨 파이터〉의 주요 제작진 중 한 명의 인터뷰 내용이다. 이후 해당 발언에 대한 비판 여론이 거세지자 방송사 측에서 직접 사과문을 게시하기도 했다. 개인적으로는 이 발언이 그다지 놀랍게 느껴지지 않았다. 어쩌면 〈스트릿 우먼 파이터〉를 본 많은 이들이 그랬을 것이다. 댄서 간의 갈등을 조장하고, 자극적인 편집으로 대결 구도를 극대화한다. 댄서 한 명 한 명의 매력과 사연을 조명하기보다는 그들을 '센 언니'라는 틀로 묶어 '여자들의 질투와 욕심'을 집중적으로 비춘다. 출연자를 한 명의 입체적인 사람으로 보여주기보다는 그저 정형화된 '캐릭터'로서 소비되도록 유도하는 것이다. 물론 그럼에도 불구하고 많은 출연진의 개성과 매력이 세상에 알려졌고, 시청자들을 사로잡았다. 그러나 그것은 제작진이 아닌, 자신의 존재를 알리기 위해 땀 흘린 댄서들과 '센 언니' 너머의 인간적인 면모까지 포착하려 애쓴 시청자들의 애정 덕일 것이다.

　이렇듯 제작진의 태도는 영상에 묻어나기 마련이다. 방송에 담아내려 하는 대상이 비연예인일 때, 제작진의 역할은 더욱 무거워진다. 여성 댄서, 자폐인, 경증 치매인. '낯선 존재'일수록 오해받기 쉽다. 낯설다는 것은 그간 존재를 드러낼 기회가 적었다는 뜻이다. 텔레비전이 그들을 의도치 않게, 혹은 의도적으로 외면해 온 것이다. 이들에게는 기회가 많지 않다. 단 한 번의 방송만으로도 쉽게 이미지가 고착되고, 편견 역시 금세 자리 잡을 수 있다. 제작진은 방송이 가진 힘을 이해해야 한다. 출연자를 쓰고 버릴 캐릭터가 아닌 한 명의 사람으로서 바라보아야 하는 이유다. 〈주문을 잊은 음식점 2〉의 제작진은 이를 훌륭하게 해낸다.

　〈주문을 잊은 음식점 2〉는 매회 오프닝 타이틀을 통해 깜빡 사인방의 구성원을 한 명, 한 명 소개한다. 그들의 이름과 나이, 과거 직업을 알리고 그들의 추억이 담긴 사진을 공유한다. 프로그램에는 깜빡 사인

방 외에도 유명인이 여럿 출연하지만, 유명인을 담는 데에는 최소한의 시간만을 할애한다. 누가 뭐래도 이 프로그램의 주인공은 깜빡 사인방, 그러니까 경증 치매인이기 때문이다.

본격적인 음식점 운영에 앞서 제작진은 사전 미팅 영상을 보여줌으로써 깜빡 사인방이 어떤 삶을 살아왔는지, 현재 그들이 겪는 어려움은 무엇인지 알린다. 이후 전문가의 입을 통해 적극적인 사회생활이 치매 진행 속도를 늦출 수 있음을 알리며 프로그램의 의의를 전달한다. 깜빡 사인방에게 주어진 임무는 서빙과 주문 접수 정도로, 사실상 매우 간단한 업무이지만 서비스 교육 강사를 섭외해 출연진에게 교육을 제공한다. 방송에는 거의 비춰지지 않았으나 음식점 운영 내내 작업치료사들이 깜빡 사인방과 함께했고, 크레디트를 통해 팀닥터 역시 함께했음을 알렸다.

억지스러운 감동과 눈물을 유도하지 않는다는 점도 주목할 만하다. 프로그램 특성상 경증 치매인들이 처한 어려운 현실, 깜빡 사인방 당사자와 그들 가족의 인터뷰가 여러 차례 등장하지만, 제작진은 과도하게 슬픈 배경음악을 삽입하는 등의 부자연스러운 연출을 사용하지 않는다. 오히려 몇몇 인터뷰 영상에서는 아예 배경음악을 제외하고 인터뷰이 목소리만을 담백하게 담아내기도 한다. 서빙을 하던 깜빡 사인방이 테이블 번호를 잊어 헤매어도 재촉하지 않는다. 그가 헤매고, 고민하고, 끝내 해내는 모든 과정을 편집 없이 보여준다. 그들의 삶을 최대한 있는 그대로 전달하기 위해 애쓰는 것이다. 그렇듯 〈주문을 잊은 음식점 2〉의 세계는 느리고 아름답게 돌아간다.

무엇보다 인상적이었던 것은 〈주문을 잊은 음식점 1〉의 출연자인 김미자 씨의 방문이었다. 경증 치매인인 김미자 씨는 시즌 1에서 음식점의 직원으로 활약했었다. 손님이 되어 다시 음식점을 방문한 그는 시즌 1 당시의 추억을 회상하며 "인지장애자들도 열심히 공부하면 된다는 걸 보여주고 싶어요"라고 이야기한다. 시즌 1 이후 오랜 시간이 지났음에도 건강을 유지하고 있는 그의 모습을 통해 제작진은 프로그램의 의미를 다시 한번 강조한다. 이미 오래전 막을 내린 시즌임에도 출연자와의 연을 놓지 않고, 여전히 그의 삶에 관심을 기울이려 애쓰는 제작진의 노력은 아름답다. 그들은 출연자를 캐릭터로, 인기를 얻기 위한 도구로 사용하지 않는다. 그들에게 김미자 씨는, 그리고 깜빡 사인방은 모두 각자의 역사를 품은 '사람'이기 때문이다.

물론 우려스러운 부분도 없지 않았다. 깜빡 사인방이 무언가 잊어버리는 순간에 우스꽝스러운 효과음을 사용하거나, 치매 증상과 관련된 행동을 "귀엽다"라고 묘사하는 것은 경증 치매인이 겪는 현실적인 어려움을 다소 가볍게 다루는 것처럼 느껴지기도 했다. 그러나 제작진의 진심이 엿보인 다른 많은 순간을 떠올리면, 더 나아질 시즌 3을, 시즌 4를 기대하고 싶어진다.

모두를 위한 음식점

〈주문을 잊은 음식점 2〉에는 깜빡 사인방 외에도 그들을 위한 조력자들이 출연한다. 시즌 1에도 출연한 바 있는 스타 셰프 이연복, 코미디언 송은이가 각각 셰프와 총매니저로 다시 등장했고, 방송인 홍석천과 배우 진지희도 그에 힘을 더했다. 음식점을 주제로 한 프로그램으로서 무난한 라인업이라고 생각할 수도 있지만, 그렇게만 넘기기엔 어쩐지 아쉽게 느껴진다.

다시 한 명씩 살펴보자. 셰프 이연복은 과거 방송을 통해 수술 후유

중으로 후각을 잃었음을 밝힌 바 있다. 20대 젊은 나이에 일어난 사고였으니, 요리사인 그가 긴 시간 쉽지 않은 길을 걸어왔으리란 것을 어렵지 않게 예상할 수 있다. 실제로 그는 오랜 시간 자신이 후각을 잃었다는 사실을 사람들에게 숨겨왔다고 한다. 송은이는 남성 중심적인 한국 예능계에서 살아남은 대표적인 여성 예능인이다. 더욱이 그는 단순히 홀로 생존하는 것을 넘어 각종 예능과 팟캐스트를 제작해 동료 여성 예능인들과 상생하려 애썼다. 홍석천은 20여 년 전 국내 연예인으로서는 최초로 자신이 성소수자임을 고백했다. 그 후 출연 중이던 방송에서 하차하는 등 여러 고초를 겪기도 했으나, 여전히 자신의 자리에서 편견에 맞서 싸우고 있다. 이제 세 사람 간의 공통점이 보이기 시작한다. 그들 모두 한때 자신이 속한 세계의 '비주류'로서 몹시 고전했다는 점이다. 이는 2022년 현재, 대한민국 사회 속 경증 치매인의 위치와 묘하게 연결된다.

마지막 조력자인 진지희는 프로그램 초반, 어린 시절 치매를 앓는 할아버지를 지켜보았던 기억에 대해 털어놓았다. 당시에는 놀란 마음에 할아버지를 잘 챙기지 못했고, 여전히 그에 대한 미안함을 가지고 있다며 출연 계기를 설명하는 그의 모습은 퍽 진술하게 느껴진다. 이렇게 모인 조력자 네 명, 그리고 경증 치매인이 함께 운영하는 음식점이라니. 한 명씩 살피고 나니 더욱 의미심장하게 느껴진다. 여성, 성소수자, 경증 치매인까지. 이들이 한곳에 모인 것은 정말로 우연일 뿐일까.

〈주문을 잊은 음식점 2〉 첫 화에는 깜빡 사인방이 처음 음식점을 방문해 조력자들과 인사를 나누는 장면이 등장한다. 바로 그 장면에서, 깜빡 사인방 중 한 명인 82세 최덕철 씨는 홍석천을 발견하고 "홍!"이라 외친다. 서로 처음 마주하는 자리에서 최덕철 씨는 홍석천을 향해 먼저 손을 내밀고, 둘은 반갑게 악수를 나눈다. 이후 다 함께 식사를 하던 도

중 최덕철 씨는 "홍석천네 가게가 부활이 됐으면 좋겠어"라고 말한다. 팬데믹의 여파로 가게를 폐업해야 했던 홍석천을 향한 응원이었다. 다음 날, 다시 음식점에 출근한 최덕철 씨는 곧장 홍석천에게로 걸어가고, 둘은 서로를 가볍게 껴안는다.

그간의 한국 방송을 되돌아봤을 때, 노인과 성소수자를 함께 떠올리기는 쉽지 않다. 고작해야 퀴어 퍼레이드를 취재한 뉴스 화면 정도가 얼핏 스칠 뿐이다. 올해 방송된 퀴어 축제 관련 뉴스 제목을 몇 개 정리하면 이렇다. "'서울퀴어문화축제' 3년 만에 재개… 반대 집회도 열려"(KBS), "'퀴어 축제' 3년 만에 서울광장 개최… 갈등도 다시 점화"(KBS), "3년 만에 열린 '퀴어 축제'… 길 건너선 '반대 집회'"(MBC). 이 중에도 동성애를 반대한다는 노인의 인터뷰 장면이 담긴 뉴스가 있다. 몇 년을 더 거슬러 살펴봐도 뉴스의 제목과 내용은 모두 비슷비슷하다. 그간 많은 방송이 성소수자와 노인의 관계를 이렇듯 편협한 시각으로 다뤄온 것이다.

최덕철 씨와 홍석천의 우정이 특별하게 느껴지는 것은 바로 이 때문이다. 갈등을 조장하는, 자극적인 이미지 너머에는 그들처럼 손을 잡고 포옹을 하는 이들이 있다. 그들은 서로를 이해할 수 있다. 한 세계에서 비주류로, 방문객과 같은 존재로 살아남는 것이 얼마나 고된 일인지 알기 때문일 것이다. 〈주문을 잊은 음식점 2〉는 이처럼 이해와 공존의 에너지에 주목한다. 주문을 잊은 음식점은 어린이 손님을 거절하지 않는다. 유아차도, 어린이도, 그들의 보호자도 마음 편히 가게를 방문해 맛있는 음식을 맛볼 수 있다. 외국인 손님도 언제나 환영이다. 한국어에 서툴러도 나무라거나 눈치 주지 않는다. 가게 내에서 모두가 평등한 호칭을 사용하는 점도 눈에 띈다. 20대인 진지희 역시 어르신, 할아버지와 같은 호칭 대신 '승만님', '한수님'처럼 깜빡 사인방의 이름을 부른다. 처음 진지희가 조력자로 등장했을 당시, 그가 자칫 어리고 애교 많은 손녀의 역할로만 소비되지는 않을지 우려스러웠던 것이 사실이다. 그러나 이렇듯 〈주문을 잊은 음식점 2〉 제작진은 위계를 지우고 모두가 같은 눈높이에서 서로를 이해할 수 있도록 세심하게 살핀다. 손님은 왕, 주인장 멋대로 같은 말은 통하지 않는다. 이 음식점 안에서는 모두가 평등하다.

모두를 위한, 모두를 환영하는 음식점. 첫 영업 날 아침, 두 마리의 새가 활짝 열린 문 안으로 들어와 잠시 가게에 머물다 떠나던 장면을 여러 번 곱씹게 된다.

생각해 보면 환대라는 표현은 이상하다. 텔레비전을 벗어나는 순간, 우리는 결국 이 사회의 동료 시민일 뿐이기 때문이다. 그저 같은 인간일 뿐, 함께 살아가는 세계에 주인과 방문객이 따로 존재할 리 없다.

텔레비전은 그 어떤 영화보다 우리의 삶과 가깝게 맞닿아 있다. 그것이 내가 텔레비전을 사랑하는 이유다. 그러므로 낯선 존재들이 더 이상 낯설게 느껴지지 않을 때까지, 텔레비전이 그 안에 더 많은, 더 다양한 사람들을 담아내 주었으면 좋겠다. 날 좋은 어느 날, 주문을 잊은 음식점을 방문했던 손님들이 느꼈을 그 마음을 나 역시 텔레비전을 켜는 순간 느낄 수 있다면 진심으로 기쁠 것이다.

현실을 감추고 비추는 반투명 유리창

드라마 속 장애인의 삶과 현실의 간극에 관하여

최서영

전국장애인차별철폐연대 시위로 인해 열차 운행이 지연되고 있습니다.

출근길 지하철, 시위로 인해 잠시 정차한다는 안내방송을 들으며 불평한 적이 있는가? 올 한 해 시민들의 관심을 필요로 했던 사람들이 있다. 장애인들에 대한 사회의 장벽을 해소하고자, 이른 아침 출근하는 시민들의 불편함을 무릅쓰며 사회의 변화를 요구했던 이들을 당신은 어떤 시선으로 바라보았는가?

출근길 열차 내에서 들려오는 불평이 장애인에 대한 혐오 표현으로 이어지는 장면을 쉽게 볼 수 있던 한 해였다. 반면, 퇴근 후 소파에 앉아 튼 TV에선 출근길과는 대비되는 변화를 발견할 수 있었다. 올 한 해 방송계에서 가장 반가운 변화 중 하나는 우리 사회의 주변인으로 여겨졌던 인물들이 주인공으로 등장했다는 점이다. 장애를 가진 인물이 그간 방송에서 주변적 인물과 부수적 소재로 다뤄져 온 것과는 달리 〈이상한 변호사 우영우〉는 자폐스펙트럼장애를 지닌 변호사 우영우를 주인공으로 큰 흥행을 거뒀고, 〈우리들의 블루스〉는 장애인 배우들을 캐스팅해 장애를 가진 인물과 그 가족들의 삶을 그려냈다. 그러나 여전히 드라마와 현실의 간극은 출근길 지하철과 퇴근 후 안방극장만큼의 차이만큼이나 크게 다가온다. 이 글에서는 〈이상한 변호사 우영우〉와 〈우리들의 블루스〉 두 드라마가 사회를 어떠한 창으로 비췄는지, 그 의미와 한계에 관해 이야기하고자 한다.

'이상한' 주인공 우영우

〈이상한 변호사 우영우〉에서 주인공이 '이상한' 변호사인 이유는 단순히 천재성을 가진 능력 있는 변호사여서는 아닐 것이다. 우영우는 선배 변호사도 어려워하는 사건을 엄청난 기억력과 아이디어로 해결해 내지만 반향어가 수시로 튀어나와 가벼운 대화를 이어가기 어려워하기도 하고, 회전문을 지날 때는 주변의 도움이 필요한 자폐스펙트럼장애를 가진 인물이다. 법정 앞에서 피고인을 변호할 때도 일반적으로 상상하는 변호사의 모습과는 '다르'다. 〈이상한 변호사 우영우〉는 드라마의 제목에서부터 '다름'을 명시적으로 드러내고 있는데, 이는 드라마 전반에서 '다름'을 인정하는 모습으로도 이어진다.

모두진술에 앞서 양해 말씀드립니다. 저는 자폐스펙트럼장애를 가진, 가지고 있어 여러분이 보시기에 말이 어눌하고 행동이 어색할 수 있습

니다. 하지만 법을 사랑하고, 피고인을 존중하는 마음만은 여느 변호사
와 다르지 않습니다(〈이상한 변호사 우영우〉, 1회).

다름을 먼저 드러낸 대신, 우영우가 사건을 해결해 나가며 우리와
닮은 점, 어느 누구와도 다르지 않은 고민을 하며 살아가는 모습도 그려
낸다. 우영우의 주변 인물 정명석, 최수연, 권민우, 동그라미가 우영우
와 관계 맺는 방식은 각기 다르다. 이들은 우영우의 다름을 어떻게 받아
들이는가? 누군가는 우영우의 다름보다는 닮음에 주목하고, 누군가는
닮음보다는 다름에 집중한다. 이들은 시청자로 하여금 사회에서 우영
우를 마주쳤을 때 어떻게 행동할지 스스로 질문하게 만든다.

현실의 어두움은 감추는 반투명 유리창

〈이상한 변호사 우영우〉는 매화 새로운 사건이 소개되는 에피소드 형식
으로 구성된다. 때로는 선배 변호사도 해결하기 힘들고 경쟁 로펌에서도
거절한 불가능해 보이는 사건임에도, 우리의 천재적인 주인공 우영우는
고래의 등장 한 번이면 아이디어가 번뜩여 사건을 해결해 낸다. 에피소
드 중심으로 구성해 한 회에 사건을 소개하고 해결까지 해야 하는 구성에
있어 주인공의 천재적 능력이 중요하게 작동한다. 빠른 사건 전개와 시
원한 사건 해결이 주는 쾌감이 드라마의 흥행에 있어 중요한 요소로 작용
했다.
　　주인공의 자폐스펙트럼장애는 사건을 빠르고 극적으로 전개하는
가장 쉬운 장치로 작동한다. 주인공의 상위 1%의 고기능 자폐 서번트
증후군은 어떤 사건도 언제든 사건을 해결할 수 있는 만능 연출 도구다.

'자폐스펙트럼장애'라는 병명에서 알 수 있듯 그 양상은 다양한데, 방송에서는 연출자의 의도대로 쉽게 스토리를 전개할 수 있는 상위 1%의 고기능 자폐만을 비추니, 남은 99%는 방송에서 재현되지 못한 채 가려진다. 방송은 흥행에 필요한 일부분만 확대경으로 비춘다. 방송에서 선택되지 못한 부분은 자연스레 축소되며 잊힌 채로 남는다. 불편함은 방송에서 감춰진 존재로 남은 이들과 그 가족들의 몫이다.

방송에선 가려버린 나머지 99%의 자폐스펙트럼장애를 가진 이들과 가족에게 우영우는 신화적이고 기적적인 인물이다. 그러나 시청자는 우영우가 직장 생활을 하며 겪는 갈등과 차별이나 일상생활에서 겪는 사랑에 공감하며 우영우라는 캐릭터의 일상을 현실적으로 느끼게 된다. 남자 주인공과의 러브라인은 캐릭터의 비현실적인 면모도 리얼리즘으로 둔갑시키는 손쉬운 장치다. 이러한 '감정적 리얼리즘'은 우영우가 대다수 자폐스펙트럼장애와는 다른 1%에 해당함에도 불구하고, 시청자들이 캐릭터의 판타지적 면모를 수용하며 캐릭터에 공감할 수 있게만든다. 시청자는 드라마를 통해 접한 사랑스러운 우영우를 보며 일부재현된 사회를 온전히 이해한 것으로 착각하게 되고, 실제 드라마 밖에존재하는 장애인들이 겪는 고용 문제, 거주 문제, 교육 문제, 이동권 문제는 시야에서 사라진다.

장애물은 사라진, 결승선에 도달한 이후의 이야기

〈이상한 변호사 우영우〉는 서울대 로스쿨을 수석 졸업한 우영우가 대형로펌의 변호사가 된 후의 이야기다. 우영우가 이미 변호사가 되어 로펌에 입사한 후의 이야기를 그려냈다. 영우가 자라나는 동안 미혼부 아버지가 어떤 어려움을 겪었을지는 극 뒤에 감춰졌다. 학창 시절과 로스쿨 생활에서의 지난한 과정을 거쳤겠지만, 드라마는 이미 변호사가 되어 천재적 능력을 발휘하는 우영우에 주목하고 있다.

반면 〈우리들의 블루스〉에서 언니 영희와 동생 영옥의 이야기는 다운증후군을 가진 영희가 결승선을 넘은 뒤의 이야기가 아닌, 결승선에 도달하기까지 넘어야 할 허들을 비춘다. 펜을 쥔 손을 세심하게 다루기도 힘들었고, 상대방의 눈을 마주치기도 힘들어했던 영희가 초상화를 그리는 화가로 성장하기까지의 과정을 비추고 있다. 이러한 과정은 순식간에 일어난 일이 아니다. 노력으로 갈고닦으며 완성한 그림들로 사람들에게 기쁨을 준 마지막 결승선에 도달하기까지 얼마나 많은 허들을 넘었을지 보여줬다. 극 중 영희가 그리는 그림을 마지막에서야 보여주는 연출은 동생 영옥처럼 영희의 그림 실력을 의심했던 시청자들의 뒤통수를 치며 편견을 깨버린다.

돌봄과 희생은 가려진 판타지

〈우리들의 블루스〉에 등장한 영희의 삶은 판타지가 아니다. 영희는 천재적인 면모를 지니지도, 헌신적이기만 한 가족들의 도움을 받지도 않는다. 돈도 벌고, 사랑도 하고, 일상을 살아나가야 하는 영희의 쌍둥이 동생 영옥에게 영희를 부양해야 하는 의무는 사랑하는 사람에게 숨기고 싶은 아픔이다. 아직은 개인적인 문제에 머물러 있는 돌봄 문제의 현실도 고스란히 드러난다. 영희를 돌봐주는 시설이 공사로 영희가 머물 곳이 없어지자, 돌봄의 의무는 오롯이 생계를 위해 해녀 일을 해야 했던 영옥이 진다.

왜 사람들이 영희 같은 애 길거리에서 못 보는지 알아? 나처럼 다른 장
애인 가족들도 영희 같은 애들 시설로 보냈으니까. 한때 나도 같이 살
고 싶었어. 근데 같이 살 집 얻으려고 해도 안 되고, 일도 할 수 없고.
영희 어쩌면 일반 학교에서 계속 공부했다면 지금보다 더 나아질 수 있
었어. 근데 일반 학교에서는 거부하고, 특수학교는 멀고 시내 가까운 데
는 특수학교 못 짓게 하고 ……. 어쩌라고!(〈우리들의 블루스〉, 15회)

발달장애인 영희의 유일한 가족, 영옥은 장애인 가족을 시설로 보
내야만 했던 현실에 대해 울부짖는다. 돌봄 문제를 가족들의 의무로 치
부한 채 개인의 희생만 요구하는 사회제도의 결여를 그대로 드러낸다.
그동안 방송에서 아픈 가족을 위해서라면 사랑과 꿈도 모두 포기하고
희생하는 캐릭터를 쉽게 그려내면서, 모든 희생과 책임을 개인에게 떠
넘겨 온 사회적 관념이 방송을 통해 재생산되어 왔다. 돌봄의 의무를 누
가 져야 하는가에 대한 질문은 지워버렸다.
〈우리들의 블루스〉는 과연 개인이 모두 감당하고 희생해야만 하는
지, 개인에게 돌봄의 의무를 모두 지우는 사회가 얼마나 잔인한 사회인
지 질문한다. 영희가 카페 일자리에서 손님을 마주하고 주문을 받는 모
습, 주변의 의심에도 그림 그리기에 집중하는 모습, 거주 시설의 리모델
링 공사로 머물 곳을 찾기 어려워하는 모습 등 일상을 그대로 비춘다.
시청자들은 영희가 일상에서 겪는 어려움을 통해 여전히 개인이 짊어져
야 할 의무와 책임이 큰 현실을 이해하고, 장애인의 고용 문제, 거주 문
제, 돌봄 문제에 대한 사회적 책임에 대해서도 고민할 기회를 갖는다.

방송국 내 장애인 연기자의 부재

비장애인 배우가 장애를 가진 역할을 연기한다는 사실만으로도 드라마 방영 전부터 큰 화제가 된다. 그만큼 비장애인 배우가 장애인 배역을 맡아 연기함에 있어 장애인을 특정 방식으로 묘사해야 한다는 부담감이 크다. 장애 연기를 훌륭하게 소화한 배우는 큰 주목을 받기도 하지만, 미디어에서 반복되는 장애의 묘사는 특정한 방식으로 반복되어 사회적인 편견을 생산할 위험을 안고 있다. 박은빈 배우가 많은 연구 끝에 표현해 낸 자폐를 지닌 우영우 연기는 극찬받았다. 캐릭터를 왜곡시켜 잘못된 관념을 미디어에서 다시 반복하지 않으려는 제작진과 배우의 노력이 엿보였기 때문이다.

반면 〈우리들의 블루스〉에서 다운증후군을 가진 캐릭터와 청각장애를 가진 캐릭터에 실제 그 장애를 가진 배우가 배역을 맡아 큰 화제가 되었다. 이들은 장애인 연기를 훌륭하게 소화해 냈다고 칭찬받지 않는다. 시청자에게 익숙한 배우가 아닌 장애인 배우가 캐스팅되었다는 이유로 쏠린 관심은 그간 방송 내 장애인의 부재를 당연시해 온 방송 역사를 되돌아보게 만든다. 장애인 배역을 비장애인 배우가 연기하는 모습을 보며 어색함은 느꼈을지라도, 캐스팅에 대한 불편함은 느끼지 못해 왔다. 장애를 가진 배우가 장애를 가진 역할을 연기한다는 것이 새롭게 화제가 된다는 사실은 그간 우리 사회에서 장애인과 비장애인이 얼마나 함께 어우러져 왔는가 질문하게 만든다.

그럼에도 불구하고, 새로 낸 창이 갖는 힘을 믿기에

드라마는 다큐멘터리가 아니기에, 사회를 그대로 재현하는 거울은 되지 못한다. 그럼에도 불구하고, 방송이 아무것도 없던 벽에 새로 생긴 반투명 창의 역할을 한다면, 누군가는 몰랐을 새로운 세상을 전하게 될 것이다.

일상에서 부당한 차별을 목도했을 때, 이는 분노라는 감정으로 다가온다. 드라마는 현실을 보도하지는 못할지라도 현실을 비추었을 때, 시청자들에게 공감하고 생각할 기회를 제공한다. 자극적인 추악한 현실 보도에선 분노를 먼저 느끼지만, 드라마가 줄 수 있는 공감과 연민이라는 감정의 힘은 시청자들로 하여금 반성할 기회를 제공한다. 퇴근 후 안방에서 편안한 마음으로 접한 드라마 속 우영우의 일상은 어쩌면 다음 날 출근길에서 마주친 우영우를 대하는 태도를 바꿀 수 있었을 것이다. 현실엔 최수연, 정명석, 동그라미만 존재하지 않는다. 권민우도 존재하고, 우영우를 괴롭히는 각양각색의 악역들도 존재한다. 그저 지나가던 행인 역할로 남았을지도 모를 누군가 우영우를 마주쳤을 때 동그라미, 최수연, 정명석 같은 역할이 되어준다면, 드라마 〈이상한 변호사 우영우〉는 진정한 역할을 다하게 된다. 우영우의 이야기에 공감함으로써 누군가가 우리 주변의 우영우에게 동그라미와 같은 친구가 되기를 당연시하게 된다면, 이는 점차 사회의 분위기, 제도를 바꾸는 시작이 될 것이다.

아직은 우영우가 웃음 지을 수 있는 드라마 속 세상과 우리 사회의 거리감이 느껴지지만, 장애인 배우가 출연하는, 장애인을 주인공으로 한 드라마를 찾기 어려웠던 방송 현실에서 〈우리들의 블루스〉와 〈이상한 변호사 우영우〉가 제작되었다는 점은 분명 반가운 변화다. 두 드라마가 장애를 안고 살아가는 이들의 이야기를 담담하게 그려냄으로써 미디어에서 장애인을 눈물 유발 장애 극복 스토리에 등장시켜 어두운 면만 비춰왔던 관습에서 벗어나, 사회적 관념의 반복되던 재생산을 막았다. 앞으로도 그간 과소 재현되어 왔던 사회의 일면을 더 투명하게 비출수 있는 방송이 다종다양해지길 바란다. 올 한 해 방송계의 변화는 장애인뿐만 아니라 방송에서 재현하길 꺼려왔던 사회적 약자들의 이야기가더 많이 등장하는 시발점이 될 것이다. 방송이 때로는 어떤 시위보다도더 강력한 힘을 발휘해 세상을 바꿀 수 있을 것이라 믿는다.

당신이 혹하는 사이에 빠져든 음모론

홍인화

바야흐로 범죄 프로그램의 전성시대가 왔다. '범죄'라는 키워드가 마니아 층을 형성하며 새로운 트렌드로 각광받고 있다. 범죄 프로그램은 실제 사건의 전말과 남들이 모르던 뒷이야기, 친구와 대화하듯 풀어나가는 진행 방식, 관련 전문가들이 직접 등장해 전문적 시각으로 바라보는 사건, 실생활에 도움이 되는 범죄 예방 등으로 인기를 끌고 있다.

그러나 한편으로 범죄 프로그램이 '범죄'라는 자극적인 소재를 활용해 시청자를 현혹하고 있지 않은지에 대해 의심해 보아야 할 것이다. 범죄를 소재로 다루는 프로그램에는 〈꼬리에 꼬리를 무는 그날 이야기〉, 〈알아두면 쓸데있는 범죄 잡학 사전〉, 〈그것이 알고 싶다〉, 〈풀어 파일러〉 등 다양하다. 그리고 그중에는 정보전달의 목적을 가진 교양 프로그램임에도 확실하지 않은 음모론을 제기하는 프로그램도 있다. 바로 〈당신이 혹하는 사이〉이다. 음모론은 진위가 밝혀진 사실이 아님에도 불구하고 사람을 현혹하고 맹신을 만들 위험이 있다. 그래서 이 글을 통해 필자는 음모론 콘텐츠가 왜 방영에 신중을 기해야 하는지 구체적인 사례와 함께 이야기해 보려 한다.

세상 모든 음모론이 다 모였다. 〈당신이 혹하는 사이〉

필자는 수많은 범죄 프로그램 중에서도 '음모론'이라는 것을 중점적으로 다루고 있는 〈당신이 혹하는 사이〉에 대해 살펴보았다. '음모론'이란 사회에 큰 반향을 일으킨 사건의 원인이 명확하지 않을 때, 배후에 커다란 권력 조직이나 비밀스러운 단체가 있다고 해석하는 것을 말한다. 대부분의 음모론은 사회의 위기 상황이나 인간의 한계상황 등에서 많이 유포되는 경향이 있으며, 자연스럽게 보이는 모든 사회현상이 실제로는 조작되고 계획되었다는 의심에서 출발한다. 또한 음모론은 실제 역사나 사건의 이면을 파헤치는 기능을 하기도 한다. "코로나19의 배후에는 빌 게이츠가 있다", "5·18 민주화 운동에 북한군이 침투했다" 등이 음모론의 예시다.

〈당신이 혹하는 사이〉는 SBS에서 2021년 2월에 시작해 2022년 8월 현재까지 시즌 4가 진행되고 있는 상태다. 시즌 별로 출연자나 진행 방식에 조금씩 차이가 있으나 음모론을 다루는 스토리텔링형 콘텐츠라는 포맷은 동일하다. 특히 이 글은 2022년에 방영된 시즌 3을 비평 대상으로 삼아 분석해 보았다. 시즌 3은 변영주 감독, 송은이, 주우재, 봉태규, 윤종신이 등장해 식탁에 앉아 이야기 만찬을 나누는 콘셉트다. 그리고 서로 반말을 사용해 마치 친한 친구들과 함께하는 식사 자리에서 오가는 비밀 대화를 엿듣는 듯한 느낌이 들게 한다.

결론이 없는 음모론

〈당신이 혹하는 사이〉는 음모론을 다루기 때문에 명확한 결론이 나오지 않는다. 음모론은 인간의 위기 상황, 한계에서 편집중적으로 나타나는 해석이기에 진실인지 거짓인지조차 불분명하기 때문이다. 대표적인 예시로 〈당신이 혹하는 사이 시즌 3〉 12회에 방영된 '존 F. 케네디 암살 사건'이 있다. 해당 회차에서는 전쟁을 원하는 세 집단 CIA, 마피아, 군산복합체와 전쟁을 끝내고 싶은 대통령 간의 대립 구도가 형성되었다는 내용을 전했다. 그리고 그 세 집단 중에 암살 용의자가 있지 않을까 하는 음모론을 제기한다. 그러나 〈당신이 혹하는 사이〉는 교양 프로그램임에도 불구하고 결과적으로 그 어떤 결론도 제시한 게 없다. 교양 프로그램은 예능 프로그램과는 달리 시청자에게 어떠한 사건에 대한 사실적인 정보를 제공한다는 데에 그 목적이 있다. 교양 프로그램에서 단순히 단편적인 정보만을 제공하며 시청자들에게 음모론을 제기하는 것이 지상파의 영향력이나 국민을 위한 방송을 만드는 지상파의 책무를 봤을 때, 타당한지는 의문이 든다. 그래서 〈당신이 혹하는 사이〉를 시청할 때마다 한 주제의 마무리 단계에서 '그래서 어떻게 되었다는 거야?' 하는 생각이 들었고 실제 범죄 사건에 대해 사건의 전말과 결과까지 알려주는 〈꼬리의 꼬리를 무는 그날 이야기〉, 〈알아두면 쓸데있는 범죄 잡학사전〉 등과 달리 해소되지 않는 것이 있어 찜찜하기도 했다.

좋은 취지, 다른 생각

〈당신이 혹하는 사이〉 제작진들은 프로그램의 북 트레일러 소개 글에서 다음과 같이 프로그램의 취지를 설명했다.

> 〈당신이 혹하는 사이〉는 음모론을 단순한 가십으로 다루지 않는다. 음
> 모론이 탄생하게 된 시대적 배경과 사회적 맥락을 짚어보고, 최초로 유
> 포한 사람이 누구인지, 이를 확산하는 이들은 누구인지 그 정체와 의도
> 를 추적했다. 한발 더 나아가 사람들이 진실을 두고 음모론을 믿고 싶
> 어 하는 이유를 따져보며 투명하고 건강한 사회를 위한 대안을 고민했
> 다. 사실이라고 믿었던 것이 부정되는 순간을 경험하며 우리는 새로운
> 진실에 다가가게 될 것이다.[1]

음모론을 단순히 이야깃거리로 소비하는 것이 아닌 음모론이 왜,
누구에 의해서 탄생했는지 그 이면의 이야기를 들려줌으로써 흥미를 느
끼게 하기 위함인 것은 이해한다. 그러나 필자는 프로그램을 직접 시청
해 본 시청자의 입장에서, 그런 취지에 걸맞게 투명하고 건강한 사회를
만들기 위해 힘쓰는 모습보다는 어떠한 사건에 관해 이런 음모론, 즉
'소문', '가십'도 있구나, 그러다가 이것을 진짜라고 믿게 될 수도 있겠다
는 생각이 먼저 들었다. 즉, 취지는 좋았지만 실제로 시청자에게 좋은
영향을 끼쳤는가에는 의문이 든다. 예를 들어 시즌 3 8회의 '이토 히로
부미 저격의 배후 그리고 로만 김'이라는 주제에서 시청자를 비롯해 제
작진마저도 소련 첩보 소설계의 대부라 불리는 로만 김이라는 사람이
실제로 첩보원이었다는 이야기부터 로만 김이라는 사람이 존재한 게 사
실인지, 여러 위인을 합쳐서 만들어진 인물인지 모른다. 그러나 중간중

---

1   SBS 〈당신이 혹하는 사이〉 제작팀, 『당신이 혹하는 사이: 지금까지 진실이라고 믿고
     있던 것이 부정된다』(책들의정원, 2021), 북트레일러 소개 글.

간 나오는 로만 김 첩보원 의혹에 관해 절묘하게 맞아떨어지는 증거들, 안중근 의사가 이토 히로부미를 저격하는 데에 배후가 있었다는 이야기는 흥미롭고 믿음이 생기지만, 실제 사실은 아무것도 확실한 것이 없다. 그렇기 때문에 음모론을 그저 돌아다니는 가십 정도로 이해하는 사람들이 많다. 게다가 실제 8회 클립 영상에 로만 김이 실제 존재했던 첩보원이라며, "이 프로그램을 통해 몰랐던 새로운 위인을 알게 되어서 좋았다"라는 댓글이 달리기도 했다. 확실하지 않은 음모론을 있는 그대로 믿은 것이다. 과연 이것이 제작진이 말한 방송 취지에 맞는 사회를 만들 수 있는 방법인지 생각해 보게 되는 대목이었다.

음모론이 불러올 커다란 파장

음모론과 관련된 방송이 있기 전, 음모론은 소수의 사람이 관심을 갖던 것이었다. 그런데 〈당신이 혹하는 사이〉의 유튜브 조회수를 살펴보면 최대 449만 회, 평균 24만 회로 엄청난 수의 시청자들이 음모론에 관해 관심을 갖고 찾아본다는 것을 알 수 있다. 즉, 영향력이 엄청나다는 것이다. 그러나 음모론에는 확실하게 증명된 것이 없다. 그저 전해지는 이야기와 몇 가지의 증거를 끼워 맞추는 이야기일 수도 있다. 그런데 지상파 채널과 유튜브를 통해 음모론이 널리 확산하고, 사람들이 그것을 정확한 사실인 것처럼 믿게 된다면 어떻게 될까? 실제로 서울 반포한강에서 숨진 채 발견된 손정민 씨에 대한 수사는 범죄 혐의점이 발견되지 않았다는 결론이 났음에도 유튜브와 SNS를 통해 "경찰이 시신과 마네킹을 바꿔치기했다", "타살이 확실한데 경찰이 이를 숨기려고 한다" 등의 음모론 영상들이 수도 없이 업로드되었고, 이로 인해 커뮤니티 '반진사(반포한강 사건의 진실을 찾는 사람들)'가 등장하기도 했다.

이같이 유튜브만으로도 사람들을 현혹할 수 있는 음모론이 〈당신이 혹하는 사이〉라는 텔레비전 프로그램으로, 특히 지상파인 SBS의 교양 프로그램으로 방영이 된다는 것은 옳은 일일까? 그들이 나서서 믿기 쉬운 헛소문을 퍼뜨리고 있는 것이나 마찬가지다. 〈당신이 혹하는 사이 시즌 3〉의 6회는 한국의 이휘소 핵물리학자를 죽인 배후에 미국이 있다는 주제였다. 영상 속 등장한 첫 번째 증거는 『무궁화 꽃이 피었습니다』라는 소설 속 이용후(이휘소를 모델로 한 인물)에 관한 글과 박정희 전 대통령이 이휘소 박사에게 보냈던 친서에 비슷한 구절이 있었다는 것이었다. 영상을 보면 소설과 친서 속 내용의 공통점이 곧 이휘소 박사 음모론이 낭설이 아니라는 것을 증명하는 것처럼 구성되어 있다. 그러나 소설이 발간된 것은 1993년이며, 1974년에 보내진 박정희 전 대통령의 친서 내용이 이미 공개된 상태에서 소설을 썼을 가능성도 배제해서는 안 된다. 그럼에도 〈당신이 혹하는 사이〉의 영상만 본다면 이것이 확실한 증거로서 작용한다고 믿을 수 있겠다는 생각이 들었다. 따라서 방송 프로그램에서 음모론을 확산시키는 것이 사람들의 맹신을 불러일으키고, 이것이 나아가 언론과 정부를 믿지 못하게 하며 유튜브 속, 프로그램 속 음모론에만 몰두하게 하며 시민의 눈을 가릴 우려가 있다.

당신이 혹하는 사이를 노린다

〈당신이 혹하는 사이〉는 주제마다 그 음모론이 탄생하게 된 증거들과 이야기들을 퍼즐 맞추듯 하는 것은 흥미로웠지만, 항상 마지막에는 음모론이라는 특성답게 말끔한 결론이 지어지지 않아 흐지부지 끝난다. "음모론을 단순한 가십거리로 생각하지 않는다"라는 제작진들이 밝힌 프로그램의 취지는 알겠다. 그러나 시청자들이 음모론을 '가십'이라는 단순한 흥밋거리로 생각하지 않고 깊이 신뢰하게 된다면, 이것이 제작진이 원하는 투명하고 건강한 사회를 만들 수 있는 방안이 될 수 있을까. 음모론을 실제 사실이라며 맹신해 버리면 결국 음모론의 '적'이라고 볼 수 있는 정부, 언론에 대한 신뢰도는 낮아지고 특정 방송 프로그램에만 빠져들게 되기 때문이다.

지금은 정보의 홍수라고 불리는 시대다. 단기간에 정보가 홍수처럼 쏟아지는 상황에서 사실과 사실이 아닌 것을 구분하는 것은 매우 힘든 일이다. 이런 상황에서 지상파 교양 프로그램이 음모론을 제기하는 것이 혼란을 가중하는 것은 아닌지 생각해 보아야 한다. 어떤 주제에 관해 이러한 음모론이 있다며 콘텐츠로 이용하는 것은 좋지만, 맹신으로 넘어가지 않도록 적정한 선을 지키는 것이 중요할 것이다.

TV와 MZ의 불편한 동거

MBN 〈아바타싱어〉

김태형

1.

"당신의 상상력을 현실로"라는 타이틀을 내걸고 MBN 〈아바타 싱어〉는 지난 8월 처음 세상에 모습을 드러냈다. 프로그램의 주된 내용은 가수들이 컴퓨터그래픽(CG)으로 만든 아바타들을 연기하고, 방청객들은 아바타 뒤에 숨어 있는 진짜 가수의 정체가 누구인지 알아맞히는 것이다. 〈아바타 싱어〉는 첫 방송 이후 인터넷에서 화제를 불러 모았다. 프로그램의 예산이 150억 원이나 들었음에도, 예산에 어울리지 않게 CG의 퀄리티가 낮았다는 것이 그 이유였다. CG와 음악방송이라는 두 개의 아이템을 결합한 시도는 신선했으나, 결과적으로는 아쉬웠다. 최근까지 1% 미만의 시청률이 이어졌다. 첫 방송 이후 화제도 역시 크게 줄어들었다. 뉴스 기사 수는 10배 이하로 떨어졌고, 게시 글 수와 댓글 수는 다섯 배 이상 하락했다. 〈아바타 싱어〉의 경우 프로그램의 타깃층이 명확했다. 흔히 MZ세대라 불리는 20~30대가 주 공략층이었다. 그러나 MZ세대들은 〈아바타 싱어〉를 받아들이지 못했다. 사실 MZ세대를 공략하겠다고 나온 프로그램이 이번이 처음은 아니다. 올해 5월에 방영한 KBS 〈요즘 것들이 수상해〉 같은 프로그램이나, 7월에 방영한 채널A 〈푸어라이크〉 등 다양한 예능들이 젊은 세대를 공략하기 위해 노력했으나, 대부분 부진한 성과를 면치 못했다. 방송국의 MZ세대 공략은 어째서 대부분 실패로 돌아갔을까?

2.

이러한 이유를 알기 위해선 MZ세대의 취향을 형성하는 데 핵심적인 역할을 수행하는 인터넷 밈을 알아볼 필요가 있다. 본래 밈(meme)이라는 용어는 1976년 동물학자 리처드 도킨스가 『이기적 유전자』에서 처음 제시한 학술용어였다. 밈은 마치 인간의 '유전자(gene)'와 같이 자신을 복제하며 번식해, 대를 이어 내려오는 종교나 사상, 이념 같은 '정신적 사유'를 의미한다. 밈의 전파 과정은 크게 3단계, 즉 선택·유전·변이로 나누어볼 수 있다. 첫 번째 단계는 선택이다. 대중에게 밈으로 인정받기 전, 밈이 될 수 있는 자격을 가진 다양한 요인이 우선 존재한다. 이 중 대중의 선택을 통해 일부만이 밈이 된다. 두 번째는 유전이다. 말 그대로 선택받은 밈들이 집단 구성원들에게 전파된다. 이는 밈이 시작되었던 집단을 넘어서 다른 집단 구성원들에게까지도 전해진다. 마지막은 변이이다. 이는 현재의 밈이 집단에 끼치는 영향력이 점차 줄어들면서 발생한다. 밈의 본체가 더 이상 본래의 형태를 유지하지 않고, 구성원들에 의해 다양한 형태로 변이되며 밈으로서의 마지막 생명을 누리게 된다. 또한 완전히 영향력을 상실해 버린 밈은 더 이상 선택되지 않고 버려진다. 그럼 다시 첫 번째 단계가 시작되어 사라진 밈을 대체할 새로운 밈이 선택되는 것이다. 이와 같은 과정이 끊임없이 반복되어 세대가 지나더라도 계속해서 전해져 내려오는 문화적 가치의 총합이 바로 밈이라고 볼 수 있다.

인터넷 밈도 앞서 살펴봤던 3단계를 그대로 따라간다. 인터넷에서도 밈은 선택되고, 전파되며 변이한다. 여기서 첫 번째 문제가 발생한다. 인터넷에서 생각하는 밈과 방송국이 생각하는 밈이 서로 다른 단계에 있다는 점이다. 온라인에서는 2단계 상태의 밈, 즉 전파가 활발히 진행 중인 상태만을 밈으로서 받아들인다. 반면 방송국 측에서는 밈을 이미 전파가 어느 정도 완료된 밈으로 이해한다. 3단계 상태의 밈은 이미 집단 대부분에게 전파되었기 때문에 영향력이 점차 감소해 가는 밈이라 볼 수 있다. 서로 다른 밈에 대한 관점들이 자연스럽게 방송국과 MZ세대 간의 문화적 시차를 만들어낸다. 쉽게 이야기하자면 방송국에서 이해한 밈들은 젊은 세대들이 보기에 이미 끝물이라는 것이다. 대표적인 예시로 '어쩔티비'라는 유행어의 전파 과정을 들 수 있다. '어쩔티비'가 본격적으로 밈적 영향력을 가지게 된 것은 10월 중순부터였다. 그 뒤로 검색량이 증가해 본격적인 2단계 상태에 돌입했을 무렵, 2022년 1월 〈SNL〉에서 '어쩔티비'를 활용한 에피소드가 방영되며 전파력에 정점을 찍었다. 주목할 만한 점은 에피소드가 방영된 후부터, '어쩔티비'에 대한 검색량이 지속적으로 하락하는 모습을 보였다는 점이다. "TV에 나온 밈은 이제 그 수명을 다했다"는 인터넷상의 말들은 방송국과 인터넷이 바라보는 밈에 대한 인식의 차이를 나타낸다.

흥미로운 점은 1단계 이전 상태의 밈을 2단계의 밈으로 오해하는 사례도 있다는 점이다. tvN 〈놀라운 토요일〉에서 MZ세대가 사용하는 유행어라고 소개한 내용이 인터넷상에서 화제가 된 적이 있었다. 예를 들어 '갑통알'은 '갑자기 통장을 보니 알바 해야겠다'는 뜻으로, '갑붕싸'는 '갑자기 붕어 싸만코'라는 단어로 소개가 되었다. 그러나 '갑통알'은 앞서 살펴본 '어쩔티비'와 비교해 봤을 때, 아직 밈으로 선택되기 이전 상태였다는 점이다. '어쩔티비'와 '갑통알'의 검색량을 비교해 봤을 때, '갑통알'의 경우 기존에는 검색량이 미미했으나, 오히려 〈놀라운 토요일〉 방영 직후 검색량이 급증했다. 이 경우는 아직 밈적 영향력을 가지기 이전의 유행어를 오해한 사례라고 볼 수 있다.

　〈아바타 싱어〉는 두 가지 사례 중 후자에 해당한다. 최근 인터넷상에서는 아바타 싱어와 유사하게 컴퓨터 그래픽을 활용해 게임 캐릭터가 살아 움직이는 느낌을 제공하는 이른바 '버추얼 콘텐츠'가 본격적으로 인기를 끌고 있는 중이었다. 그러나 이것을 밈이라고 부르기에는 아직 파급력을 갖추지 못했다. 버추얼 콘텐츠의 인기는 우상향이었으나, 이는 아직 MZ세대에게도 낯선 콘텐츠였던 것이다. 결론적으로 〈아바타 싱어〉는 밈에 대한 관점 차이로 시청자들 모두에게 낯선 프로그램이 되어버린 것이다. TV의 주 시청자인 30대 이상뿐만 아니라, 프로그램의 취지를 잘 이해하리라고 판단했던 주 타깃층인 20대 이하에게도 〈아바타 싱어〉는 매력적인 콘텐츠가 되지 못했다.

3.

MZ세대와 메타버스라는 단어들이 무분별하게 사용되고 있다는 점도 지적할 필요가 있다. 코로나감염증 사태 이후 두 단어는 언급량과 검색량 모두 급증했으나, 두 단어에 대한 설명이나 이해는 급증한 관심도에 비해 현저히 부족하다. 〈아바타 싱어〉의 출연진과 프로그램에 대한 소개에서 보이듯 MZ세대와 메타버스라는 두 단어가 자주 사용되고 있지만 그 뜻을 온전히 이해하고 사용한다기에는 부족한 면이 도드라져 보인다. 'MZ세대를…… 섭렵하는……' 혹은 '메타버스를 접수한……'과 같은 말들이 무엇을 의미하고 있는지 명확하게 설명되지 않는다. 우선 두 단어의 뜻을 가볍게 짚고 넘어가자면, MZ세대의 뜻은 1980~1990년대 밀레니엄세대부터, 2000년대 이후의 Z세대까지를 포괄한다. MZ세대라는 용어를 언제부터 누가 사용했는지에 대해 명확히 알려진 바는 없다. 다만 그 유래를 추측해 보자면 미국의 교육학자 마크 프렌스키가 쓴 『디지털 원주민, 디지털 이민자』에서 1980년대부터 2000년대 생까지를 디지털 원주민 세대로 칭한 것이 MZ세대의 개념과 일치한다는 점에서, MZ세대의 유래는 디지털 네이티브에서 비롯된 것으로 보인다.

　메타버스(metaverse)란 어떤 것의 수단을 뜻하는 메타(meta-)와 세계를 뜻하는 버스(-verse)의 합성어로 실제 세계가 아닌 가상의 세계에서도 현실 세계의 다양한 활동을 즐길 수 있는 플랫폼을 일컫는다. 그러나 이를 명확하게 정의 내리기란 어려운 일이다. 최근 한 인터뷰에선 애플 CEO 팀 쿡이 메타버스가 무엇을 뜻하는지 전혀 알지 못하겠다고 답한 적이 있다. 반면 페이스북의 마크 주커버그는 '메타버스'가 앞으로 미래의 주요한 콘텐츠가 될 것이라며 회사 이름을 '메타(Meta)'로 바꿨다. 메타버스라는 개념 자체를 많은 사람들이 사용하고 있음에도 현재 IT를 이끌어가는 두 회사의 CEO들은 메타버스를 전혀 다르게 인식하고 있는 것이다.

　문제는 이 두 단어가 다양한 매체들에 무분별하게 사용되어 일종의 억지 밈으로서 사람들에게 받아들여진다는 점이다. 어느 순간부터 요즘 세대라는 말 대신 MZ세대란 단어가 그 자리를 차지하고, 4차 산업 시대의 핵심으로서 '메타버스'라는 말이 사용되곤 있지만, 대중의 관심은 부족하다. 과연 40대와 10대를 묶는 단어에 큰 의미가 있을까? 또는 애플의 CEO도 메타버스의 뜻을 정확히 이해하지 못하는데 이러한 단어에 무슨 의미가 있을까라는 생각이 든다. 〈아바타 싱어〉는 결론적으로 'MZ세대'와 '메타버스'라는 두 단어에 주안점을 두고 출발한 프로그램이었으나, 두 단어의 뜻에 대한 올바른 해석 없이 사용하고 있어, 마치 잘 모르지만 유행에는 편승하려는 듯한 인상을 심어준다.

4.

〈아바타 싱어〉의 실패와는 달리, tvN에서 방영한 〈뿅뿅 지구오락실〉은 어떻게 MZ세대에게 큰 관심을 받을 수 있었는지를 같이 살펴볼 필요가 있다. 사실 기초적인 방송의 틀 자체는 앞서 방영된 tvN의 대표 예능 〈신서유기〉와 거의 유사하다. 프로그램의 주요 소재나 모티브만 약간 변화했을 뿐, 심지어는 프로그램의 주요한 콘텐츠였던 게임도 이미 〈신서유기〉에서 사용한 콘텐츠들이다. 〈뿅뿅 지구오락실〉과 〈신서유기〉의 차이점은 오직 출연자들을 베테랑 남자 멤버들에서 젊은 여성 멤버로 교체했다는 것이다. 멤버들만 달라졌을 뿐인데 어째서 〈뿅뿅 지구오락실〉은 tvN의 새로운 예능 프랜차이즈로서 인기를 끌 수 있었을까. 멤버들이 기존 〈신서유기〉에서는 볼 수 없었던 반응들을 보여주었기 때문이다. 〈신서유기〉의 경우 멤버들은 기본적으로 PD의 말에 순종적이다. 〈뿅뿅 지구오락실〉의 멤버들은 PD를 자주 당황스럽게 만든다. PD와 협상을 하기도 하고, 제작진들이 정해놓은 플롯을 거부하는 등, 자주적인 모습을 보여준다. 말로만 MZ세대를 타깃으로 하는 프로그램을 만들지 말고, 방송의 재미로서 MZ세대들에게 선택받는 것이 더 옳은 방향임을 두 프로그램을 비교해 봤을 때 알 수 있다.

앞서 살펴봤듯이 밈 자체는 만들어지지 않는다. 밈은 선택받는 것이다. TV는 과거에는 밈을 만드는 독점적인 생산자였으나, 이젠 다른 플랫폼들과 밈의 주도권을 두고 경쟁해야 하는 하나의 경쟁 참여자 입장이 된 것이다. 앞서 살펴봤던 것처럼 최신 유행의 흐름을 잘못 이해하거나, 정확한 이해 없이 최근에 유행하는 것들에 편승하려는 태도들은 TV라는 콘텐츠의 경쟁력을 약화시킬 것이다. 다른 플랫폼에서 할 수 없는 오직 TV만이 할 수 있는 콘텐츠를 고민해 볼 시간이 왔다는 것을 이번 〈아바타 싱어〉에 대한 대중의 반응을 통해 알 수 있었다.

오은영 신드롬, 가려진 그늘에 대해서

모두의 처방전, 오은영 박사

권나영

일명 'TV 틀면 나오는 연예인'은 그 시대에 시청자들에게 가장 많은 사랑을 받고 있음을 보여준다. 국민 MC 유재석이 방송사를 가리지 않고 여러 예능 프로그램에서 활약하는 것을 예로 들 수 있다. 최근, 국민 MC 유재석만큼 시청자들의 호응을 받는 유명인이 등장했다. 바로 정신건강의학과 전문의 오은영 박사다. 〈요즘 육아 금쪽같은 내 새끼〉(2020.5.29~), 〈오은영의 금쪽 상담소〉(2021.9.17~), 〈내가 알던 내가 아냐〉(2021.11.30~), 〈오은영 리포트: 결혼 지옥〉(2022.5.16~)으로 총 4개의 방송 프로그램에 출연 중이다. 2022년 상반기에는 〈미친.사랑.×〉(2021.11.3~2022.2.9), 〈써클하우스〉(2022.2.24~2022.4.28), 〈오케이? 오케이!〉(2022.7.21~2022.9.27)를 포함해 총 7개의 프로그램에서 종횡무진 활약을 보여주었다. 오은영 박사의 도움을 얻기 위해서는 방송에 출연해 사생활을 공개해야 한다. 방송 출연에 익숙한 연예인도 꺼리는 사생활 공개를 일반인이 감수할 수 있을까? 상담 프로그램의 전성시대 속 가려진 그늘이 있지는 않을까?

　가장 먼저 〈요즘 육아 금쪽같은 내 새끼〉는 행복한 가정을 만드는 것을 목표로 아이의 문제 행동을 관찰하고, 부모와 아이에 대한 명쾌한 해결책을 통해 긍정적인 변화를 이끄는 프로그램이다. "실패해도 괜찮다", "누구의 잘못도 아니다"라는 진정성 있는 위로는 자녀가 있는 부모뿐만 아니라 자녀가 없는 청년층의 마음도 치유했다. 시청자들의 열띤 호응에 힘입어 점차 상담 프로그램은 증가했다. 연예인의 고민을 풀어가는 〈오은영의 금쪽 상담소〉, 위로가 필요한 이 시대의 청년을 위로하는 〈써클하우스〉, 남보다 못한 사이가 된 부부들의 일상을 관찰하고 갈등과 고민을 해결하는 〈오은영 리포트: 결혼 지옥〉 등 오은영의 상담을 내세운 프로그램까지 등장했다. 심지어 방송국들은 오은영 박사를 모시기 위한 섭외 전쟁을 벌였으며, 이는 오은영 박사와 상담 프로그램의 인기를 입증했다. 오은영 박사는 원래 연예계에 종사하는 방송 전문가가 아니다. 그렇다면, 일반인에 가까운 정신건강의학과 전문의 오은영 박사를 필두로 한 예능이 인기를 끄는 요인은 무엇일까?

　먼저 코로나 19를 겪으면서 심리에 대한 우리 사회의 관심이 높아졌다. 팬데믹이라는 불안 요소가 자리 잡은 사회에서 우울, 불안을 해결하기 위한 멘털 관리 및 정신건강 프로그램들의 필요성이 커졌으며, 자연스레 오은영 박사의 상담 프로그램 역시 인기를 끌게 되었다. 다음으로 시청자에게 TV를 넘어 전하는 따뜻한 위로다. 단순히 상담을 받는 대상뿐만 아니라 프로그램을 시청하는 시청자에게도 진정성이 담긴 위로를 전한다. 〈요즘 육아 금쪽같은 내 새끼〉의 경우 단순한 아이의 문제가 아닌 연관된 환경, 부모의 관계 속에서 문제의 원인을 정확하게 짚어내며, 적절한 해결 방법을 제공한다. 특히, 특정한 누군가의 잘못이라 여기지 않고, 누구의 탓으로도 돌리지 않는다. 오히려 개선을 위해 용기를 낸 부모를 격려하며 더 나은 해결 방법을 찾기 위해 노력한다. 또한, 문제 상황을 함께 관찰하면서 시청자 역시 성찰을 통해 도움을 얻기도 한다.

　　마지막으로 상담의 문턱을 낮추었다. 상담은 전문가의 진단이 필요한 환자에게만 해당하는 것이라고 여겼던 과거의 고정관념에서 벗어나 상담을 꺼렸던 이들도 상담을 받을 수 있도록 했다. 프로그램에서는 누구나 겪는 일상의 문제를 다루며 친근하게 다가갔다. 또한, 상담을 받기 위해 시간과 비용을 지급해야만 했던 방식에서 벗어나 이에 대한 전문가의 조언을 TV 프로그램을 통해 손쉽게 접할 수 있게 되었다. 이는, 오은영을 필두로 한 상담 프로그램이 시청자의 많은 호응을 끌어내게 했으며, 지상파 방송국이 아님에도 최고 시청률 4%를 기록하며 인기를 입증했다.

일반인 관찰 예능, 이대로 괜찮은가?

나 역시 오은영 박사가 출연한 프로그램을 즐겨 보았다. 특히 〈요즘 육아 금쪽같은 내 새끼〉, 〈오은영 리포트: 결혼 지옥〉을 인상 깊게 시청했다. 먼저 육아와 관계가 없는 20대의 대학생이 〈요즘 육아 금쪽같은 내 새끼〉를 시청한다는 것은 어색할 수 있다. 하지만, 나와 거리가 멀지 않았다. 아이들의 문제 행동 분석을 통해 스스로 성찰할 수 있었다. 또한, 여러 사람의 경험담을 보고 들으며 내가 직접 경험하지 않고도 다양한 것을 배울 수 있었다. 나와 타인의 존재를 이해하고, 타인과의 관계 속에서 어떻게 표현하고, 소통해야 하는지에 대해 배울 수 있어서 꾸준히 시청하게 되었다.

두 프로그램은 서로 다른 방송사에서 방영하는 프로그램이지만, 관찰 카메라를 통해 일반인의 일상을 오은영 박사와 연예인 패널들이 스튜디오에서 지켜보며, 문제 상황의 원인, 해결 방법에 관해 이야기를 나눈다는 점에서 유사한 프로그램이라고 볼 수 있다. 차별화된 점이 있다면, 아이와 부모를 대상으로 하는지, 부부를 대상으로 하는지이다. 나는 〈요즘 육아 금쪽같은 내 새끼〉와 〈오은영 리포트: 결혼 지옥〉, 이 유사한 두 프로그램을 시청하면서 느낀 아쉬운 점에 관해 이야기하려 한다.

첫 번째, 방송에 출연한 아이의 충분한 동의를 얻어냈는가? 지워지지 않는 영상이 불러올 부작용에 대해 충분한 고려를 했는지에 대한 의문이다. 〈요즘 육아 금쪽같은 내 새끼〉에서는 일상생활 속에서 드러나는 아이의 문제 행동을 시청자들에게 보여주기 위해 일상을 담은 관찰 카메라로 방송을 내보낸다. 이는 사생활을 전 국민에게 공개하는 것이며, 방송 영상이 기록으로 남는다. 과거에 방송되었던 EBS 〈우리 아이가 달라졌어요〉의 경우, 일부 영상이 10년이 지난 지금도 유통되고 있다. 시간이 지나도 지워지지 않고 모르는 사람에 의해 공유된다. 아이의 과거의 문제 행동은 해결되었지만, 영상이 속 아이의 모습은 영원히 사라지지 않는다.

관찰 카메라는 사생활을 드러내는 것에 대한 사전 동의를 얻는 것이 중요하다. 프로그램 자막을 통해 아이와 보호자의 동의를 받는 과정에서 충분한 사전 설명을 진행함을 명시한다. 하지만, 이에 대한 의문이 든다. 아이들이 과연 설명에 대해 충분히 이해하고, 미래에 발생할 수 있는 상황에 관해 인지하고 동의를 하는 것인지 말이다. 프로그램에 미취학 아동도 '금쪽이'(주인공)로 등장을 하는데, 과연 미취학 아동이 방송에 출연함으로써 발생할 수 있는 미래의 상황을 인지할 수 있을까? 나는 쉽지 않다고 생각한다. 물론 이에 대한 해결책이 없는 것은 아니다. 유튜브로 클립을 올리는 방송 프로그램의 특성상 영상의 재생산을 막을 방법은 없지만, 이에 대한 피해를 막기 위해 유튜브 자체에서 아이들이 등장한 콘텐츠는 댓글 사용이 제한된다. 하지만 SNS, 커뮤니티의 경우 이를 예방할 방법이 아직은 마련되어 있지 않다.

두 번째, 시청률을 위한 제작진의 욕심이다. 나는 아직도 〈오은영 리포트: 결혼 지옥〉 예고편이 잊히지 않는다. 2022년 5월 30일에 방영되었던 〈오은영 리포트: 결혼 지옥〉 2화의 예고편에는 신뢰가 깨져버린 부부가 나오는데, 아내가 남편을 가방으로 때리는 장면이 담겼다. 제작진과 손녀가 급하게 말리는 장면까지 짧은 예고편에 담겼다. 이뿐만 아니라 다른 회차의 경우에도 자극적인 부부싸움의 모습이 빠지지 않고 등장했다. 물론 부부 솔루션을 진행하는 프로그램의 특성상 갈등 상황을 제시하는 것은 시청자의 이해를 돕기 위한 자연스러운 과정이다. 방송을 볼 때마다 노심초사하며 차마 보기 힘든, 눈살이 찌푸려지는 장면이 매번 등장하지만, 한편으로는 자극적인 예고편이 본방 사수를 하게 했다. 이에 호응하듯 가장 최근 13회(2022.10.3)에서는 남편이 아내에게 해서는 안 될 욕설과 모욕적인 말들과 표현이 담긴 예고편과 방송을 내보냈다.

결국, 시청률을 올리기 위한 목적으로 갈등이 적나라하게 드러나는 장면 위주로 예고편을 제작한 것이다. 과연, "이는 방송 취지에 적합한 것일까?"라는 의문이 들었다. 최대한 치열한 갈등을 위해서 힘쓰는 것처럼 회차를 거듭할수록 욕설이 난무하는 자극적인 장면이 등장했다. 치열하고 자극적인 갈등 장면은 싸움에 초점을 두어 마치 시청자를 싸움 구경하게 만든 것 같았다. 예고편을 통해 시청자의 관심과 기대를 끌어올려 시청률을 올려야 하는 제작진의 생각도 충분히 이해하지만, 이는 초점을 잘못 맞추었다고 생각한다. 좋은 솔루션을 제공하기 위한 관찰 카메라인가, 시청률을 위한 자극적인 관찰 카메라를 보여주기 위한 것인가? 이에 대해 생각할 필요가 있다.

또한, 〈오은영의 리포트: 결혼 지옥〉 방송은 1회를 제외하고 모두 일반인의 일상을 전했다. 방송에 출연하게 되면, 방송 후에 시청자들의 평가와 비난을 피할 수 없다. 갈등을 겪는 부부라지만, 누가 자신의 남편(아내)을 욕하는 것이 기분 좋을까? 그들의 문제인데, 시청자의 비난 화살을 피할 수 없는 일반인의 방송 출연이 우려된다. 또한, '싸움', '갈등'에만 집중하고 자극적인 내용만 기사화해 퍼져나간다. 자극적인 내용만 재생산되는 점을 고려해야 한다. 물론 방송의 후반부에는 모두가 자신의 잘못을 반성하고 제시된 해결 방안을 통해 노력하는 장면이 빠짐없이 등장한다. 하지만, 자극적인 내용에만 초점이 맞추어져 재생산되는 영상·기사 역시 문제점이라고 생각한다. 이를 해결하기 위해서는 일반인 출연진에 대한 세심한 배려가 필요하다고 생각된다.

세 번째, 상담 프로그램의 홍수다. 현재 오은영 박사를 필두로 한 예능 프로그램을 여러 방송사에서 선보이고 있다. 과거에는 아이 관련 프로그램에만 출연했지만, 요즘은 어른들의 마음을 어루만져 주는 멘토 역할을 하고 있기도 했다. 〈요즘 육아 금쪽같은 내 새끼〉의 경우 처음 방영되었을 때는 많은 호응을 끌어냈다. 이는 높은 시청률과 화제성을 입증함으로써 점차 상담을 형식으로 한 방송이 많이 편성되었다. 하지만 KBS2 〈오케이? 오케이!〉는 1.2%의 낮은 시청률로 두 달여 만에 종영했다. 이는 고민이 있는 전국의 사연자를 찾아가 고민을 상담해 주며 공감을 통해 치유를 전하는 프로그램이었다. 화제의 인물 오은영을 필두로 한 예능임에도 성과를 거두지 못했던 이유는 무엇일까?

오은영 매직이 점차 힘을 잃어가는 것이다. 요즘 채널을 돌리면 오은영 박사가 나오지 않는 곳이 없다. 어디서든 볼 수 있는 오은영을 꼭

〈오케이? 오케이!〉에서 봐야 하는 이유가 없는 것이다. 유명인을 간판으로 내세운 방송 프로그램은 오래가지 못한다. 유명인 역시 중요하지만, 프로그램의 차별화된 매력이 분명해야 한다. 너무 많이 생겨난 오은영 방송 프로그램 탓에 시청자들이 오은영 박사가 출연한다는 이유만으로는 시청할 이유가 사라진 것이다. 희소성이 사라지면서 오은영이 출연한 프로그램의 시청률 역시 떨어지고 있다.

세심한 배려가 필요한 시점

과연 앞으로 상담 프로그램의 미래는 어떤 모습일까? 나는 프로그램의 취지를 정확하게 시청자에게 보여줄 수 있어야 한다고 생각한다. 시청률을 올리기 위해 자극적인 장면만 선정해 예고편을 만들고, 방송을 내보내는 것보다, 출연진들의 방송 이후의 삶을 세심하게 고려했으면 좋겠다. 이를 위해서는 제작진들의 노력이 필요하다고 생각한다. 솔루션을 강조하기 위해서의 갈등 과정을 보여주는 것이지, 갈등에 초점을 맞추어 더 자극적인 싸움과 갈등을 보여주기 위한 고민을 해서는 안 된다. 방송의 목적, 취지에 알맞은 프로그램 구성으로 시청자들에게 전하고자 하는 메시지를 전하는 것이 중요한 것 같다. 오은영 박사의 정확한 문제 진단과 갈등을 해결하기 위해 마음을 다하는 모습을 더 비춰준다면, 시청자들의 몰입을 끌어낼 수 있다고 생각한다.

오은영 박사가 명쾌한 해답을 제시하고 이에 맞춰 변화하는 모습을 보여줌으로써 긍정적인 측면을 강조해야 한다. 그렇다고 보여주기식으로 전락하면 안 된다. 진정성으로 변화하는 모습을 보여줄 수 있어야 한다. 오은영 박사를 직접 찾아가 상담을 받기는 매우 쉽지 않은 일이다. 가격도 높을뿐더러 수요도 높기 때문이다. 전문의가 방송에 나와 다양한 문제 상황을 접하고 내놓은 솔루션은 비슷한 고민을 하는 시청자에게 정서적 지지뿐만 아니라 현실적인 도움을 줄 수 있다. 방송을 통해 더 많은 사람의 삶이 행복해질 수 있다면, 그것이 방송의 순기능이라고 생각한다. 방송도 사업이기에 상업적인 이윤을 얻는 것도 매우 중요하다. 하지만, 방송을 구매하고 시청하는 시청자에게 도움을 줄 수 있다면, 그걸로 세상이 좀 더 좋은 방향으로 한 걸음이라도 움직일 수 있다면 방송 프로그램에서도 힘을 써야 한다고 생각한다.

상담을 포맷으로 한 다양한 프로그램이 등장하는 현재 시점에서 긍정적인 측면은 부각하고 부정적인 측면을 예방하고 줄여나가기 위해서 힘을 기울여 더 많은 사람에게 따뜻한 위로를 전할 수 있으면 좋겠다. 문제점보다는 솔루션에 집중하고, 단순히 해결 방안, 답만 주는 것이 아닌 문제를 해결하는 힘을 기를 수 있게 도와주는 방식으로 제작된다면, 더 긍정적인 측면을 부각할 수 있다고 생각한다.

"또 음악 경연 프로그램이야?"

JTBC의 음악 경연 프로그램, 〈슈퍼밴드2〉의 경쟁력

김소원

음악 경연 프로그램의 홍수 속에서

〈대학가요제〉부터 〈슈퍼스타K〉, 〈K팝스타〉, 〈쇼 미 더 머니〉, 〈프로듀스 101〉, 〈미스트롯〉, 〈싱어게인〉 등 음악 경연 프로그램은 대중에게 큰 인기를 끌어왔다. 음악과 경쟁의 만남이 이미 검증된 만큼, 많은 음악 경연 프로그램들이 존재해 왔고 존재하고 있다. 하지만 이미 검증되었다는 말은 뻔하고 지루하다는 말로 해석될 수도 있다. 음악 경연 프로그램의 홍수 속에서 살아남기 위해서 뾰족한 수, 새로운 자극이 필요한 이유다.

　JTBC에서 2019년도에 방영한 〈슈퍼밴드〉는 '밴드 오디션'이라는 새로운 시도를 보여주었다. 그 결과 최고 시청률 3.7%, 월요 예능 화제성 1위를 거두었고, 참가자들은 종영하고 3년이 지난 지금도 꾸준히 활동을 이어나가고 있다. 넘쳐나는 음악 경연 프로그램들 사이에서 〈슈퍼밴드〉만의 정체성을 확립하는 데 성공한 것이다. 이어 2021년도에 방영한 〈슈퍼밴드2〉를 통해 그 맥을 이어갔다. 이런 〈슈퍼밴드2〉가 음악 경연 프로그램으로써 어떤 경쟁력을 지니고 있는지 자세히 들여다보고자 한다.

밴드를 만들다

〈슈퍼밴드2〉의 가장 두드러지는 특징은 '밴드'를 만드는 경연이라는 것이다. 보컬, 기타, 베이스, 드럼, 건반 같은 고전적인 밴드 구성부터 클래식 기타, 바이올린, 첼로, 거문고 같은 이색적인 악기들까지, 다양한 파트의 참가자들이 모두 동등한 기회를 얻는다는 점이 새롭다. 많은 기존 음악 경연 프로그램들은 오로지 보컬만 심사해 왔다. 음악은 가창만으로 이루어지는 게 아님에도 불구하고 말이다. 음악을 같이 만드는 다른 연주자들을 단순히 '반주자' 취급하는 것이 아니라 동등하게 조명하고 있다는 점이, 밴드의 특징을 잘 살린 〈슈퍼밴드2〉만의 장점이라고 생각한다.

또한 〈슈퍼밴드2〉는 멤버들 개개인의 개성이 합쳐져 하나의 음악이 완성되는 밴드음악의 특성을 잘 반영하고 있다. 〈슈퍼밴드2〉의 참가자들은 서로 다른 곳에서 다른 음악을 하다가 프로그램을 매개로 한 팀이 되었기 때문에 보다 다채로운 음악이 나올 수 있었다. 록/메탈의 다양한 하위 장르뿐만 아니라 팝, 케이팝, 발라드, 댄스, 힙합, 정글, 컨트리 장르의 음악을 밴드의 형태로 재해석한 무대가 펼쳐졌다. 이런 다양한 장르 속에서 참가자들의 재치 있는 음악적 시도도 볼 수 있었다. 예를 들면, 본선 1라운드가 펼쳐진 4화에서 박다울 팀은 거문고, 어쿠스틱 기타, 일렉트로닉 기타라는 세 가지의 악기 편성만으로 무대를 완성했다. 케이팝 장르의 곡인 「Good Boy」를 연주곡으로 재해석하며 연주 중간에 거문고의 현을 끊고 타악기처럼 사용하는 퍼포먼스를 보여주었다. 또한 본선 2라운드가 펼쳐진 6화에서, 황린 팀은 일렉트로닉 기타, 베이스, 드럼이라는 세 명의 악기 파트 참가자들이 댄스곡 「It's Raining」을 재해석한 무대를 선보였다. 그러나 연주곡으로 편곡한 것이 아니라 기타 연주자인 황린이 보컬에 도전하며, 보컬에 여러 가지 이펙트를 적용하는 등 새로운 시도를 보여주었다. 또한 기타의 잭을 뽑아 마찰시켜 나는 음을 마치 힙합의 스크래치처럼 이용하는 창의적인 연출도 볼 수 있었다. 프로듀서들의 심사평 또한 단순히 참가자들의 실력이나 시도를 칭찬하는 것에서 넘어, 편곡 방향성과 곡의 지향점에 대해 진지하게 조언하고 전문 용어를 사용해 디테일한 평가를 했다. 이처럼 프로그램의 음악적 스펙트럼이 넓고 깊어지며 시청자들도 질 높은 무대를 즐길 수 있게 되었다.

그렇다면 이런 밴드음악의 특성을 살린 〈슈퍼밴드2〉의 장점은 다른 밴드 경연 프로그램에서도 찾아볼 수 있는 거 아닐까? 이미 〈탑밴드〉[1]와 같이 밴드 경연 프로그램은 존재해 왔기 때문이다. 하지만 〈슈퍼밴드2〉가 특별한 이유는 이 프로그램이 단순히 밴드 경연이 아닌, 밴드를 '만드는' 경연이라는 점이다. 새로운 조합과 음악 속에서 요동치는 생명력이 바로 밴드의 매력을 두드러지게 하는 요소이자, 〈슈퍼밴드2〉의 경쟁력이 되는 것이다.

---

1   KBS 프로그램, 2011.6.4~2011.10.15 방영.

착한 경연 프로그램

대부분의 경연 프로그램들은 굉장히 자극적이다. 악의적으로 리액션을 짜깁기하는 '악마의 편집'은 경연 프로그램의 필수 요소처럼 여겨졌다. 능력 있는 참가자들 사이를 억지 라이벌 구도로 갈라놓는 것도 흔한 일이다. 살아남거나 탈락하거나, 서바이벌에서 살아남아 우승자를 가려야 하는 방송 구조상 이해가 안 가는 것은 아니다. 이런 자극적인 요소들이 시청자들의 경쟁심을 돋우고 화제성을 높이기 때문이다. 하지만 꼭 이렇게 건강하지 못한 방법을 사용해야 하는 걸까?

이에 대한 〈슈퍼밴드2〉의 대답은 "그렇지 않다"이다. 악마의 편집이나 과도한 경쟁 구도 없이도 경연 프로그램을 잘 이끌어갔다. 그렇게 할 수 있었던 이유는 〈슈퍼밴드2〉의 서바이벌 구조 때문이다. 우선 라운드 당 탈락자 수가 굉장히 적다. 본선 라운드 진행 중에는 탈락자 수가 항상 다섯 명 이내였다. 참가자들을 급하게 걸러내기보다는 여유를 두고 서로 합을 맞춰볼 기회를 준 것이다. 따라서 참가자들은 당장 이기고 지는 것보다는 음악적 동료를 만드는 것이 더 중요해졌다. 경쟁보다는 참가자들 사이의 합, 케미스트리가 프로그램의 중요한 요소가 되는 것이다. 〈슈퍼밴드2〉의 편집 양상도 이런 면을 잘 반영하고 있다. 무대 위 분량만큼이나 무대 준비 과정의 분량도 많았다. 팀을 구성하고 선곡하고 편곡하고 연습하며 참가자들끼리 돈독해지는 모습을 중요하게 다뤘다. 인터뷰도 자극적이기보다는 서로의 음악에 대한 이야기 위주로 진행되었다. 또한 JTBC MUSIC 유튜브 채널을 이용해, '입덕 영상'이라는 이름으로 참가자들의 더 많은 무대 준비 과정을 담은 비하인드 영상을 매주 공개하기도 했다. 이처럼 〈슈퍼밴드2〉는 참가자들 사이를 악의적이고 자극적으로 연출하는 대신, 그들의 합과 우정을 통해 방송의 재미를 완성했다. 이는 기존 다른 경연 프로그램들과 차별화될 뿐만 아니라 보다 건강하고 바람직한 방송을 만들었다는 의의가 있다.

새로운 시즌, 답습 넘어 발전

앞서 말한 장점들은 모두 이전 시즌인 〈슈퍼밴드〉와 공유하고 있다. 프로그램의 콘셉트와 경연 구조를 이전 시즌에서 그대로 따왔기 때문이다. 그렇다면 이전 시즌과 비교했을 때 경쟁력은 어떨까? 〈슈퍼밴드2〉는 새로운 요소를 더해 이전 시즌보다 나아가는 모습을 보여주었다.

가장 큰 변화는 여성 참가자들의 존재다. 이전 시즌에는 남성 참가자들만 있었다. 밴드 활동에 성별은 상관없음에도 불구하고 남성 참가자들만 받았는지 의문이다. 이미 밴드음악계에서 활발하게 활동 중인 여성 참가자들을 받지 않는 건 프로그램의 손실이다. 다행히 〈슈퍼밴드2〉에서는 여성 참가자들도 받음으로써 프로그램이 더욱 풍부해지는 계기가 되었다. 실제로 여성 참가자들로만 이루어진 밴드 '더 픽스'가 프로그램에서 탄생했고 최종 순위 4위라는 좋은 결과를 거두었으며, 지금까지도 활발히 활동을 이어오고 있다. 최종 순위 3위를 기록한 밴드 '카디'의 보컬 또한 여성 참가자였다. 이처럼 〈슈퍼밴드2〉는 이전 시즌과 달리 여성 참가자들의 활약도 볼 수 있다는 장점이 있다.

또한 〈슈퍼밴드2〉는 이전 시즌에 비해 방송 외 콘텐츠를 더욱 활발히 활용했다. '입덕 영상'이라는 이름으로 올라오는 비하인드 영상의 개수가 이전 시즌보다 많아졌고, 밸런스 게임, 리액션 캠, '고민말해방' 등 자체 콘텐츠도 새롭게 생겼다. 방송에는 다 담아낼 수 없었던 참가자들의 매력을 유튜브를 통해 공개한 것이다. 또한 '포지션 캠'이라는 이름으로 일종의 직캠 영상을 올리기도 했다. 이는 최근 몇 년간 유행 중인 콘텐츠인 직캠을 〈슈퍼밴드2〉에 반영한 것으로, 유튜브에서 높은 조회수를 기록하며 성공을 거두었다. 이처럼 방송 외적으로도 다양한 콘텐츠를 생산해 시청자들로 하여금 '덕질'할 수 있는 포인트를 제공했다. 프로그램 시청자들은 애청자가 될 수 있도록, 나아가 프로그램에서 탄생한 밴드의 팬이 될 수 있도록 하는 계기로 작용했다.

프로듀서진도 달라졌다. 넬의 김종완, 린킨파크의 조 한, 악동뮤지션의 이수현이 빠지고, 유희열, 이상순, CL이 새롭게 합류했다. 이전 시즌에 비해 예능 경험이 많은 프로듀서들로 대체해 시청자들과의 거리감을 좁히고자 했다. 현재 밴드에 속해 밴드음악과 직접적인 연관이 있는 프로듀서들이 빠졌다는 단점도 존재하긴 하지만, 〈슈퍼밴드2〉가 음악 다큐멘터리가 아닌 예능 프로그램에 속한다는 점을 고려한다면 유의미한 변화라고 평가할 수 있다.

그럼에도 넘지 못한 벽

〈슈퍼밴드2〉에도 한계점은 분명히 존재한다. 모든 경연 프로그램의 가장 근본적인 즐거움은 참가자들의 역량에 달려 있다. 참가자들의 무대가 좋아야 시청자들이 재미있게 느낀다. 여기서 〈슈퍼밴드2〉는 큰 벽에 부딪힌다. 다른 보컬 경연 프로그램이 이미 많이 존재하기 때문에 보컬 실력자들이 다른 프로그램으로 분산될 수밖에 없다. 그 결과 〈슈퍼밴드2〉의 보컬 참가자들의 실력이 다른 보컬 경연 프로그램에 비해, 프로그램 내 다른 악기 파트 참가자들에 비해 떨어진다는 아쉬움이 있다.

또한 〈슈퍼밴드2〉는 밴드를 만드는 과정을 포함하는 경연 프로그램이기 때문에, 이미 완성된 밴드로 참가할 경우 형평성 문제가 생긴다. 사실 프로듀서 예심에 하나의 밴드 단위로 참가하는 경우는 이전 시즌부터 있었지만 밴드 멤버 전원이 예심을 통과하는 경우는 없었고, 올라가더라도 뿔뿔이 흩어져서 새로운 팀을 꾸렸기 때문에 문제가 되지 않았다. 하지만 이번 〈슈퍼밴드2〉에는 처음으로 '크랙샷'이라는 밴드의 멤버 전원이 예심을 통과하고, 경연 과정에서 내내 같은 팀을 유지했다. 결선에서도 크랙샷 멤버들에 새로운 멤버 단 한 명만을 추가시켜 '크랙실버'라는 이름으로 우승을 차지했다. 물론 크랙샷, 크랙실버가 그만큼 실력이 있기 때문에 얻어낸 결과지만, 밴드를 만드는 과정을 보여준다는 프로그램의 목적에는 어긋난다. 그리고 밴드는 개개인의 실력만큼이나 뭉쳤을 때의 합, 시너지 효과가 중요하다. 이미 서로 호흡을 맞춰오던 밴드가 방금 새로 만들어진 밴드들과 경쟁하는 건 불공평하다. 문제는 〈슈퍼밴드2〉에는 이를 방지할 수 있는 규칙이 없다는 문제점이 있었다.

가장 결정적인 한계점은 밴드음악 자체가 대중적이지 못한 장르라는 것이다. 〈슈퍼밴드2〉의 최고 시청률 4.1%는 아주 나쁜 건 아니지만, 크게 성공했다고 보기도 어렵다. 비슷한 시기에 방영한 타 음악 경연 프로그램 〈싱어게인2〉[2]의 최고 시청률이 8.7%인 것을 고려하면 더욱 아쉬운 성적이다. 〈슈퍼밴드2〉가 밴드의 매력을 살려 이 프로그램만의 경쟁력으로 소화한 건 분명하다. 하지만 애초에 밴드음악이 비주류이기 때문에 진입장벽이 생긴다. 〈슈퍼밴드2〉는 이 진입장벽을 넘어 대중적인 인기를 끄는 데에는 실패했다. '밴드'라는 프로그램의 소재가 양날의 검이 된 것이다.

---

2   JTBC 프로그램, 2021.12.6~2022.2.28 방영.

프로그램 성공의 새로운 기준

〈슈퍼밴드2〉가 자신만의 무기를 갖춘 프로그램이라는 점에는 이견이 없을 것이다. 많은 음악 경연 프로그램 중에 분명히 차별화된 매력이 있는 프로그램이다. 그럼에도 불구하고 대중적으로 큰 인기를 끄는 데에는 실패했다. 하지만 그게 과연 〈슈퍼밴드2〉가 실패했다는 뜻일까? 기업인이자 컨설턴트인 마크 펜은 그의 저서 『마이크로트렌드』에서 다음과 같이 이야기한다.

> 이제 더 이상 '메가트렌드'나 '전 세계적인 경험'만으로는 세상을 이해할 수 없다. 오늘날의 분파적 사회에서 성공적으로 움직이려면 서로 엇갈린 방향으로 빠르고 격렬하게 나아가며 성장하고 있는 열정적인 주체성(identity)집단을 이해해야 한다. 그것이 바로 마이크로트렌드이다.[3]

정보화 혁명 이후 현대사회는 다양화되었다. 그에 따라 열정적인 주체성 집단, 즉 소수의 열정적인 비주류 집단이 시장에서 발휘하는 영향력이 상대적으로 중요해진 것이다. 이런 측면에서 생각해 본다면, 비록 큰 화제를 끌지는 못했지만 항상 일정한 폭의 시청률을 유지한 〈슈퍼밴드2〉는 열정적인 시청자들을 끌어들이는 데는 성공했다고 볼 수 있다. 즉, 메가트렌드로 자리 잡지 못해 '실패'한 것이 아니라 마이크로트렌드로 자리 잡는 데 '성공'한 음악 예능인 것이다.

---

[3] 마크 펜(Mark Penn)·킨니 잘레스니(Kinney Zalesne), 『마이크로트렌드: 세상의 룰을 바꾸는 특별한 1%의 법칙』, 안진환·왕수민 옮김(해냄출판사, 2008), 27쪽.

사회현상을 관찰하는 대부분의 사람들은 '티핑 포인트(tipping point)'에 이르는 주요 트렌드에만 초점을 맞추는 바람에 이제는 그런 티핑 포인트에 이르지 않아도 성공적인 트렌드가 될 수 있고 사회에 영향을 미칠 엄청난 잠재력을 가진다는 사실을 놓치고 만다.[4]

앞으로 탄생할 음악 경연 프로그램이 주목해야 할 지점 또한 여기에 있다고 생각한다. 주체적인 시청자들을 사로잡기 위해서는 프로그램만의 새로운 개성을 확립해야 한다. 그것이 주류인지 비주류인지는 더 이상 중요한 문제가 아닐 것이다. 어느 쪽이든 성공의 문은 열려 있기 때문이다.

4   마크 펜·킨니 잘레스니, 같은 책, 591쪽.

톡톡(똑똑),
새로운 여행 예능 배달왔습니다!

JTBC 〈톡파원 25시〉

강아솔

"코로나가 끝나면 뭐가 가장 하고 싶은가요?"라는 질문을 받는다면 뭐라고 답하겠는가? 필자는 한 치의 고민도 없이 "해외여행"이라고 답할 것이다. 한국 이미지 커뮤니케이션 연구소에서 한 설문조사의 결과를 보면, 많은 사람이 비슷한 생각을 하고 있음을 확인할 수 있다. 이동 제한 해제 후 가장 먼저 하고 싶은 것으로 한국인(89.32%)과 외국인(81.33%) 모두 '해외여행'을 첫 번째로 꼽았다. 같은 조사에서 코로나로 인해 가장 많이 하는 여가 생활 1위로는 영화, 드라마 시청이 뽑혔다.[1] 집에 있는 시간이 많아지니 자연스럽게 집 안에서 쉽게 시청이 가능한 드라마나 예능과 같은 방송 프로그램을 시청하는 시간이 많아진 것이다. 그렇다면 자연스레

---

[1] "코로나19 끝나면 가장 하고 싶은 것 1위는 '해외여행'", 《세계일보》, 2022.4.6. https://www.segye.com/newsView/20220406514982.

'사람들이 쉽게 자주 접하는 방송 콘텐츠로 해외여행을 원하는 시청자들의 욕구를 충족시켜 준다면 큰 관심과 인기를 얻겠다'는 생각을 하게 된다. 하지만, 코로나19로 제작진과 출연자들이 출국할 수 없는 상황에서 기존 해외여행 예능 방식대로 예능을 제작할 수는 없다. 그렇다면 방송 제작자들은 어떤 방법으로 시청자들의 욕구를 충족하려 했을까?

톡톡(똑똑), 새로운 여행 예능 배달왔습니다!

〈톡파원 25시〉는 2022년 2월부터 현재까지 매주 월요일 밤 8시 50분, JTBC에서 방영 중인 예능으로, 톡파원들이 직접 취재해 온 생생한 세계 각국의 현지 영상을 살펴보고 화상 앱을 통해 다양한 톡파원들과 깊이 있는 토크도 나눠보는 프로그램이다. 프로그램 제목에서 볼 수 있는 '톡파원'이라는 단어는 talk와 특파원의 합성어로, 프로그램 속에서 해외 각국의 소식을 빠르게 전달하는 한국 교민이나 유학생들을 지칭한다. 해외에 직접 나갈 수 없게 되자, 해외에 오랜 기간 거주 중인 일반인들을 활용한 것이다. 톡파원들이 직접 촬영한 영상들은 오랫동안 외국에 가지 못해 쌓여만 가던 해외에 대한 궁금증과 아름다운 풍경을 보고 싶은 욕구를 해소해 주었다.

　이 프로그램은 코로나19로 인해 해외의 소식을 알기 힘들어진 시청자들에게 해외와 관련된 다양한 소식과 정보를 전달하고자 만들어졌다. 즉, 코로나19라는 특수한 상황을 계기로 생겨난 프로그램인 것이다. 대부분의 방송은 다시 해외에 갈 수 있는 시기만을 기다리며 국내 여행을 떠나는 콘텐츠로 그 시간을 그저 버티고만 있었다. 실제로 코로나19로 해외 출국이 어려워지자, tvN의 〈바퀴달린 집〉을 시작으로

JTBC의 〈감성캠핑〉, KBS Joy의 〈난 차였어〉 등 타인과의 접촉을 피할 수 있는 캠핑카나 텐트를 이용한 캠핑 형태의 국내 여행 예능이 줄지어 등장했다. 하지만, 〈톡파원 25시〉는 달랐다. 코로나19로 생겨난 변수들을 기회로 삼아 변화를 시도했다. '화상 앱'과 '일반인'을 활용해 누구도 긁어주지 못했던 시청자들의 가려운 곳을 시원하게 긁어주었다. 〈톡파원 25시〉가 시도한 변화들은 현 방송 체제의 새로운 시사점을 보여준다. 필자는 〈톡파원 25시〉가 시도한 변화들과 변화가 시도되고 있는 현시점에서 TV 방송이 지니고 있는 시사점에 관해 이야기 하고자 한다.

매력이 '톡톡' 터지는 '톡'파원

이 프로그램의 가장 큰 변화의 시도이자 중요한 요소는 바로 소식을 전해오는 '톡파원'이다. 코로나 전후를 통틀어 여행을 가는 예능 콘텐츠 중 '일반인'이 주연인 경우는 없었다. 그렇기에 일반인 출연자가 출연해 정보를 제공한다는 것 자체가 시청자에게는 새롭게 느껴진다. 또한, '여행자'가 아닌, 문화에 적응한 '기존 거주자'(교민, 유학생, 장기 여행자 등)의 시선에서 담긴 취재 영상은 기존의 여행 예능과는 다른 시각의 정보를 제공한다. 관광 관련 정보를 포함해, 세계 각국의 1인 가구 집세와 최근 그 나라에서 인기를 얻고 있는 주거지역과 같이 그 나라에 오랜 기간 거주하지 않으면 알 수 없는 정보들을 이야기해 준다. 이는 유학을 준비하거나 그 나라에 거주를 원하는 시청자들에게 양질의 정보를 제공할 수 있다는 점에서도 큰 차별성을 가진다. 이 모든 정보를 톡파원이 직접 체험하고 경험하는 모습을 통해 제공하기에, 시청자는 더 생생하게 그 현장에 몰입할 수 있다.

또, 〈특파원 25시〉는 특파원을 단순히 해외 소식을 전해오는 매개체 역할로만 활용하지 않는다. 특파원이 그 나라에 살게 된 이유와 직업을 소개해 시청자들이 특파원에 대해 인식할 수 있도록 한다. 더하여 각국 특파원들은 거주 중인 국가의 언어를 활용해 유행어를 만들거나 자신의 전공을 살려 즉석 오페라 공연을 하는 등 회차가 거듭될수록 특파원 개개인의 매력과 캐릭터를 구축하고 있다. 1화부터 현재까지 출연 중인 이탈리아 로마의 현준역 특파원은 취재 영상마다 "가보자!"라는 뜻을 가진 이탈리아어로 "Andiamo(안디아모)"라는 문구를 외쳐, 이탈리아의 인사말이 그의 유행어로 자리 잡았다. 한 걸음 더 나아가, 특파원끼리 새로운 조합을 결성해 특파원 간의 케미를 보여주거나 스튜디오에 있던 연예인 MC를 초대해 직접 관광을 시켜주는 등, 각국의 다양한 배경을 가진 여러 특파원들을 보는 것은 이 방송만의 매력이자 장점이 되었다.

굳이 얼굴 보고 만나야 해?

프로그램이 방영된 시기는 대중이 코로나19로 인해 변해버린 세상에 익숙해진 2022년 2월이었다. 코로나가 지배한 세상을 약 2년간 살아온 사람들은 어느새 대면이 아닌 줌을 활용해 타인들과 소통하는 것에 더 익숙해졌다. 대면보다 줌을 더 편하게 느끼게 된 것이다. 〈특파원 25시〉는 이러한 시청자들의 상황을 활용해 스튜디오 녹화장에서 특파원들과 '화상 연결'을 통해 소통하는 방법을 택했다. 코로나19 확산 이전의 시청자였다면 화상 연결 화면의 낮은 화질과 끊기는 연결, 저음질의 소리가 매우 불쾌하고 화상 연결 방법을 사용하는 것 자체를 이해하지 못했을 것이다. 무대에 관객을 수용할 수 없어 화상 연결로 관객을 수용하는 등 화상 연결이 '불가피하게 비대면이어야 해서' 쓰이는 대안이 아닌, 프로그램 속 하나의 요소로 자리 잡은 것은 코로나 시국이었기에 나타날 수 있었던 방송계의 신선한 시도이자 변화다.

또, 비대면 화상 연결 방식을 택했기에 최근의 정보를 더욱 신속하게 전달할 수 있다. 기존 해외여행 예능은 출연진과 제작진이 직접 해외 국가에서 1~2주 정도 촬영을 진행한 후, 1~2주의 촬영본을 10~12부작으로 제작해 방영한다. 편집 시간과 방영 기간을 고려한다면, 마지막 방영본은 촬영 시기로부터 최소 2달 이상 차이가 나게 된다. 해외여행 예능의 경우, 어떠한 형태로든 그 지역의 관광성 정보를 담고 있기에 정보의 신속성은 중요하다. 이러한 지점에서 정보를 제공하고자 했던 방송의 기획의도 중에 화상 연결 방식은 최고의 선택이었다.

이에 더하여, 톡파원이 자신이 거주하는 나라에서 요즘 유행하는 음식(예를 들면 과자나 라면), 혹은 취재하면서 구경한 기념품들을 직접 구입해 스튜디오로 보내주는 '톡파원 직구' 코너를 통해 그 나라의 관습이나 최근 유행하는 문화를 직접 체험할 수 있는 시간을 마련했다. 이를 통해, 얼굴 한 번 보지 못하고 취재 영상으로만 소통했던 톡파원들과 스튜디오 출연진 간의 심리적 거리를 좁힘으로써 비대면 소통의 한계점도 유연하게 극복해 냈다.

텔레비전의 시대는 떠나간 것일까?

〈톡파원 25시〉를 보면 'TV 방송이 맞나?'라는 의문이 들 때가 있다. 톡파원이 직접 찍어온 취재 영상을 보여주는 장면에서는 TV 방송이 아닌 유튜브 '해외살이 브이로그'를 보는 기분이 든다. TV 프로그램에서 유튜브를 보는 기분이 드는 시대가 왔다. 이제 진짜 텔레비전의 시대는 떠나간 것일까? 인터넷방송은 모바일 기기의 발달, TV 방송 프로그램보다 낮은 규제 수준과 제작 진입장벽이라는 장점을 활용해 급속도로 성장했다. TV 방송이 당연하게 우세했던 과거와 달리 오늘날 TV 방송은 인터넷방송을 뒤따라가는, 전세가 역전된 모습을 보인다. 유튜브에서 시작되어 주류 콘텐츠가 된 '먹방(먹는 방송)'이 TV 방송까지 확대되어 유명 인터넷방송 크리에이터가 TV 방송에 출연하거나 수십 가지의 먹방 예능이 생겨난 것만 보아도 인터넷방송이 TV 방송 콘텐츠에 지대한 영향을 주는 세상이 왔음을 실감할 수 있다. 필자는 인터넷방송에서 인기를 얻는 콘텐츠를 방송에 활용하는 것을 비판하려는 것이 아니다. 인터넷방송의 성장으로 인해 TV 방송과 인터넷방송 콘텐츠의 경계가 모호해지고 있는 이 시점에서 TV 방송은 자신들이 가져야 할 태도에 대해 고민하고 행동해야 함을 이야기하고자 한다.

〈톡파원 25시〉는 '일반인의 출연'과 '화상 연결'이라는 요소를 코로나19라는 시기에 적절하게 활용해 시청자들에게 새롭고 참신한 콘텐츠로 다가갔다. 이를 증명하듯, 6부작 파일럿으로 처음 방영되었던 〈톡파원 25시〉는 시청자들에게 높은 관심을 받고 12부작 연장 편성에 이어 정규 편성까지 하게 되었다. 새로운 변화의 시도가 시청자에게 긍정적인 인상을 남긴 것은 사실이지만, 일반인이 셀프 카메라를 통해 자기 삶을 공유하는 구성 자체는 유튜브에서 인기 콘텐츠로 자리 잡은 '일상 브이로그'와 크게 다르지 않다. 즉, 기존 TV 방송계에서 본다면 일반인의 출연이 큰 변화이자 시도이지만 그 범주를 유튜브나 OTT를 포함한 인터넷방송으로 넓힌다면, 〈톡파원 25시〉는 '해외 거주자 일상 브이로그'의 연장선으로 보일 수 있다. 앞서 언급한 〈톡파원 25시〉의 변화들이

'그저 인터넷방송의 유행 콘텐츠를 따라 한 것'이 아닌, TV 방송으로서 '변화를 시도'한 것이라고 말하기 위해서는 인터넷방송이 아닌 TV 방송 만이 가지고 있는 차별점이 있어야 한다.

우린 좀 특별해

이전까지 〈특파원 25시〉가 시도한 변화로 인해 생겨난 기존 방송 프로그 램들과의 차별점을 짚어보았다. 지금부터는 이 프로그램이 인터넷방송 이라 불릴 수 없는, 인터넷방송과 구별되는 점들에 대해 이야기하고자 한 다. 첫 번째 차별점은 '사람'이다. 기존 방송 프로그램과의 차별점으로 '일반인'을 활용했다면, 인터넷방송과의 차별점으로는 '스튜디오 속 전문 방송인'(패널)을 활용했다. 특파원들의 취재 영상을 보고 함께 이야기 나 누는 네 명의 MC(방송인 전현무, 개그우먼 김숙, 개그맨 양세찬, 가수 이찬 원)와 한국인보다 더 한국인 같은 다섯 명의 외국인 패널(일본 출신 방송 인 타쿠야, 이탈리아 출신 방송인 알베르토, 독일 출신 방송인 다니엘, 벨기에 출신 방송인 줄리안, 미국 출신 방송인 타일러)은 전문 방송인으로서 방송에 대한 능숙함과 전문성을 가지고 있다. 촬영과 녹화가 어색한 일반인들이 출연하는 프로그램에서는 전문 방송인들의 능숙함이 더욱더 필수적이 다. 자신의 '일상을 공유하는 것 자체'가 목적인 인터넷방송 브이로그와 달리, TV 방송에서는 브이로그를 통해 '정보를 전달'하고 궁극적으로는 '재미와 즐거움을 주겠다'는 목적이 있다. 스튜디오 녹화 베테랑인 MC 전현무와 김숙의 능숙한 진행은 일반인 특파원들이 준비해 온 것들을 부 담 없이 뽐낼 수 있게 돕고, 방송의 흐름도 원활하게 하여 프로그램의 궁 극적인 목적을 이룰 수 있게 도와준다. 양세찬은 시청자들이 사소하지만 궁금해하는 지점을 특파원들에게 질문함으로써 시청자들의 아바타 같은 역할을 수행한다. 예능 MC가 처음인 이찬원은 해외에 가보지 못한 경험을 배경으로 취재 영상의 다채로운 리액션을 맡고 있다. MC들의 역량 외에, MC와 패널들 간의 케미도 인터넷방송이 아닌 TV 방송을 찾게 하는 이유다. 스튜디오에 있는 패널들은 모두 JTBC 인기 예능이었던 〈비정상회담〉의 멤버들로 구성되어 있다. 다른 프로그램에서 호흡을 맞춰본 경험이 있는 외국인 패널들은 1화부터 엄청난 케미를 보여주었다. 자국의 요리가 더 맛있다고 주장하며 투닥대거나 서로에 대한 거침없는 비난(디스)은 자칫 정보 프로그램처럼 보일 수 있는 〈특파원 25시〉가 예능 프로그램임을 확인하게 해준다.

두 번째 차별점은 TV 방송만의 친절함이다. 인터넷방송은 시청자가 원하는 콘텐츠를 '클릭(선택)'해야만 콘텐츠를 볼 수 있다. 하지만, TV 방송 프로그램은 짜인 편성 시간에, 불특정 다수에게 방영된다. 이는 TV 방송 프로그램이 인터넷방송보다 더 많은 제재를 받는 이유이기도 하다. 규제가 덜한 인터넷방송은 아직 사회에 완전히 수용되지 않은 문화도 거침없이 콘텐츠의 메인 아이템으로 이용하면서 시청자들의 관심을 얻었다. 유튜브 웹예능 〈또간집〉은 트렌스젠더인 방송인 풍자를 메인 MC로 캐스팅해 큰 관심과 조회수를 기록했다. 또는 불친절한 방송을 콘셉트로 잡아 시청자들에게 신선한 재미를 주기도 한다. 〈특파원 25시〉는 이러한 인터넷방송 인기 콘텐츠를 무작정 따라 하기보단, TV 방송이 더 잘 할 수 있는 '친절함'을 내세웠다. 매주 궁금하긴 했지만, 직접 알아보기는 귀찮았던 세계 각국의 새로운 정보들을 방 안까지 친절하게 가져와 준다. 다른 국적 사람들의 생각과 문화를 들을 수 있도록 세계 각국 출신의 패널을 섭외하는 것은 물론이거니와, 패널이나 특파원이 언급한 말의 사실 여부도 확인해 준다. 특파원의 셀프 카메라 영상이나 말로 언급한 부분 중 이해가 어려울 것 같은 부분에서는 다양한 자료 화면을 덧붙여 더욱 풍성하고 이해하기 쉬운 영상을 제공한다. 방송의 불친절함이 트렌드가 된 시대에서 〈톡파원 25시〉의 친절함은 자신들의 차별점이자 무기가 되었다.

옛것이라고 무시하지 마라

〈톡파원 25시〉는 모두가 위기라고 생각했던 코로나19를 변화의 기회로 활용했다. 해외에 가지 못하는 상황을 역이용해 해외에 거주 중인 일반인에게 '톡파원'이라는 직책을 부여하고 그들의 시선이 담긴 영상들을 시청자에게 제공했다. 또, 새롭게 정착한 '비대면 문화'를 적극 반영해 '화상 앱'으로 톡파원들과 소통하는 구조를 시도했다. 일반인들의 셀프 카메라를 보는 것이 어쩌면 인터넷방송의 '브이로그'를 보는 듯한 느낌이 든다. 하지만, 〈톡파원 25시〉는 자신들이 가지고 있는 TV 방송 프로그램만의 강점을 적극 활용해 자신들이 인터넷방송을 따라한 것이 아님을 증명하고, 자신의 프로그램을 보아야 하는 이유를 설명해 냈다. 전문 방송인 MC와 패널을 활용하고 TV 방송의 친절함을 내세워 시청자가 보기에 더욱 재밌고 편안한 프로그램을 만들어냈다.

전문가들은 TV의 시대는 지나가고, 모바일·인터넷방송의 시대가 오고 있다고 말한다. 그렇기에 TV 방송계는 〈톡파원 25시〉의 시도를 눈여겨보아야 한다. TV 방송과 인터넷방송의 경계가 모호해지는 지금, TV 방송에서 시도하는 '변화'는 유의미하다. 끊임없이 변화하는 시대의 속도에 맞춰 무작정 변화를 따라 하라는 말이 아니다. TV 방송이 가지고 있는 강점과 시청자들이 TV 방송에 기대하고 있는 지점을 고민하고 찾아내야 한다. 그와 동시에 변화가 필요한 지점을 찾아내 과감하게 변화를 시도해야 한다. 모두가 변해버린 세상에 맞추어 인터넷방송을 찾는 이 시대에, TV 방송은 어느새 '옛것'으로 여겨진다. 하지만, 옛것이 지금까지 살아남아 있을 수 있는 이유는 그만큼의 매력과 역량이 있기 때문이다. 옛것이라고 무시하고 보는 이 세상에 TV 방송이 가지고 있는 저력을 보여주길 간절히 기대한다.

이혼 가정을 바라보는
패밀리 게이즈
볼거리로 전락한 가족 관찰 프로그램

이채은

'메일 게이즈(Male gaze)'[1]는 예술이나 문학에서 남성 구독자의 즐거움을 위해 여성을 성적 대상으로 제시하고 표현하는 현상을 뜻한다. 성 역할에 메일 게이즈가 있다면, 가족의 역할에는 '패밀리 게이즈(Family gaze)'가 있다고 생각한다. 작품에서 남성적 관점으로 여성을 차별적으로 그려내듯, 전통적 가족의 관점으로 이혼 가정을 '불완전 가족'으로 그려낸다는 것이다.

바야흐로 일반인[2] 관찰 프로그램의 시대다. 일반인 관찰 프로그램들의 인기에 힘입어 가족 관찰 프로그램들도 우후죽순으로 생기고 있

---

1   1973년 영국의 영화이론가 로라 멀비(Laura Mulvey)의 에세이 『시각적 쾌락과 내러티브 영화』에 처음 등장했다.
2   이 글에서 말하는 '일반인 출연진'의 범위를 정의하고 싶다. 유명세를 이용한 방송이 아니며, 각본이 아닌 출연자들의 실제 삶을 소재로 한 방송일 경우로 폭넓게 정의한다.

다. 〈우리 이혼했어요〉, 〈고딩엄빠〉, 〈금쪽같은 내 새끼〉, 〈결혼과 이혼 사이〉 등 가족 관찰 예능을 편성하지 않은 방송사를 찾기가 어려울 정도다. 이 중 몇몇은 OTT 플랫폼의 시청자 수를 책임지는 '효자 프로그램'으로 편성되기도 했다.

　　최근 가족 프로그램은 이혼과 가족 갈등의 사례를 중심으로 다룬다. 결혼 가정과 아이들의 관계를 '정상적'으로, 이혼 가정을 '비정상적'으로 바라보고 있다고 할 수 있다. 여성을 바라보는 차별적 시선을 '메일 게이즈'라고 한다면, 이처럼 이혼 가정을 비정상적으로 바라보는 것을 '패밀리 게이즈'라고 할 수 있지 않을까? 가족 관찰 프로그램에서 '패밀리 게이즈'가 어떻게 발현되고 있는지 이혼 프로그램을 중심으로 살펴보고자 한다.

1. 연예인 관찰에서 일반인 관찰로

한강 뷰 아파트에서 3대 진미를 먹고 필라테스 하는 모습을 보여주는 〈나 혼자 산다〉, 연예인들이 유럽에서 여유를 즐기는 〈텐트 밖은 유럽〉, 위화감을 조성할 수 있으니 집 일부만 촬영한다는 〈슈퍼맨이 돌아왔다〉……. 이 같은 연예인 관찰 프로그램들을 보면서 이제 시청자들은 "어차피 전부 연출된 장면"이라거나, "출근하면서 이런 프로그램을 보면 무력감을 느낀다"라는 반응을 보였다. 연예인 관찰 프로그램은 이미 많은 문제점을 지적받아 왔다. 〈나 혼자 산다〉는 연예인들의 작품 홍보 창구로 전락했다는 평가를 받고 있으며, 〈1호가 될 순 없어〉는 연예인 부부의 외도, 도박 문제를 소재로 삼는다. 무엇보다 화려한 연예인들의 생활로 인해 상대적 박탈감을 느낀다는 여론이 2014년 〈아빠! 어디가?〉가 방영할 당시부터 꾸준히 제기되었다.

반면 일반인이 출연하는 관찰 프로그램은 연출되지 않은, 이전에는 방송에 없었던, 그러면서 우리 삶과 가까운 이야기들로 채워져 있다. 어쩌면 일반인의 방송 출연을 통해 연예인 관찰 프로그램이 갖고 있던 문제점을 타파할 수 있을지 모른다는 기대감이 들기도 한다. 연예인 관찰 프로그램에 대한 시청자들의 피로감은 이제 일반인 출연자를 향한 관심으로 변화되어 나타나는 듯하다.

일반인 관찰 프로그램 중 상당수를 차지하고 있는 콘텐츠는 바로 '가족'이다. 가족을 소재로 한 프로그램이 충분한 가치를 갖고 있기 때문이다. 첫째는 다양한 가족의 형태를 보여준다는 것이다. 이혼한 부부가 친구처럼 지내는 모습, 혼전 임신으로 가족이 된 미성년자 가족의 모습, ADHD의 아이를 키우는 가정의 모습을 그대로 담아낸다. 가족 문제에 대한 인식이 달라진 것도 이런 흐름에 한몫했다. 시청자들도 더는 가족 문제가 가족 내에서만이 아닌 공론의 장에서 다룰 문제라고 받아들이고 있다. 둘째는 갈등을 겪고 치유하는 과정에서 전문가의 조언을 공유할 수 있다는 것이다. 특히나 오은영 박사의 솔루션과 상담 과정에서는 자신의 감정을 이해받는 것 같아 '힐링'을 얻는다는 시청자도 많다. 셋째는 '연반인'(연예인+일반인)이라고 불리는 새로운 '스타'가 생겨나고 있다는 것이다. 이전에는 "텔레비전에 내가 나왔으면 정말 좋겠네"라는 노래를 부를 만큼 일반인의 TV 출연 기회가 적었다. 그러나 이제는 일반인의 출연을 통해 전형적이거나 식상하지 않은 연출이 가능하고, 출연자들은 인플루언서나 방송인으로서의 기회를 잡는 윈윈(win-win) 관계가 가능하다.

그런데 최근 인기를 끄는 가족 관찰 프로그램들은 공통으로 '가족의 갈등'을 주제로 한다. 부부간의 갈등(⟨오은영 리포트: 결혼 지옥⟩, ⟨결혼과 이혼사이⟩), 혼전 임신과 사회의 갈등(⟨고딩엄빠⟩), 자녀와 부모의 갈등(〈금쪽같은 내 새끼〉), 연인의 갈등(〈환승 연애〉) 등 이들의 갈등은 하나의 콘텐츠가 되고, 때론 더 자극적으로 편집되기도 한다. 그래서 갈등이 완화되기보다는 강화된다. 한 사회학과 교수는 인터뷰에서 "사회 전체적으로 자신의 감정을 표출하는 것에 무감각해지는 상황에서 갈등을 관찰하는 예능은 자칫 이를 치유하기보다 심화시킬 우려가 있다"라고 설명했다.

'불완전'하다고 표현되는 가족의 모습과 그 속에서 치닫는 갈등은 카메라와 편집을 통해 '패밀리 게이즈'화된다. 그중 이혼 가정은 '소수자의 불완전한 가정'으로 정의되고, 가부장적 가족의 관점에 맞추어 볼거리로 전락하고 있다는 느낌을 지울 수가 없다. '메일 게이즈'가 남성적 시선에서 여성을 차별적으로 그려내는 것처럼, '패밀리 게이즈'가 이혼한 가정들의 갈등을 자극적으로 편집함으로써 비정상적으로 그려내는 것이다.

2. 이혼 관련 내용의 드라마와 트라우마

〈우리 이혼했어요〉, 〈오은영 리포트: 결혼 지옥〉, 〈결혼과 이혼 사이〉는 이혼을 둘러싼 사회적 편견을 깨고 사회적 인식을 개선하는 데 일조했다는 평가를 받고 있다. 또한, 이혼 과정에서 겪는 현실적 어려움을 나누고 전문가의 조언과 해결책을 공유한다는 점 역시 긍정적 측면이다. 그러나 여기서 한 가지 기억해야 할 부분이 있다. 일반인 출연진의 방송은 기존의 방송과 다른 점이 있다는 것이다. 이들의 이야기는 드라마처럼 편집되어 방송되지만, 이들은 실존하는 일반인이다. 촬영 기간이 끝난 후에는 그들의 일상으로 돌아간다는 것이다. 해피 엔딩으로 방송을 끝맺었을

지라도 그들의 삶은 계속된다. 방송이 끝난 후 가정으로 돌아간 그들은 어떤 삶을 살고 있을까.

지난 7월 종영한 티빙의 〈결혼과 이혼 사이〉의 출연진이 방송 이후 남편에게 심한 폭행을 당했다는 글이 올라왔다. 그는 얼굴의 심한 멍과 상흔을 공개하며 당시 상황을 적어 내렸다. 폭행은 아이를 안고 있는 와중에 벌어졌으며, 아이가 보는 앞에서 살해 협박과 흉기 위협을 당했을 뿐 아니라 머리카락이 잘리는 등의 폭행이 이어졌다고 설명했다. 이 방송의 출연 목적에 대해 아내는 "잘 헤어지기 위해서, 이혼을 잘하고 싶어서 방송에 나왔다"라고 밝힌 적 있다. 실제로 방송에서도 부부 상담과 변호사 상담 등을 통해 이혼을 진지하게 고민하는 모습을 보이기도 했고, 갈등이 치닫는 장면들도 적나라하게 드러났다. 그러나 이들은, 아니 이들을 포함한 모든 출연진이 결혼 생활을 이어가기로 선택하면서 프로그램은 해피 엔딩으로 끝난다. 이들의 결정이 조작되었다거나 대본이었다는 주장은 아니다. 그러나 여전히 의문이 생긴다. 출연자들은 해당 프로그램에 출연함으로써 관계에 도움을 얻었는가? 그들의 최종 결정이 얼마나 자율적인가? 방송 출연 이후의 이들의 삶에 관한 책임은 없는 것인가?

이 프로그램이 진정 출연자들의 건강한 이혼을 위해 제작되었다면, 촬영 과정에서 결혼 생활을 지속하는 것의 위험성을 알아차렸어야 했다. 그 주체가 제작진이든, 출연자든, 전문가든 말이다. 전문가 상담, 별거 데이(day), 추억 여행, 이혼 조정 법률 상담 과정 등을 촬영하면서 충분한 기회가 있었기 때문이다. 가정폭력에서 출연자를 보호하지 못한 것이 가족 갈등을 소재로 하는 프로그램 제작 과정의 치명적인 한계점으로 드러난 것이다.

최근에는 자극적인 콘텐츠로 편성이 취소되거나, 제작진의 연출과 조작이 드러난 프로그램들도 있다. SBS에서는 이혼 부부와 아이가 한 팀이 되어 챌린지에 도전하는 예능 프로그램을 예고했다가 뭇매를 맞았다. 챌린지에 성공한 팀에게는 자녀의 학자금을 수여한다며, "자녀를 위해 3일만 다시 부부가 되시겠습니까?"라는 슬로건을 내세웠다. 시청자들의 반응은 냉담했다. 이혼 가정이 만나는 것이 상금이 걸려야만 하는 일이냐는 것이 첫 번째 이유다. '자녀 학자금'이 명분이라지만, "선행이나 업적에 대하여 격려하기 위하여 주는"(표준국어대사전) 상금으로 비칠 여지가 있다. 두 번째는 이혼 결정의 당사자가 아닌 아이에 대한 공감 능력 결여 문제다. 자신의 의사와는 무관하게 가정사가 공개되는 것이 아이들에게 상처가 될 수 있다는 것은 당연지사다. 3박 4일의 일정 이후 다시 겪을 이별의 아픔도 고려하지 못한 것이다. 일반인 출연자들을 일회성 콘텐츠로 소모한다는 비판에서도 자유로울 수 없다.

이혼뿐 아니라 결혼 과정이라는 콘텐츠에서도 같은 문제가 관찰된다. 10대에 부모가 된 학생들의 삶을 주제로 한 관찰 예능 〈고딩엄빠〉가 그 예다. '의부증'을 다룬 에피소드에서는 하루에 13통씩 부재중을 남기고, "(아이 키우는 것을) 못 해먹겠다. 다 그만하고 싶다"라는 아내의 모습을 담아냈다. 그러나 방송이 나간 이후 해당 출연자는 SNS 게시물을 통해 해당 내용이 모두 허위·과장되었으며 조작된 편집이 있었다고 밝혔다. '13통의 부재중'은 제작진의 번호를 아내 이름으로 바꾼 것이었고, "연락 두절 후 술을 마셔보라"는 제작진의 요청에 더는 촬영을 못 하겠다는 의사를 밝힌 것을 악의적으로 편집한 것이라는 내용이었다. 그러면서 "분명 처음에 〈고딩엄빠〉 촬영 취지가 편견을 없애는 것이라고 해서 촬영 결심한 건데 오히려 편견만 키운 것 같아 마음이 참 씁쓸하다"라는 문장으로 글을 마쳤다. "세상과 부딪히며 성장하는 ……"이라는 슬로건을 내건 〈고딩엄빠〉. 그들이 말한 부딪힘은 조작된 방송,

악성 댓글 그리고 더 큰 편견과의 부딪힘이었는가?

보건사회연구원의 인구 포럼(2017)에서 제출된 저출산 대책에는 이런 대목이 있다.

> 여성의 교육 수준과 소득수준이 상승함에 따라 하향 선택 결혼이 이루어지지 않는 사회관습 또는 규범을 바꿀 수 있는 문화적 콘텐츠 개발이 이루어져야 함. 이는 단순한 홍보가 아닌 대중에게 무해한 음모 수준으로 은밀히 진행될 필요가 있음.

가족 간의 갈등과 이혼 가정의 어려움을 자극적으로 노출함으로써 결혼이라는 사회제도에 대한 기대감을 낮추고 '하향 선택 결혼'을 통해 혼인율과 출산율을 높이려는 것인가라는 생각도 든다. 이와 같은 무리한 언급으로 방송 프로그램의 콘텐츠를 인위적으로 조작하는 것에 동의하지 않을뿐더러, 프로그램이 이러한 목적을 갖고 이혼 행태를 불완전한 것으로 묘사하는 '패밀리 게이즈'는 분명한 문제다. 실제로 기혼 여성 중 일부는 결혼 생활이 만족스럽지 않음에도 불구하고 "TV 프로그램에 나온 폭력 남편보다는 우리 남편이 낫더라"라는 이야기를 하곤 한다. 일반인 출연자들의 트라우마가 시청자들에게 전염되고 있는 것은 아닐지 우려스럽다.

3. 영화 〈트루먼 쇼〉의 주인공이 된 출연자들

"트루먼이 죽는 모습을 생방송으로 내보낼 거냐?"
"그가 태어나는 모습도 생방송으로 내보냈으니까요."

〈트루먼 쇼〉를 제작한 총책임자 크리스토프는 트루먼을 죽을 수 있는 상황으로 내몰면서 이런 대답을 한다. 그에게 트루먼의 죽음은 방송의 재미를 위한 도구일 뿐이기 때문이다.

일반인 출연자가 주인공이 되어 무대본, 무연출, 무설정이라는 3무 원칙에 따라 촬영된 관찰 예능들이 쏟아지는 요즘, 이 3무 원칙은 출연진들에게 양날의 검으로 작용한다. 일반인 출연자들 역시 자신의 말, 표정, 행동이 어떻게 해석되고 편집되어 방송될지 알 수 없다. 그중에서도 방송 출연에 선택권을 갖지 못한 아이들은 자신이 방송에 출연했었다는 사실조차 알 수 없을지 모른다. 트루먼의 사생활이 콘텐츠가 되고 소비되었듯, 일반인들의 결혼 생활이 소비된다. 트루먼에겐 이것이 재앙이었는데, 그들에겐 어떨까?

'이혼 예능'의 시발점이었던 TV조선의 〈우리 이혼했어요〉는 '자녀의 인권' 문제와 관련해 우려의 목소리를 낳고 있다. 이혼 가정의 자녀가 TV 프로그램에 노출되는 것이 '희생'이냐에 대한 것이다. 〈우리 이혼했어요〉의 최고기, 유깻잎 부부는 자녀 솔잎이와 함께 방송에 출연했다. 이들은 부부로 지내며 못다 한 말들이나 재회의 감정, 용서와 화해에 초점을 맞추기보다는 재회 이후의 갈등에 초점을 맞추었다. 시아버지와의 갈등, 패물을 돌려달라는 대화, 각자의 공개 연애에 대한 갈등을 방송에 드러낸다. 이혼 이후의 삶을 보여주고, 이혼 상대와의 다양한 관계성을 나타낸 것에 대해선 긍정적 평가를 받는다. 그러나 그 속에 여과 없이 노출된 아이를 살펴볼 필요가 있다. 해당 부부는 이후 채널A 〈오은영의 금쪽 상담소〉에 나와 자녀를 방송과 유튜브 채널에 공개하는 이유 중 첫 번째로 '수입'을 꼽았다. 이들에게 이혼 가정이라는 환경과 자녀의 상처는 그들의 유명세와 유튜브 조회수를 위한 수단이기도 했다. 오은영 박사는 정신의학적 용어로서 트루먼 쇼 증후군을 언급한다. "실제 삶과 괴리감을 느껴 삶을 둘러싼 모든 것을 거짓으로 믿는 질환"이라고 설명하며, 영상 속의 행복한 가족의 모습과 실제 삶 사이에서 혼란을 느낄 수 있다고 말했다. 또한, 아이가 성장한 후 "자신이 이용당했다고 생각할 수 있다"라면서, 자녀의 처지에서 생각할 필요성이 있다고 조언했다.

일반인 출연자와 그의 어린 자녀를 통해 가족 간의 사랑, 양육의 책임, 새로운 가족 형태의 등장이라는 가치들을 얼마나 보여줄 수 있을까? 그저 트루먼이 그랬듯, 그들의 이혼과 가정생활이 단지 방송의 자극적 요소와 콘텐츠로 소모되고 있는 것은 아닐까? 이 모든 과정에 아이의 선택권이란 존재하지 않는다는 점도 우리는 기억해야 할 것이다.

마치며

일반인 관찰 프로그램은 기존의 연예인 중심 프로그램의 문제점을 넘어, 참신하면서도 공감대를 이끌 수 있는 하나의 대안으로서 주목받고 있다. 그중에서도 가족 관찰 프로그램이 더 오랜 기간 사랑받고 건강한 사회를 만들기 위해서는 '불완전'이라는 프레임 속에서 가족을 대상화하는 '패밀리 게이즈' 문제를 해결해야 할 것이다. 좀 더 자세히는, 이혼 과정의 갈등을 여실히 드러내고도 가정폭력에서 보호받지 못한 출연자, 이혼 부부와 자녀가 극적으로 만나는 장면을 연출하기 위해 희생되는 아이, 조작된 편집으로 더 큰 편견의 시선을 받게 된 미성년자 부부가 더는 만들어지지 않아야 한다는 것이다. 자극적인 드라마를 만들기 위해서 시청자에게 트라우마를 만들도록 내버려 둘 수는 없다.

예전에는 시청자들에게 장애인을 희화화하거나, 막장 드라마의 고

부갈등을 통해 현실에 대한 안도감을 주기도 했다. 그러나 이제는 불행하고 불완전해 보이는 소수자의 모습을 통해 흥미진진함과 안도감을 느끼는 시대가 아니다. 가족 관찰 프로그램으로 큰 인기를 끌고 있는 채널A의 〈금쪽같은 내 새끼〉에서는 아이를 보호하기 위해 이름 대신 '금쪽이'라고 표현한다. 또한 폭력적이거나 출연자의 인권에 문제가 될 수 있는 장면은 "가족을 위해 영상 비공개 결정"이라는 자막과 함께 화면을 비공개 처리하기도 한다. 출연자에 대한 배려와 신중한 편집 덕에 〈금쪽같은 내 새끼〉는 "자녀가 없어도 내 마음을 공감받는 것 같아 보게 된다"며 폭넓은 시청자층을 얻었다. 앞으로의 가족 관찰 프로그램들 역시, 자극적인 장면 연출과 악의적 편집을 없애고, 방송 출연 이후의 삶과 인권을 보호하기 위한 대안을 마련해야만 시청자들의 마음을 끌 수 있을 것이다.

2019년 영국에서는 일반인 방송 출연자 보호를 위한 방안으로 방송 출연자 보호 규정안[3]을 발표했다. 리얼리티 프로그램과 토크쇼 프로그램에 출연한 일반인 출연자들이 잇따라 자살하는 사건이 발생했기 때문이다. 방송통신 규제 기관인 Ofcom은 해당 규정안에 대해 "자극적인 내용의 프로그램을 방영해 온 방송 업계의 부적절한 관행이 다소 수그러질 것"이라고 설명했다. 최근 우리나라에서는 일반인 관찰 연애 프로

---

3 영국 방송통신 규제 기관인 Ofcom이 제시한 가이드라인은 방송 제작 이전, 방송 제작 중, 방송 제작 이후 세 단계로 나눈다. 방송 제작 이전 단계에는 "출연자가 방송 촬영에 적합한지 전문가의 의견을 구한다", "방송 출연자의 정신 건강을 개선하기 위해 관련 내용을 적절히 기록한다" 등 다섯 가지의 고려 사항이 제시되어 있다. 방송 중 단계에는 "출연진에게 단일 연락처를 알려준다", "거짓말 탐지기 등 심리적 부담을 야기할 수 있는 소재가 있는지 확인한다" 등의 출연진 보호 사항을 제시했다. 방송 제작 이후 단계에서는 "출연진과 긴밀한 연락을 유지한다", "방송 송출 이후 출연자가 느낄 심리적 부담을 완화할 방법 (SNS 자제)을 알려준다", "방송 송출 전에 출연자에게 출연 관련 정보를 전달한다"라는 내용을 제시했다.

그램인 〈환승 연애〉의 일반인 출연자에 대한 악성 댓글이 도를 넘었다며, 악성 댓글 작성자들에게 대대적인 고소, 고발을 예고했다. 또한 〈오은영 리포트: 결혼 지옥〉과 〈고딩엄빠〉는 심한 악성 댓글이 달린 유튜브 영상의 댓글 기능을 급히 '공개'에서 '제한'으로 변경하기도 했다. 이처럼 우리나라에서도 일반인 출연자 보호가 필요하다는 사실은 이미 명백하다.

　방송은 원래 전파의 유한성과 강한 영향력으로 엄격한 심의와 규제를 받았다. 그래서 방송은 규제의 미디어라고 불리기도 했다. 그러나 케이블 채널을 넘어 각종 OTT 플랫폼과 유튜브 채널이 생기면서 시청자의 선택권이 강조되는 탈규제화가 이뤄지고 있다. 이를 보고 혹자는 "방송을 시청률을 위한 하나의 상품으로 생각하면 기업이 시청률을 위해 프로그램을 조작하는 것이 자유시장 경쟁체제의 이치이지 않느냐"라고 물을 수도 있다. 그러나 상업방송이라고 할지라도 방송은 사회적 책임과 '공공성'을 갖고 있다. 방송의 사회적 책임을 잊지 않음으로써 더 오랜 시간 시청자와 반려(伴侶)할 수 있는 프로그램이 만들어지길 바란다.

● 참고문헌

뉴스엔미디어. 2022.5.24. "상금 위해 3일만 재결합? SBS 이혼예능, 파격도 정도껏". https://www.newsen.com/news_view.php?uid=202205240930510810.

≪중앙일보≫. 2022.5.23. "연간 10만 건 이혼 시대…안방 파고든 '이혼 예능'". https://www.joongang.co.kr/article/25073491#home.

쿠키뉴스. 2017.3.11. "'여성 고학력'이 저출산 원인? 황당한 보건사회연구원 저출산 대책". https://naver.me/GMv6C1Hg.

「트렌드리포트: 영국 Ofcom, 방송출연자보호규정안 발표」. ≪KCA Monthly Trends≫, 22. 2019.8.

Sarah Vanbuskirk. 2021.9.11. "What is the Male Gaze?" Verywellmind. https://www.verywellmind.com/what-is-the-male-gaze-5118422.

정교한 리액션 전략과 출연자 재단을 통한 헤게모니적 남성성 수호와 호모소셜

채널A, ENA 〈강철부대2〉

━━━━━━━━━━━━━━━━━━━━━━━━━━━ 김선진 ━┛

1. 들어가며

이 글은 채널A와 ENA가 공동 제작한 예능 〈강철부대2〉가 보여주는 헤게모니적 남성성 수호와 호모소셜 경향을 탐구했다. 헤게모니적 남성성은 "상대적으로 종속적인 위치에 처해 있는 여성성 및 여타의 남성성들을 지배하는 위치에 있는"[1] 남성성으로, 그 예시로는 동성애적 남성성을 지배하는 이성애적 남성성이 있다. 호모소셜이란 여성과 동성애자 남성을 배제하며 유대하는 남성 동성 사회를 이른다. "남자 대 남자로 대화하자"와 같은 표현이 호모소셜의 단면이라고 할 수 있다. 〈강철부대2〉

---

[1]   박민서, 「군대 리얼리티 프로그램을 통해 본 한국 사회의 젠더 담론: MBC 〈진짜 사나이 여군 특집〉의 20대 수용자 해독을 중심으로」(고려대학교 석사학위논문, 2015), 10쪽.

는 네 명의 예비역들로 이루어진 8개의 특수부대가 다투어 "최강의 특수부대를 가리는 밀리터리 팀 서바이벌"[2] 게임이다. 참호 전투, 500kg 썰매 끌기, 구출 작전 등 특수부대 훈련 과정과 관련된 강도 높은 미션을 통해 탈락 부대가 선정되며, 마지막까지 살아남는 부대가 우승한다. 〈강철부대2〉는 현장에서의 서바이벌 게임 진행 상황과 스튜디오에서의 MC진의 진행 및 리액션을 교차하며 내보낸다. 즉, 액자 형식이다. 따라서 〈강철부대2〉는 두 범주의 리액션 창구를 둔다. 서바이벌 게임 내용을 보며 반응하는 여섯 명의 MC진에게서 이루어지는 리액션과 방송을 보는 실제 시청자들의 리액션이다. 〈강철부대2〉에서 줄거리를 만들고 시청자의 극적인 반응을 유발하는 주 견인 요소는 1차 리액션을 만드는 MC진이 아니라 '강철부대원'이라 불리는 게임 참여자들이다. 그들의 매력도와 누가 떨어질 것인가에 대한 긴장감이 시청자들로 하여금 다음 편을 기다리게 만든다. 부대의 당락은 정해진 규칙에 따라 결정되는 것으로, MC진은 프로그램을 이끌어가는 서바이벌 구도에 영향력을 행사할 수 없다. 그래서 그들의 역할은 간단한 진행과 적극적인 방청객 정도의 리액션으로 축소되어 있고 분량 또한 짧다. 이들은 치열하게 경쟁하는 부대원들과 일상적 공간에서 방송을 볼 시청자들을 매개하는 역할에 머문다. 그러나 필자는 MC진의 존재가 군인 서바이벌이라는 주 내용을 감싼 테두리로서 시청자들에게 가장 먼저 만져진다는 것, 즉 시청자들이 느낄 〈강철부대2〉의 질감에 직접적 영향을 미치는 요소임에 주목했다. MC진은 시청자와 같은 화면을 보고 반응한다는 점에서 시청자들과 어느 정도 겹치는 위치에 있다. 〈강철부대2〉가 수호하는 이데올로기는 이들을 통해 효과적

---

2 〈강철부대2〉의 매화차 오프닝이 MC 김성주가 말하는 문장으로, 〈강철부대2〉의 핵심 플롯을 담고 있다.

으로 시청자를 호명한다. 〈강철부대2〉가 패널들의 태도를 사용해 시청자의 리액션을 유도하는 방식, 그리고 출연자를 프레이밍 하는 방식에서 〈강철부대2〉가 어떤 여성성을 허용하거나 삭제하는지, 어떤 남성성을 채택하거나 퇴출하는지가 확인된다.

2. 남성 패널들이 남성 시청자들에게 선사할 수 있는 존재론적 안위와 헤게모니적 남성성의 지배력

〈강철부대2〉 출연진은 32명의 남성 강철부대원(이하 부대원), 다섯 명의 남성 패널과 한 명의 여성 패널로 구성되었다. 〈강철부대2〉의 고정 패널(MC진)은 김성주, 최영재, 김희철, 김동현, 안유진, 장동민(하차), 박준우로, 종종 박준우를 비롯한 시즌 1의 참가자가 다시 소환되기도 했다. 출연진에 홍일점(안유진)을 두는 전략은 기존 예능에서 자주 사용되어 온 방식이며, 이때 여성 출연자는 주체로 여겨지지 않고 '여자'로서 타자화되는 일이 흔하다. 〈강철부대2〉의 MC진에서는 여성 패널만 타자화로 연소되지 않는다는 점에서 각 패널의 역할에 주목해야 한다.

게임에 참가한 부대원들이 전부 강인한 신체를 지닌 것과 달리, MC진에는 김동현을 제외하면 그러한 체형을 지닌 이가 없다. 〈강철부대2〉의 남성 패널은 시청자층이 지나치게 좁아지지 않게 구성된 상태다. 다양한 몸과 군대 경험/무경험을 지닌 패널을 두는 영리한 전략을 통해 각 패널은 다양한 시청자들의 투사체가 된다. 해병대의 승리나 패배에 솔직하게 반응하는 김동현은 시청자들로 하여금 자신을 자신이 응원하는 부대원과 동일시하며 소속감을 느끼는 일, 즉 몰입을 선도한다. 자신이 취사병이었음을 밝힌 김성주에게는 각자의 자리에서 군대 생활을 마친 사람들 및 중장년층이 투사된다. 장동민은 스스로 강인하다고 자부하는 백골부대 출신이나 현재는 강한 신체 능력을 갖고 있지 않으며, 시즌 1에서는 이 부분이 놀림 받는 장면이 종종 나오기도 했다. 그러니 장동민은 (프로그램에서 부대원들이 군대에서 길러왔을, 그리고 성취해야 하는 가장 큰 자질로 그려지는) 신체 능력은 사라졌으나, 군대에 다녀왔다는 사실에 자부심 있는 이들의 대리물이다. 반면 사회복무요원으로 의무를 마친 김희철은 일반적 군대를 경험하지 않은 '공익' 남성 시청자를 대신해 존재한다. 이렇게 다양하게 준비된 감정이입의 투사체들은 소외되는 남성 시청자가 없게 짜인 것으로 보인다. 대부분의 시청자와 접점이 없는 특수부대끼리 겨루는 이야기에도, 다양한 시청자들은 자신과 비슷한 패널이 몰입하는 것을 보고 자신의 존재가 배제되는 느낌 없이 몰입할 수 있다. 즉 〈강철부대2〉는 코넬이 제시한 헤게모니적 남성성을 숭배하지만, '주변적 남성성'을 전면 배제하지는 않는다. 이렇게 다양한 남성들이 패널들로부터 존재론적 안위를 찾는다.

〈강철부대2〉는 남성끼리 경쟁·협력·희생하는 호모소셜한 집단이다. 이 안에서 김성주, 김희철, 장동민은 서바이벌 게임이 진행될 때 '저 고생 다 알지' 하는 태도로 적극적으로 몰입해야 한다. 그들의 존재감 자체가, 특수부대 출신이 아니고 우월한 신체 능력을 갖지 않았거나 심지어는 군대 경험이 없는 남성 시청자들도 '군대도 안 갔으면서 꼴같잖게 아는 척'하는 것이 아니라 타당하고 보편적으로 초남성적 세계에 몰입하고 공감을 표할 수 있는 근거이기 때문이다. 이를 통해 헤게모니적 남성성을 '충분히' 지니지 않은 남성 시청자들은 자신의 존재가 강한 마초성을 띠는 군대 프로그램 안에서도 삭제되지 않음에 안도하며 몰입하고, 이내 프로그램 안에서 승리자와 패배자라는 표현, 부대를 선별하고 탈락시키는 서바이벌 구조를 통해 명시적으로 신성시되는 헤게모니적 남성성이라는 가치에 적극적으로 동조하게까지 된다.

자연스럽게 주변적 남성성에서 헤게모니적 남성성으로 깔때기처럼 모아지는 프로그램의 중점 가치는, 장동민이 시즌 1 출연자였던 박준우(특전사 예비역)로 교체되면서 가시화된다고도 할 수 있다. 장동민과 비슷한 캐릭터를 구축할 수 있는 다른 연예인이 아니라 박준우가 선택된 것은, 단순히 그가 지난 시즌에 출연해 인기가 많았기 때문만 아니라 시즌 1에서 '고생해 본', 그래서 게임 상황을 자신의 경험과 적극적으로 연결해 해설하고 정보를 제공하는 역할을 수행할 수 있기 때문이다. 시즌 1에서 백골부대 출신임에도 빈약한 신체적 능력을 놀림받으며 시청자들에게 자신의 캐릭터를 반복적으로 각인시켰던 장동민은 시즌 2에서 8회차 이후 하차했다. 박준우가 그를 대체하면서 MC진은 헤게모니적 남성성을 이미 증명한 인물을 얻었다. 장동민의 하차 이유와 관계없이, 강인하지 않은 신체와 강인한 신체의 교체는 좀 더 명백하게 프로그램이 헤게모니적 남성성으로 기울어져 있음을 보여준다.

사회복무요원으로 의무를 마친 김희철과 여성인 안유진은 〈강철부대2〉의 핵심 소재인 혹독한 군대 훈련 경험의 부재라는 점에서 비교해 살펴보고자 한다. 우선 높은 확률로 군대를 경험해 보지 않았을 여성 시청자를 대리하는 패널이 한 명뿐이라는 점을 지적해야 한다. 이런 상황에서 안유진이 맡을 역할이 '질문'을 통해서 문외한들의 궁금증을 대신 전달하는 일이라는 점은 쉽게 예측이 가능하다. 그러나 극단적으로 기울어진 성비, 비교적 소극적인 리액션과 적은 분량 속에서 안유진의 존재감은 작았고, 질문자 역할도 사실상 달성되지 못했다. 자신의 군대 경험 여부나 강도와 상관없이 구체적인 말과 경험을 던지며 적극적으로 부대원들의 상황에 반응하는 남성 패널들(김희철, 김성주)에 비해 안유진은 비언어적·비구체적이고 보편적인 제스처를 주로 사용한다. 이곳에서 여성 패널이 보이는 리액션은 아무리 부대원들의 고통과 희생정신에 감응되어 진정성 있게 흘러나오는 것이라 해도 여전히 얄팍하며 남성의 것에 비교되지 못한다. '남성이어 본 경험'이 있었는지가 '내부자의 자격'을 부여하고 있는 것이다. 여기서 포착되는 '공모적 남성성'은 "혜게모니적 지배권을 지니지 못한 여타의 종속적 남성성들이나 주변적 남성성들이라고 할지라도 기본적으로 여성 종속의 결과로"[3] 우위를 점하게 되는 것을 이른다. 공감이나 몰입이 필요한 프로그램(〈요즘 육아 금쪽같은 내 새끼〉, 〈연애의 참견〉 등)이 여성 패널을 비교적 적극적으로 사용하는 것과 달리, 즉 기존에는 여성이 비교우위적 역할을 맡을 수 있었던 '공감과 몰입' 영역이 〈강철부대2〉에서는 남성에게 양보된다. 이렇게 〈강철부대2〉의 유일한 여성 출연자가 비춰지는 방식은 방송 안뿐만 아니라 밖에서도 여성 시청자들을 타자화하고, 군대라는 초남성적 구조 안의 '경험자'가 결코 아닌 테두리의 '체험자', 사실상 그 바깥의 '구경꾼'으로 내보낸다.

담당 피디는 제작발표회에서 "어떤 방송에서 안유진 씨가 비비탄 권총을 쏘는 모습을 봤다. 자세가 좋더라. 인상적으로 봤다. 그게 기억에 남아 있었다. 안유진 씨가 이번에 아이브로 나오기도 해서 시즌 2 출연을 조심스럽게 제안 드렸다"[4]라고 캐스팅 이유를 밝혔다. 이 외에도 다른 이유들이 있겠지만, 그가 발표회에서 '사격 실력'을 언급한 것은 안유진이 '여성임에도 불구하고' 군대 예능에 맞는 '어떤 자격을 갖추고 있음'을 공표하기 위해서라고도 보인다. 여기에서 이미 초남성적 공간에

3   박민서, 「군대 리얼리티 프로그램을 통해 본 한국 사회의 젠더 담론: MBC 〈진짜 사나이 여군 특집〉의 20대 수용자 해독을 중심으로」, 10쪽.
4   "'〈강철부대2〉' PD, 아이브 안유진에 출연 제안한 이유 '사격 자세 인상적'", ≪한국일보≫, 2022. 2. 22. http://naver.me/FIYv6j2c

들어오기 위해 1차로 '걸러진' 안유진의 여성성은, 그러나 본방송에서 분량·역할 면 모두에서 다시 '타자화될 수밖에 없는' 여성성으로 걸러진다. 〈강철부대2〉에서 여성은 호모소셜을 받아들여야 하면서도 결코 남성들의 사회를 이해하거나 경험할 수 없는 존재로 그려진다.

3. 여성 시청자를 TV 밖에서 포섭하는 방식

〈강철부대2〉가 남성을 포섭한 것에 비해 매우 얄팍한 여성 포섭 방식을 보면, 〈강철부대2〉에서 여성 시청자는 '화력'이 강한 '얼빠'나 '아이돌 팬덤'과 비슷하게 고려되는 듯하다. 시즌 1 출연자인 육준서 등의 인기로 그 힘을 실감했을 강철부대는 매력적 외모를 지닌 출연자 선정, 에로틱한 카메라워크, 신체 노출 전략을 이어나갔다. 가령 1, 2회의 참호 전투 장면에서는 부대원들이 눈이 내리는 한겨울에 차가운 물에서 상의를 벗고 싸워야 하는 가학적인 상황임에도 슬로모션과 상체 포커싱 숏으로 옷을 벗을 때 드러나는 근육, 신체가 맞부딪치고 붉어지는 모습이 강조된다. 이러한 촬영 기법은 자신이 카메라에 비춰지고 있다는 사실도 잊은 듯 주어진 미션에 임하는 부대원들에게서 대상화될 구석을 포착한다. 그들은 외양 따위 신경 쓰지 않는 강인함으로 신화화되면서 동시에 외양을 통해 대상화된다.

시즌 2에 들어서 추가된 전략은 주로 TV 바깥에서 이뤄졌다. TV 방영본에서는 보이지 않는 귀엽고 순진한 '반전 매력'을 SNS, 유튜브 같은 다른 미디어에 업로드했다. 공식 인스타그램과 유튜브 계정에 시시콜콜한 부대원들의 정보부터 셀프 카메라, 짧은 예능 포맷의 영상까지 단순 '시청자'를 넘어선 '팬'이 기대할 만한 콘텐츠가 적극적으로 게시되었다. 유튜브에 주로 짧게 편집된 방영본만을 게시하고 외전은 방영이 종료된 후 촬영해 게시했던 시즌 1과 달리, 시즌 2에서는 유튜브 업로드만을 위한 여러 콘텐츠를 미리 제작해 매주 새로운 영상물을 공개했다. TV와 유튜브가 서로 다른 영상물을 보여줬다는 것인데, 부대원들은 양쪽에서 완전히 다른 모습을 보인다. 이렇게 경계가 명확한 이원적 루트로 콘텐츠를 구분해 내보낸 이유는 TV 속에 나오는 헤게모니적 남성성과 탈락/우승의 긴장감을 해치고 싶지 않아서로 보인다. 유튜브에 업로드 되는 5분 내외의 '강철수양록' 시리즈에는 부대원들이 춤을 추고 장난을 치며 발랄하게 웃거나 작은 게임을 진행하는 모습이 담겨 있다. 특히 20분 내외의 〈짬밥특공대〉는 한 부대의 출연자들끼리 모여 게임을 수행하고 요리를 해먹는 콘텐츠로, 가볍고 친밀하며 무해한 느낌을 준다. 〈짬밥특공대〉의 포맷이 으레 그러한 이미지를 구축하는 남자 아이돌들이 등장하는 유튜브 예능 포맷과 유사하다는 점 또한 이 콘텐츠들의 목적이 '여심 공략'이라는 사실을 알려준다. TV 방영본의 하이라이트를 잘라 올린 클립의 댓글 창에서 부대원들의 능력(리더십, 희생정신, 체력 등)에 대한 평가적 경탄이 주로 이루어지는 반면, 이 영상물들의 댓글 창에서는 귀엽다는 반응이 대부분을 차지한다. 남성들의 귀여움을 어필하는 전략이 남성성의 확장에 있어 긍정적이라고 보기 어려운 이유는, 이것이 여성친화적인 방법이 아니라 단순히 '팬심'을 통해 여성을 헤게모니적 남성성이 매우 강한 본방송 안으로 수월하게 이끌고 들어오려는 회유책에 가깝기 때문이다.

4. 호모섹슈얼과 단호히 선을 긋는 호모소셜

그런데 이런 팬심이 방송상에서는 김희철 특유의 리액션에서 포착된다. 여성인 안유진이 아니라 남성이 김희철이 가장 적극적으로 부대원들을 소비하고 '팬질'하는 경향이 호모섹슈얼적으로 보일 수 있다. 여자가 존재하지 않는 남자 부대원들만의 끈끈한 관계라는 점도 그러한 혼동을 불러오는 것처럼 보인다. 그러나 〈강철부대2〉의 호모소셜은 동성애적 남성성, 즉 호모섹슈얼과 단호히 선을 긋는다.

　　〈강철부대2〉가 호모섹슈얼을 밀어내는 방식은 두 가지다. 하나는 그들을 금욕적으로 그리는 것이고, 다른 하나는 '정상적인 남자'라면 가질 그들의 이성애적 욕망을 보여주는 것이다. 얼핏 상반되는 두 전략은 효과적으로 호모섹슈얼과 여성성을 내쫓는다. 미션 수행의 과정에서 부대원은 한계까지 협력하고 희생하는 이로 비춰진다. 이때 이들은 강인한 신체성과 우승에의 의지 외에 개인적 욕망이란 존재하지 않는 근육 덩어리로 묘사된다. 1회 초반에 한 부대원이 다른 부대원에게 건넨 "결혼했느냐", "여자 친구 있느냐" 하는 물음과 그에 대한 단순한 대답이 나왔던 것을 제외하고는 여성에 대한 농담이나 이야기를 통해 유대감을 획득하는 일이 비춰지지 않는다. 이러한 결벽성은 일반적인 호모소셜 경향을 고려했을 때 조금 특이한데, 여성혐오에 대한 일말의 논란도 일으키지 않겠다는 제작진의 소독법일지도 모른다. 이후 그들이 여성에 대해 이야기하는 장면은 서바이벌 게임이 시작해 끝날 때까지, 즉 1회 중반부터 14회까지 한 번도 비춰지지 않는다. 이러한 금욕적인 몸, 즉 "여성을 향한 성적 욕망이 결핍된 남성은 잠재적 동성애자로서의 가능성을 내포하곤 한다".[5] 하지만 이 가능성은 프로그램이 완결될 때 같이 말끔하게 정리된다.

근육 덩어리일 뿐이었던 부대원들의 몸은 서바이벌 게임이 마무리된 후 '전우회'라는 이름으로 이어진 외전 15, 16회에서 안유진을 남성들 틈에 있는 '꽃'으로 취급하거나, 한 부대원의 여동생에게 이상형을 묻고서 자신을 어필하는 것 등을 통해 이성애적 몸으로 변모한다. 서바이벌 게임 안에서는 한 번도 여성을 출연시키지 않은 〈강철부대2〉가 왜 MC진에는 여성을 둘 필요가 있었는가 하는 물음이 여기에서 해결된다. 안유진은 (15, 16회에서) 부대원들의 이성애적 남성성을 확인시키는 도구다. 그러니 여성이 없는 치열한 게임 안에서 나타났던 이들의 금욕성은 남자들 사이에서는 성애적 욕망이 절대로 발동되지 않음을 반증하고, 여성이 등장했을 때 보이는 태도는 그들이 최종적으로 증명해야 했던 헤게모니적 남성성, 이성애성을 보증한다. 이 이성애적 남성성을 증명하는 데에 노골적인 욕망의 태도까지는 필요하지 않고 '정상적인 남자'로 보일 정도면 된다. 그렇게 이들은 유쾌하게 "안전하게 이성애자 남성으로 봉합"[6]된다.

　　이것이 〈강철부대2〉가 추구하는 호모소셜의 전략이다. "남자를 '남성'으로 만드는 것은 다른 남자들이며 남자가 '남성'이 되었음을 승인하는 것도 다른 남자들이다. 여자는 기껏해야 남자가 '남성'이 되기 위한 수단, 혹은 '남성됨'의 증명"[7]이다. 김희철의 태도는 멋진 남성에 대한 한 남성의 동경으로 정리되며, 부대원들이 이루는 관계는 안전한 남성들 간의 공동체로 매듭된다.

5　　김경태, 「'마초'와 '마요미' 사이에서: 배우 마동석의 남성성 연구」, 《현대영화연구》, 46(2022), 54쪽.

6　　김경태, 같은 논문, 54쪽.

7　　우에노 지즈코(上野千鶴子), 『여성 혐오를 혐오한다』, 나일등 옮김(은행나무, 2012), 288쪽.

5. 나가며

〈강철부대2〉는 MC진에 다양한 남성 패널을 배치해 여러 병역 경험을 가진 남성 시청자들을 끌어오는 전략을 택했다. 상대적으로 병역 경험의 확률이 적은 여성 시청자를 포섭하기 위해서는 TV 외 미디어를 위한 영상물을 제작해 '팬'을 만드는 방식을 택했다. 남성과 여성에 따라 다른 전략을 취한 〈강철부대2〉는 TV, 인스타그램, 유튜브와 같이 다양한 미디어를 종횡하며 출연자 개인의 특성을 필요에 따라 가감해 보여주었다. TV 바깥에서 그들이 보여주는 남성성의 폭은 조금 넓어지지만, 여전히 프로그램 안에서 호모소셜과 헤게모니적 남성성이 숭상된다는 점에서, 여성 시청자를 여성 배제 경향이 강한 본방송 안으로 거부감 없이 유인하려는 시도에 가깝다. 마찬가지로, 다양화된 남성 패널도 헤게모니적 남성성의 폭력성을 위장하는 데에 사용되어 결과적으로 주변부적 남성성들을 지배 아래에 순응·동조시킨다. 또한, 호모섹슈얼과 구분되는 호모소셜을 구축하기 위해 부대원들의 이성애적 남성성이라는 지배적 남성성을 증명한다. 여성 배제로부터 시작해 주변적 남성성 삭제로 완결된 〈강철부대2〉는 단순한 군대 예능이 아니라, 실제 군대 사회 속 여성과 호모섹슈얼에 대한 알러지적 반발(reaction)과 선긋기(framing)의 재현이다.

● 참고문헌

김경태. 2022. 「'마초'와 '마요미' 사이에서: 배우 마동석의 남성성 연구」, 《현대영화연구》, 46.
박민서. 2015. 「군대 리얼리티 프로그램을 통해 본 한국 사회의 젠더 담론: MBC 〈진짜 사나이 여군 특집〉의 20대 수용자 해독을 중심으로」(고려대학교 석사학위논문).
우에노 지즈코(上野千鶴子). 2012. 『여성 혐오를 혐오한다』. 나일등 옮김. 은행나무.

추앙하고, 채워지고 날아오르라!

세상의 벽을 뚫고 사랑으로 채워지는 주술 테라피, JTBC 〈나의 해방일지〉

김지민

1. 대한민국의 현주소: 비워짐과 공허함

별일도 없는데 삶이 무료하고 무기력해 미치겠다고 호소하는 사람이 많다. 관계의 괴로움으로 살맛 안 나는 세상, 해답은 사랑뿐이라는데 그마저도 쉽지 않다. 스토킹, 데이트 폭력으로 얼룩진 대한민국, 혼테크를 외치는 세상에서 아름다운 사랑을 찾기는 왜 그리 어려운지. 나 이만큼 줬으니 너도 이만큼 줘야 하지 않느냐는 얄팍한 셈속이 빤히 들여다보이는, 한때는 사랑이라 믿었을 그들의 착각이 그저 가련할 뿐이다.

TV 예능이나 드라마들은 남녀의 사랑을 각색해 그들이 짝을 물색하며 좀 더 좋은 결혼 상대를 고르느라 혈안이 된 모습을 적나라하게 중계한다. 학벌과 재산, 외모와 직업 등으로 상대를 수없이 저울질하면서도 정작 자신의 급이 매겨지는 현실은 부정하는 게 우리의 안타까운 자화상이다. 순수한 사랑은 레전드급 추억 저편으로 사라지고, 어느새 연애는 피곤한 핑퐁 게임이 되었다. 아니다 싶으면 언제든 퇴장할 수 있다는 점이 옵션으로 추가되었을 뿐. 진심으로 위하고 아껴주는 사랑이 없는 삶은 공허하다. 그럴듯한 표정으로 번듯한 직장에서 일한다 해도 내면은 조용히 말라갈 뿐이다. 그렇게 버티는 사람들은 상사의 지적질에, 동료의 따돌림에, 남친의 배신에 쉽게 휘청거린다. 무턱대고 당하면서 대차게 한번 대거리하지도 못한 채 하루하루 무너진다. 그러면서 생각한다. 이 거지 같은 세상, 다시 태어나고 싶지 않다고. 천둥번개가 치면 생각한다. 오냐, 바라던 바다, 얼른 이 지겨운 세상을 끝내자. 사랑이 넘쳐난다는 세상에서 제대로 된 사랑은 희귀템이 되었고, 자기애로 가득한 세상에서 아이러니하게도 어깨는 움츠러든다. 그런데 힘들다고 하면 세상은 슈퍼 오지라퍼가 되어 우리에게 갖은 지적질을 쏟아붓는다. 그래서 그렇잖아도 쭈굴이가 된 우리의 고개는 더 떨궈진다.

자존감이 만신창이가 된 채 이 드라마를 마주하면 우리와 별반 다르지 않은 남매들을 만난다. 쨍하고 햇빛 날 날만 기다리는 초라한 청춘들을. 이 드라마는 경기도 산포시에 사는 염씨네 3남매가 삶을 버텨내는 이야기다. 농사일에 치이고, 길고 고단한 출근길에 지치고, 또래의 젊은이들이 누리는 근사한 연애나 여행 같은 것은 언감생심이다. 재고 따지다 까이고, 인간사에서 늘 치이고 밀려서 그들은 늘 결핍으로 허덕인다. 막말과 폭력으로 사람을 후려쳐 센 놈으로 군림하지만 폭력과 배신, 죽음의 난장이 반복되는 삶의 멍에로 힘든 기억을 술로 꾸역꾸역 밀어넣는 구씨도 마찬가지다.

드라마는 평범해 보이는 이들의 모습을 통해 인간을 성찰하며 위로의 손을 내민다. 박해영 작가가 건네는 인간에 대한 통찰과 상처에 대한 해법이 담담하게 채색된다. 드라마에는 밥 먹는 신(scene)이 유독 많다. 그래, 인생이 뭐 대단히 심오하고 거창한 게 아니다. 가만히 앉아 우물우물 어적어적 먹는 행위에 집중하고 있노라면 이게 곧 우리의 일상이요, 삶이라는 깨달음에 도달한다. '해방클럽'에서 자신의 문제를 솔직하게 오픈한 사람들이 들려준 이야기처럼 우리는 참 많은 가면을 쓰고 산다. 좋은 상사, 친절한 직원, 수더분한 동료, 씩씩한 부모가 되기 위해 기를 쓰고 연기한다. 지겨운 인간관계 속에서 겹겹이 허울을 둘러쓰고 좋은 사람 코스프레를 하다 보면 늘 힘에 부친다. 드라마의 메시지는 명확하다. 남의 인생이 좋게 변화하길 바란다면 같잖은 참견질은 그만두고 그냥 응원하라고, 그저 기다리고 믿어보라고. 한결같은 추앙의 힘은 세다. 살기등등했던 구씨에게 웃음과 이름을 되찾아주고, 세상이 권태로워 미칠 것만 같았던 미정에게 화사한 꽃다발 같은 미소를 안겼다. 드라마는 계속해서 여러분에게 주술과도 같은 메시지를 던졌다. "오늘 당신에게 좋은 일이 생길 겁니다." 지금 행복한가? 당신은 얼마나 채워졌는가?

2. 행복의 비결: 채움과 채워줌으로 동반 성장

별 하나. 염미정의 추앙: 있는 그대로 무조건 응원, 기다림, 환대

채워준 적도 채워진 적도 없어 하얗게 질려가는 미정의 내면은 우리를 닮았다. 싫은 소리 못하고, 늘 꼼짝없이 상사에게 구박당하는 그녀의 모습은 참 익숙한 우리의 얼굴이다. 귀가하면 다시 무표정해질지언정 직장에서는 수더분한 동료라는 가면을 쓰는 것까지 똑 닮았다. 변화라곤 요만큼도 없어서 재밌는 것도 무서운 것도 없다. 그저 무덤을 향해 다 함께 달려가는 그저 그런 무의미한 여정에 합류했다 느낄 뿐. 그런 그녀가 수상한 이방인 구씨를 만나면서 달라졌다. 멍하니 시간을 죽이며 알코올중독자로 살아가는 모습이 소몰이하듯 꾸역꾸역 살아가는 자신과 같다고 느낀 걸까. 빗속에 앉아 있는 구씨를 들어가라며 다그치고, 자신을 추앙하라며 낯 뜨거운 요구를 당당히 한다. 평소의 숫기 없는 미정이라면 절대할 수 없는 언행이다. 말라가는 영혼끼리 알아본 걸까. 결핍된 그녀가 채워지도록 적극 추앙하라는 미정에게 구씨는 "넌 채워준 적 있어?"라며 일침을 날린다. 한없는 공허함을 채우려 상대의 사랑만을 갈구할 뿐 제대로 사랑을 줄 줄 모르는 이기적인 우리의 모습이 허를 찔린 순간이다.

　도랑 너머로 날아올라 미정의 모자를 주워다 준 구씨의 추앙(!)을 시작으로 둘의 마음은 서로에게 스며든다. 아득해 보였던 그곳으로 비장하게 달려가 날아올랐던 구씨의 모습이 새로운 삶을 향해 날아오르고 싶은 갈망의 드러냄은 아니었을까. 묵묵한 응원과 기다림, 서로를 챙겨주는 사소한 행동들은 담담하고 서먹서먹했지만 그들을 한층 견고하게 묶어준다. 미정은 단지 망가지고 상처받은 듯 웅크려 있는 구씨의 이야기에 귀를 기울이거나 간간이 자신의 이야기를 할 뿐, 결코 어쭙잖게 나대지 않는다. 치유력과 자생 의지는 본연의 내부에서 모락모락 피어오르는 것임을 알기에 구씨의 술병들을 애써 치워주려는 오빠의 행동을 오만이며 폭력이라 꾸짖을 뿐이다. 편견 없이 있는 그대로를 인내심 있게 한결같이 추앙한 덕분일까, 끝 간 데 없이 망가질 것만 같았던 구씨도 웃음을 되찾고, 서서히 자기를 찾아가며 변화한다. 그리고 마주하던 미정의 바랜 표정마저 미소로 바뀐다. "내가 너무 사랑스러워. 마음에 사랑밖에 없어서 느낄 게 사랑밖에 없어." 스스로의 벽을 뚫은 미정 앞에서 결국 문제를 바꾸는 열쇠는 자신 안에 있음을 배운다. 적대감을 내려놓은 채 원수 같은 인간들을 환대하고, 무조건적인 추앙을 주고받으며 날아오른 이 커플이 사랑스럽다. 세상의 모든 권태와 스스로를 괴롭히는 관계, 지긋지긋한 인간들로부터 해방되는 방법은 오로지 추앙과 환대……, 자신을 다그치는 이들을 물리치거나 피하지 말고 웃으며 환대하는 일. 그게 스스로 해방되는 방법인 것이다.

염미정의 서사를 보는 사람들은 이렇게 생각했을지도 모른다. 연애가 이렇게 시시하고 심심하다고? 그러나 알고 보면 그녀의 사랑이 가장 격정적이다. 세상엔 혼자 사랑하는 듯 갖은 요란은 다 떨면서도 차갑고 비정한 사랑이 얼마나 많던가. 별 볼일 없어 보였던 구씨에게 아무것도 따져 묻지 않고 세상의 여자들이 하는 그 어떤 피곤한 행동도 흉내 내지 않으며, 오히려 부모님께 둘의 교제를 당당히 알려 주변을 놀라게 하는 미정은 구씨에게 진심을 투박하게 보여준다. 구씨를 존재 자체로 끌어안은 미정의 한결같은 뜨거움을 구씨가 알아차리면서 그의 추앙에도 힘이 붙는다. 상처 입은 내면을 알아본 두 영혼의 이끌림은 강렬했다. 그처럼 사랑은 암묵적인 주종 관계를 형성함으로써 희열을 느끼고 굴복시키는 것도 아니며, 누가 더 사랑하고 누가 덜 사랑하는 갑을의 관계가 되는 것이 아니라 그저 모든 것을 아낌없이 주는 것이다. 치졸한 복수가 없는 무조건적 추앙, 즉 다 주는 사랑으로 상대도 나도 채워진다는 메시지는 참 아름답다. 주는 것이 받는 것임을 역설적으로 보여주는 사랑은 그래서 참 따뜻하다. 갈구하지 않고 다 주는 사랑, 이쯤 되면 상대를 전적으로 믿는 사랑을 맘껏 받고, 또 맘껏 주고 싶을 만큼 영혼을 감화하는 이 드라마의 서사에 홀리고 만다.

드라마의 마지막 장면, 구씨가 우연히 흘린 500원짜리 동전이 수챗구멍 사이로 빠지지 않고 칸살 위에 붙어 있다. 그것도 학이 날개를 쫙 펼치고 있는 동전 면이 하늘을 향한 채. 떨어지지 않는 동전은 그렇게 구씨의 삶을 응원하는 듯했고, 삶은 그렇게 제각각 의미를 부여하며 살아가는 것 같았다. 삶을 견디며 한 발 한 발 어렵게 나아가던 그들의 행보에도 설렘 가득한 힘이 실렸다. 서로를 충일과 구원에 이르게 한 미정과 구씨의 해방은 아름답다. 버티며 갇혔던 이들이 세상의 소소한 몇 초짜리 설렘에 한 발, 한 발 세상으로 나아간다는 잔잔한 감동이 시청자의 가슴을 흐뭇하게 파고든다. 구씨의 무조건적인 추앙으로 채워진 미정이 얼마나 환해지고 당당해졌는지를 기억하는가? 그녀는 더 이상 세상의 부조리나 부당한 대접을 참던 등신이 아니다, 그녀 뒤에는 무조건적인 추앙을 보내주는 구씨가 있으므로. 이런 사랑으로 당신도 채워지고 싶지 않은가? 그리고 당신도 채워주고 싶지 않은가? 아, 이런 진짜 사랑을 하고 싶다.

〈표 1〉 구씨와 염미정의 대화를 통한 추앙의 서사

구씨가 염미정에게 하는 말	나도 개새끼였냐?
염미정이 구씨에게 하는 말	아니, 당신은 나의 성역이야. 당신은 건드리지 않기로 했어. (웃음)
	날이 추우면 당신이 감기에 걸리지 말아 달라고 기도해. 당신이 술을 먹으면 숙취에 시달리지 않게 해달라고 빌어. (웃음)
구씨가 주변에게 하는 말	난 감기 안 걸려. (자신감, 든든함) (미정의 끝없는 응원을 받으니까) 나, 감기는 한 번도 안 걸렸다!
염미정이 구씨에게 하는 말 (염미정의 변화)	당신 참 예쁘다. 그렇게 웃어. 당신에게 우르르 몰려오는 그 인간들에게도 그렇게 환하게 웃으며 환대해. (웃음)
구씨의 변화	술병을 치우고, 마침내 자신을 끝없이 힘들게 하는 현진을 직접 환대하기 위해 비장한 모습으로 집을 나선다. (삶을 마주하는 방식의 변화)

공허한 삶의 또 다른 불청객은 참견이다. 드라마가 제시한 해방의 비법은 결코 참견이 아니다. 참견은 시혜를 가장한 폭력이요, 꼰대질일 뿐이다. 작가는 참견이 대세가 되고 있는 방송가에 일침을 가하는 비판

적 메시지로 진정한 해방일지를 완성한다.

〈표 2〉 방송가의 '참견' 시리즈

연번	프로그램명	부문
1	전지적 참견 시점(MBC) (2018.3.3~현재)	TV 부문(예능)
2	푸른밤, 옥상달빛입니다('라디오 참견 시점') (MBC) (2018.10.8~현재)	라디오 부문
3	연애의 참견(KBS joy) (2020.1.7~현재)	TV 부문(예능)
4	야구의 참견(KBS N.Sports) (2022.4.11~현재)	TV 부문(스포츠)

별 둘. 염기정의 추앙: 받는 여자, '아무나'는 없다, 쉼과 배려

매사 알 수 없는 피로감과 무기력에 시달리고 있던 푼수데기 기정은 동네 또래들의 모임에서 자신의 정체성을 밝힌다. 조선시대에 태어났다면 남편이 참수를 당해 그 머리가 떨어질 때, 도망가는 여자도 기절하는 여자도 아닌 그 머리를 받는 여자가 될 거라고. 그러면서 올겨울엔 아무나 사랑하겠다고 폭탄선언을 한다. 급도 안 되는 주제에 자신에게 감히 고백을 했던 이들에게 분노를 퍼부었던 자신의 저급한 마음에도 종말을 고한다. 애 딸린 홀아비라면 돌아보지도 않았던 기정이다. 게다가 학창 시절, 품행이 불량했던 괄괄한 친구까지 시누이로 둬야 하는 상황이라면 더더욱 돌아보지 않았을 조건이다. 그렇게 기정에게 '아무나'였을 태훈은 만남이 거듭되며 특별한 사람이 된다. 셈하는 사랑에 익숙했던 기정이지만, 그저 채워주고픈 사랑을 하면서 알 수 없는 삶의 피로감이 사라졌다. 급기야는 태훈의 반듯한 태도를 존경하면서 사람 자체를 열렬히 사랑한다. 어렵게 꺼낸 고백은 거절당했지만, 우여곡절 끝에 그들의 마음은 이어졌다. 그건 아마도 기정이 태훈에게 건넨 이 말 때문이 아니었을까.

좀 쉬세요. 왜 뛰어왔어요.

우리는 사랑을 할 때 참 많이도 따진다. 나와 같이 사귈 급이 되나 안 되나. 나보다 급이 높아야 하는데, 또 너무 잘나면 불안하니까 적당히 잘나야 한단다. 그렇게 피곤하게 커플 매칭이 이루어지면, 상대와 밀당을 하면서 기 싸움까지 한다. 본인은 대접받고 싶어 하면서 애정도 테스트를 핑계로 상대를 푸대접하는, 피곤한 감정싸움은 덤이다. 좀 튕기라는 주변 사람들의 조언에 기정은 말한다.

왜 그런 불편한 불쾌를 나눠요?

사랑이라 말하면서도 우리가 얼마나 바보같이 힘든 불구덩이 속으로 들어가는지 작가는 뾰족하게 일침을 놓는다. 기정의 추앙으로 태훈도 약해진 느낌에서 벗어나려는 부담을 내려놓고 편해진다. 당신의 사랑은 당신의 사람을 어떻게 변화시키고 있는가? 사랑을 증명하라는 빚쟁이 같은 요구 말고, 쉼과 배려로 외적인 어려움도 물리칠 수 있는, 서로가 편한 사랑을 하면 좋겠다. 기정이가 그 드센 예비 시누이와 남친의 딸내미까지 극복한 것처럼.

별 셋. 염창희의 추앙: 끼리끼리의 과학, 나다운 것 알기, 있어야 할 곳 알기

염창희는 웃기고 소탈하며 감정에 솔직하다. 욕심 많고 말 많은 진상 동료, 자기 개인사를 1시간 이상 전화로 주절거리는 진상 점주, 자신의 급을 따지며 끝없이 간보는 여자 친구, 그 피곤한 인간사 속에서도 중심을 잘 잡고 있는 친구, 그게 창희다. 한편으로 자신을 힘들게 하는 사람을 욕하다가도 자신이 양반되어 끼리끼리의 과학을 뛰어넘으면 힘든 사람도 극복할 수 있다는 생각을 갖고 있는 대견한 녀석이다. 자신이 해줄 수 있는 것과 할 수 없는 것을 잘 알고 상대에게도 무리한 것을 요구하지 않는다. 극적인 삶을 꿈꾸는 현아와 부딪치고 헤어지면서도 그는 자기중심을 잡고 평범하게, 자기답게 살고자 했다. 그리고 마침내 반복되던 우연 속에서 자기가 있어야 할 곳을 알게 된다. 할머니의 임종을 지키고, 현아의 남친이 가는 마지막을 보아주고, 엄마의 마지막을 마주하고. 그러면서 어쩌면 고인의 마지막을 함께하는 일에 자신의 업이 있지 않을까 깨닫는다. 왜 나에게 이런 재수 없는 일이 연거푸 생기는 거냐고 푸념하지도 않고, 그저 통찰한다. '내가 이 일을 해야 할 사람이구나, 나는 이곳에 있어야 하는 사람이구나' 그러면서 눈이 깊어지고 말수가 적어지더니 어느새 어른이 되어 있다. 그렇게 이 드라마는 철부지가 자기애로 채워지는 성장을 보여준다. 어디에 있어야 하는지, 나다운 것이 무엇인지 아는 것이 자신에 대한 전적인 추앙이 아닐까. 그런 삶은 진정 평화롭고 행복한 삶일 터.

3. 비판, 딴지 걸기: 무조건적인 추앙, 무조건적인 기다림이 진짜 가능한 사랑일까?

비틀어진 자아의 자생력을 강조하며, 억지 교육을 강요하지 않는 드라마를 보면서 고개를 끄덕일 수도 있다. 구씨가 아무리 망가져도 술을 사다 주면 주었지, 이래라 저래라 잔소리 한 번 하지 않는 건 작가의 철학일 것이다. 스스로 때를 알아 움직여야 진정한 변화를 일굴 수 있으니까. 그래, 이상적으로 참 괜찮고 옳은 소리 같다. 그러나 이름도 모르는 신원 불명의 남자를 있는 그대로 사랑하기란 쉽지 않다. 남자 친구가 알코올중독이 심해져 실재하지 않는 소리를 듣는 지경까지 가도 술을 끊기 위해 노력하거나 걱정하지 않는다. 물론 마지막에 술을 내려놓고 새로운 국면을 맞이한 구씨를 보면 작가의 메시지는 분명하다. 그러나 옆에서 함께 마시고, 전혀 충고하지 않는 것이 사랑인지 방치인지는 헷갈린다. 같이 공감하고 연대하며 행복을 찾아가면 안 될까. 각자의 벽을 뚫는 것도 중요하지만, 미주알고주알 그 벽을 함께 뚫어가면 안 되는 걸까.

4. 삶의 골목을 도는 권태로운 생활 속, 진정한 해방을 꿈꾼다면 이들처럼

이 드라마는 추앙으로 치유와 해갈, 희열을 맛보며 성장하는 사람들을 통해 성장하는 삶을 보여준다. 삶은 별것 아닌 것에도 의미를 부여하며 소소한 행복을 응원해 주는, 함께 가는 길에 있다. 자존과 공존, 무조건적 추앙이 마침내 해방으로 이어지는 드라마다. 힐링과 치유, 성장통을 통해 자존감을 회복하는 행복한 여정이 시청자들의 내면에도 울림으로 남았다. 고단한 세상살이에서 한없이 스스로를 혐오하는 우리에게 사랑이라는 치료법을 선물한 비타민 같다. 서로를 구원한 미정과 구씨, 기정과 태훈, 자신을 구원한 창희처럼 우리도 찐 사랑이 주는 감화와 변신 끝에 벽을 뚫고 해방되길 고대한다. 힘든 세상, 조금이라도 살맛 날 수 있도록 추앙하라는 메시지가 퍽 반갑다. 오늘도 어렵게 하루를 버티고 있을 많은 이들이 이 같은 힐링의 전언에 조금이라도 힘내길 바라며, 드라마의 따뜻하고 뭉클한 메시지에 박수를 보낸다.

가부장제에도 솔루션을 주세요

〈동상이몽2〉, 〈오은영 리포트〉로 바라본 기울어진 성평등 인식

권성은

꾸며진 현실 속의 불편한 진실

> 청바지가 잘 어울리는 여자
>
> 밥을 많이 먹어도 배 안 나오는 여자
>
> 내 얘기가 재미없어도 웃어주는 여자
>
> ......
>
> 김치볶음밥을 잘 만드는 여자
>
> ......
>
> 난 그런 여자가 좋더라

1989년 발매되어 인기를 끈 변진섭의 노래 「희망사항」의 가사다. 무릇 대중가요는 시대상을 반영한다. 그 시절 남성들은 「희망사항」의 가사처럼 예쁜 외모를 가지고, 자신의 자존심을 해치지 않는 순한 성격의 소유자이며, 김치볶음밥과 같은 요리를 만들어 내조해 주는 여자를 선망했을 것이다. 그렇다면 33년의 세월이 흐른 2022년의 여성상은 어떠할까. 여성들은 과거 어느 때보다 사회 진출에 적극적이고, 탈코르셋 운동을 전개하며 여성을 향한 외모 압박을 벗어던지고자 노력한다. 오래전부터 뿌리 깊게 이어진 성차별로부터 탈피하려는 주체적인 여성상의 발현이라고 볼 수 있다.

그러나 대대적인 사회 흐름과 정반대로 아직 미디어는 여성에게 남성을 위해 김치볶음밥을 만들라고 권유한다. SBS 예능 〈동상이몽2〉에 등장하는 임창정의 아내 서하얀은 전형적인 가부장제의 현모양처 역할을 한다. 잠에서 깬 임창정은 이불 속에 누워 서하얀에게 "창정이 정식을 먹고 싶다"라고 말한다. 비록 겉보기에 부드러운 말투를 사용하지만, 발화의 목적은 분명 '어서 창정이 정식을 차려달라'는 지시다. 임창정의 지시에 따라 서하얀은 분주하게 오첩반상을 준비한다. 패널들은 "대단한 분이시다", "참 차분하시다"라며 남편 아침상을 차리는 서하얀을 추켜세운다.

서하얀의 내조는 아침상 차리기에 그치지 않는다. 서하얀은 마치 비서처럼 뮤지컬 연습, 콘서트 현장 등 남편의 업무 현장을 따라다닌다. 소속사 일에 관해서는 서하얀도 엄연한 직원이다. 회사 재정을 들여다보고 직원 회의에도 참석해 의견을 개진한다. 하지만 모든 일과를 마치고 집으로 돌아오자 서하얀은 임창정을 보필하는 보조자로 전락한다. 일정을 끝낸 임창정이 소파에 쓰러져 있는 모습을 보고, 패널들은 "너무 안쓰럽겠다"라고 말하며 임창정을 동정하도록 시청자를 종용한다. 임창정이 체력적으로 힘이 든다면, 그와 동행한 서하얀 역시 지칠 것이다. 하지만 서하얀은 임창정처럼 소파에 쓰러지지 않고 임창정을 위한 내장

탕과 칠첩반상을 내온다.

〈동상이몽2〉의 다른 커플인 이은주와 손담비는 서하얀만큼 능숙한 현모양처는 아니다. 이은주는 인터뷰에서 결혼 전까지 제대로 요리를 해본 적이 없으며, 늘 회사나 밖에서 밥을 사서 먹었다고 고백한다. 방송에서 이은주는 무척이나 서툰 솜씨로 계란프라이와 박대구이를 요리한다. 손담비도 마찬가지다. 남편 이규혁을 위해 콩나물전을 만들 때, 이규혁의 할머니 생신상을 준비하려 미역국과 잡채를 요리할 때 손담비는 긴장되고 서툰 모습을 보인다. 서하얀의 능숙함이 칭찬의 대상이 되었던 것과 반대로, 이은주와 손담비의 미숙함은 웃음거리가 된다. 〈동상이몽2〉의 패널들은 "(이제껏) 계란프라이도 해보지 않았느냐"라며 이은주를 타박한다. 심지어 손담비가 콩나물전 반죽 조절에 실패하자 패널 김구라는 "오늘 정을 떼는 과정"이라고 언급한다. 동시에 화면 하단에는 "#요리 세포 0% 입증, #저게 다 정을 떼는 과정"이라는 자막이 나갔다. 은연중에 여성의 미숙한 요리 실력이 사회적으로 비난받을 만한 행위임을 암시하는 것이다.

날것의 현실, 실체를 드러내다

〈동상이몽2〉가 지켜내려고 노력한 전통적 여성성의 환상(내조하는 아내가 만드는 행복한 가정)은 MBC 예능 〈오은영 리포트〉에서 처참히 깨진다. 안무가 배윤정은 아이를 낳은 이후부터 산후우울증을 앓고 있다. 인터뷰에서 배윤정은 "아이가 짐으로 보이고 내 인생이 완전히 꼬인 것 같다"라고 속마음을 토로한다. 그도 그럴 것이 배윤정이 아이를 출산한 시기와 댄서들의 전성시대를 이끈 Mnet 〈스트릿 우먼 파이터〉의 방영 시기는 절묘하게 겹친다. 출산 전까지 배윤정은 대한민국을 대표하는 댄서였다. TV에서 활약하는 다른 댄서들과 육아 때문에 활동에 제약이 있는 자신의 처지를 비교하는 것도 당연하다. 남편 서경환은 이러한 배윤정의 우울감을 이해하지 못하는 듯하다. 배윤정, 서경환 모두 같은 집에 있지만, 서경환은 아이를 돌보지 않는다. 배윤정이 서경환에게 아이를 봐달라고 부탁하나, 그는 아이와 놀아주려고 시도조차 하지 않고 이내 아이를 빨리 재우려고 한다. 배윤정과 서경환 둘 다 부모인데도 두 사람의 어깨에 지운 짐의 무게는 현저히 다르다. 서경환이 방문을 닫고 개인 업무를 보는 동안 배윤정은 홀로 아이를 양육하고 남편이 먹을 라면을 끓인다. 사실상 가정 내에서 배윤정은 돌봄 노동의 부담을 오롯이 떠안는다. 여성 노동자의 삶을 다룬 책 『시간을 빼앗긴 여자들』은 여성의 삶은 가족을 위한 삶으로 위치 지어지고, 여성의 생활시간은 가족을 위한 시간으로만 해석되어 왔다고 말한다.[1] 배윤정의 우울은 남편과 아이를 위해 삶의 대부분을 할애할 것을 강요당하는 여성과 남성 간의 불평등한 권력관계에서 촉발되었다고 볼 수 있다. 그러나 오은영 박사는 "(어렸을 때 해외 생활을 한 탓에) 서경환 씨의 한국말이 서툴다", "집에서 일하지 말고 상담 시간을 정해놓아라"라고 조언하며, 이들의 갈등을 지극히 개인적인 의사소통 문제로 일축한다.

〈오은영 리포트〉 3회 '음소거부부' 에피소드에서도 사회구조적 문제를 간과하고 갈등을 개인 간의 잘못으로 치부하는 오류가 반복된다. 결혼 10년 차인 음소거부부는 5년째 서로 대화를 나누지 않는다. 그 대신 문자를 통해 꼭 필요한 정보만 전한다. 어쩌다 대화를 시작하면 서로를 거세게 비난하는 날 선 말이 잇따른다. 이들 부부의 관계는 마치 시

---

1   이소진, 『시간을 빼앗긴 여자들』(갈라파고스, 2021), 276쪽.

간이 얼마 남지 않은 시한폭탄 같다. 그런데 음소거부부의 대화 내용, 행동을 유심히 들여다보면, 배윤정·서경환 부부와 유사한 갈등의 근원을 발견할 수 있다. 바로 가사노동, 양육에 관한 남편의 무관심이다. 아내는 이른 새벽에 기상해 남편이 숙면을 취하는 동안 아이의 방을 청소하고, 빨래하고, 밥상을 차린다. 또한 아내는 자녀의 교육 문제, 방학 일정에 관심이 많지만, 남편은 이에 대해 무심한 태도로 일관하고 도리어 아이에 대한 관심을 바라는 아내가 버겁다고 불평한다. 밤늦게 귀가한 아내가 싱크대에 쌓여 있는 설거지를 보고 한숨을 쉬자, 인터뷰에서 단지 귀찮아서 설거지하지 않은 것이라고 털어놓기도 한다. 남편의 '귀찮음'은 온전히 아내가 감당해야 할 무거운 짐으로 돌아온다. 한국 사회에서 음소거부부의 사례는 그리 특이한 경우가 아닐지도 모른다. 2021년 여성가족부의 조사에 따르면 맞벌이 가정의 돌봄 시간은 남성보다 여성이 두 배 길었다. 특히 12세 이하의 아동이 있는 경우 여성의 돌봄 시간은 남성의 세 배였다.[2] 그러니 남편을 향한 아내의 분노는 여성에게 지나친 가사노동을 부과하고도 방관한 사회의 몫이기도 하다. 하지만 오은영 박사는 "먼저 나를 되짚어 볼 것", "부끄러움을 함께 감당할 것"이라는 솔루션을 제시하며, 또다시 부부 사이의 비뚤어진 관계를 개인의 그릇된 태도 문제로 환원한다.

2 ""성평등 인식 높아졌지만"…… '경단녀' 만드는 뿌리 깊은 사회 구조", ≪디지틀조선≫, 2022.7.25. http://digitalchosun.dizzo.com/site/data/html_dir/2022/07/20/2022072080198.html.

끝내 두려운 현실을 마주하다

불평등한 사회구조를 간과하는 〈오은영 리포트〉의 문제는 급기야 남성이 여성에게 가한 폭력을 묵인함으로써 심화한다. 12회 '물불부부' 에피소드에 출연한 남편은 술을 마시면 아무것도 기억하지 못한다. 아내에게 남편의 블랙아웃은 공포 그 자체다. 임신 6개월 차였던 웨딩 촬영 전날에 술에 취한 남편에게 폭행당한 기억이 있기 때문이다. 아내는 당시 상황을 "임신 6개월이라 배가 나온 상태에서 얼굴에 멍이 들 만큼 무방비로 폭행을 당했다"라고 회상한다. '가정폭력범죄의 처벌 등에 관한 특례법' (이하 가정폭력처벌법) 제2조 제1항에 따르면 "가정폭력이란 가정구성원 사이의 신체적, 정신적 또는 재산상 피해를 수반하는 행위"를 일컫는다. 또한 '가정폭력처벌법' 제2조 제3항에 의하면 가정폭력은 상해와 폭행죄를 포함한다. 따라서 이는 단순 개인 간의 다툼으로 치부될 문제가 아니라 '가정폭력'이라는 사회적 차원에서 다뤄야 하는 문제다.

'물불부부'의 남편이 신체적 폭력을 일삼았다면, 13회 '국제부부'의 남편은 우즈베키스탄인 아내에게 정신적 폭력을 일삼는다. 국제부부의 남편은 아내보다 13살 연상이고 현재 무직이다. 외국인 아내가 타국에서 홀로 일하며 가정의 생계를 책임지고 있는 셈이다. 남편은 아내에게 고마움을 표현하기는커녕 "돈을 벌지 못하면 안 되니 아프지 마라"라고 말한다. 경제활동을 포기한 남편은 컴퓨터게임에만 몰두한다. 아내가 남편에게 일침을 가할 시에는 "난 널 사 왔어"라는 막말과 함께 공격적인 욕설, 손가락 욕을 서슴지 않고 퍼붓는다. 결혼중개업체를 거친 국제결혼의 경우 한국 남성이 개발도상국의 여성을 돈으로 구매한다는 잘못된 인식이 팽배하다. 인종, 성별 조건에서 열위에 있는 다문화가정의 여성은 가정 내에서 한국 여성보다도 훨씬 약자가 되기 쉽다. 그러나 남편의 폭력적인 언행은 그의 행동이 '우울증' 탓이라는 오은영 박사의 진단에 가려진다. 단지 우울증 때문에 아내에게 위협적으로 대한다는 해석은 사실 납득하기 어렵다. 아내와 있을 때와 달리 남편은 친구 앞에서는 욕설을 쓰지 않았다. 만약 우울증으로 인해 욕설을 조절할 수 없었다면 아내뿐만 아니라 친구에게도 욕설을 사용해야 했다. 아내를 향한 폭력적인 언행의 기저에 자신이 강자이고 아내가 약자라는 인식이 존재했을 것이라는 의구심이 드는 이유다.

자고로 방송 콘텐츠는 사회의 지배적 흐름을 반영한다. 문제는 사회를 지배하는 논리가 옳지 않을 시, 잘못된 논리가 미디어에 고스란히 반영된다는 점이다. 예컨대 여성혐오가 만연한 사회에서는 성차별적 인식이 내포된 콘텐츠가 제작되고, 콘텐츠가 전파를 타고 방영되어 성차별적인 편견을 다시 강화하는 식이다. 이러한 악순환을 끊어내는 일은 결코 쉽지 않을 것이다. 하지만 그럼에도 불구하고 반드시 이 연쇄작용을 끊어내야 하는 이유가 있다. 미디어로 송출되는 방송 영상은 우리가 부딪히는 현실 문제와 직결되는 까닭이다.

"쌍둥이 태어난 뒤 게임 못해…… 고시원 얻은 남편, 이혼 사유 될까", "남편의 집밥 요구에 생긴 갈등…… 이혼 사유 될까" 작년과 올해 JTBC 사건반장에서 보도한 두 건의 뉴스다. 전자의 뉴스에서는 가사·양육을 외국인 아내에게 떠넘기고 컴퓨터 게임에만 집중하던 〈오은영 리포트〉 국제부부의 남편이, 후자의 뉴스에서는 아내에게 현모양처가 되어 남편에게 요리해 줄 것을 끊임없이 강요하던 〈동상이몽2〉 프로그램이 연상된다. 두 건의 뉴스 보도 후, 한 남성이 대낮 도심 거리에서 폭력을 휘둘러 아내를 살해한 비극적인 사건이 발생했다. 피해자는 이전에 네 차례나 경찰에 가정폭력을 신고했었지만, 이내 남편에 의해 살해되는 참극을 막진 못했다. 앞서 〈오은영 리포트〉 12회, 음주 상태에서 임신 6개월 차 아내를 폭행한 남편 사례가 떠오르는 대목이다.

TV 프로그램은 사회의 모습이 투영된 문화적 산물이기도 하지만, 반대로 불특정 다수에게 막대한 영향을 끼칠 수 있는 매스미디어의 창작물이기도 하다. 즉, 〈동상이몽2〉와 〈오은영 리포트〉 등의 TV 프로그램은 특정 사건에 대한 여론을 형성해 시청자들의 고정관념을 바꿀 수도, 사회의 부조리한 이면을 지적할 수도 있다. 프로그램에 등장하는 패널들이 주고받는 멘트, 그중에서도 특히 전문가인 오은영 박사의 견해는 무의식적으로 시청자들의 생각을 장악하기에 무엇보다 신중해야 한다. 실은 사연자의 개인적인 성향을 바꿔서 해결되는 문제가 아니라고, 가부장제를 기반으로 한 남성 중심의 위계질서가 뒤바뀌어야 해결되는 문제이기에 당장은 해결할 수 없다고, 때로는 용기 있게 불편한 현실을 직시할 수 있어야 한다. 그러니 이제 모든 갈등을 개인의 문제로 환원하는 솔루션은 그만두자. 진정으로 솔루션을 찾아야 하는 대상은 가부장제에 멍든 사회이니 말이다.

위로 여럿, 위로 하나

이은송

1. 모두의 청춘을 위로하다

2022년의 꽃샘추위가 애초에 없었다는 듯 따뜻했던 봄을 장식한 드라마가 있다. 바로 tvN 드라마 〈스물다섯 스물하나〉이다. 4월에 종영한 이 드라마가 현재 이 글을 쓰고 있는 시점인 10월까지도 마음 한구석에 아득히 남아 있다. 그 이유는 무엇일까? 두 남녀의 아련한 사랑 이야기 혹은 다섯 청춘의 이야기가 심금을 울린 것일 수 있겠다. 아니면 많은 시청자가 바랐던 것과 달리, 남자 주인공과 여자 주인공의 사랑이 왜 이어지지 않았는지 이해되지 않는 것에서 느낀 아쉬움이 원인일 수도 있다. 그러나 나는 드라마의 이야기나 드라마를 보면서 느꼈던 감정을 뛰어넘어 그 너머에 자리 잡고 있는 무언가 더 의미가 있었다고 본다. 바로 '위로'다.

이 드라마는 드라마 속 청춘이 2020년대를 살아가는 청춘을 위로

할 뿐 아니라 청춘의 시대를 지난 세대들의 청춘을, 청춘을 앞두고 있는 미래 세대들의 청춘에게까지 위로를 전달하고 있다. 즉 과거, 현재, 미래 세대까지 모두의 청춘을 위로하고 있다는 것이다. 왜 하필 지금 이 시대에 위로를 전달하고 있을까? 이 드라마가 위로를 전달하는 방식을 살펴보며 그에 대해 언급하고자 한다.

2-1. 대사가 주는 위로

청춘 드라마는 '청춘'이라는 말만 들어도 아련해지는 감정을 표현하는 것이 핵심이다. 그렇기에 자칫하다간 대사가 오글거리게 되거나, 다른 청춘 드라마에서도 들어본 것같이 평범해질 수 있다(물론 정말로 시청자들의 마음을 움직이는 대사도 있다). 〈스물다섯 스물하나〉는 로맨스 드라마이면서도 청춘 드라마인 만큼, 진부한 청춘 드라마일 수도 있었지만, 그렇지 않았다. 이 드라마가 방영될 당시, 시청자들 사이에서는 이른바 "대사 맛집"이라고 불렀을 만큼 대사가 예쁜 걸로 유명했으며, 평범해 보이는 대사조차 진정성이 담겨 있어 시청자를 위로하기에 충분할 정도로 호소력 있는 대사였다. 또한 배우들의 뛰어난 연기력 덕분에 대사에 담긴 의미도 시청자들에게 잘 전달되었다. 모든 대사를 다룰 수 없으니, 일부 대사를 다루면서 살펴보기로 한다.

1) 12화를 예시로

〈스물다섯 스물하나〉에는 전교 1등 지승완(이주명)과 공부는 못하지만 활기찬 문지웅(최현욱)이라는 캐릭터가 나오는데, 이 둘은 어렸을 때부터 붙어 다니던 친구다. 이 둘이 학교 다니던 1990년 말미는 교내 체벌이 심하던 시절로, 지웅과 같은 아이들은 그 희생자였다. 교내 체벌이 금지되었음에도 반복되는 행태에 분노한 승완은 자신의 개인 라디오 방송에 지웅을 체벌하던 선생님을 폭로하고 경찰에 신고하기에 이른다. 그러나 경찰은 그러려니 하고, 학교는 되레 승완에게 전교생 앞에서 반성문을 낭독하고 정식으로 선생님에게 사과할 것을 요구한다. 이러한 부당함과 변화하지 않는 사회에 분노한 승완은 자퇴하기로 결심한다.

보통 드라마에서 학생이 자퇴한다고 하면 대개 부정적이거나 우울한 분위기로 연출된다. 그러나 이 드라마에서는 오히려 밝고 따뜻한 분위기로 연출된다. 자퇴서를 던진 승완은 교실 창문으로 몸을 내밀고 응원의 메시지를 외치는 친구들의 목소리를 들으며 떠난다. 그리고 교문에서 승완에게 케이크를 건네며 희도(김태리)와 유림(보나)이 외친다.

너의 새로운 시작을 축하해!

이 대사 같은 경우는 언뜻 보면 거창하거나 예쁜 대사는 아니다. 학교 입학식 현수막에서도 볼 수 있는 문장으로, 굉장히 평범하다. 현수막에 써 있어도 마음이 울리지 않는 저 문장이 왜 이 장면에서 사용되었을 때는 많은 시청자를 울렸을까. 보통 무언가를 그만둔다고 하면 사람들은 아쉬워하거나, 중도 포기하는 실패자로 취급한다. 혹은 남들이 걷는 길에서 벗어난 이탈자로 보아 사회의 질서에 어긋난다고 판단해 부정적으로 생각하는 경우도 있다. 그래서 그만둔다고 하면 부정적인 반응이 나오거나 긍정적인 반응이 나오더라도 '응원'의 수준에 그친다. 이러한 반응이 부담되었거나, 부정적인 반응으로 인해 상처받은 사람들이 드라마 속 학생들의 축하를 받았기에 위로를 받고 울었을 것으로 생각한다.

그리고 드라마 속 시대 상황을 고려했을 때, 자퇴는 가난한 학생들이나 불량 학생들이나 한다고 생각할 정도로 자퇴에 대한 인식은 지금에 비해 훨씬 부정적이었다. 이러한 시대 상황에도 불구하고 전교 1등 승완의 엄마가 자퇴에 대해 강한 의지를 가진 딸에 공감하고, 친구들에게 응원을 넘어 '축하'까지 받게 하는 전개는 놀라울 따름이다.

이 장면에서는 다섯 배우들이 함께 부른 「With」라는 OST의 마지막 부분이 흘러나온다.

혼자가 아니에요.
무거운 짐들 같이 들어줄게요.
내 손을 꼭 잡아요.
마음껏 높이 날아올라 유난히 반짝이는 저 별을 향해
함께 날아가요.

별처럼 반짝거리는 멜로디에 교복을 벗어 던지는 연출, 그리고 케이크를 받으며 축하받는 연출까지 더해진 이 대사는 중단을 고민하는 사람, 중단을 앞둔 사람, 그리고 과거에 중단해 가슴 구석에 무거운 마음을 품고 있는 사람 모두에게 충분히 위로가 되었을 것으로 생각한다.

이처럼 〈스물다섯 스물하나〉는 평범한 대사로도 시청자들에게 위로를 건네었다. 거창하고 아름다운 표현을 사용하지 않더라도 담담하게 진정성을 담아낸 대사가 바로 이 드라마의 위로가 잘 전달된 이유라고 생각한다.

2-2. 어른과 10대의 다른 관점이 주는 위로

〈스물다섯 스물하나〉를 보다 보면 눈에 띄는 특징이 하나 있다. 바로 나희도(김태리)와 백이진(남주혁) 혹은 나희도와 희도의 엄마 신재경(서재희)의 대사를 통해 어른과 청소년의 서로 다른 가치관과 시선을 대조해주고 있다는 것이다. 어른에 해당하는 이진의 대사가 10대에 해당하는 희도에게 성인으로서 할 수 있는 위로를 건넨다거나, 희도의 천진난만하고 순수한 대사가 성인인 이진에게 위로를 준다는 말이다. 이런 점에서 『어린 왕자』가 연상되기도 한다. 물론 희도는 10대이기에 아직은 이해하기 어려운 성인의 고충에 공감하지 못해 재경이 아무리 설명해도 희도에겐 상처로 돌아오는 경우가 있기는 하지만, 여기서는 이를 예외 사항으로 두고 위로에 초점을 맞추기로 한다.

1) 어른이 10대에게:1화를 예시로

성인의 대사가 10대를 위로한 것 중 이 대사가 귀에 들어왔다.

> 도움 청할 데가 있다는 건 네 나이만 가진 특혜니까, 누려. 놓치면 아깝잖아.

이 대사는 펜싱부가 있는 학교로 전학 가려는 유일한 수단은 강제 전학밖에 없다고 판단해 클럽에 가서 사고 칠 뻔한 희도에게 이진이 한 말이다. 10대는 학교와 부모라는 울타리 안에서 보호를 받지만, 20살이 되는 순간 성인이라는 이름표를 달고 이 울타리에서 내쫓긴다. 19살과 20살은 겨우 한 살 차이임에도 불구하고 20살부터는 사회가 성인으로서 져야 할 책임을 물으며, 엄격한 태도로 대한다. 정작 이제 막 성인이 된 10대는 울타리에서 나올 준비가 제대로 되지 않았는데도 말이다. 이를 생각하면 앞의 대사는 일차적으로 10대 시청자들에게, 도움을 요청하는 것은 당연하니 10대로서 얻을 수 있는 도움을 최대한 많이 얻어서 사회로 나갈 준비를 단단히 하라는 말로 들린다.

그렇다면 10대를 이미 보내버린 성인 시청자는 해당하지 않는 내용일까? 이들은 10대가 이미 지나가 버렸으니 어쩔 수 없다는 메시지를 던지는 것일까? 그렇지 않다. 이 대사는 이진과 같이 각자의 어려운 사정으로 인해 도움을 많이 요청하지 못하고 10대 시절을 보냈던 어른들의 10대를 위로하는 것으로 볼 수 있다. 가끔 사람이 처한 현재 상황보다 아픈 시간을 보냈던 과거를 위로하는 것이 더 효과적인 경우가 있다. 볼빨간사춘기의 「나의 사춘기에게」처럼 말이다. 즉, 이 대사는 도움을 청하지 못해 힘든 10대를 보낸 성인들의 마음을 어루만지고, 10대 시절의 그들을 위로하는 것이다.

오히려 그러한 특혜를 누리지 못한 10대 시절에 대한 회한이나 자기연민을 불러일으킬 수 있다는 의문이 제기될 수 있다. 그러나 이는 어른들의 10대를 대사와 함께 희도라는 캐릭터를 통해 주는 위로다. 본인은 그러한 시절을 보내지 못했더라도, 특혜를 충분히 누리라는 말을 듣는 희도의 모습을 통해 '대리 위로'를 받는 것이다. 이러한 의미에서 이 장면은 어른들이 위로받기에 충분하다.

2) 10대가 어른에게: 2화를 예시로

성인의 대사가 10대를 위로했다면, 10대의 대사가 성인을 위로한 경우를 살펴보자. 2화 중반에서 이진은 자신의 아버지가 과거 빚을 졌던 어른들의 성화에 앞으로 어떤 순간에도 행복하지 않겠다고 약속했다. 이후 2화 말미쯤 이진과 희도가 함께 터널을 달리는 장면이 나온다. 달리다가 한숨 돌리던 중 희도가 다음에도 이렇게 놀자고 했더니 이진은 싫다고 한다. 이에 희도는 선택지는 없다며 다음과 같이 말한다.

> 네가 그 아저씨들한테 그랬잖아. 앞으로 어떤 순간도 행복하지 않겠다고. 난 그 말에 반대야. 시대가 다 포기하게 만들었는데 어떻게 행복까지 포기해? 근데 넌 이미 그 아저씨들한테 약속했으니까 이렇게 하자. 앞으로 나랑 놀 때만, 그 아저씨들 몰래 행복해지는 거야. 둘이 있을 땐, 아무도 몰래 잠깐만 행복하자.

어떤 순간에도 행복하지 않겠다고 한 이진의 모습은 지금 이 시대에서 살아남기 위해 행복은 사치로 여기게 되고, 감정을 숨긴 채 치열하게 살아가는 우리의 모습과 비슷하다. 행복하더라도 그 행복은 치열한 삶에서 겨우 생기는 틈 속에서 누리는 일시적 행복인 경우가 많다. 이와 같은 현실을 살아가는 우리에게 희도는 순수한 표정으로 말한다. 행복을 포기하지 말라고. 그 어떤 시대도 행복을 뺏을 권리는 없다고. 성인이 된 우리는 살아남기 위해 행복을 뺏길 수밖에 없는 현실을 알기에 이를 알 리 없는 희도가 천진난만하게 행복하게 살자고 말하는 모습을 안타깝게 바라보게 된다. 그래도 우리는 희도가 하는 말이 다 맞는 말이기에 순진하게 말하는 희도를 보며 웃게 되고 그 순간만큼은 마음이 치유된다. 이 위로가 설령 우리의 현실을 바꾸지는 못하더라도 말이다. 이렇게 우리는 현실에 치여 살면서 잊고 있던 우리의 10대를, 10대의 대사로 상기하며 그 천진난만함과 순수함으로 위로를 받게 된다.

이처럼 〈스물다섯 스물하나〉는 성인의 대사와 10대의 대사를 대조하며 일차적으로는 어른이 10대를, 10대가 어른을 위로하고, 이를 넘어 어른이 한때 10대 시절을 보냈던 어른을 위로한다.

3. 나가는 말

〈스물다섯 스물하나〉는 이진과 희도의 사랑을 애틋하게 잘 표현하면서도 둘이 이루어질 것같이 이야기를 구성해 놓고는 결말에서 둘의 사랑이 이루어지지 않아 시청자들에게 많은 비판을 받은 바 있다. 그러나 이 드라마가 시청자에게 준 위로가 너무나도 컸기에 결말이 이상한 드라마로만 치부되기엔 아깝다.

　앞에서 왜 지금 위로가 필요한지 질문을 던졌다. 시간이 가면 갈수록 더 치열해지는 사회, 그리고 코로나19라는 시대에 꿈과 행복을 빼앗긴 사람들. 코로나 사태가 없었더라도 무한 경쟁의 시대에서 투쟁하느라 지친 사람들에게 위로를 줄 무언가 있어야 했다. 이 드라마가 바로 그 역할을 했다고 본다.

　〈스물다섯 스물하나〉는 진실한 대사로 남녀노소 모두에게 위로를 준 작품이다. 또한 어른의 성숙함과 어린 10대의 순진함으로 겉으로는 괜찮아 보이지만, 시대가 빼앗은 꿈과 행복으로 인해 곪아버린 마음을 치유해 주는 작품이기도 하다. 이러한 점에서 이 드라마는 단순히 이 시대를 살아가는 청춘뿐만 아니라 청춘을 이미 지난 세대의 청춘과 청춘을 앞둔 세대를 모두 포괄하는 청춘 드라마다.

스트릿 휴먼 파이터

Mnet 〈스트릿 우먼 파이터〉, 비주류는 어떻게 주류가 되었나

박은수

1. 춤으로 싸우는 여자들

2021년, 대한민국에 댄스 열풍이 불었다. 남녀노소, 연령 불문 많은 사람들이 춤의 매력에 푹 빠져든 것이다. 그러나 이전과는 다르다. 이전에는 춤이라고 하면 아이돌의 퍼포먼스를 떠올리는 사람들이 대다수였다면, 이제는 그들을 뒤에서 비춰주던 댄서들이 빛나기 시작했다. 또 'Hey mama 챌린지'가 유행하면서 실력과 상관없이 누구나 춤을 즐길 수 있는 문화가 형성되었다. 이러한 '댄스 열풍'을 주도한 것은 바로 Mnet의 프로그램 〈스트릿 우먼 파이터〉(이하 〈스우파〉)이다. 〈스우파〉는 2021년 8월 24일부터 10월 26일까지 방영된 댄스 프로그램으로 심사위원과 MC를 제외한 출연진 모두가 여성으로 구성되어 있다. 〈댄싱9〉에 이어 춤을 소재로 한 Mnet의 네 번째 예능 프로그램이며 앞서 나온 세 프로그램을 통

틀어 가장 선풍적인 인기를 끌었다. 가비의 유행어 "Hey", 허니제이의 명대사 "잘 봐, 언니들 싸움이다", 노제의 'Hey mama 챌린지' 등 엄청난 여파를 남기며 최고 시청률 2.9%를 기록했다. 해당 프로그램은 여덟 크루(crew) 중 마지막 한 크루만이 살아남는 서바이벌 형식으로, 다양한 배틀과 미션을 통해 여자들의 치열한 춤 싸움을 보여준다.

  사실 이제까지 춤을 소재로 한 프로그램은 여럿 있었다. Mnet 〈힛 더 스테이지〉, Mnet 〈댄싱9〉, KBS2 〈댄싱 하이〉 등 다양했지만, 한국을 넘어 해외에서까지 큰 화제를 얻은 프로그램은 〈스우파〉가 유일무이하다. 〈스우파〉의 어떤 점이 대중을 사로잡은 것일까? 가장 큰 이유는 바로 프로그램이 지닌 '소수성(mineure)' 때문이다. '소수성'은 '다수성(majeur)'의 반대인데, 다수성은 사회적으로 바람직하다고 여기는 척도나 표준을 지닌 대상의 특성을 의미한다. 다수성을 지닌 대상은 주류적이며, 지배적이고 그러하기에 '권력'을 지닐 수 있게 된다. 이러한 이유로 소수성은 '다수성의 결여'나 '다수성의 거부'라는 부정적인 개념으로 인식된다. 그러나 철학자 들뢰즈(Deleuze)에 따르면 '소수성'은 '생성'이라는 긍정적 의미를 내포한다. 생성이라는 관점에서 바라보면, 소수성은 다수성이 지닌 척도나 표준에서 벗어나 '다양성(diversity)'을 창조하는 힘이다. 다시 말해 소수성은 다수의 가치에서 탈피해 새로운 척도를 생성하고 기존의 권력과 대적하는 변이의 힘이라고 할 수 있다. 여성으로서, 댄서로서, 또 스트리트 신(scene)에서 활동하는 사람들이 지니고 있던 소수성이 오히려 다양성을 생성해 내면서 〈스우파〉는 대중을 사로잡았다.

2. 잘 봐, 언니들 싸움이다!

"여자의 적은 여자다"라는 뜻의 '여적여'는 대한민국에서 살아가는 젊은 세대라면 누구나 한 번쯤은 들어봤을 말이다. 특히나 여성의 다툼에 관해서 매번 빠짐없이 등장하는 말이기도 하다. 기존의 방송에서 여성들의 관계가 다루어지는 방식은 이른바 '여적여'가 내포하고 있는 메시지처럼 다소 획일적이고 편향적이었다. 과거 방송계는 여성들의 경쟁을 다루는 데에 있어서 남성과는 다르게 질투와 배신으로 치부하는 것이 보편적이었다. 이는 2010년부터 2014년까지 ONSTYLE에서 방영된 〈도전! 수퍼모델 코리아〉(이하 〈도수코〉)에서 확연하게 드러난다. 〈도수코〉는 〈스우파〉와 같이 여성 서바이벌 프로그램의 형식을 띰에도 불구하고 여성들의 관계를 묘사하는 방식에서 〈스우파〉와 차이가 있다. 〈도수코〉 시즌 4의 출연자 정하은과 황현주의 갈등은 방송계의 '여적여' 프레임을 가장 잘 보여준다. 프로그램 내내 정하은은 파벌을 형성하며 다른 모델들과 황현주를 험담하고 악의적인 행동을 일삼는다. 5화에서 모델들은 17센티미터 힐을 신고 수영장 위 부표를 런웨이 걷듯 걸으라는 미션을 받는데, 정하은은 가장 불편한 옷을 마음에 들지 않는 출연자 황현주에게 떠넘긴다. 결국 황현주는 물속에 빠지고, 이를 본 정하은은 "시원하겠다"라며 통쾌하다는 반응을 보인다. 이러한 프로그램들의 묘사 방식은 시청자들에게 여성의 관계에 대한 편협한 인식을 심어주어, 현실 속 여성들의 갈등과 다툼에서도 편견으로 작용한다.

　　그러나 〈스우파〉는 여성의 경쟁과 대립 관계에 대한 방송계의 기존 담론에서 벗어나 '여적여'가 편향적 시각에서 생겨난 허상에 불과할 뿐이라는 것을 보여준다. 허니제이와 리헤이는 과거 최정상 댄스 크루 '퍼플로우'에서 함께 활동한 스승과 제자 사이였고 팀의 해체와 함께 절연한다. 그런 둘이 5년 만에 〈스우파〉에서 재회하게 되고, 일대일 댄스 배틀에서 리헤이가 허니제이를 지목하며 뜨거운 승부를 보여준 후 화해하는 모습을 보여준다. 또 라치카 팀의 가비와 훅 팀의 아이키가 배틀하는 장면에서 춤을 추는 도중 가비가 바지를 벗는 퍼포먼스를 연출하는데, 이때 신발에 걸려 벗겨지지 않던 가비의 바지를 상대편인 아이키가 도와 벗겨준다. 프로그램 내에서 보여준 여성들의 경쟁은 시기나 질투보다는 아름답고 치열하며 서로를 존중하는 마음을 바탕으로 한 정당한 승부였다. '여적여'라는 프레임에 갇혀 있던 여성들의 경쟁이 드디어 해방된 것이다.

3. 누구도 틀리지 않은 사회

우리나라 사람들은 '다름'과 '틀림'이라는 말을 혼동해 사용할 때가 많다. '다르다'의 사전적 정의는 "비교되는 두 대상이 같지 않다"이고, '틀리다'의 경우에는 "셈이나 사실 따위가 그르게 되거나 어긋나다"이다. 다시 말해 전자는 같지 않다는 말이고, 후자는 옳지 않다는 말이다. 같지 않다는 말을 옳지 않다는 말로 대체해 사용할 경우, 다양성의 가치는 떨어지고 옳고 그름의 문제만이 남는다. 옳고 그름의 문제는 산술식이나 객관적 사실에나 적용되는 것이지 그것이 사람에게 적용되어서는 안 된다. 소수성을 지닌 비주류에게 "그것은 옳지 않아"라고 말하는 한국 사회의 획일화된 가치관에 〈스우파〉는 틀린 사람은 없다고, "우리 모두는 다를 뿐이다"라고 답한다.

　　YGX, 라치카, 프라우드먼, 훅, 원트, 웨이비, 코카앤버터, 홀리뱅. 〈스우파〉에 출연한 이 여덟 크루는 각자의 개성과 색이 아주 뚜렷하다.

멤버들도 마찬가지다. 같은 크루의 멤버라도 다 저마다의 개성과 특색이 확연하게 나타난다. 여기서 옳고 그른 것은 없다. 출연자들 모두는 각 크루와 개인의 특색을 존중하고 틀리다 대신 다르다고 말한다. 시청자들도 옳고 그름이 아니라 댄서들의 서로 다른 개성을 보고 즐긴다. 다양성을 인정하니 즐길 것도 배가된다. 이런 이유에서 시청자들 대부분이 모든 크루를 함께 응원하는, 서바이벌 프로그램으로는 보편적이지 않은 모습을 보인다. 〈스우파〉는 다양성을 인정하는 사회에서 비주류에 속해 있는 개인들이 얼마나 빛날 수 있는지를 보여주었다.

4. K-POP 우먼 파이터?

〈스트릿 우먼 파이터〉라는 제목에서부터 나타나듯, 프로그램은 '스트리트댄스'에 기반을 두고 있다. 〈스우파〉는 가장 대표적인 스트리트댄스 문화인 배틀을 통해 서바이벌을 진행했으며, 댄서들 역시 아이돌이던 이채연을 제외한 전원이 스트리트 댄서들이다. 그러나 제작진들이 〈스우파〉의 기획의도를 잊었나 싶을 정도로 프로그램에는 주류 음악인 케이팝(K-POP)에 초점을 맞춘 듯한 부분이 많다. 물론 케이팝 댄스 또한 춤의 한 장르로서 세계적으로 많은 인기를 끌고 있는 산업이다. 그러나 이 프로그램의 취지는 케이팝에 가려져 있던 스트리트댄스 신(scene)에 조명을 비춰주기 위함이 아니었는가. 따라서 스트리트댄스가 주가 되어야 하는 것은 이 프로그램이 마땅히 지녀야 할 정체성이다. 〈스우파〉가 과연 제목에서부터 표방하는 프로그램의 정체성을 온전히 지켰는지에 대한 의문이 든다.

　우선 심사위원들의 구성부터 프로그램의 주제와 동떨어져 있다.

〈스우파〉의 파이트 저지, 즉 심사위원은 아이돌 그룹 NCT의 태용, 가수 보아, 퍼포먼스 디렉터 황상훈이다. 이들 세 명 모두는 대형 기획사 SM 출신이며 케이팝 출신의 인물들이다. 이 세 사람이 케이팝 프로그램에서 심사를 맡는다면 충분히 당위성이 있는 이야기이지만, 스트리트 댄스 프로그램의 심사를 맡는다면 이야기가 달라진다. 심사위원은 해당 분야에 전문성이 있어야 함은 물론이고, 최정상급 실력을 갖추고 있어야 한다. 스트리트댄스 프로그램에서 스트리트댄스에 대해 잘 모르는 사람이 심사를 한다는 것은 어불성설이다. 〈스우파〉에 출연하는 댄서들보다 스트리트댄스에 대한 깊이 있는 지식이 부족한 사람들이 심사를 맡는다는 건 상식적으로 이해되지 않는 상황인 것이다.

시청자들의 입장에서도 그 분야에 대한 식견이 좁은 심사위원들의 심사평을 보게 되면 답답함을 느낄 수밖에 없다. 〈마스터쉐프〉나 위에서 언급했던 〈도수코〉와 같은 서바이벌 프로그램에서 심사위원은 출연진에게는 '평가자'의 역할을, 시청자에게는 '설명자'의 역할을 해야 한다. 즉, 심사위원은 그 분야에 대해 잘 모르는 일반인들에게 이것이 왜 탁월하고 왜 부족한지에 대한 적절하고 전문적인 설명을 제공해야 하는 것이다. 그런데 〈스우파〉 심사위원들의 심사평은 시청자들에게 어떠한 정보도 제공해 주지 못한다. 심사평은 매우 빈약하고 누구나 할 수 있는 리액션과 개인적인 감상평이 대부분인 까닭에 오히려 프로그램의 몰입을 방해한다. 더불어 자신의 심사에 대한 구체적인 이유와 설명을 덧붙일 수 없다면 그것을 공정한 심사라고 납득하기는 어렵다.

케이팝 댄스에는 케이팝 음악이 잘 어울리듯, 스트리트댄스에도 스트리트 장르에 어울리는 음악이 있다. 스트리트댄스에 어울리지 않는 음악을 가져다 쓴다면 아무리 좋은 춤이라도 엉뚱해지기 마련이다. 배틀 상황에서 어울리지 않는 케이팝 음악이 나왔을 때는 댄스에 대한 지식이 없는 일반인이 봐도 생뚱맞은 느낌이 든다. 1화에서 아이키와 가비가 배틀에서 아이키 차례에 씨스타의 곡 「Touch my body」가 나왔을 때 그러한 느낌이 확연히 드러난다. 아이키가 특유의 재치로 음악을 잘 살려내긴 했지만, 「Touch my body」라는 곡이 배틀 상황에서 불리하게 작용해 아이키가 패배한 원인의 큰 부분을 차지한다는 비판이 쇄도했다. 케이팝 음악은 이후 미션에서도 두 번이나 더 등장한다. 3차 미션인 케이팝 4대 천왕 미션과 세미파이널에서 댄서들은 정해진 케이팝 음악에 맞춰 춤을 춰야만 했다. 특히나 세미파이널에서 제시의 신곡 안무를 만들어야 하는 미션은 매우 억지스러웠다. 이미 케이팝으로 4대 천왕 미션을 했으므로 케이팝 음악을 활용한 미션이 재차 등장할 필요는 없었으며, 평가의 기준을 제시가 가장 추고 싶은 안무로 정한 것은 제시의 개인적 선호일 뿐 객관적인 심사라고 볼 수 없다.

제작진들이 광적으로 케이팝에 집착하는 모습은 프로그램의 화제성을 염두에 두었기 때문일 것이다. 그러나 화제성은 예상외로 케이팝이 아니라 스트리트댄스와 댄서들의 매력에서 비롯되었다. 그리고 케이팝을 프로그램에 끼워 넣는 식의 기획과 연출은 결국 다 된 죽에 코 빠뜨리는 격이 되었다. 제작진들이 케이팝을 대대적으로 활용하려 시도하기보다 본래 프로그램의 취지에 몰두했다면 프로그램의 질이 더욱 높아졌을 것이라는 아쉬움이 남는다. 비주류의 주류화를 위한 프로그램이 주류 음악 산업에 치우쳐 있는 모습은 시청자에게 모순을 느끼게 했다.

5. 소수성의 지향, 스트리트는 계속된다

〈스우파〉에 이어 〈스걸파〉, 〈스맨파〉가 방영되며 스트리트댄스는 소수성의 생성이라는 긍정적인 개념을 토대로 창조적인 발전을 이루었다. 〈스우파〉와 뒤를 이은 두 시리즈는 현재까지도 꾸준한 인기를 얻고 있다. 비주류였던 스트리트댄스가 드디어 주류로 자리 잡은 것이다. 아감벤(Giorgio Agamben)이 만들어낸 '벌거벗은 생명'이라는 개념에 따르면, 우리 사회에서 이상적인 것으로 여겨지는 표준과 척도에서 벗어난 소수는 '벌거벗은 생명'이며, 주류를 지키려 하는 사회에 의해 억압받는다. 들뢰즈는 이 '벌거벗은 생명'들이 미래 사회를 움직이는 동력이 될 것이라고 말한다. 들뢰즈의 말대로 '벌거벗은 생명'이던 스트리트 장르가 세상을 움직이게 된 것이다.

〈스우파〉 시리즈가 대중과 우리 사회에 던지는 메시지는 분명하다. 모든 비주류인 개인들은 동시에 주류가 될 수 있다고. 비주류를 옳지 않은 것으로, 정상이 아닌 것으로 취급하던 사회에 대한민국의 모든 '스트릿 휴먼'들이 반기를 들었다.

모든 스트릿 휴먼들이 존중받을 수 있는 세상이 도래하기까지, 〈스트릿 우먼 파이터〉 시리즈가 계속되길 바란다.

유리 구두를 벗은 캔디렐라의 함정

KBS 〈신사와 아가씨〉 속 박단단을 중심으로

조영은

태초에 유리 구두를 신고 호박 마차에 오르는 신데렐라가 있었다. 신비로운 마법의 가호 아래 신데렐라는 지난 몇 세기 동안 '여성들이 꿈꾸는 로맨스'의 대명사로 대중매체 속에서 끊임없이 재탄생되어 왔다. 수동적인 신데렐라형 여성 인물들은 부와 명예를 거머쥔 남성 인물들과의 로맨스 서사를 통해 사랑의 쟁취뿐만 아니라 경제적·사회적 계층의 상승이라는 일종의 쾌거를 이루어냈으며, 이는 기존 체제를 무너뜨리지 않는 안정성과 여성 개인의 내면에 존재하는 욕망을 함께 실현하게 할 수 있는 일종의 판타지였다. 그리고 이 신데렐라의 아름다운 판타지가 조금씩 식상해지는 것이 아니냐는 불만들이 스멀스멀 올라올 때쯤, '외로워도 슬퍼도' 울지 않는 씩씩한 들장미 소녀 캔디가 우리 앞에 새롭게 등장했다. 그리고 마침내, 말괄량이 캔디의 발랄함과 꿈을 꾸는 듯한 신데렐라의 로망이 합쳐진 일명 '캔디렐라'가 탄생하기에 이른다. 고전적이고 수동적인 기존 여성상의 답습이라 볼 수 있었던 신데렐라 유형의 여성 인물과는 달리, 이 캔디렐라들은 신비롭고 가녀린 신데렐라의 판타지를 일부 덜어내는 모습을 보여주며 대중매체 속 여성 서사에 신선한 바람을 불러일으켰다.

이들은 대중의 탄탄한 지지 아래 로맨스 드라마의 여주인공 자리를 거침없이 정복해 왔다. 근원인 신데렐라가 그러했듯 캔디렐라 역시 이제는 물러날 때가 되지 않았냐는 담론이 꾸준히 제기되었음에도, 이러한 캔디렐라 유형의 여성 인물들은 오랜 시간 동안 대중의 넘치는 사랑을 받으며 안정적으로 여주인공의 자리를 지켜냈다. 최근 종영된 드라마들에서도 캔디렐라 유형의 여성 인물들을 쉽게 찾아볼 수 있다. 원작 웹툰이 존재한다는 특징을 독특한 연출 기법으로 새롭게 적용함과 동시에 답답함 없는 '사이다 전개'로 시청자에게 큰 호응을 끌어낸 〈사내맞선〉의 여주인공 신하리 역시 캔디렐라의 전형성을 보이는 여주인공이고, 주체적이고 매력적인 여성 인물들의 서사와 연대가 돋보였던 〈마인〉의 메이드 김유연은 물론이고 둘째 며느리 서희수 역시 남편의 비밀을 본격적으로 파헤치게 되는 극 중반부 이전까지는 캔디렐라의 전형적 설정을 보여주는 인물이다. 그러나 아무리 캔디렐라의 전형을 갖췄다고 판단할 수 있는 인물들이라 할지라도, 이들 중 〈신사와 아가씨〉의 여주인공인 입주 가정교사 박단단만큼 정석적인 캔디렐라에 가까운 인물은 존재하지 않는다. 박단단은 드라마의 기획의도에서부터 알 수 있듯, 대놓고 캔디렐라의 전형성을 노리고 만들어진 여성 인물이기 때문이다.

1. 마법에서 주체적인 힘으로

〈신사와 아가씨〉의 기획의도를 살펴보면 크게 다섯 가지의 요점을 정리해 볼 수 있다. 열네 살 연상의 홀아비, 앞날 창창한 1995년생 아가씨, 자신만의 기준으로 선택한 사랑, 서민 갑부로의 성공, 하나로 묶이는 가족. 앞의 두 가지 요지는 각각 남자 주인공 이영국과 여자 주인공 박단단을 설명하는 것이고, 뒤의 세 가지 요지는 드라마를 관통하는 주제 의식을 요약한 것이라고 볼 수 있겠다.

앞서 말했듯 박단단은 1995년생으로, 그녀의 친어머니인 애나킴은 가난한 환경을 이기지 못하고 사실혼 관계에 있던 단단의 아버지 박수철과 어린 딸 단단을 두고 가출한다. 단단은 친아버지와 재혼한 의붓어머니 차연실을 비롯한 그 일가와 함께 살며 은근한 차별 속에서 유년 시절을 보내지만, 그런 불안정한 환경 속에서도 꿋꿋하게 모든 시련을 이겨내고 반듯한 성인으로 성장한다. 극 중에서 단단은 맥락상 명문 사학으로 보이는 4년제 대학을 우수한 성적으로 졸업한 고학력 여성이며, 남주인공 이영국 소유의 저택 입주 가정교사로 일하기 이전에도 입시 학원의 국어 강사로 능력을 인정받고 있던 재원이다. 지도교수를 포함한 주변의 평판도 매우 좋은, 사회성이 뛰어나고 생활력이 강한 인물로 설정되어 있으나 한편으로는 빚을 진 의붓삼촌과 어머니, 오빠를 비롯한 가족을 단번에 끊어내고 연락처를 차단하면서 속에 품고 있던 말을 거리낌 없이 뱉어내는, 마냥 마음 약한 천사표 여주인공이라기보다는 똑 부러지고 현실적인 면모가 강한 인물이기도 하다.

박단단의 서사를 통해, 우리는 단단을 전형적인 캔디렐라형 여주인공이라고 정의할 수 있다. 우선 단단의 불우한 가정사는 우리에게 새로운 이야기가 아니다. 생활력과 사회성이 뛰어나 평판이 높다는 설정도 마냥 낯설지만은 않다. 다만 박단단에게 새롭게 덧씌워진 무언가가 있다면, 그건 4년제 명문대를 졸업했다는 고학력의 허울과 모진 말을 뱉어내며 가족을 끊어낼 수 있는 단호하고 솔직한 성격 정도가 될 것이다. 박단단에게는 기존의 캔디렐라들보다 더 거침없고 주체적으로 움직일 수 있는 무기인 '명문대 졸업'과 '능동적이다 못해 거칠어 보이는 성격'이 들려 있다. 이는 비단 단단뿐만 아니라, 최근 드라마 속 캔디렐라들이 보이는 특성이기도 하다.

〈사내맞선〉의 여주인공 신하리는 대기업 GO푸드의 식품개발원이다. 그녀 역시 박단단처럼 작중 명문대를 졸업한 고학력자임은 물론, 직장 동료들에게 그 능력을 인정받을 정도의 뛰어난 전문직 여성이다. 연기력이라는 특출난 재능까지 따로 갖추고 있다. 신하리는 경제 사정이 다소 위태롭긴 하지만, 다복한 가정환경에서 자라나 너그러운 포용력을 가진 인물로 설정되어 있다. 〈마인〉의 김유연 역시 국립대를 졸업한 고학력자에 재벌가 메이드로 입사하기 전까지는 유치원 교사로 직업 활동을 하고 있었다. 그녀는 가녀린 외형과는 달리 가난한 집안 살림에 동생들까지 전부 본인이 책임져야 한다는 부담으로 단련된, 웬만한 재벌가 사람들 앞에서도 쉽게 기죽지 않는 강단 있는 성격으로 묘사된다. 이들은 모두 이전의 캔디렐라들보다 더 능동적으로 움직일 수 있는 동력을 지닌 인물로 설정되어 극 중에서 더 많은 활약을 펼칠 수 있게 되었고, 실제로도 그런 움직임을 보이는 측면이 있다. 박단단은 나무에 손수건을 거는 것으로 거리낌 없이 먼저 마음을 표현한다. 열네 살이라는 나이 차에 망설이는 이영국을 대놓고 답답해하기도 하고, 스킨십에도 훨씬 적극적이며, 심지어는 이영국의 아이들인 세종과 세찬이 창고에 불을 내자 망설임 없이 뛰어들어 그들을 구해내고 본인이 대신 위험에 처하는 상황에 직면하기도 한다. 이전까지는 로맨스 드라마 속 전형적인 남주인공의 서사로 취급되었던 '구원'을 본인의 서사로 끌어온 것이다.

2. 사라지는 힘, 채워지는 결핍

그런데 이러한 동력이 쓰이는 상황을 자세히 살펴보면, 그 중심에 언제나 존재하는 인물이 있다. 바로 '남자 주인공'이다. 박단단이 적극적으로 사랑을 표현하는 대상도, 위험에 처하게 되는 이유도 한결같이 남주인공인 이영국뿐이다. 물론 이는 나름대로 타당한 이유가 있다. 영국은 비록 단단보다 14살 연상에 아이가 셋이나 있는 홀아비이긴 하나, 단단이 사회의 시선은 신경 쓰지 않고 오직 '자신만의 기준으로 선택한 사랑'이기 때문이다. 이전의 캔디렐라보다 더욱 적극적인 캔디렐라의 모습을 보여주고 있는 단단은 자신이 직접 선택한 당당한 사랑인 영국을 향해 끊임없이 움직여야만 한다.

그래서 결국 이러한 캔디렐라형 여성 인물의 주체적 움직임은 결국 남주인공의 내면에 존재하는 결핍을 해소하는 도구로 쓰인다는 한계를 보이고 만다. 특히 박단단이 보이는 능동적인 모습은 주로 이영국에게 존재하는 일명 '정상 가족' 결핍의 해소로 직결된다. 이영국은 일찍이 첫사랑이었던 아내와 사별하고 사춘기에 접어든 첫째 딸 재니, 초등학교 저학년인 둘째 아들 세찬, 유치원에 다니는 막내 세종까지 세 아이를 홀로 키우는 아버지다. 재벌 회장인 영국은 일에만 몰두하는 탓에 아이들과의 관계가 좋지 않다. 그 이전에는 친어머니가 아버지의 외도로 가슴앓이를 하다 병을 얻어 요절했지만, 의붓여동생을 진심으로 아끼기에 사실상 친어머니를 죽게 만든 것이나 마찬가지인 의붓어머니의 철없는 행동들도 묵인해야만 하는 울분을 가슴속에 품고 있는 상당히 불우한 가정사의 소유자이기도 하다. 이런 점을 고려했을 때, 이영국은 상당한 '결핍'을 안고 있는 존재다. 그가 굉장한 재력과 명예가 있음에도 불구하고 그는 흔히 혈연관계로 맺어진 단란한 '정상 가족'의 형태를 청소년기부터 청년기, 중년기까지 온전히 소유하지 못한 채 '불완전한', '미완의' 가족 형태만을 겪어왔다. 그리고 여주인공 박단단은 이런 이영국의 결핍을 해소해 주는 존재로 충실히 움직인다.

우선 박단단이 고학력자라는 설정은 이영국의 저택에 입주 가정교사로 들어가는 일에 소모된다. 대학 시절 우수한 성적에 지도교수의 총애까지 받았다는 건 재벌가의 가정교사로는 충분한 덕목을 갖췄다는 말이고, 이는 극 중에서 박단단이 집안 외부의 사람이 아닌 내부의 사람으로 진입할 수 있게 하는 도구로 쓰인 뒤로 별다른 힘을 발휘하지 못한다. 실제로 박단단이 명문 대학을 졸업한 입주 가정교사라는 설정은 극 후반부에 이영국의 질투심을 유발하게 할 새로운 남성 인물의 등장에 잠깐 쓰인 뒤 흐지부지 사라지고, 박단단을 가정교사로 추천한 이영국의 친한 누나 겸 박단단의 지도교수는 박단단이 이영국의 집안에 입성함과 동시에 극에서 퇴장한다. 가정교사로 이 집안에 발을 들인 단단의 모습을 살펴보면 실질적으로 교육을 위한 교사라기보다는 보육을 위한 보모나 가사를 위한 가정부의 역할을 하는 데 더 가까운 것도 이 설정이 단순히 박단단을 집안 내부로 끌어들이기 위함이었음을 의심케 만든다.

더불어, 초반부에 보였던 박단단의 단호하고 적극적인 성격이 점차 연약해지는 경향을 보인다는 것도 주목해 볼 만하다. 극 초반부 단단은 무려 텀블러에 소주를 담아 등산하는 모습을 보일 정도로 활달한, 지나칠 정도로 엉뚱한 면모를 지닌 활기찬 인물이었지만 극 후반부에 이르러서는 거의 매 회 아픈 영국의 아이를 정성껏 간호한다거나 영국과의 사랑, 병색이 짙어지는 친모, 그런 친모와의 만남을 반대하는 의붓어머니와의 갈등, 친아버지의 교제 반대 등 각양각색의 이유로 눈물을 흘리는 연약하고 가련한 인물로 변모한다. 이는 단단과 영국의 이성적인 관계가 충분히 발전함에 따라 단단이 극에서 적극적인 행동을 취할 이

유가 사라지기 때문이다. 단단과 영국의 로맨틱한 관계가 진전되고, 단단의 집안 내 입지가 단순한 입주 가정교사에서 영국의 연인, 즉 영국과 법적인 혼인 관계를 맺고 아내와 어머니의 역할을 도맡을 가능성이 커질수록 단단은 초반부의 적극적이고 능동적인 20대 여대생의 주체성 대신 수동적인 여성상, 이를테면 고전적인 '비련의 여주인공'상에 가까운 모습을 보인다. 단단의 뛰어난 사회성도 이 시점에서 더는 빛을 발하지 못한다. 중학생인 영국의 딸 재니는 이미 오래전 학교에서의 교우 관계 문제를 해결해 준 일로 단단과 원만한 관계를 형성하고 있고, 두 아들은 화재 사건 이전부터 단단을 선생님 그 이상으로 잘 따르고 있다. 영국의 주변 인물들도 집안의 분위기를 좋은 방향으로 바꿔놓은 단단과 신뢰 관계가 두텁다. 이제 단단은 영국과의 결혼이라는 결말을 눈앞에 두었을뿐더러, 아이들과 영국의 사이를 원만하게 회복시키는 일에도 성공했다. 정상 가족으로의 재진입이 코앞에 있는 건 말할 것도 없다. 이제 그토록 씩씩했던 단단이 하는 일은 울고, 자신을 버린 친모를 용서하고, 아버지에게 애원하며 결혼 허락을 받아내는 것뿐이다.

그리하여 초반부에 활발히 작동하는 듯 보였던 캔디렐라 박단단의 새로운 힘은 혈연 중심의 전통적 가족 이데올로기를 확고히 재생산하는 일에 이바지하는 도구로 소모되어 반짝 빛났다 그대로 사라져 버리고 만다. 마침내 〈신사와 아가씨〉 마지막 화에서 박단단은 이영국과 결혼해 그의 새 아내가 되고, 세 아이의 의붓어머니가 된다. 캔디렐라 아가씨가 집안의 중심, 새로운 어머니의 역할로 완벽히 편입된 것이다.

이 허울 좋은 결말은 어떻게 보면 남주인공 내면의 정상 가족 결핍을 해소해 주는 것이 아닌, 현대사회 속 새로운 형태의 가족을 획기적으로 제시해 주는 굉장히 신선한 결말이라고 보는 시선이 존재할 수도 있다. 그러나 멀리서 바라보면 아름다운 듯 보이는 결말에도 함정이 존재한다. 혈연으로 이어지지 않은 세 아이의 의붓어머니가 된 박단단은 에 필로그에서 이영국과의 사이에 새로운 아이를, 그것도 이란성 남녀 쌍둥이를 임신하고 출산한다. 결국 이것은 변화한 시대의 흐름에 맞춰 다양한 형태의 가족을 그려내는 듯하면서, 기존 혈연 중심의 가족 제도를 포기하지 못하고 이들이 가장 완벽한 모습을 지닌 정상 가족으로의 재진입에 성공했음을 보여주는 기만과 다르지 않다.

3. 밤은 길어, 달려 아가씨야

물론 〈신사와 아가씨〉가 의미 있는 성공을 거둔 드라마임은 부정할 수 없다. 방영 당시에는 꾸준히 높은 시청률과 화제성을 기록했고, 심지어는 종영 이후에도 한국뿐만 아니라 세계 넷플릭스 시청 시간 기준 비영어권 드라마 가운데 최고 순위 4위를 기록하며[1] 놀랄 만할 성과를 보여줬다. 〈신사와 아가씨〉의 성공에는 분명 많은 이유가 존재할 것이다. 그것은 일일드라마 특유의 절묘한 편집점, 이를테면 긴박한 사건의 전개에서 크게 놀란 인물의 표정이 클로즈업된 엔딩이나 인물 관계도를 그리지 않고서는 누가 남매이고 사돈인지 알아볼 수 없는, 복잡하게 얽히고설킨 인물간의 관계에서 나오는 서사의 확장 가능성일 수도 있겠다. 그러나 모두가 사랑하는 캔디렐라 아가씨의 이야기가 폭발적인 인기에 가장 큰 힘을 실어줬다는 사실은 아마 아무도 부정할 수 없을 것이다.

캔디렐라 아가씨 박단단은 신사인 이영국과의 로맨스를 통해 사랑

---

1   "'신사와 아가씨' 넷플릭스 타고 중남미·중동 등 해외서 역주행", 연합뉴스, 2022.9.18. https://www.yna.co.kr/view/AKR20220918026100005.

의 쟁취뿐만 아니라 경제적·사회적 상승을 이루어냈다. 이 과정에서 현대식 캔디렐라 박단단의 주체성으로 포장된 많은 설정은 이영국의 결핍이었던 정상 가족 재진입으로의 발판으로 쓰였다. '당차고 똑 부러진 요즘 아가씨'가 '사별 후 세 아이를 홀로 기르는 잘생긴 재벌 회장'과 사랑에 빠져 가난했던 친정을 일으키고 삭막했던 부잣집의 분위기를 다시 따뜻하게 데우는 이야기, 심지어는 이 아가씨가 흩어졌던 가족들을 하나로 모아 화해시키는 데 안주하지 않고 안정적인 혈연관계로 이어주는 역할까지 훌륭하게 소화한다는, 그야말로 흠잡을 곳 하나 없는 전통적 가족 이데올로기 서사의 완성은 사람들의 판타지를 충족시키기에 충분했다.

그러나 박단단과 같은 현대의 캔디렐라들에게 주어진 새로운 힘, 즉 강한 주체성이라는 새로운 기회가 남성 인물과의 로맨스를 통한 여성 인물의 사회적 신분 상승과 남성 인물 내면의 결핍, 특히 정상 가족 재진입의 도구로만 쓰이는 건 충분히 경계해 봐야 할 지점이 아닐까. 유리 구두를 벗고 운동화를 신을 수 있는 캔디렐라들이 넘쳐나는 시대에, 그녀들이 오직 그녀들만을 위해 준비된 트랙 위를 달리는 것이 아닌 열두 시가 되면 사라질 호박 마차에 오르길 강요하는 건 모두에게 가혹한 일이라는 생각이 들지 않을 수 없다.

무한도전 아닌 무한반복

정민선

반복되는 방송 포맷 속 점차 드러나는 식상함

"특정 방송 프로그램에서 각각의 에피소드마다 변하지 않고 지켜지는 프로그램의 핵심 구성안". 방송 프로그램 '포맷'의 정의다. 프로그램의 포맷은 수출, 수입을 위해서, 그리고 포맷 창작자의 권리 보호를 위해서 알아야 할 핵심적인 개념이다. 무엇보다 프로그램 및 콘텐츠의 방향성을 담고 있다는 데 중요한 의미를 가진다. 즉, 방송 프로그램의 포맷은 해당 프로그램의 정체성이자 주체인 것이다.

최근 다수의 프로그램이 등장하고 다양한 채널이 증가했다. 시청자들에게 넓은 선택지를 제공하고 제작자 역시 여러 가지 도전을 해볼 수 있다는 점에서 환영할 만한 일이다. 문제는 바로 여기서 발생한다. 너무나 빠르게 변화하는 시청자들의 니즈와 트렌드에 적응하지 못한 많은 프로그램이 실패하고 일부 프로그램만이 성공을 거머쥐며 이내 비슷한 포맷이 반복되는 현상까지 발생하는 것이다. 예컨대 2009년 혜성같이 등장해 케이블 채널의 역사를 바꿔놓은 오디션 프로그램 〈슈퍼스타K〉의 대성공은 이후 수많은 오디션 프로그램의 탄생에 기여했다. 약 13년이 지난 현재까지도 밴드, 트로트, 아이돌, 힙합 등으로 소재만 다양해졌을 뿐, 오디션 프로그램의 명맥은 계속 이어져 오고 있다. 이처럼 점차 방송사는 트렌드를 따라잡기 급급한 방송만을 제작하고 시청자들은 식상함에 질려버린다. 낮은 시청률과 높아진 거부감, 그럼에도 계속해서 비슷한 포맷의 프로그램이 등장하는 이유는 무엇일까?

최근 신드롬을 일으키며 수많은 상담 예능을 탄생시킨 오은영 박사의 프로그램 다수를 바탕으로, 포맷이 반복되는 이유 및 배경, 문제점 해결을 위한 방안 등을 프로그램 유사화 현상과 시청자 관점에서 고찰해 보고자 한다.

또○○······ 어게인 앤 어게인: 또은영 논란, 과거부터 반복되어 온 포맷 반복 사례들

상담 예능의 전성기가 도래했다. 최근 1년 사이 부부 상담 예능이 증가했다. 〈오은영 리포트: 결혼지옥〉부터 〈우리 이혼했어요〉, 〈애로부부〉 등 약간씩 차이가 있지만 전반적인 프로그램의 포맷은 흡사하다. 심리를 소재로 한 상담 프로그램도 마찬가지다. 정신건강의학과 의사이자 작가로 활동 중인 오은영 박사의 솔루션이 큰 인기를 끌자 지난 2021년부터 현재까지 오은영 박사를 섭외한 프로그램만 6개다. 포맷이 반복되는 현상이 이번이 처음일까? 이 같은 현상은 꾸준히 발생해 왔다.

지난 몇 년간의 국내 방송가를 살펴보면 오디션, 연애 프로그램, 관찰 예능, 버라이어티 등 다양한 포맷이 반복된 것을 발견할 수 있다. 최근의 오은영 신드롬은 예전 백종원 요리 연구가의 전성기 시절과 비슷한 사례로 볼 수 있다. 2015년 MBC에서 방영된 〈마이 리틀 텔레비전〉에서 백종원 씨는 본인만의 레시피를 요리하는 방송을 보여주면서 시청자들의 호평을 자아내며 큰 인기를 끌었고 해당 프로그램에서 챔피언까지 차지했다. 레시피뿐만 아니라 그의 말이 유행어가 되어 퍼져나가고 행동이 화제가 되며 독보적인 캐릭터를 창조했다. 이에 그해부터 쿡방의 바람이 불었다. 자신만의 캐릭터를 구축해 냄과 동시에 방송가 전체의 트렌드를 뒤바꾼 백종원 씨의 매력은 무엇이었을까? 혹자는 백종원 씨가 운이 좋아서라고 얘기한다. 하지만 그가 전달하고자 하는 바는 언제나 명쾌하고 뚜렷했다. 〈마이 리틀 텔레비전〉과 같은 1인 가구나 젊은 층의 시청자가 타깃인 프로그램에서 그는 항상 '따라 해 먹기 쉬운 레시피' 위주로 실용적인 요리 팁들을 공개해 왔다. 〈집밥 백선생〉에서도 쉬운 레시피를 추구하는 시청자들을 대표하는 출연진들에 각종 생활 밀착형 레시피를 알려주는 등 인간미 넘치는 따뜻한 백 선생님으로 활약했다. 백종원 씨가 유쾌하고 넉살 좋은 모습을 많이 보였지만 음식 자체에 대한 전문성이 부족한 것도 아니었다. 2018년 방영된 SBS 〈백종원의 골목식당〉에서는 '죽어가는 골목 식당을 살리자'는 프로그램 취지에 부합하는 냉철한 솔루션들을 제공했다. 올리브 채널 한식 고수들의 서바이벌 프로그램 〈한식대첩〉에서는 재료의 특징이나 차이점, 음식에 담긴 이야기 등의 요리 지식을 뽐내며 박학다식한 모습을 보이기도 했다. 요리 연구가로서의 전문성을 놓치지 않으면서도 음식 외적인 부분에서도 다양한 모습을 보여준 것이다. 그러나 백종원 씨가 보여준 '신선함'은 점차 '식상함'으로 변화되고 있었다. ≪중앙일보≫ 기사[1]에서 김헌식 대중문화 평론가는 "먹방·쿡방이 범람하고 비슷한 포맷이 반복되며 식상해지고 있다"라고 지적했다. 실제로 두 자릿수의 높은 시청률을 기록하던 최근 백종원 씨의 프로그램은 1~4%대에 머물러 있다.

백종원 씨의 사례는 정확히 현재 오은영 박사에게서도 보인다. 오은영 박사의 심리 상담 콘텐츠는 트렌드를 넘어서 방송가 속 하나의 장르로 자리매김했다. 코로나19의 장기화로 시청자들의 우울함과 나태함이 커진 현 시기와도 맞물려 힐링과 멘털 케어에 큰 도움이 되는 순기능을 보여주기도 했다. 실제로 오은영 박사가 방송을 통해 보여준 솔루션들은 많은 시청자들에게 도움이 되었다. 채널A의 〈오은영의 금쪽 상담소〉에서는 시청자를 대변하는 듯한 출연진들의 다양한 문제를 냉철하게 관찰하며 따뜻한 솔루션을 제공하는 등 선한 영향력을 보여주기도 했다. '아주 귀하고 소중한 것'의 뜻을 가진 금쪽이라는 용어를 유행시키기도 했다. 때로는 엄한 선생님같이, 때로는 든든한 부모같이 단호하면서도 따뜻하게 사연자를 대하는 오은영 박사는 점차 많은 시청자들의 마음에 녹아들어 갔다.

그러나 앞서 언급한 바와 같이 과도하게 범람한 오은영 박사의 프로그램들은 시청자들에게 피로감을 안기고 있다. 오은영 박사의 원톱 체제를 유지하는 관련 상담 프로그램들은 타 방송과의 명확한 차별성을 가지고 있어야 한다. 하지만 오은영 박사라는 같은 출연자를 둔 6개의 방송은 내용 면에서만 차이가 있을 뿐, 모두 같은 맥락으로 진행되고 있다. KBS2 〈오케이? 오케이!〉는 "고민이 있는 전국 방방곡곡의 사연자들을 찾아가 고민을 상담해 주는 힐링 토크 프로그램"이라는 기본 포맷

---

1   "TV 켜면 월·수·목·금 백종원…… '식상하다' vs '대체불가'", ≪중앙일보≫, 2021.7.25. https://www.joongang.co.kr/article/24113166.

을 가지고 있다. 채널A 〈오은영의 금쪽 상담소〉는 '0세부터 100세까지! 다양한 고민을 함께 풀어가 보는 국민 멘토 오은영의 전국민 멘탈 케어 프로그램'이라는 포맷을 내세웠다. 〈오은영 리포트: 결혼 지옥〉은 어떨까? "국민 멘토' 오은영 박사,…… 부부 갈등의 고민을 나누는 리얼 토크 멘터리'다. 세 방송 모두 국민 멘토 오은영 박사의 '고민 해결'이라는 공통된 키워드를 가진다. 방송명이 적히지 않았다면 세 방송이 하나의 방송으로 보일 정도로 비슷하다. 실제로 해당 프로그램들은 최근 1~7%대의, 몇 달 전과 비교해 봤을 때 현저히 낮은 시청률을 기록하고 있음을 확인할 수 있다. 이제는 의문이 생긴다. 금방 타오르고 꺼질 트렌드라는 틀에 갇힌 수십, 수백 개의 프로그램이 지속적으로 생기는 이유는 무엇일까?

포맷이 반복되는 이유, 방송 시장의 세분화

방송 포맷이 반복되고 유사화되는 이유는 생각보다 간단하다. 빠르게 변화하는 방송 시장 속 광범위하면서도 트렌드에 맞춰나가는 방송가 노력의 일환으로 작용하는 것이다. 앞에서 언급한 백종원 씨의 방송 포맷 반복 사례에 대해 한 지상파 A 방송사 예능 PD는 "전문성과 함께 예능에 적합한 출연진을 찾는 게 쉽지 않다"라며 "프로그램의 현실적 운영 과정에 필요한 요소를 전부 충족시킬 수 있는 사람은 백종원 씨가 유일하다"라고 밝히기도 했다. 먹방, 쿡방이라는 트렌드에 백종원이라는 출연진만이 등장하며 단조로운 포맷이 반복되는 것은 이 때문이다.

이제는 방송 시장의 세분화는 TV 방송을 넘어서 OTT 플랫폼까지 확장되었다. 수많은 방송사와 프로그램, 더 나아가 우후죽순 생겨나는

OTT와 콘텐츠들 속 시청자들은 점차 분산될 수밖에 없다. 2012년부터 2017년까지 제작된 예능 프로그램의 포맷과 소재를 분석해 프로그램 유사화 현상의 존재 여부를 연구한 논문[2]에 따르면 예능 프로그램 생산량은 매년 증가하지만 포맷과 소재의 다양성은 프로그램의 양적 증가를 따라가지 못하는 중이다. 소재의 경우 음악과 여행, 대결 및 정보, 음식을 비롯한 상위 9개 소재 유형이 전체의 69%를 차지하고 있다. 해당 논문에서는 이와 같은 현상을 '한국 방송의 유사화'라고 표현하고 있다.

방송 포맷이 반복되고 출연자가 겹치고, 차별화에 실패하는 현상이 반복되자 또 다른 문제가 발생하기도 한다. 일부 프로그램이 비슷한 포맷에 자극적 요소를 집어넣어 화제성만을 노리는 등 악용하는 현상이 생긴 것이다. 얼마 전 종영한 연애 프로그램 〈에덴〉은 남녀의 매력이 발산되는 액티비티를 통해 힘과 권력으로 사랑을 쟁취하는 곳이라는 소개와 함께 방영이 시작되었다. 그러나 첫 방송부터 노출과 민망한 스킨십, 혼숙 등 자극적인 장면들을 서슴없이 드러내 많은 논란을 일으켰다. 영양가 없이 자극적인 요소로 화제성을 잡기 위한 노력은 시청자들에 피로로 다가올 뿐이다.

'포맷 반복'의 역사

비단 상담 예능, 쿡방만의 문제가 아니다. 관찰 예능과 음악 예능, 오디션 프로그램, 연애 프로그램 등 최근 포맷이 획일화되는 현상이 유

---

2   김영도·장하용, 「채널의 증가에 따른 TV 프로그램의 유사화에 관한 연구: 예능프로그램의 포맷과 소재를 중심으로」, 《사회과학연구》, 25(4)(2018), 7~30쪽.

난히 많아졌다.

특히 새로운 포맷을 창조하기보다 약간의 변화만 주며 기존 포맷을 추종하는 방송이 증가하자 프로그램의 다양성이 떨어지고 있다. 일례로 2013년 편집부의 오디션 프로그램 관련 인식 조사[3]에 따르면 오디션 프로그램 관련 전반적 인식이 프로그램 포맷과 관련된 평가에서 부정적으로 형성되었음을 확인할 수 있다. 오디션 프로그램 종류의 인지율 차이도 존재했다. 2010년 방영된 MBC〈위대한 탄생〉과 2009년 등장한 Mnet〈슈퍼스타K〉, 2011년 시작된 SBS의〈K팝스타〉등 오디션 프로그램의 원조 격인 프로그램들이 높은 인지율을 기록했다. 선호도 역시 해당 세 프로그램이 각각 중복 포함 30.2%, 55.5%, 52.9%로 상위 세 항목으로 기록되었다. 오디션 프로그램에 대한 전반적 선호도는 45.5%로 나타났다. 이어 선호하지 않는 이유를 묻자 "지나치게 극적으로 편집하려는 포맷 때문에", "프로그램 구성이 식상해서"라는 이유가 꼽혔다.

'오디션'이라는 소재의 유행 속에 생겨난 수많은 프로그램 중 정작 각광받는 것은 원조 프로그램이라는 것이다. 시청자 입장에서는 흥미로웠던 소재의 방송들이 과도하게 등장한다면 점차 식상함을 느끼게 되는 것이 순리일 것이다. 방송계의 지난 역사 속에서 위와 같은 사례는 셀 수 없이 반복되어 왔다. 역사를 바꿀 명쾌한 해결책이 필요하다.

---

3   마크로밀엠브레인 트렌드모니터, 「오디션 프로그램 관련 인식 조사」, ≪리서치보고서≫, 1월 호(2013), 1~33쪽.

군계일학이 되어라

우리에게 친숙하고 돈을 많이 부른다는 뜻의 '머니코드'는 방송 시장에도 존재한다. 이런 상황에서 방송계가 할 수 있는 일은 무엇일까? 방송 프로그램의 성공을 보여주는 대표적인 지표는 여전히 시청률이다. 높은 시청률과 다수의 광고 유입을 위해서는 성공이 보장된 포맷을 선택할 수밖에 없는 것이다. 시청자들의 니즈와 취향을 파악한 기존 포맷이 성공을 거둔다면 이후에도 해당 포맷을 선택할 것이다. 이는 결국 안전 추구적인 성향의 문제다. 제작자 본인은 새롭고 특별한 콘텐츠를 제작하고 싶을지 모르지만 제작사, 방송사, 나아가 사회 전반의 트렌드에 맞출 수밖에 없는 조직 차원의 체계 역시 문제가 될 것이다. 이러한 문제점들이 모여 결국 방송 시장의 질적 다양성 하락이라는 결과를 가져왔다. 성공을 위해 선택한 포맷이 오히려 패착의 원인이 된 것이다.

트렌드를 따라가기 급급한 프로그램이 아닌 차별화되면서도 시청자들의 니즈를 만족시키는 프로그램. 그런 프로그램이 어느 때보다 절실히 필요한 때다. 물론 쉽지 않을 것임이 분명하지만 최근과 같이 포맷이 반복되는 상황에서는 오히려 차별화된 포맷의 특별함이 두드러질 것이라 예상된다. 이를 위해서는 방송 시장과 프로그램에 대한 철저한 조사와 포맷 및 소재에 대한 여러 논의가 필요할 것이다. 시청자들의 니즈와 트렌드에 대한 분석이 얕지는 않았는지, 아이디어가 충분했는지 스스로 한계점을 파악하고 반성하며 프로그램 다양성을 위해 노력해야 할 것이다.

군계일학이 되어라.

방송 시장에 전하고 싶은 필자의 한마디이다.

비장애인을 위한 환상동화

ENA 〈이상한 변호사 우영우〉

이상호

2022년 여름, 한국 사회는 따듯하고 포근했던 한편의 동화에 열광했다. 바로 ENA의 드라마 〈이상한 변호사 우영우〉다. 드라마에서 배우 박은빈이 분한 자폐스펙트럼장애인 우영우는 사랑스러웠고, 주변 인물들은 그의 우군이 되어주었다. 드라마는 ENA뿐만 아니라 넷플릭스를 통해서 전 세계로 유통되었는데, 세계 여러 나라 시청자들의 요구로 넷플릭스가 자체적으로 더빙 버전을 제작할 만큼 흥행에 성공했다. 국내외를 막론한 성공에는 역시 포용적 동료, 따듯한 연대라는 내러티브의 주요 요소들이 큰 역할을 했다고 볼 수 있다. 사회적으로 융화되는 데에 불리한 조건을 가진 주인공이 능력을 발휘할 수 있도록 포용하는 조직, 그리고 다시 주인공이 사회에 선한 영향력을 발휘하는 선순환의 내러티브는 시청자들에게 희망적인 메시지를 던지기 충분했을 것이다. 그러나 시청자들은 드라마가 제시하는 내러티브에 안도했을지언정, 대부분의 장애인과 그 가족들이 처한 현실은 결코 드라마와 같지 않다. 비평을 시작하기에 앞서 아직까지 남아 있는 어릴 적 기억을 잠시 소개하고자 한다.

막내이모는 조현병 환자였다. 누가 이야기해 줬는지 기억이 나지는 않지만 막내이모는 다른 사람과 다르다는 것을 알 수 있었다. 막내이모의 말투와 행동은 두려움으로 다가왔고, 그런 두려움 때문에 막내이모 앞에서 제대로 행동할 수 없을 정도로 몸이 굳었다. 어른들도 어린 나와 이모가 단둘이 있지 않도록 신경을 썼다. 그래도 다른 가족들은 막내이모와 기본적인 의사소통을 하는 것처럼 보였다. 하루는 막내이모가 나에게 사탕 봉지를 내밀었다. 먹고 싶은 만큼 가져가라는 것이었다. 이모의 갑작스러운 행동에 당황했던 나는 어색하게 사탕 하나를 집어 들었다. 이모는 더 가져가라는 듯이 나를 내려다보고 있었다. 내가 더 가져가지 않자 이모는 가차 없이 내 뺨을 한 대 후려갈겼다. 나는 울음을 터뜨렸다. 이모는 다시 나와 격리됐다.

국민학교에 입학하기도 전, 내게 각인된 막내이모에 대한 짧은 기억이다. 막내이모에 대한 다른 기억들은 희미하게 지워졌지만 이모가 사망했다는 연락을 받고 울며 집을 나서던 어머니에 대한 기억만 조금 남아 있다. 나중에 알게 된 것이지만 당시 이모는 시골 외갓집과 시설을 전전했다고 한다. 드라마 속 우영우와 달리 이모의 존재는 이모를 둘러싼 세상에 부담이었다.

〈이상한 변호사 우영우〉는 아름다운 사람들이 등장하는 따뜻한 드라마였지만 심각한 맹점을 가지고 있다. 햇살이 강할수록 그림자가 짙어지듯이, 장애인과 장애를 소재로 내러티브를 펼쳐나갈 때 현실과 괴리된 설정과 묘사가 동원된다면 의도와는 관계없이 본질에서 벗어난 인식을 비장애인들에게 각인시키는 효과가 나타날 수 있다. 흔히 비현실적인 사건들이 이성적·합리적 사고에 의해 통제받지 않고 펼쳐지는 것을 환상동화라고 하는데, 그런 면에서 〈이상한 변호사 우영우〉는 비장애인을 위한 환상동화라고 할 수 있다.

우영우가 그리는 자폐성 장애인

'장애인복지법 시행령'에는 자폐성 장애인을 다음과 같이 정의하고 있다.

> 소아기 자폐증, 비전형적 자폐증에 따른 언어·신체표현·자기조절·사회적응 기능 및 능력의 장애로 인하여 일상생활이나 사회생활에 상당한 제약을 받아 다른 사람의 도움이 필요한 사람을 말한다.

장애인들을 지원하기 위한 기준의 성격을 갖기 때문에 이러한 정의가 자폐인들을 수동적 존재라는 이미지에 국한시킬 위험을 갖는 정의라고도 할 수 있다. 그럼에도 불구하고 자폐인들을 포함한 발달장애인들의 상황은 그리 녹록지 않은 것이 현실이다. 보건복지부가 발표한 '2021 발달장애인 실태조사'에 따르면 등록 발달장애인 중 29%가 "도움 없이 대부분의 일상생활을 영위할 수 있다"고 답했고, 37.7%가 "도움 없이 스스로 대부분의 의사소통이 가능하다"고 답했다. 자폐성 장애의 경우 상황은 더 좋지 않다. "도움 없이 대부분의 일상생활을 영위할 수 있다"고 답한 비율은 17.7%에 그쳤고, "도움 없이 대부분의 의사소통이 가능하다"고 답한 비율은 13.6% 뿐이었다. 이런 이유 때문에 78.9%의 자폐성 장애인들은 앞으로도 '부모와 함께 살고 싶다'고 인식한다. 이것이 한국 사회의 자폐인들에게 엄존하는 현실이다.

그런데 아이러니하게도 드라마 속 주인공 우영우에게 장애는 불행만을 의미하지 않는다. 오히려 축복의 의미를 내포하는 면도 있다. 드라마 속에서 우영우는 한 번 읽은 것을 그대로 기억해 내는 서번트 증후군을 가진 인물이다. 사회성이 취약한 장애인임과 동시에 변호사로서 엄청나게 뛰어난 능력을 가진 셈이다. 장애인으로서 우영우가 겪는 어려움이 간헐적으로 등장하지만, 장애의 반대급부로 가지게 된 비범한 능력은 분명히 작품을 관통하는 긍정적 무기로 기능한다. 장애를 가진 주인공을 등장시키고 있지만 기본적으로 법정 드라마의 형식을 따르며, 주인공인 우영우가 자신의 가치를 유감없이 발휘하는 무대도 역시 법정이다. 따라서 일상생활에서 장애인이 겪는 어려움보다 우영우라는 특별한 장애인이 가진 능력이 부각된다. 여러 매체를 통해 자폐성 장애인이 '숫자나 암기 등의 천재'라는 이미지로 그려짐으로써 특정한 이미지가 정형화되고, 이로 인해 '자폐성 장애인 = 서번트 증후군'으로 잘못 인식되는 경우도 있다.[1] 이런 맥락에서 보면 드라마는 과거 대중매체에서 장애인을 특별한 존재로 다뤘던 방식에서 크게 벗어나 있다고 볼 수 없다.

과거 발달장애인이나 자폐성 장애인의 이야기를 다룬 작품에서는 장애인이 현실적 어려움을 극복하는 내러티브를 구성하는 것이 일반적이었다. 대표적으로 2005년 개봉한 영화 〈말아톤〉의 경우 마라톤 대회에 도전하는 자폐인 초원과 그의 주변인들의 동반 성장 스토리를 그린다. 반면 〈이상한 변호사 우영우〉에서 주인공 우영우는 시작부터 완성

---

[1] 김세령·남세현, 「영화 〈말아톤〉에 재현된 자폐성 장애인 연구」, 《이화어문논집》, 51(2020), 440~477쪽.

된 변호사로 그려진다. 다만 자폐스펙트럼장애라는 꼬리표 때문에 취업에 어려움을 겪었다는 소개가 잠시 등장할 뿐이다. 우영우가 국내 최상위 로펌 가운데 하나인 한바다 대표의 도움으로 스카우트되었을 때 시니어 변호사인 명석은 잠시 당황하지만 곧 우영우에게 능력을 증명할 수 있는 기회를 준다. 우영우는 처음 맡은 사건에서 명석도 생각하지 못한 법리로 피의자를 변호하며 자신의 존재가치를 증명한다. 드라마 16부작 중 단 첫 화만에 우영우에 대한 편견은 깨진다. 다른 동료 변호사들의 편견을 깨는 것도 우영우가 가진 특별한 능력이었다. 대학 동문인 수연은 학창 시절 1등을 독차지했던 우영우의 능력을 알고 있었고, 민우역시 우영우가 자신보다 법률적 지식이 뛰어나다는 점을 금방 알아차린다. 우영우의 비범한 능력은 재판 승소로 이어지고, 승소는 다시 로펌에서 살아남을 수 있는 근거가 된다.

처음 우영우가 담당 변호사라는 것을 알게 된 의뢰인들은 당혹스러움을 감추지 못한다. 자신의 인생이 달라질 수 있는 재판을 자폐인 손에 맡기는 것이 쉽지 않은 것이다. 의뢰인의 불안을 잠재우는 것은 서울대 로스쿨 수석 졸업이라는 우영우의 학력이다. 비장애인보다 뛰어난 능력을 가진 장애인이 승리하는 서사는 장애인을 향한 전통적인 관점이라고 볼 수 있고, 자폐성 장애인의 천재성에 대한 또 다른 편견에 기인한 기대를 강화함으로써 천재성이 없는 평범한 장애인들에게 부담과 무력감을 가중하는 것은 기존의 사회적 이데올로기의 반영이라 할 수 있다(김세령·남세현, 2020). 기존에 자폐성 장애인을 주요 인물로 내세운 작품들 또한 이러한 지적에서 자유로울 수 없었는데, 〈이상한 변호사 우영우〉는 장애인의 실패와 좌절이라는 현실적 경험을 의도적으로 축소함으로써 전통적 시각을 극대화한 사례라고 할 수 있다.

자폐성 장애인을 자녀로 둔 류승연 작가의 지적도 이와 같은 문제

의식과 같은 맥락 위에 있다. 과거에는 우리 사회가 장애인 전체에 대해 낙인을 찍고 모두 이너 서클 밖으로 내몰았다면, '우영우 신드롬'이 일어난 다음 단계에서는 '무해한 장애인'만 선별되어 공동체 안으로 포섭될 수 있다는 것이다.[2] 드라마 속 우영우는 다른 사람에게 피해를 주지 않을뿐더러 변호사로서 탁월한 능력을 발휘함으로써 많은 장애인·비장애인들에게 도움을 주는 장애인으로 그려진다. 발달장애인들에 대한 정보가 부족한 상황에서 매체를 통해 익숙해진 장애인들의 이미지만을 긍정적인 것으로 받아들일 수 있다는 류 작가의 지적에 주목할 필요가 있다.

도구로 전락한 자폐 이미지

〈이상한 변호사 우영우〉가 독특한 점은 캐릭터 설정에서 기존에 흔하게 접할 수 있던 자폐성 장애인 이미지에서 벗어나려고 시도했다는 것이다. 우리 사회가 일반적으로 생각하는 장애의 이미지와 적잖이 다르다는 것이다. 한국 사회에서 장애에 대한 이미지는 여전히 부정적이다. 장애인들은 장애에 대한 이미지를 사회에서 자신들을 바라보는 시선으로 체득한다. 지적장애인 스스로 느끼기에 장애의 이미지는 무능력하고 나쁜 것이며, 극복을 통해 없애야 하고 공공연하게 드러내서는 안 되는 것이다.[3]

2   "'귀여운 반향어에 웃음 난다면……' 발달장애인 엄마가 현실의 우영우 팬들에게 던진 질문과 당부는 묵직해서 곰곰이 곱씹어볼 만하다(이상한 변호사 우영우)", ≪HUFFPOST≫, 2022.7.24. https://www.huffingtonpost.kr/news/articleView.html?idxno=120079.
3   김수연·구정아, 「지적장애인의 관점에서 바라본 자신의 장애, 그리고 장애인」, ≪장애의 재해석(한국장애인재단 2016 논문집)≫(2016), 37~88쪽.

하지만 드라마 속 우영우는 전혀 다르다. 자신의 일터인 로펌과 법정에서 우영우는 비장애인을 가볍게 뛰어넘는 능력을 보여주고, 장애를 가졌다는 이유로 특혜를 얻기도 한다. 또한 자신이 장애인이므로 다른 사람과 다르다는 점을 누구보다 잘 이해하며, 자신이 자폐스펙트럼장애를 가지고 있다는 점을 공공연하게 드러낸다. 작품은 기존에 굳어진 자폐인 이미지에서 벗어남으로써 입체적인 인물을 구성하고자 했던 것으로 미루어 짐작할 수 있다. 하지만 균형을 잃을 경우 이러한 시도는 치명적인 오점을 남길 수 있다.

우영우는 비장애인과 보통 사람들이 쉽게 떠올리는 자폐성 장애인 사이에 위치한다. 이런 구도가 가장 잘 드러나는 것은 역시 중증 자폐인 김정훈이 등장하는 에피소드다. 살인사건 피의자인 김정훈과 변호인 우영우라는 구도에서 알 수 있듯 다수 자폐인들이 겪는 상황을 우영우라는 해설자를 통해 그린다. 우영우는 자폐인이라는 입장 때문에 사건을 담당할 수 있다는 당위를 얻지만 끝내 중증 자폐인 정훈과 소통하는 데 실패한다. 오히려 비장애인 입장에서 자폐인에게 다가가는 노력을 보인다. 한국 사회에서 익숙하게 받아들여지는 자폐인 이미지와 우영우를 분리하는 시도는 다음과 같은 정훈의 어머니 대사를 통해 분명하게 나타난다.

> 변호사님을 보니까 우리 부부 마음이 조금 복잡했어요. 변호사님도 정훈이도 똑같은 자폐인데 둘이 너무 다르니까 비교하게 되더라고요. 자폐가 있어도 머리 좋은 경우가 종종 있다고 들었는데 이렇게 실제로 보니까 마음이 이상했어요. 왜, 자폐는 대부분 우리 정훈이 같잖아요.

우영우가 보편적인 자폐인과 달라야 하는 이유는 명백하다. 사회성과 언어능력 부족이 자폐의 대표적인 특징이기 때문이다. 아무리 특별한 능력을 가졌더라도 기본적인 소통이 불가능하다면 법정 드라마를 구성하기 어려웠을 것이다.

우영우와 동료 준호의 사랑을 그린 서사에서도 자폐 이미지에 대한 불안정한 재현이 이뤄진다. 먼저 우영우와 준호가 사랑에 빠지는 개연성은 매우 미약하다. 준호는 우영우가 웨딩드레스를 입고 환하게 웃는 모습을 보며 사랑에 빠지는 것으로 묘사되는데, 작품은 준호와 우영우가 사랑에 빠지는 과정을 그리기보다 사랑을 시작한 뒤에 교제하는 과정에 집중한다. 법정 드라마라는 작품의 특징 때문에 자폐인과 비장애인의 사랑에 대한 서사에 힘을 실을 수 없었다는 점을 고려하더라도 과도하게 가볍게 처리했다는 인상을 지우기 어렵다. 한국장애인고용공단이 발표한 '2021년 발달장애인 일과 삶 실태조사'에 따르면 자폐성 장애인의 미혼 비율은 99.5%다. 이는 자폐인의 사랑을 다룰 때 특별한 서사가 불가피하다는 것을 의미한다. 이런 맥락들을 고려한다면 우영우와 준호의 사랑 서사는 자폐인으로서 우영우 캐릭터를 강화하는 목적이 더 크다고 해석할 수 있다. 법정에서 활약하는 우영우의 모습은 자폐인 변호사라는 캐릭터의 특성을 약화하기 때문이다.

신입 변호사 우영우는 모든 변호사들이 겪었을 법한 윤리적 갈등과 마주한다. 사기를 당한 친구의 아버지를 위해 억지로 증거를 만들기도 하고, 경쟁에서 살아남기 위해 거짓 증언을 방조하기도 한다. 또 의뢰인의 악행을 막기 위해 직무상 알게 된 비밀을 누설하는 방식으로 '변호사법'을 위반한다. 신입 변호사가 경험을 쌓아가며 업계의 관행을 경험하고 성장하는 모습을 그리고 있는 것이다. 변호사로 성장해 나가는 서사의 정점에서 우영우는 시니어 변호사인 명석의 모습과 유사하게 묘사된다. 한번 사건에 몰입하면 연인인 준호마저 의식하지 못하는 우영우, 그리고 일에 빠져 아내를 돌보지 않았던 과거 명석의 모습이 겹친다. 그럼으로써 자폐인 변호사 정체성과 워커홀릭 변호사 정체성 사이의 경계가 흐려진다.

결국 우영우라는 캐릭터의 정체성을 구성하는 것은 자폐라는 장애보다 천재성이다. 우영우라는 캐릭터 대신 영화 〈굿 윌 헌팅〉의 비뚤어진 천재 '윌'을 대입하더라도, 그 밖에 여러 작품에서 등장했던 괴짜 천재들을 대입하더라도 〈이상한 변호사 우영우〉의 내러티브는 깨지지 않을 것이라는 점을 짐작할 수 있다. 굳이 자폐인 주인공이 아니더라도 보통 사람들과 다른 비범함을 갖춘 주인공을 설정하기만 하면 모든 에피소드를 구성하는 데 무리가 없을 것이라는 뜻이다. 자폐인 이미지는 특별한 능력을 가진 천재라는 설정을 위한 명분일 뿐, 드라마는 자폐인의 삶에 초점을 맞춘 것이 아니라고 할 수 있다.

타자성을 잃은 장애인 서사의 위험성

우영우가 살고 있는 드라마 속 세상은 따듯하다. 많은 시청자들이 드라마에 감정이입 하고 치유를 경험할 수 있었던 것은 그런 따듯함 때문이었을 것이다. 사랑스러운 장애인의 존재, 장애인까지 포용할 수 있는 조직과 사회의 존재를 간접적으로 체험하고 안도하며 동경하는 것은 자연스러운 반응이다. 하지만 캐릭터를 위한 도구로 자폐 이미지를 활용함으로써 결과적으로 그 이미지가 소외되는 것은 작지 않은 문제다. 자폐 이미지의 소외는 타자성 상실로 이어진다. 자폐인이라는 정체성은 부차적인 것이 되고 천재 변호사가 전면에 나서게 된다. 작품은 천재 변호사가 그렇지 않은 사람들과 쉽게 융화되는 모습을 그리고 있는데, 비장애인을 장애인과 동일화함으로써 익숙하게 된 자폐 이미지는 정치적 기능을 상실한다.[4] 자폐인 변호사 우영우가 점차 보편적인 변호사로 전환되는 과정을 통해 타자성은 점차 사라지고, 그로 인해 장애인 삶이라는 현실에 엄존하는 문제들이 감춰지는 환상동화가 만들어졌다.

　　장애인을 긍정적으로 묘사하려는 선의 그 자체는 긍정적으로 바라볼 수 있다. 하지만 장애인을 위해서 한다는 행동이 실상은 배려하지 않고 자신의 마음대로 극히 제한된 방식으로 이뤄진다면 또 하나의 착취라고 할 수 있으며, 창작과 현실의 간극으로 인해 오히려 현실에 거부감을 가지는 경우도 나타날 수 있다(한귀은, 2012). 드라마 속 중증 자폐인 김정훈의 어머니 대사에서도 나타나듯이 우영우 같은 재능을 갖지 못한 자폐인과 그 가족들이 느낄 수 있는 박탈감도 분명히 존재한다. 장애인들에게 건강한 정체감은 중요하다. 자신이 부끄럽거나 열등한 존재가 아니라는 인식이 있어야 장애를 차이라고 이해할 수 있고 장애 문제를 정치적·사회적으로 해결할 수 있기 때문이다(김수연·구정아, 2016). 마찬가지로 비장애인도 장애인들의 현실을 정면으로 응시하지 않는다면 아름다웠던 〈이상한 변호사 우영우〉의 세상은 신기루일 뿐이다.

● 참고문헌

≪HUFFPOST≫. 2022.7.24. "귀여운 반향어에 웃음 난다면.." 발달장애인 엄마가 현실의 우영우 팬들에게 던진 질문과 당부는 묵직해서 곰곰이 곱씹어볼 만하다(이상한 변호사 우영우). https://www.huffingtonpost.kr/news/articleView.html?idxno=120079.
김세령·남세현. 2020. 「영화 〈말아톤〉에 재현된 자폐성 장애인 연구」. ≪이화어문논집≫, 51.

4　　한귀은, 「장애인 성장 영화의 서사와 영상 교육의 의미: 〈말아톤〉과 〈언니가 이해하셔야 돼요〉를 중심으로」, ≪배달말≫, 51(2012), 415~448쪽.

김수현·구정아. 2016. 「지적장애인의 관점에서 바라본 자신의 장애, 그리고 장애인」. ≪장애의 재해석≫, 2016년 논문집.

한귀은. 2012. 「장애인성장영화의 서사와 영상 교육의 의미:〈말아톤〉과 〈언니가 이해하셔야 돼요〉를 중심으로」. ≪배달말≫, 51.

이성애 중심주의와 가부장 이데올로기의 고착화에 주목하며

신윤주

『사랑은 지독한 그러나 너무나 정상적인 혼란』[1]은 울리히 벡과 엘리자베트 벡게른샤임이 1999년에 쓴 책이다. 그 후 많은 시간을 통과해 왔지만, 연애와 사랑이라는 주제는 여전히 우리에게 중요한 관심사다. 현재 각종 연애 리얼리티 예능이 방송 트렌드로 자리를 잡은 것만 봐도 그렇다. 작년과 올해만 해도 스무 편이 넘는 각종 연애 프로그램이 쏟아지면서 여러 이슈를 한꺼번에 쏟아내고 있다. 논란이든 화제든 계속해서 이목을 집중시킨다는 점에서 그만큼 보는 시청자들이 많다는 것을 실감할 수 있다.

2010년대 초 인기를 끈 〈짝〉(SBS), 2017년 〈하트 시그널〉(채널A) 등 주요 화제작이 탄생할 때마다 불었던 연애 예능 열풍은 지난해 〈환

1   울리히 벡(Ulrich Beck)·엘리자베트 벡 게른샤임(Elisabeth Beck Gernsheim), 『사랑은 지독한 그러나 너무나 정상적인 혼란(Das ganz normale Chaos der Liebe)』, 강수영·권기동·배은경 옮김(새물결, 1999).

승연애〉(티빙), 〈나는 솔로〉(ENA PLAY, SBS Plus) 〈솔로지옥〉(넷플릭스) 등의 흥행 이후 다시금 불이 붙었다. 지난 몇 년간 먹방, 육아 예능이 대세였다면, 현재는 연애 리얼리티 프로그램이 이른바 대세라고 할 수 있다. 여러 사회구조적인 이유로 연애가 힘든 사람들에게 대리만족과 관계에 대해 탐구할 수 있는 장을 선사한다는 점에서 인기를 끌고 있다.

그중에서도 〈나는 솔로〉(2021)가 특히 주목된다. 우선, 〈짝〉(2011)의 제작진이 프로그램을 맡아 기존 포맷을 여전히 유지하고 있다. 기수를 나누어 진행하는데, 결혼 적령기뿐만 아니라 돌싱 특집 등 다양한 사람들을 조명하는 것에 집중한다는 점이 큰 특징이다. 또한 화제성과 시청률 면에서도 꼭 들여다봐야 한다. 실제 결혼으로 이어진 커플들이 많다는 점도 다른 프로그램과는 구별되는 지점이다. 지금부터 〈나는 솔로〉를 중심으로 연예 예능이 현재 젊은 세대들의 연애 풍속도를 잘 반영하고 있는지, 들여다봐야 할 문제점은 없는지, 그리고 연애 예능이 가진 다양한 가능성을 논해보고자 한다.

2011년의 연애 VS 2022년의 연애

〈나는 솔로〉(2021)를 보다 보면 방송에서 펼쳐지는 장면들이 과거 〈짝〉(2011)과 흡사하다. 그 후 썸이라는 새로운 경향이 생겨나고, 연애를 스펙 삼는 분위기, 비혼주의와 비연애까지 흘러왔다. 연애관이 과거와는 많이 달라진 현시점에서 여전히 〈짝〉의 포맷을 유지하고 있다는 점은 의아하다. 〈나는 솔로〉는 20~30대를 겨냥한 〈하트 시그널〉(2017)이나 〈환승 연애〉(2021)를 비롯한 다른 예능에 비해 연령대가 높은 층을 겨냥한다. 비연애와 비혼이 젊은 세대에게 익숙한 것이 된 요즘 결혼 적령기라는 말을 꺼내는 것이 무색하지만, 그럼에도 〈나는 솔로〉는 결혼을 간절히 원하는 30대, 40대를 주축으로 출연진을 구성한다. 이에 따라 〈나는 솔로〉는 결혼이라는 목적 지향성이 굉장히 뚜렷한 프로그램이 되었다. 그래서 현실과는 다소 괴리감이 생긴다.

〈나는 솔로〉는 여전히 남자는 능력, 여자는 외모라는 기존의 낡은 틀을 그대로 답습하고 있다. 이는 자기소개 장면에서 두드러진다. 또한 패널들의 반응을 교차로 보여주면서 이러한 틀을 더욱 공고하게 만든다. 그리고 〈나는 솔로〉에서는 연애의 종착지는 결혼이어야 하며, 결혼을 전제로 한 연애만을 강조한다. 이런 점에서 과연 현시점에서의 연애 풍속도를 제대로 반영하고 있는가 하는 의구심이 든다. 특히 남성 출연진은 턱시도를 입게 하고, 여성 출연진들은 웨딩드레스를 입게 한 뒤 서로 호감이 있는 상대방 옆에 서게 하는 포맷은 이 프로그램이 지향하는 바가 무엇인지 가장 명확하게 드러내는 장면이었다. 결혼이라는 목적이 너무 뚜렷하다 보니 결혼을 전제하지 않는 연애관을 가진 사람들을 소외시키고 결혼이라는 관문에 도달하지 못하면 실패한 인생이라는 인상마저 남긴다.

'영원히 당신만의 것.' 낭만적인 사랑은 우리 사회의 중심축 중 하나다. 사랑하고 사랑받는다는 즐거운 감정은 교회의 제단 앞은 아니라 하더라도 호적등기소로 우리의 발길을 이끌고 결혼식에서의 서약대로 '죽음이 우리를 갈라놓을 때까지' 평생 함께하도록 도와준다. 하지만 통계는 또 다른 이야기를 들려준다. 즉 상당수의 사람들이 혼자 살며, 그 수가 점점 늘어가는 추세다. 또 어떤 사람들은 결혼생활에 전혀 적극적이지 않음에도 함께 살고, 또 많은 커플들이 이혼하고 있다. 이처럼 낡은 이상과 새로운 해결책을 찾으려는 시도들 사이에서 갈피를 잡지 못한 채 남녀 양성은 함께하기의 안팎을 우왕좌왕한다. 이로부터 나타나

는 결과는 사적인 동시에 사회적인 측면이 있다.[2]

현재 젊은 세대들의 연애는 결혼을 반드시 전제하지도 않으며, 남성의 능력보다 친밀감과 안전을 중시한다. 이는 여러 데이트 폭력과 이별 살인, '가스라이팅', 스토킹 등 안전을 위협하는 일들이 더 이상 남의 일이 아닌 가까운 나의 일이 되어버렸기 때문이다. 그리고 결혼이라는 제도가 불같은 사랑만으로 유지되는 것이 아니라는 것을 학습했기 때문이다. 한 여성 출연진은 자기소개를 하는 과정에서 자신의 이상형을 "말을 예쁘게 하는 사람"이라고 설명했다. 이는 그만큼 여성이 언어폭력에 쉽게 노출되기 때문이다. 또한 모든 폭력의 전조 증상이 언어에서 시작된다는 점을 알고 있기 때문이다. 그러나 〈나는 솔로〉는 계속해서 자신의 직업과 연봉, 부동산을 자랑하는 남성들과 외모가 출중한 여성 출연자들을 중심에 둔다. 그들이 등장할 때마다 이에 감탄하는 패널들을 비추면서 남자는 능력, 여자는 외모라는 구시대적인 틀을 반복적으로 강조한다. 진정한 사랑은 하나의 공식이 될 수 없음에도 능력이 좋은 남성이 인기가 없을 때, 외모가 출중한 여성이 한 표도 받지 못했을 때 쏟아지는 의외라는 반응들은 은연중에 계속 하나의 공식을 공고하게 만든다.

이는 자칫하면 출연자에게 상처를 줄 수 있다. 자신을 모태솔로라고 밝힌 한 여성 출연자를 향한 시선은 실제로 굉장히 문제적이었다. 방송은 미모가 이렇게 출중한데 모태솔로일 수는 없다는 인식을 계속해서 반복적으로 강화했다. 스펙 쌓기와 커리어를 위해 달려온 부단한 노력의 시간들, 그리고 관계 맺기에 대한 두려움 등등 여러 가능성에 대해 진지한 고민을 하지 않았다. 연애를 하지 못한 여성의 삶을 그저 실패한

2   울리히 벡·엘리자베트 벡 게른샤임, 같은 책, 147쪽.

삶으로 축소시킨다. 그것은 출연자의 삶을 함부로 재단하는 일이다. 제작진, 출연자들 모두 그녀의 삶을 적극적으로 들여다보고 함께 고민하지 않는다. "모태솔로인 옥순"이라는 키워드에 가둔다. 현 젊은 세대에게 연애는 사치의 영역이기도 하다. 돈과 시간이 들고, 감정과 에너지를 많이 요한다는 점에서 힘든 일이고 섣불리 선택하기 어려운 것이어서 자주 귀찮음의 영역, 선택의 영역에 놓는다. 연애보다 자기계발이나 혼자만의 힐링을 선택하는 사람들이 많아졌다. 그런데도 연애 경험 부족을 하나의 결점이나 능력 부족으로 보는 것은 능력주의 사회가 개인의 연애 영역에까지 침투했음을 보여준다.

능력주의 시대는 개인 대 개인의 연애라는 친밀감의 영역마저도 능력주의를 통해 보여준다. 그런 점에서 이정옥의 "최근의 경향은 더 이상 로맨스가 불가능해진 시대적 징후로 읽힌다"[3]라는 지적은 타당하다. 더 이상 로맨스가 불가능해진 친밀성의 영역이라면 이것을 방송에도 반영해야 한다. 〈나는 솔로〉에는 중간에 랜덤 데이트가 등장한다. 그것은 출연자들이 직접 데이트 상대를 선택하는 방식이 아니라 우연에 의한 만남, 마치 그것이 운명이라는 듯 믿게 하기 위한 장치로서 작동한다. 이는 방송이 여전히 운명적 사랑이라는 로맨스에 기대고 있다는 점을 잘 보여준다. 3박 4일이라는 짧은 기간 동안 마치 미션처럼 결혼할 짝을 찾기 위해 고군분투하고, 때로는 운명에 맡겨보는 프로그램의 구성은 현실적이지 못하다. 서로가 지속적인 대화를 하고 신뢰를 쌓을 수 있는 장치를 더 많이 고민해야 한다.

3 　이정옥, 『로맨스라는 환상』(문학과지성사, 2022), 272쪽.

섹슈얼리티와 가부장적 이데올로기

〈나는 솔로〉는 왜 헤테로(hetero) 연애만을 고집하는 것일까. 〈나는 솔로〉는 여러 특집을 구성해 선보였던 프로그램이다. 연령별로 묶기도 했고, 돌싱 특집을 시도하기도 했다. 고정된 포맷에서 벗어나 조금씩 변화를 시도해 왔다. 요즘 성소수자들을 대상으로 한 연애 리얼리티 프로그램이 생겨나고 있는데, 화제의 중심에 서 있는 〈나는 솔로〉가 여전히 헤테로 연애라는 정상성 이데올로기에 갇혀 있는 것은 아이러니하다. 웨이브에서 제작한 〈메리 퀴어〉(2022)와 〈남의 연애〉(2022)는 성소수자들을 대상으로 한 연애 예능이다. 시청자들이 소수자들의 삶을 들여다보고 조금이라도 공감하고 이해할 수 있는 출구를 열었다는 점에서 매우 긍정적이다. 그동안 이성애 중심의 연애라는 정상 이데올로기에 갇혀 들여다보지 못한 사회의 일면에 조명을 비추어, 그들도 우리와 다르지 않음을 인식하는 한편, 그들이 우리와 다르게 겪고 있는 사회적 문제에 대해서도 함께 고민하는 계기를 마련했다. 그럼에도 지상파 방송에서는 여전히 기존의 보수적인 이성애 중심 연애관만을 고수하는 것은 우리 사회가 가부장제를 옹호하고 있다는 반증이다. 프로그램은 시대에 민감하게 반응하며 시대와 함께 호흡할 수 있어야 한다고 생각한다. 다양한 정체성을 가진 사람들이 나와서 꼭 이성애 지향이 아닌 다양한 연애를 담을 수 있기를 진심으로 바란다.

여성들에게 가부장적 결혼이란, 아버지의 집에서 나와 남편의 집으로 옮겨 가는 이사에 불과하다. '아버지의 딸'에서 '남편의 아내'로 이동하기 위한 절차는 가문과 가문 사이의 결정을 수용하는 여성의 사적 결단과 결혼 계약, 즉 약혼으로 이어진다. 이때 틈입하는 낭만적 사랑은 남편의 생활 감각과 문화 체계를 지지할 수 있는 요조숙녀로서의 자격

조건일 뿐이다. 그러므로 근대 가부장제에서 비롯된 낭만적 유토피아는 여성을 집안의 천사로 추켜세워 가정 유지에 필수적인 순결과 사랑을 강요하는 가부장적 이데올로기와 엄한 남편(아버지)과 자애로운 주부(어머니)라는 이상적 모델을 내세워 여성을 가정 내에 종속하는 모성 이데올로기의 미화에 다름 아니다.[4]

〈나는 솔로〉는 출연진들이 합숙하는 3박 4일간의 여정을 그린다. 관찰 카메라를 통해 본 출연진들의 모습은 남성성과 여성성을 고착화하는 방식으로 재현된다. 그들의 진짜 모습이 아닌 시대가 요구하는 역할 놀이에 충실한 것이 아닌가 하는 의구심이 든다. 여성 출연진들이 등장할 때 남성들은 여성의 캐리어를 들어주고 나무에 묶여 있는 족자를 대신 풀어준다. 그것은 매너라는 이름으로, 남자다움이 내포한 하나의 가치로 포장된다. 자칫하면 마치 그런 행동을 하지 않은 남성은 매너가 없거나 남자답지 못한 것으로 치부할 수 있는 위험성을 안고 있다. 그뿐만 아니라 아버지의 차를 타고 온 여성을 향해 "화목한 집에서 자랐을 것 같다"거나 "아버지가 촬영장에 데려다 준 여성은 늘 결과가 좋았다"라는 말을 반복적으로 여과 없이 내보내며 여성을 가부장적인 틀 안에 가둔다. 이는 결혼식에서 아버지의 손을 잡고 입장한 신부를 신랑의 손에 인계하는 장면과 흡사하다.

그리고 저녁식사 장면에서 연출되는 장면을 유심히 살펴볼 필요가 있다. 고기를 누가 구우며, 채소를 누가 씻는지, 쌈은 누가 싸주는지가 중요한 대목이다. 고기는 항상 남성 출연자가 굽는다. 채소와 반찬 준비는 항상 여성 출연자가 한다. 고기를 굽는 남성 옆에서 여성 출연자들은 쌈을 싸주기 바쁘다. 그것은 고기를 굽는 동안 고생한 대가다. 이러한

4   이정옥, 같은 책, 82~83쪽.

구도는 한 번도 바뀐 적이 없다. 합숙 일정 동안 고기 굽기를 제외한 대부분의 요리는 여성 출연자가 맡는다. 마치 그것이 당연하기라도 한 듯이 남성들은 요리를 잘하지 못하며, 그나마 그들이 자진해서 한 요리는 공동체를 위한 것이 아니라 구애를 위한 수단으로만 나온다. 그마저도 어설프기 짝이 없지만, 그것을 받은 여성은 어설픔마저도 진정성으로 받아들이고 남성의 구애에 감사하며 함께 요리를 먹는다. 데이트 장면에서 운전을 누가 하는지 조수석에 누가 타는지도 살펴봐야 한다. 대부분 운전은 남자가 하며 여성이 조수석에 탄다. 이를 단순히 배려로만 읽어서는 안 된다. 차종이 드러나면서 남성의 능력을 과시하는 수단이자, 조수석 문을 열어주고 안전벨트를 매주는 남성의 모습을 강조하면서 계속해서 여성을 보호받아야 할 대상, 구애의 대상으로만 만든다. 여성은 그저 남성이 해주는 것에 감사함을 표하는 수동적인 입장에 놓인다.

〈나는 솔로〉에는 다른 프로그램과 다르게 독특한 장치가 하나 있다. 촬영장에서 가명을 만들어 지정해 주는 것이다. 남성 이름은 영수, 영호, 영철, 광수, 상철 등을 붙이고, 여성은 영숙, 영자, 순자, 현숙, 옥순 등을 붙인다. 이는 본명을 노출하지 않음으로써 출연진을 보호할 수 있다는 점에서 긍정적이다. 프로그램 초기에 가명은 개개인이 가지고 있는 고유성이 아니라 보편성에 초점을 맞춘 것이었다. 그러나 언제부터인가 가명에 특수한 역할을 부여했다. 이를테면 광수는 전문직 남성, 옥순은 가장 외모가 출중한 여성, 영철은 상남자, 현숙은 현명하고 조신한 여성이라는 틀이 만들어진 것이다. 이는 출연진들을 자유롭게 하는 것이 아니라 가명이 하는 특정 역할에 갇히게 만든다. 실제로 기수마다 옥순의 외모만이 부각되었으며 옥순이 몇 명에게 표를 받았는지에 대한 기사들이 쏟아졌다. 옥순이 표를 받지 못하자 왜 옥순이라는 이름값을 하지 못하냐는 반응이 주를 이루었다. 왜 남성은 가명마저도 능력과 남성성으로, 여성은 외모와 여성성으로만 대표되어야 할까. 이에 대해 우리는 함께 고민해야 한다. 프로그램이 기존의 가부장 이데올로기를 공고히 하는 방향으로 작동하지 않도록, 출연자들을 특정한 프레임에 가두지 않도록 제작진도 시청자도 함께 노력해야 한다.

지금까지 〈나는 솔로〉를 통해 연애 예능이 가진 현시점에서의 한계와 열린 가능성에 대해 살펴보았다. 해당 프로그램이 지닌 화제성과 인기를 통해 우리 사회가 연애에 대해 품고 있는 이중성을 진단할 수 있었다. 연애라는 주제는 개인적 차원뿐만 아니라 사회구조적 맥락까지 모두 담고 있다. 그러므로 더욱 폭넓게 바라봐야 한다. 오늘날 젊은 세대들이 비연애를 넘어 타인과의 관계 맺기를 꺼려한다는 점에서 사회적으로 위험한 수준에 와 있다고 생각한다. 연애는 개인적 문제가 아니라 코로나와 너무나 치열해진 경쟁시대에 많은 자원을 요하는, 가장 손쉽게 버려지는 선택의 문제로 치부된다. 연애 리얼리티 프로그램이 다양한 연애를 포괄하고 현 세대에 대한 세심한 고려 없이는 계속해서 괴리감이 발생할 수밖에 없을 것이다. 〈나는 솔로〉 혹은 비슷한 포맷의 연애 방송이 다양한 섹슈얼리티가 들어올 수 있고, 남성성과 여성성이라는 이분법에서 벗어나 역할놀이가 아닌 출연진 한 명, 한 명의 면모를 들여다볼 수 있는 방송이 되길 진심으로 기원한다.

장애인이 나오는 TV는 재미가 없나요?

〈이상한 변호사 우영우〉를 중심으로

윤건호

1. 2022 문제적 화제작, 〈이상한 변호사 우영우〉

올해 가장 많은 관심과 논란을 낳은 문제적 화제작은 단연 〈이상한 변호사 우영우〉일 것이다. 〈이상한 변호사 우영우〉는 자폐스펙트럼장애를 가진 천재 변호사 우영우가 법무법인 한바다에 근무하면서 의뢰받는 다양한 사건·사고를 해결하며 성장하는 내용의 드라마다. 장애가 있는 주인공을 내세운 콘텐츠는 많았지만, 유독 이 드라마의 영향력은 그야말로 놀랍다.

실제로 한 빅데이터 분석업체에 따르면 첫 방송을 시작한 6월 29일부터 종영한 이후인 9월 4일까지 사람들이 사용하는 SNS(인스타그램, 블로그, 트위터, 유튜브 등)는 물론 각종 언론에서도 관심을 기울여 총합 199만 4518건이라는 경이로운 언급량을 창출했다.[1]

시청률도 0.9%로 시작해 매 화 신기록을 달성하고 17.5%로 드라마를 마무리 지어 시청률을 내기 어려운 케이블 채널로서는 말 그대로 '기적'을 만들었다. 넷플릭스 비영어권 드라마 주간 시청 시간 역시 5주 연속 1위를 차지했다.[2]

드라마는 화면에서 나와 우리 피부에도 와닿았다. 드라마 7, 8화의 배경으로 나온 팽나무는 드라마 속 내용처럼 실제로 천연기념물 지정 예고되었고,[3] 주인공과 주인공의 아버지가 사는 김밥집은 드라마를 보고 찾아온 관광객이 몰려들어 주변 상권이 활기를 띠었다.[4] 물론 드라마가 순풍만 탄 건 아니다.

드라마의 국민적 관심에 주목해 자폐인 주인공을 패러디한 영상들이 SNS에서 양산되며, 자폐스펙트럼장애인을 비하하는 것 아니냐는 논란이 발생했다.[5] 드라마 내용 중 우영우의 선배 변호사 정명석이 암 수술을 받기 위해 수술실에 들어가기 전 주인공이 한 대사, "정명석 변호사처럼 위암 3기인 경우에는 수술 후 5년 생존율이 30~40%밖에는 ……"는 드라마를 시청하는 암환자와 보호자를 배려하지 않는 듯한 인상을 주었다.[6] 12화 에피소드가 성추행 의혹을 받은 박원순 전 서울시장을

1   "우영우", ≪썸트렌드≫, 2022.9.4. https://some.co.kr/analysis/social/mention?keyword=%EC%9A%B0%EC%98%81%EC%9A%B0&startDate=20220604&endDate=20220903&sources=insta%2cblog%2cnews%2ctwitter&excludeRT=false(검색일: 2022.9.4).

2   "우영우는 '타운'도 된다… '오징어 게임'엔 없는 결정적 한방", ≪중앙일보≫, 2022.8.31. https://www.joongang.co.kr/article/25098542(검색일: 2022.10.4).

3   "'우영우 팽나무' 실제 천연기념물 된다", ≪한겨레≫, 2022.8.24. https://www.hani.co.kr/arti/culture/culture_general/1056056.html(검색일: 2022.10.4).

4   "행리단길 '우영우 김밥집' 북적… 주변 상권도 활기", 연합뉴스, 2022.8.17. https://www.yna.co.kr/view/MYH20220817009400038(검색일: 2022.10.4).

5   "'우영우' 패러디, 타인에게 상처 줄 수도… 지양해 주시길"[N인터뷰②], ≪뉴스1≫, 2022.8.24. https://www.news1.kr/articles/4781146(검색일: 2022.10.4).

연상케 한다는 의혹도 제기되었다. 하지만 제작진은 에피소드들은 사건집에서 발췌했다고 해명한 바 있다.[7]

이러한 논란에도 드라마 〈이상한 변호사 우영우〉가 장애인을 '사회적 관계 속 개인'으로 입체화하며[8] 우리가 장애인을 상대할 때 무례한 점은 없었는지 한 번쯤 반성하게 했다는 점에 이바지한 바는 누구도 부정할 수 없다.

2. 착한 장애인, 나쁜 장애인

드라마 〈이상한 변호사 우영우〉가 흥행하면서 당사자와 부모 등 장애인 보호자들에게는 여러 걱정과 우려가 생겼다. 주인공 우영우처럼 자폐스펙트럼장애인들은 책을 훑기만 해도 모두 기억하는 천재로 보는 오해가 대표적이다.[9] 학교에서 "너 우영우냐? 우영우 새×"라는 욕설을 들었다는 학생이 있어 장애인 인식 개선을 목표로 한 드라마의 취지를 무색하게 만들기도 했다.[10]

6   "'우영우가 암환자 울렸다?'… 위암 희화화 논란", ≪헤럴드경제≫, 2022.8.18. http://
     news.heraldcorp.com/view.php?ud=20220818000635(검색일: 2022.10.4).
7   "'박원순과 무관.' '우영우' 모티브 논란 반박", ≪한국일보≫, 2022.8.9. https://www.
     hankookilbo.com/News/Read/A2022080917190005992?did=NA(검색일: 2022.10.4).
8   "우영우가 떠났다, 우리 사회의 고민거리를 남기고", ≪한겨레≫, 2022.8.21. https://
     www.hani.co.kr/arti/culture/culture_general/1055376.html(검색일: 2022.10.4).
9   "'이상한 변호사 우영우'로 본 자폐스펙트럼장애의 다면적 특성들", ≪동아사이언스≫,
     2022.8.30. https://m.dongascience.com/news.php?idx=56032(검색일: 2022.10.4).
10   "'너 '우영우'냐? 우영우 새×'… 어느 중3 학생이 슬픈 일이라며 올린 사연", ≪세계일보≫,
     2022.7.17. https://www.segye.com/newsView/20220717507160(검색일: 2022.10.4).

드라마 〈이상한 변호사 우영우〉의 흥행으로 주인공 우영우와 비교가 된 단체가 있다. 바로 장애인차별철폐연대(이하 전장연)다. 전장연은 장애인들의 권리를 위한 예산 보장, 장애인 권리 4대 법률 제정 및 개정을 요구하며 지하철 운행을 지연시키는 탑승 시위를 벌였다.[11] 이 과정에서 시민들이 연행 지연과 소음으로 불편을 호소하기도 했다.

사람들은 드라마 〈이상한 변호사 우영우〉를 보며 열광했지만 전장연의 지하철 시위는 비난했다. 한 초등학생은 "장애인처럼 어려운 사람은 돕겠지만 전장연처럼 나쁜 장애인은 돕지 않겠다"라고 말해 씁쓸함을 안겼다. 전장연 변재원 국장은 "난리 난리 생난리를 쳐야 겨우 움직인다. 착한 장애인은 개인의 삶을 바꿀 수 있지만, 나쁜 장애인은 제도를 바꿀 수 있다"[12]라고 지하철 시위를 벌인 이유를 설명한다.

우리 사회에서 우연히 만날 수 있는 현실 속 우영우는 어떻게 살아가고 있을까? 자폐스펙트럼장애 등 발달장애인은 전국에 25만 명이 있다. 하지만 정부의 복지 일자리는 2년으로 제한되어 있고 발달장애인 10명 중 일곱 명은 미취업 상태다. 취업 후 평균 월급도 전체 장애인 평균 월급(188만 원)의 절반(자폐성 장애 121만 원, 지적장애 92만 원) 수준에 불과하다.[13] 우영우 같은 정규직과 고액 연봉은 상상하기 어렵다.

나는 대학교 재학 당시 방학 동안 구청 아르바이트에 참여한 바 있

11 "'정부가 장애인 삶 책임져야'…… 전장연 탑승 시위로 4호선 지연운행", ≪머니투데이≫, 2022.8.30. https://news.mt.co.kr/mtview.php?no=2022083010242027057(검색일: 2022. 10.4).

12 "'사람들 불편하게 왜 출근길 시위하냐' 질문에 인권운동가가 '나쁜 장애인' 언급하며 한 말(영상)", ≪인사이트≫, 2021.12.3. https://www.insight.co.kr/news/371150(검색일: 2022.10.4).

13 "현실의 '우영우' 72% 무직…… 월급은 절반", ≪동아일보≫, 2022.8.24. https://www. donga.com/news/article/all/20220823/115112433/1/(검색일: 2022.10.4).

다. 저소득층과 차상위계층에 필요한 물품을 제공하는 푸드뱅크였다. 동갑내기 장애인 친구는 2년 계약직으로 일하고 있었다. 그 친구 역시 우영우처럼 다짜고짜 전화해 자기 할 말만 얘기하고 전화를 끊었다. 퇴근하고 나서도 전화가 오곤 했는데, 몇 번은 전화가 와도 모른 척한 기억이 있어 못내 미안한 감정이 있다.

우영우와 생활하는 부모 등 보호자들은 어떨까? 미국 캘리포니아대학 샌프란시스코 캠퍼스(UCSF) 연구 결과에 따르면 자폐스펙트럼장애를 가진 자녀를 둔 엄마의 약 50%가 18개월 동안 심한 우울증 증상을 보였다. 이는 자폐스펙트럼장애가 없는 자녀를 둔 엄마의 수치(같은 기간 6~13.6% 심한 우울증)와 비교하면 차이가 크다고 할 수 있다.[14]

그렇다면 〈이상한 변호사 우영우〉와 전장연, 즉 착한 장애인과 나쁜 장애인을 카메라 화면에 담아내는 방송 미디어 매체들은 이들을 어떻게 비추어야 할까.

3. 장애인이 나오는 TV는 재미가 없나요?

"장애인들이 나오는 TV 프로그램은 재미가 없어."
"맞아, 너무 공익적이고 교훈적인 거에 치중돼 있어."

정확한 프로그램 이름은 기억이 나지 않지만, 공중파 TV에서 젊은

---

14 "'우영우' 엄마 50% 우울증… 탈출구는 어디?", 《코메디닷컴》, 2022.8.29. https://kormedi.com/1416208/%EC%9A%B0%EC%98%81%EC%9A%B0-%EC%97%84%EB%A7%88-50-%EC%9A%B0%EC%9A%B8%EC%A6%9D-%ED%83%88%EC%B6%9C%EA%B5%AC%EB%8A%94-%EC%96%B4%EB%94%94/(검색일: 2022.10.4).

장애인 네 명이 한강에서 수다를 떠는 장면을 본 적이 있다. 이 말을 듣고 번뜩 깨달았다. 이제껏 TV에서 장애인들이 주인공인 예능, 코미디 프로그램은 거의 본 적 없다는 사실 말이다.

물론 장애인을 위한 방송 미디어의 노력이 없었던 건 아니다. KBS의 대표 교양 프로그램 〈사랑의 가족〉과 〈동행〉은 도움이 필요한 우리 이웃과 가정에 희망이 되어왔다. 2022년 2월 3일 장애인의 날엔 괄목할 만한 이벤트가 있었다. KBS 〈9시 뉴스〉에서 앵커와 수어 통역사가 5:5 비율로 함께 등장해 클로징 멘트를 구어와 수어로 전달하는 모습이 전파를 타 시청자들에게 감동을 주었다.[15]

2019년엔 장애인 스탠드업 코미디언 한기명이 공중파 채널에 나와 시청자들에게 웃음을 주고 유튜브에 게재되어 온라인상에서 네티즌들을 웃음 짓게 했다.[16] 다만 '교양 프로그램'의 틀에서 벗어난 장애인 콘텐츠 기획은 지속적이지 않고 일시적이라는 데 한계가 있다.

앞선 대화에서 나왔듯 그동안 장애인들이 나오는 프로그램은 '공익적'이고 '교훈적'인 측면을 강조했다. 식구들과 한자리에 모여 식사하다가도 TV에서 장애인이 나오는 프로그램이 나오면 즐거운 마음보다 괜스레 미안한 마음이 들어 리모컨을 들곤 했다. 하지만 장애인 콘텐츠는 결코 교양 프로그램에 한정되어 있지 않다.

나는 장애가 있는 유튜버들이 운영하는 유튜브 채널들을 구독하고

---

15 "수어로 '클로징 멘트' KBS 앵커 "변화가 시작되는 것 같다", ≪미디어오늘≫, 2022.2.9. http://www.mediatoday.co.kr/news/articleView.html?idxno=302242(검색일: 2022. 10.4).

16 "스탠드 업!: 장애인 스탠드업 코미디언 한기명! '오늘만큼은 제 비하로 갑시다!'", KBS Entertain, 2019.11.16. https://www.youtube.com/watch?v=tgzUbnPrOo4(검색일: 2022.10.4).

있다. 〈위라클〉, 〈알TV〉, 〈원샷한솔〉, 〈삐루삐루〉, 〈우령의 유디오〉, 〈함박TV〉, 〈희수야 사랑해〉, 〈보무리〉, 〈리즌정의 원더랜드〉 등등. 유튜브 구독 창을 보며 구독하고 있는 채널들을 따라 적으면서도 '언제 이렇게 많은 채널을 구독하고 있었지?' 하고 내심 놀랐다.

〈희수야 사랑해〉, 〈보무리〉, 이 두 채널은 자폐스펙트럼장애를 가진 아이를 키우는 보호자의 이야기다. 드라마 〈이상한 변호사 우영우〉를 보는 까닭에 알고리즘이 추천을 해주어 자연스럽게 구독하게 되었다. 두 채널 말고 다른 채널들을 구독해 온 이유는 채널 출연진에게 동정심이나 연민을 가져서가 아니다. 장애를 갖게 된 사연이 안타까워서도 아니다. 그저 콘텐츠가 '재미있기' 때문이다.

뉴미디어 매체는 누구나 가진 스마트폰 카메라로 비장애인 시민들은 물론이고 장애인들을 '방송인'으로 탈바꿈시켰다. 평소 겪는 어려움(교통 등), 즐거운 경험(사람들의 사소한 배려, 먹방 등), 비장애인들은 알 수 없는 장애인들만의 일상 노하우(휠체어 충전은 얼마나 걸리나요?)[17]들을 영상으로 공유하며 사람들에게 희로애락을 느끼게 한다.

만약 '장애인이 나오는 TV 프로그램은 재미가 없나요?'라는 질문을 받는다면 조금 망설일 수 있다. 하지만 '장애인이 나오는 유튜브 채널은 재미있나요?'라는 질문을 받는다면 '재미있어요. 제가 채널 추천해 드릴까요?'라고 자신 있게 말할 수 있다.

---

17   "전동휠체어 며칠마다 충전할까?", ≪리즌정의 원더랜드≫, 2022.8.2. https://www. youtube.com/shorts/_Q7yVph53cQ(검색일: 2022.9.5).

4. 텔레비전에 내가 나왔으면

우리나라의 등록 장애인 수는 264만 명에 이른다.[18] 2020년 기준 전체 인구 대비 5.1%나 차지한다.[19] 이제는 장애인에게 "극복할 수 있어요", "힘내세요", "정상인과 비정상인"처럼 장애인을 차별하는 무지한 일상 언어도 사라져야 한다.

나는 태어나자마자 청색증 증세를 보여 인큐베이터 신세를 지지 않았다면 발달장애인이 되었을 수 있다. 그래서 장애가 남의 일 같지 않다. 장애의 88%가 후천적인 요인으로 발생한다는 사실을 알면 누구든 장애인의 일상생활에 관심을 가질 필요가 있음을 알게 된다("50대 시각장애인 화마를 피하지 못하고 숨져",[20] "2시간 넘게 기다려도 오지 않는 장애인 콜택시 부족"[21]).

사회심리학자 고든 올포트(Gordon Allport)는 '접촉가설'을 통해 적대적인 사이라고 해도 가까이 있을수록 편견은 줄어든다고 주장한다. 난민 추방을 외치던 노부부가 집시 가족을 이웃으로 받아들이는 사례가 대표적이다. 또 아프리카 보츠와나는 40여 개의 다양한 부족이 있음에도 공무원, 교사, 의사의 근무지를 순환하며 근무하도록 해 내전, 분쟁

18 "장애인 현황", ≪e-나라지표≫. https://www.index.go.kr/potal/main/EachDtlPage
    Detail.do?idx_cd=2768(검색일: 2022.10.4).

19 보건복지부, 「2020년 한 해 동안 8만 3000명이 장애인 등록」, 『2020년도 등록장애인
    현황』(2021.4.20). https://blog.naver.com/mohw2016/222316716742(검색일: 2022.
    10.4).

20 "어느 시각장애인 죽음이 남긴 과제…… '불 난지 1시간 뒤에 알아'", YTN, 2022.10.4.
    https://www.ytn.co.kr/_ln/0103_202209040842091549(검색일: 2022.10.4).

21 "'2시간 넘게 오매불망' 전용 차량 부족으로 장애인 이동 '곤혹'", 연합뉴스, 2022.9.3.
    https://www.yna.co.kr/view/AKR20220902158000054?input=1195m(검색일: 2022.10.4).

이 없는 국민국가를 완성할 수 있었다.[22]

우리가 장애인에 대해 가진 오해와 무지, 무관심을 타파하기 위해
선 방송 미디어 매체들에서 유쾌하고 즐거운 장애인들이 자유롭게 방송
을 제작·출연할 수 있도록 기회를 제공해야 한다. 공감과 소통의 접촉
빈도를 적극적으로 높여야 한다.

제 삶은 이상하고 별나지만, 가치 있고 아름답습니다.

드라마 〈이상한 변호사 우영우〉의 마지막 화 대사처럼 아름다운
존재들이 풀어 헤치는 개성 있고 가치 있는 이야기들을 식구들과 한데
모인 저녁 식사 자리에서 만나는 날이 오길 소망해 본다.

---

22   "'증오할수록 곁에 둬라' 혐오에 대항하는 '접촉'의 힘", ≪한국일보≫, 2021.5.13. https://
      www.hankookilbo.com/News/Read/A2021051309280004690(검색일: 2022.10.4).

'우영우'는 되고, 〈고딩엄빠〉는 안 되고?

미디어 ESG의 다양성과 포용성을 중심으로

조수인

최근 모든 산업 전반의 최대 화두는 'ESG'이다. 'ESG'는 '환경, 사회, 지배 구조' 등 기업의 비재무적 요소를 말한다. 심각한 기후 위기와 더불어 코로나19라는 전 세계적 팬데믹 시대를 거치면서 시장의 불확실성으로 인해 'ESG'는 산업 환경에 없어서는 안 될 필수 요소가 되었다. 미디어 역시 지속 가능한 발전을 토대로 다양성과 포용성 향상을 중심으로 콘텐츠를 제작하고 유통하는 일에 큰 관심과 노력을 기울이고 있다. 최근 우리나라 방송 콘텐츠 중에서도 미디어 ESG 관점에서 고무적인 성과를 낸 두 작품이 있다.

 tvN 방영 드라마 〈우리들의 블루스〉에서는 실제 다운증후군을 앓고 있는 '정은혜' 배우가 발달장애인을 연기했고, 실제 농인 '이소별' 배우가 직접 농인 역할을 맡아 연기했다. 해당 드라마를 집필한 노희경 작가는 그간 비장애인 배우들이 장애인 연기를 하면 잘 몰라서 실수하거나 어색한 부분이 많았다며, 장애가 있는 배우들을 직접 섭외함으로써 극 중 몰입도를 높였다고 말하기도 했다. 또 최근 종영한 ENA 드라마 〈이상한 변호사 우영우〉에서는 자폐스펙트럼장애를 가진 변호사 '우영우'의 이야기를 통해 세상과 부딪치며 성장해 나가는 모습을 감동적으로 그려냈고 큰 인기를 끌었다. 넷플릭스를 통해 방영되면서 우리나라뿐만 아니라 전 세계 시청자들에게 감동과 재미를 전해주기도 했다.

어쩌면 그간 금기로 여겨졌던 소재들이 미디어의 전면에 등장하면서 조명되고, 사회적 공론화를 통해 활발한 토론을 끌어낸 점은 괄목할 만하다. 물론 우리에게 생경한 모습들이었기에 우려의 목소리를 내는 일부 시청자들도 있었지만, 대다수 시청자는 응원과 지지를 보냈다. 미디어가 보여주는 다양성은 시청자들에게 큰 영향을 끼친다. 그래서 미디어가 말하는 콘텐츠의 다양성, 포용성의 메시지에는 힘이 있다.

이처럼 미디어 ESG의 관점에서 긍정적인 효과를 끌어낸 작품들도 있지만, 다양성과 포용성의 측면만으로 설명하기에는 어려움이 있는 프로그램들도 있다. 미디어가 잘못된 방향으로 전달한 메시지 역시 대중에게 빠르게 스며들기 때문에 아직 정체성이 완전히 형성되지 않은 청소년, 미성년자들을 소재로 한 프로그램은 성인을 소재로 한 프로그램보다 더 각별한 주의를 기울여야 한다. 어쩌면 청소년들은 지금, 미디어에서 말하는 다양성, 포용성이라는 이름 아래 안전한 보호 울타리 없이 무분별하게 노출되고 있는지도 모른다.

최근 tvN 방영 드라마 〈우리들의 블루스〉에서는 고등학생 미성년자 학생의 임신, 출산 등의 이야기가 등장했다. 방영 당시에도 청소년들의 임신이라는 낯설고 예민한 소재에 많은 시청자는 우려의 목소리를 쏟아내기도 했다. 물론, 사회의 다양한 이야기와 시선을 담아내는 것이 미디어의 역할이기에 결국 불편하지만, 누군가는 해야 할 이야기를 담아냈다는 평가도 적지 않았다. 그러나 아직은 보호가 필요한 청소년, 미성년자의 이야기를 미디어에서 어떻게 다뤄야 하는지 적절한 기준이 마련되어 있지 않다. 우리는 어떤 태도를 보여야 할까? 원치 않는 미성년자 청소년들의 임신과 출산이 낭만 혹은 로맨스로 포장되거나 미화되어도 되는지에 대해 다방면의 사려 깊은 고민이 필요하다.

역시 같은 맥락에서 현재 MBN에서 방영 중인 〈고딩엄빠〉 프로그램 역시 논란의 중심에 서 있다. 시즌 1을 마치고 시즌 2로 돌아온 〈고딩엄빠〉는 10대에 부모가 된 이들의 삶을 집중적으로 들여다본다. 제작진은 10대에 갑자기 부모가 된 고딩엄빠들의 진솔한 이야기를 통해 새 생명을 포기하지 않고, 어른이 된 그들의 애환을 들여다볼 예정이라고 기획의도를 밝혔다. 하지만 회차마다 끊이지 않는 논란과 잡음은 미디어가 그들의 삶을 어떻게 조명해야 할지 큰 과제를 남긴다. 그래서 미디어의 다양성과 포용성의 관점에서 tvN 드라마 〈우리들의 블루스〉와 MBN 〈고딩엄빠〉 프로그램을 통해 우리는 앞으로 어떤 시선으로 그들의 이야기를 전해야 할지 함께 분석하고 논의해 보고자 한다.

논란의 중심이 된 〈우리들의 블루스〉

고등학생인 영주는 뜻하지 않은 임신을 하게 된다. 많은 혼란이 있었지만, 결론적으로 영주와 현은 아이를 낳기로 한다. 이들의 결정이 생명을 소중히 여기며 아름답고 책임감 있는 모습으로 보일 수도 있지만, 풋풋한 청춘의 사랑 이야기만으로 보기에는 다소 무리인 지점들이 있다. 우리는 다시 한번 드라마가 이들의 삶을 어떻게 풀어냈는지 영주와 현의 서사를 들여다볼 필요가 있다.

갑작스러운 임신에 영주는 "딱 두 번 했는데, 피임도 했는데"라는 말을 한다. 아직 성에 대한 지식이 부족하고 부모가 될 준비가 안 된 청소년에게 임신은 축복이 아닐 수 있다. 임신 중단을 결정하지만, 영주는 병원에서 아이의 심장 소리를 듣고 아이를 낳기로 한다. 청소년에게 아이의 심장 소리를 들려주면서 다시 출산을 결심하게 하는 등의 설정은 혼란스러운 청소년의 상황을 배려하지 못한 너무나 아쉬운 설정이다. 결국 아이의 심장 소리는 출산에 대한 압박감을 주었다. 그러면서 임신 중단은 하면 안 되는 것, 임신과 출산은 아름다운 것으로 포장되었다. 영주가 다시 출산하기로 했지만, 한번 임신 중단을 결정했던 영주는 결국 큰 죄책감을 느끼게 되었다.

2019년 헌법재판소는 '여성의 신체자기결정권'을 이유로 사실상 낙태죄 처벌 조항이 헌법에 어긋난다는 결정을 내렸다. 또한 2021년 1월 1일, 낙태죄 처벌 조항의 효력이 상실됨과 동시에 우리나라에서 낙태죄는 폐지되었다. 낙태죄가 폐지되었지만, 어떤 이유에서인지 미디어는 시대의 흐름과는 다르게 뒷걸음질하며 후퇴하고 있다는 생각이 든다. 영주와 현이 임신 중단을 원했지만, 결국 드라마는 여러 가지 사건들을 통해 다시 출산을 결심하게 했다. 미디어가 반드시 직접적인 현실을 보여주어야 하는 것은 아니지만, 아직 사회적 경험이 부족한 청소년을 소재로 하면서 그들이 진짜 현실을 외면하게 한다면 더 큰 문제 상황을 초래할 수 있다. 임신과 출산을 아름답게 그리는 과정이 결국 어린 나이에 임신과 출산을 경험한 청소년들에게 직접적인 현실을 외면하게 하고, 죄책감과 책임감을 덧씌우는 일은 아닐까? 고통을 낭만과 로맨스로 미화하고 있는 것은 아닐까?

기획의도와 점점 멀어지는 〈고딩엄빠〉

MBN 〈고딩엄빠〉는 다양한 사연을 가지고 10대에 부모가 된 이들이 주인공이다. 이제까지 다양한 미디어에서 청소년들의 범죄, 성, 임신 등을 소재로 한 프로그램들이 있었지만, 사연의 주인공들이 직접 등장하고, 그들의 삶을 현실적으로 보여주는 관찰 기반의 리얼리티 프로그램은 처음이다. 시즌 1의 첫 회부터 큰 관심을 끌며 현재 시즌 2까지 방송 중이다. 그동안 청소년의 성과 임신, 출산이 가상의 이야기로만 다뤄졌었다면, 〈고딩엄빠〉는 그들이 직접 출연해 본인들의 삶을 여과 없이 보여줬다는 점에서 시청자들의 이목을 끌었다.

하지만, 인기와 함께 프로그램 초반부터 논란과 잡음도 함께 끊이지 않고 있다. 시즌 1의 택개, 서현 부부는 방송에서 서로를 위하는 부부의 모습을 보이기도 했으나 프로그램 이후 SNS를 통해 실제 싸움 과정을 실시간 중계했다. 시청자들은 큰 혼란을 겪었고, 제작진이 나서서 중재를 시도했지만 결국 헤어졌다. 또 혼자 열심히 봄이를 키우던 출연자 김지우 역시 방송 이후 아이를 제대로 돌볼 수 없었고, 결국 아이를 보호기관에 보내는 등의 과정을 겪어야 했다. 또한 김지우 양의 상황을 알고 아이를 돌봐주려던 옆집 언니의 폭로 글이 시청자 게시판에 올라오면서 방송과는 다른 실제 내용이 있다는 사실도 알려졌다.

최근 방영된 시즌 2에서는 제작진이 조작 논란에 휩싸이며 논란이 되기도 했다. 매 회차 눈살을 찌푸리게 만드는 고딩엄빠의 사연이 이어졌고, 시청자들의 피로도 역시 굉장히 높아지는 상황이다. 제작진은 10대에 부모가 된 청소년들의 이야기를 통해 그들이 생명을 소중하게 여기고 책임지려는 모습을 보여주며, 대중의 인식을 개선해 보려고 노력했을 것이다. 하지만 기획의도에서 벗어나 전혀 다른 방향으로 프로그램이 흘러가면서 방송 프로그램이 현실에 부정적인 영향을 끼치고 있는 안타까운 상황이 되었다.

특히 청소년을 대상으로 했을 때, 그들의 특성을 자세히 살피고 이해할 필요가 있다. 올바른 성인지 능력과 성적 가치관이 필요하지만, 프로그램에서 느껴지는 것은 충동적 감정뿐이다. 또 SNS를 잘 활용하는 청소년들이 순간적인 감정을 여과 없이 드러내면서 방송과 다른 현실의 모습들을 폭로하거나 제작진과의 갈등을 그대로 표출해 버린다. 미디어에 이미 가정 파탄의 모습과 함께 본인과 가족의 삶, 아이의 얼굴까지 모두 드러난 상황에서 이러한 갈등과 이슈들은 모두 청소년들이 감당하기에 너무나 무거운 책임으로 느껴진다.

어렵게 출연을 결심한 청소년 부모들의 이야기가 단순한 흥미로만 그치지 않으려면, 전문가들의 균형적인 방향성 제시가 필요해 보인다. MC들 외에 패널로 상담사와 변호사 등 전문가들이 스튜디오에 등장하긴 하지만, 원론적인 이야기에 그치거나 단순하게 걱정스러워하거나 답답해하는 반응에 머무는 등 구체적인 문제해결의 과정이 부족하다. 또 가끔 패널로 등장하는 연예인들 역시 이해하기 어렵고 불편한 말들을 늘어놓았다. 패널로 나온 '오승은'은 본인의 딸이 만약 임신한다면 다리를 부러뜨리겠다고 말했고, '정가은' 역시 고딩엄빠 부부를 향해 오히려 남편이 있어서 부럽다고 이야기하는 등 현재 어렵고 힘든 상황을 보내고 있는 그들에게 불필요한 발언이었다. 해당 프로그램이 그들에게 또 다른 상처가 되진 않을지, 그들의 아이들까지 또 다른 낙인이 찍히는 것은 아닐지 걱정스럽다.

불행 포르노의 관점에서

〈고딩엄빠〉 시즌 1과 시즌 2를 통틀어 양가 부모님들과 온 가족이 함께 즐겁고 행복하게 살아가는 모습을 찾아보기 힘들었다. 물론 즐겁고 행복한 모습이 정상적인 가족의 모습으로 일반화될 수는 없으나, 대부분의 사연이 일상의 범주를 벗어나 있거나, 방송이 가능한지 의문이 드는 수준의 사연들이 대부분이었다. 누가 더 불행한 사연을 가지고 살고 있는지 경쟁이라도 하듯 다 언급할 수 없을 만큼 매 회차 더 자극적인 고딩엄빠의 사연들이 전파를 탔다.

'불행 포르노'라는 말이 있다. 누가 더 불행한지 전시하거나, 타인의 불행을 소비하고 공격하며 즐기는 것이다. 때론 미디어에서 이슈 몰이를 하거나 높은 시청률을 원할 때 더 자극적인 소재를 사용하는 방법으로 쓰이기도 한다. 가장 크게 우려되는 점은 아직 사회적으로 성숙하지 못한 청소년들에게 우리가 '불행 포르노'를 덧씌우고 있지는 않은가 하는 점이다. 고딩엄빠로 등장하는 청소년들의 가정에서 일어나고 있는 폭언, 폭행, 범죄, 가정 파탄, 이혼 등 자극적인 장면들이 여과 없이 방송되면서 누가 더 불행한지 줄다리기를 하는 모양새가 되어버렸다.

불행, 고통, 비극을 경쟁하는 사회는 올바른 사회의 모습이 아니다. 미디어는 사회를 비추는 거울이며, 어린 세대들은 미디어를 통해 세상을 보고 배운다. 그들의 일상을 있는 그대로 보여주고 여느 가족과 다르지 않다는 것을 보이고 싶었던 제작진의 욕심은 이해되지만, 불행하고 자극적인 모습들이 별거 아닌 일이 될까, 청소년들이 진짜 현실을 외면하게 될까 우려스럽다. 또 정말 진심으로 생명을 소중하게 여기고 온 힘을 다해 살아가고 있는 다른 고딩엄빠, 청소년에 대한 이미지가 악화하거나 일반화의 오류를 범할까 걱정되는 지점이다.

실제 청소년들을 소재로 한 프로그램에서 단순히 불행을 전시함에 그친다면, 미디어의 긍정적인 영향력을 기대하기 어렵다. 또한 방송 이후 생긴 다툼이나 법적 분쟁, 청소년의 가정에 문제가 생겼을 경우 제작진과 전문가의 심도 있는 후속 조치가 필요해 보인다. 중학생 때 첫아이를 출산하고 둘째 아이를 화장실에서 낳은 고딩엄빠의 사연은 단순한 사연 전달을 넘어 전문가의 치료가 필요해 보였고, 그 모습을 직접 목격한 첫째 아이가 충격을 받았다는 인터뷰도 이어지면서 본인뿐 아니라 그녀의 아이들 또한 주변의 도움이 필요해 보였다.

그럼에도 앞으로 우리는

하지만, 미디어는 늘 양면성을 가진다. 청소년들의 성, 임신 등과 같이 터부시되던 소재들이 미디어의 전면에 등장해서 때로 우리를 불편하게 하기도 하지만, 이는 새로운 변화이며 긍정적인 방향으로 사회를 변화시키기도 한다. 지난 7월부터 여성가족부는 청소년 부모에게 자녀 한 명당 월 20만 원의 아동 양육비를 지원하는 시범사업을 시행했다. 외에도 미혼모 지원 주택, 미혼모센터 지원, 양육비 미지급 등에 대한 사회적인 합의를 끌어내며 지원 방안을 모색하게 했다. 존재하지만 관심의 대상이 아니었던 그들의 삶에 직간접적인 도움의 손길이 닿기 시작했다. 물론, 잠깐 반짝하는 일회성 정책보다 그들이 한 사회의 책임 있는 구성원으로서 부모, 부 혹은 모로서 제 역할을 잘 수행할 수 있도록 꾸준한 관심과 사회적 지원, 따뜻한 시선이 필요할 것이다.

미디어 ESG의 핵심은 결국 미디어의 영향력을 통해 사회적 가치를 실현하는 데에 있다. 다양성과 포용성의 관점에서 우리는 미디어를 통해 앞으로 어떤 것을 보고 듣고 싶을까? 또 제작진들은 시청자들에게 어떤 콘텐츠를 통해 어떤 가치를 말하고 싶을까? 앞서 살펴본 tvN 드라마 〈우리들의 블루스〉와 MBN 〈고딩엄빠〉 프로그램을 통해 낯설고 불편하지만, 꼭 우리가 알고 관심 가져야 할 소재들을 만났다. 다양성과 포용성의 관점에서 우리가 청소년의 성, 임신과 출산에 대해 인식 개선뿐만 아니라 제도적 도움을 통해 그들의 삶이 더 나은 방향으로 변화되도록 함께 노력해야 할 부분들이 분명히 존재함을 알게 되었다.

최근 〈고딩엄빠〉 시즌 2에서 논란이 되었던 부분에 대해서도 제작진은 그들의 이야기를 미화하려는 것이 아니라, 이미 세상에 태어난 아이들과 청소년 부모에 대해 지지를 보내려는 것이라고 견해를 밝히기도 했다. 앞으로 미디어는 청소년들을 어떤 시선으로 담아낼지, 어떤 기준을 가지고 방송을 제작할지에 관한 통찰력 있는 기획, 깊이 있는 제작의 고민 과정이 필요할 것이다. 청소년들에게 우리는 미디어를 통해 세상의 다양한 것을 보여주고 올바른 삶의 방향성을 제시할 수 있다. 선택에는 희생과 고통이 따르고, 책임이라는 것은 어쩌면 생각보다 훨씬 더 무거운 것임을 청소년들에게 가르쳐야 할 것이다. 시청자들에게는 다양성과 포용성의 가치를 올바르게 전달해야 한다. 그렇기 위해서는 미디어를 만드는 제작진들의 끊임없는 고민과 노력이 절실하다. 청소년들이 우리 사회에서 조금 더 건강하고 행복하게 살아갈 수 있도록 따뜻한 시선을 담은 프로그램들이 많이 생겨나기를 바란다.

"괜찮아요"
비장애인을 위로하는 장애인

ENA 〈이상한 변호사 우영우〉

윤초롬

'전장연(전국장애인차별철폐연대)'의 지하철 시위는 지금도 논란 중이다. 비장애인 중심으로 돌아가던 사회 속에서 별다른 불편함 없이, 시간에 맞춰 도착하는 지하철을 타고 직장으로, 학교로, 중요한 약속 장소로 향하던 대중에게 '전장연' 시위는 재앙에 가까웠다.

　'전장연' 시위를 다룬 온라인 뉴스 기사의 댓글들을 보면 대중의 인내심(?)이 한계에 다다랐다는 것을 알 수 있다. 눈에 띄는 점은 시위하는 장애인들을 비난하기 위해 시위에 참여하지 않은 장애인들을 비교 대상으로 내세운다는 것이다. 대중의 입장에서 피해를 주는 시위하는 장애인들은 나쁜 사람들이다. 반대로 시위에 참여하지 않은 장애인들은 '타인을 배려할 줄 아는' 사람들이다. 어려서부터 장애인을 도와야 한다고 교육받아 온 대중은 이렇게라도 자신이 느끼는 불쾌감을 합리화시킨다. 장애인은 도움을 받는 존재로서 고분고분하고 나약해야 한다.

그렇지 않은 장애인들은 도울 필요가 없다. 이와 같은 대중의 모순된 태도는 비난의 화살을 '전장연'이라는 단체로 돌리게 한다. 비장애인 수장들이 '순진한 장애인'들을 선동해 시위하게 만들었단 것이다. 이들은 정부에서 지원금을 더 많이 받기 위해 이런 무모하고 이기적인 시위를 하고 있다는 주장이다.

이러한 와중에 2022년 6월부터 ENA에서 〈이상한 변호사 우영우〉(이하 〈우영우〉)가 방영되었다. 자폐스펙트럼장애를 가진 여성 변호사 '우영우'를 주인공으로 내세운 이 드라마는 대중의 큰 호응을 얻었다. 드라마의 흥행은 곧바로 장애인의 일상, 돌봄, 지원, 자립 등에 대한 논의로 이어졌다. 지금까지 개인의 문제로 축소되었던 문제에 대해 비로소 말할 수 있는 장(場)이 만들어졌다. 커뮤니티에서는 장애 가족을 둔 누리꾼들의 글이 화제가 되었다. 평생 돌봄에 매일 수밖에 없는 장애인 가족들의 고통이 드러났다. 그 고통이 생각보다 흔하고, 가까운 곳에 만연해 있다는 것을 대중은 자각하기 시작했다. 후천적으로 장애를 갖게 된 누리꾼의 이야기는 장애가 나의 문제가 될 수 있다는 사실에 눈뜨게 했다.

이상하지 않은가? 한편에서 대중은 '전장연' 시위를 비난하며 장애인들을 이기적인 집단으로 몰아세운다. 다른 한편에서는 〈우영우〉에 몰입하고, 〈우영우〉가 던지는 장애와 관련된 제도를 고민한다. 이러한 현상이 어떻게 동시에 가능했던 것일까?

1. '우영우'라는 환상, 비록 허구일지라도

〈우영우〉 흥행의 가장 큰 비결은 '우영우'라는 캐릭터의 신선함에 있다.

자폐스펙트럼장애를 가진 장애인이라는 주인공은 지금까지 시청자들이 경험해 보지 못한 캐릭터다. 그만큼 신선하지만 그만큼 낯설다. 〈우영우〉 제작진은 우영우가 가진 장애를 대중이 매력으로 느끼도록 캐릭터라이징(characterizing) 한다. 이 과정에서 우영우는 슈퍼 장애인으로 그려진다. 슈퍼 장애인이란 장애를 가졌음에도 비장애인보다 뛰어난 능력을 가졌거나 장애를 극복해 내는 캐릭터를 말한다.

비상한 두뇌를 가지고 태어난 '우영우'는 서울대 법대를 수석으로 졸업하고 로스쿨도 수석으로 졸업한다. 이와 같은 슈퍼 장애인 설정은 시청자가 주인공인 '우영우'를 신뢰하게 만든다. 능력 중심을 가장한 무한 경쟁 사회에서 대중은 드라마와 같은 텔레비전 매체 속 캐릭터를 통해 대리만족 한다. 빠른 템포로 돌아가는 사회 속에서 무한 경쟁에 지친 대중은 이제 성장하는 캐릭터를 원하지 않는다. 어떤 식으로든 능력이 출중한, 경쟁 피라미드의 우위를 점할 수 있는 캐릭터에 매력을 느낀다. 우영우 역시 타고난 두뇌와 암기력으로 이미 비장애인들과의 경쟁에서 피라미드의 우위를 점한 캐릭터다. 이러한 설정이 있었기에 대중은 자폐스펙트럼장애를 가진 우영우라는 캐릭터를 따라가며 드라마를 볼 수 있는 것이다.

나아가 우영우의 장애는 우영우를 더욱 매력적으로 만드는 요인이 된다. 우영우는 자폐스펙트럼장애를 가지고 있지만, 스스로 자립할 수 있을 정도로 증상이 경미하다. 청각에 예민하지만 커다란 헤드폰이 있으면 대중교통을 이용할 수 있다(그러나 회사나 법정에서는 헤드폰을 착용하지 않는다). 어눌한 소통 능력과 고래에 대한 집착은 우영우를 해맑고 엉뚱한 캐릭터로 만든다. 우영우는 자폐를 가졌음에도 타인에게 관심이 많으며, 자신이 타인의 마음을 이해하지 못한다는 사실을 잘 알고 있다. 또한 극도의 스트레스 상황에서 우영우는 공포에 질려 위축될 뿐,

타인을 공격하거나 자신을 심각하게 해하지 않는다. 즉, 자폐스펙트럼 장애 증상 중에서 대중이 불편할 만한 부분은 삭제되거나 축소된다.

당연하게도 우영우는 현실에서 만나보기 어려운 캐릭터다. 우영우는 대중이 장애를 가진 주인공을 부담 없이 받아들이도록 만들어진 환상이다. 환상이기에 대중은 쉽게 우영우의 입장에 서서 사회에 만연한 편견과 맞서 싸운다. 우영우를 시청하는 것만으로도 대중은 이 순간 장애에 대한 편견을 가진 사람들과 대척점에 선다.

2. 무해하고 무해하며 무해한, 분리된 세계

'우영우'는 자폐스펙트럼장애를 가진 장애인이지만, 실제 대중이 접하는 '우영우'는 배우 박은빈이 연기한 캐릭터다. 대중은 이 사실을 명확히 알고 있다. 이 간극, 캐릭터와 배우라는 명확한 간극은 대중을 '우영우' 앞에서 한결 더 가벼워지게 한다.

한때 인터넷에서 〈우영우〉에 등장하는 인물들의 인터뷰 영상이 화제가 되었다. 평범한 인터뷰 형식이었는데, 다른 점은 인터뷰이가 〈우영우〉의 극 중 인물이었다는 것이다. 가령 이런 식이다. 정명석 변호사에게 "우영우와 함께 일하는 게 힘들지 않느냐"라는 질문이 던져진다. 정명석(강기영 배우가 아닌)이 대답한다. "처음에는 팀원이 되는 걸 반대했다. 우영우 변호사와 함께 지내면서 내가 편견을 가지고 있었다는 걸 깨닫게 되었다."

배우가 캐릭터를 설명하는 통상적인 인터뷰와 달리, 〈우영우〉 인터뷰는 극 중 인물이 '한바다'에 취재 온 언론사의 인터뷰에 응하는 설정이다. 그런데 유일하게 극 중 인물이 아닌 배우로서 인터뷰에 응한 사람이 있다. 배우 박은빈이다. 우영우와의 인터뷰 차례가 되자, 우영우(박은빈이 분한)가 나와 자신은 인터뷰하기 힘든 상황이라고 한다. 그 대신 우영우보다 우영우를 더 잘 아는 지인이 대신 인터뷰에 응하겠다고 한다. 이후 배우 박은빈(우영우를 연기하지 않는)이 화면에 나타난다. 박은빈은 우영우의 지인으로서 우영우의 속내를 대신 전해주는 역할을 한다. 이 영상은 기묘한 방식으로 우영우가 가상의 캐릭터임을 강조한다. 우영우는 나의 친구, 나의 직장 동료, 나의 가족, 나의 연인이 아니다. 우영우가 현실 세계로 난입해 나를 곤란하게 만들 일은 없을 것이다.

이처럼 박은빈과 우영우의 간극이 벌어질수록, 대중은 '우영우=장애인'이라는 등호를 쉽게 수용한다. 우영우라는 만들어진 캐릭터는 그 자체로 현실 장애인에 대한 은유다. 복잡한 현실이 탈락된 우영우라는 이미지는 역시 복잡한 현실이 탈락된 장애인이라는 단어와 쉽게 달라붙는다. 즉, '우영우=장애인'이라는 등호는 '장애인=우영우'가 된다.

논리는 충분히 성립되었다. 우영우의 편에 서는 것은 장애인의 편에 선다는 의미다. 지하철에서 시위하는 장애인들에게 불편을 느끼면서 모종의 죄책감을 함께 느낀 대중은 우영우 앞에서 죄책감을 떨쳐버린다. 우영우가 일종의 방어막이 되어주는 것이다. 우영우답지 않은 장애인은 진정한 장애인이 아니다. 타인에게 피해를 주지 않고, 고분고분하며, 어린아이처럼 어수룩해야 장애인이다. 이들은 마땅히 도울 수 있는 존재다. 하지만 지하철에서 시위를 하며 '민폐'를 끼치는 이들은 진정한 의미에서 장애인이 아니다. 한 마디로 '나쁜' 장애인이다. 그들은 '나쁘므로' 비난받아야 한다.

3. 상황에 따라 선택되는 장애

〈우영우〉는 장애인을 주인공으로 내세워 비장애 중심 문화에 날카로운 질문들을 던졌다. 아이러니하게도 이는 우영우의 장애가 상황에 따라 강조되거나 은폐되었기에 가능한 것이었다. 가령 우영우와 태수미와의 관계를 생각해 보자. 두 사람이 모녀지간이라는 사실이 밝혀지기 전까지 태수미는 우영우의 능력을 높이 사고 '태산'으로 스카우트 제안을 한다. 여기서 우영우의 장애는 전혀 문제가 되지 않는다. 어떠한 갈등 요소도 없다.

갈등은 우영우와 태수미가 모녀지간이라는 사실이 밝혀지면서 시작된다. 이 갈등에서도 우영우의 장애는 별다른 역할을 하지 않는다. 이때부터 드라마의 갈등은 우영우 출생의 비밀을 중심으로 전개된다. 세간에 밝혀지느냐 아니냐의 문제다. 우영우가 자신이 오래전에 버린 딸이라는 사실을 안 태수미는 우영우를 미국으로 보내려고 한다. 이는 우영우의 정체가 드러나지 않게 하려는 전략이다. 태수미는 우광호와 우영우에게 미국 시카고 지사로의 발령을 설득하기 위해, 미국에서는 변호사로서 성장할 수 있는 기회가 많이 제공될 것이라고 거듭 주장한다. 특히 우광호에게는 미국이 한국보다 자폐스펙트럼장애를 케어하는 서비스가 잘 구축되어 있다고 한다. 이러한 태수미와 우광호, 태수미와 우영우의 갈등은 출생의 비밀을 중심으로 구축된다. 따라서 드라마는 상대적으로 우영우의 장애 문제를 축소하고 출생의 비밀을 밝히는 데에 더 집중한다.

이처럼 극이 진행됨에 따라 '우영우'의 장애는 필요에 따라 축소되기도 하지만, 역으로 강조되기도 한다. 그 대표적인 예가 3회다. 의뢰인 김정호는 자폐스펙트럼장애를 가진 장애인이다. 그는 자신의 친형을 살해했다는 누명을 쓰고 '한바다'에 찾아온다. 정명석은 우영우의 담당 사건이 아님에도, 단순히 김정호가 자폐스펙트럼장애를 가졌다는 이유로 변호에 참여시킨다. 또한 법정에서 편견에 가득 찬 검사의 주장 역시 김정호와 우영우의 개인성은 무시한 채 '자폐인'이라는 이름 하나로 쉽게 이들을 우리와 다른 별개의 존재로 치부(타자화)해 버리는 현실을 비유한다. 이때 우영우의 장애는 적극적으로 소환된다. 이 에피소드들을 통해 전하고자 하는 메시지가 장애와 관련 있기 때문이다.

이처럼 우영우의 장애는 제작진이 매회 전하고자 하는 메시지에 따라 선택적으로 강조되거나 축소된다. 특히 이정호와의 로맨스에서 이러한 점이 두드러진다. 처음부터 이정호는 우영우에게 무조건적인 호의를 보인다. 앞서 언급했듯 우영우의 자폐스펙트럼장애는 이정호에게 이성적인 매력으로 작용한다. 우영우의 고래 집착은 이정호와 급속도로 가까워지는 장치가 된다. 회전문을 쉽게 통과하지 못하는 것도 이정호가 우영우에게 '왈츠'를 가르쳐주며 로맨틱한 에피소드가 된다. 우영우의 자폐 특성 앞에서 이정호는 무조건 기다리거나, 귀엽게 투정을 부린다. 갈등은 일방적으로 이정호가 배려하고 이해하려는 태도로 해결된다. 또한 이정호는 우영우와의 연애를 부정적으로 바라보는 주위의 시선과 싸우면서 내적으로 갈등하는데, 결국 우영우의 곁에 남는 것을 택함으로써 그가 어떠한 캐릭터인지 보여준다. 즉, 우영우의 자폐는 이정호라는 캐릭터의 매력을 만든다.

이처럼 필요에 따라 우영우의 장애를 강조하기도, 때로는 축소하기도 하면서 제작진은 〈우영우〉의 톤을 가볍게 조절한다. 이는 대중이 부담 없이 장애를 가진 주인공을 받아들이도록 하기 위한 전략이라고 할 수 있겠다.

〈우영우〉는 드라마다. 이야기 전개만큼이나 대중이 캐릭터를 매력적으로 느끼게 만드는 것이 중요하다. 우영우의 장애를 선택적으로 보여준 것이 〈우영우〉를 더 많이 사랑받게 한 것이다.

많은 화제를 낳았던 〈우영우〉 방영이 끝났다. 그럼에도 〈우영우〉가 남겨둔 흔적은 그대로 남아 있다. 〈우영우〉가 던진 여러 메시지, 질문들이 아직도 여기에 남아 계속 논의되고 있다. 막연히 '장애인'이라는 단어로 한데 묶어 대중의 관심사 밖으로 밀어버렸던 사람들이 〈우영우〉 방영을 계기로 대중의 관심사 안으로 들어왔다. 앞서 언급했듯 '장애인'이라는 단어는 개개인의 개성을 소거하고 그들을 하나의 덩어리로 만든다. 개인이 소거된 '장애인'이라는 존재는 인격적으로 취급되지 않는다. 장애인들이 겪는 각각의 장애는 셀 수 없이 다양하고, 그래서 필요한 도움도 제각각이다. 〈우영우〉는 이러한 메시지를 대중에게 남겨두었다. 자폐스펙트럼장애는 수많은 장애의 한 종류라는 것, 한 개인의 자폐 증상은 광범위한 스펙트럼 안에 속한 극히 일부라는 것 말이다. 여기에 〈우영우〉의 순기능이 있다.

다시 '전장연 시위'로 돌아가자. 여전히 대중은 현실에서 장애인과 부딪치는 것에 불편을 느낀다. 비난도 여전하다. 그럼에도 이러한 분위기 속에서 많은 장애인들이 입을 열 수 있었던 것은 〈우영우〉의 흥행 덕분이었다. 〈우영우〉는 대중에게 자신이 장애인들의 편에 서 있다는 믿음을 지켜준다. 혹자는 〈우영우〉가 대중의 눈과 귀를 막아버리고, 환상에 안주하도록 이끌었다고 비판할 수 있다. 물론, 필자는 이러한 비판 역시 타당한 주장이라고 생각한다. 이러한 비판들은 현실의 장애인들이 처한 현실을 다시 한번 환기한다. 역설적으로 〈우영우〉에 대한 비판이 많아질수록, 장애에 대한 이야기도 활발해질 것이다.

저는 평범한 시민일 뿐인데
정치를 하라고요?

조준화

정치는 어렵다. 당장 '정치는 무엇인가'라는 질문부터 답변을 생각해 내기 쉽지 않다. 정치를 주제로 주변인들과 대화하는 것조차 조심스럽다. 정치 이야기를 하며 서로 다투는 일은 일상다반사다. 명절 때, 친척들과의 대화 중 피해야 하는 주제로 정치가 꼽히며, 이는 상식처럼 여겨질 정도다. 이처럼 한국 사회에서 정치는 어렵고 조심스러운 대상이지만, KBS 정치 토크 프로그램 〈정치합시다2〉는 시청자들에게 정치할 것을 독려한다. 정치는 개개인의 삶은 물론이고 국가 공동체에 직접적인 영향을 끼치기 때문이다. 〈정치합시다2〉는 시즌 1과는 달리 정치의 본질 등 담론적인 주제에 집중하지 않는다. 그 대신, 개인이 당장 실천할 수 있는 정치에 초점을 맞춘다. 바로 선거다. 이 프로그램은 제20대 대통령 선거를 앞둔 한국 사회의 민심을 읽고 한국 정치의 현주소를 파헤친다. 즉, 대선 밀착형 정치 토크 프로그램을 지향하고 있다.

대화로부터 시작해 보는 '정치합시다'

정치는 상대를 설득하는 과정을 필연적으로 가진다. 결국, 정치를 하기 위해 대화와 토론은 필수다. 〈정치합시다2〉에서는 진보와 보수를 대표하는 각 패널을 중심으로 토론이 진행된다. 진보 논객으로 유시민 전 노무현재단 이사장, 보수 논객으로는 전원책 변호사가 출연한다. 대화의 주제는 민심이다. '민심포차'라는 콘셉트 안에서 두 패널은 대선을 앞둔 상황에서의 민심에 대해 자신의 의견을 주장한다. 이때 객관화된 민심의 지표로 활용되는 것이 KBS에서 의뢰한 여론조사 결과다. 패널들은 세대별, 지역별 각 대선 후보의 지지율 등 숫자로 나타난 민심에 대해 자신의 생각을 표현한다. 박성민 정치컨설턴트와 정한울 한국리서치 전문위원도 함께 출연해 보다 객관적인 시선으로 정치적인 견해를 밝힌다.

　　일반적으로 정치 관련 대화 중에 참여자들 사이에 고성이 오가는 모습은 쉽게 찾아볼 수 있다. 하지만 〈정치합시다2〉에서 유시민 전 이사장과 전원책 변호사는 이러한 감정 소모적인 대화 방식은 자제하고, 자신의 생각을 전달하는 데 중점을 둔다. 때로는 날카롭게 상대의 주장에 반박하는 모습을 보이지만, 상대를 향한 가벼운 농담을 통해 대화의 긴장감을 누그러뜨리기도 한다. 두 패널의 의견이 일치하는 순간을 찾아보기 어렵지만 그럼에도 토론 분위기는 화기애애하다. 두 패널은 서로의 정치적인 견해를 옳고 그름의 문제로 단정 짓지 않는다. 자신의 주장을 관철시키려 하기보다는 포용적인 자세로 상대의 의견을 경청한다. 이러한 포용적인 자세는 프로그램 안에서 토론의 흐름이 끊어지지 않고 더욱 다양한 주제가 다뤄질 수 있도록 도와준다.

대화 외연의 확대, 하지만 내용은?

〈정치합시다2〉는 패널 중심으로 대화가 진행되면서 선거에 참여하는 일반 시민들의 의견을 직접 들을 수 있는 기회가 상대적으로 적었다. 각 지역민들의 인터뷰가 담긴 VCR 영상이 있었지만, 그 분량은 매우 짧았다. 〈정치합시다2〉는 이러한 의견 수렴의 문제의 돌파구를 온라인 플랫폼을 통해 찾고자 했다.

제작진은 정해진 방송 시간 동안 다루지 못한 내용들을 유튜브 실시간 방송을 통해 소화했다. TV 방송과 유튜브 실시간 방송이 동시에 진행되다가 프로그램의 정규방송 시간이 끝나면, 유튜브 실시간 방송으로 계속 송출하는 방식이다. 시민들은 실시간 채팅창을 통해 제작진과 소통을 이어갈 수 있다. 실시간으로 참여하지 못한 시청자들도 댓글을 통해 프로그램 내용에 대한 자신의 의견을 남기며 지속적으로 대화의 참여가 가능하게 된 것이다.

하지만, 여전히 대화의 내용 면에서 아쉬움은 남아 있다. 패널들이 민심을 해석함에 있어 여론조사에 의존하는 면이 크다는 점이다. 1회 호남 편에서는 유시민 전 이사장과 전원책 변호사가 전주를 방문해 호남 시민들과 대화를 나누고 민심을 직접 살펴보기도 했다. 하지만, 이후 회차에서는 패널들이 여론조사 결과 속 숫자로 나타난 표심을 살펴볼 뿐이었다. 각 지역 시민들의 짧은 인터뷰 영상들은 여론조사 결과에 비해 덜 언급되었다. 유튜브 실시간 댓글도 패널들에게 질문을 던지는 정도의 대화 참여였다.

여론조사, 의존과 불신의 사이

각 언론 매체마다 여론조사에 대한 의존도가 높은 반면, 여론조사에 대한 불신 또한 팽배하다. 어떤 과정을 통해 여론조사 결과가 나오는지 많은 사람들이 모르고 있다는 점도 여론조사에 대한 불신에서 큰 비중을 차지한다. 여론조사 결과를 중심으로 패널들의 대화가 진행되는 〈정치합시다2〉는 여론조사 결과를 인용할 때마다 해당 조사에 대한 개략적인 정보를 제공한다. 조사 기간, 대상, 기관 등의 정보가 출처로 화면에 나타난다. 하지만, 시청자 입장에서는 이 정보만으로 어떤 수단과 방식을 통해 여론조사가 이뤄졌는지 알기 어렵다.

　'여론조사 리터러시'의 필요성이 대두되고 있는 만큼 〈정치합시다2〉에서도 휘발성이 강한 여론조사 결과를 전달하는 데 그쳐서는 안 된다. 시청자가 스스로 판단해 여론조사 결과를 해석해 나갈 수 있도록 돕는 것이 필요하다. 한 시민이 정치참여를 하는 동안 여론조사는 떼려야 뗄 수 없는 존재다. 여론조사 결과를 패널의 권위 등에 의해 받아들이지 않고 유권자가 주체적으로 해석하는 힘을 기르는 것이 중요하다.

누가 대선 레이스의 승자가 될까?

〈정치합시다2〉는 대선 일정에 맞추어 진행되었다. 'D-75', 'D-10'과 같이 대통령 선거를 얼마 남겨두지 않은 상황에서 프로그램은 민심의 흐름을 쫓아간다. 자연스럽게 프로그램의 주된 내용은 어느 후보가 대통령이 될 것인가에 초점이 맞춰졌다. 이 같은 대화의 흐름은 두 거대 정당, 더불어민주당과 국민의힘 후보에게 시선을 쏠리게 했다. 다른 군소 정당 후보의 선거 활동이나 공약 등에 대한 언급은 미미했다. 이는 마치 '어차피 대통령은 두 정당 중 한 곳에서 나오게 되어 있다'는 의식을 나타내는 듯 보인다.

하지만, 이 같은 모습은 다른 군소 정당을 지지하는 소수 유권자들의 의견을 등한시하는 것처럼 보일 수 있다. 패널들 사이의 대화에서 배제된다는 느낌도 받을 수 있다. 시간제한이 있는 방송 프로그램 특성상, 대통령이 될 가능성이 큰 후보들에게 더 많은 시간을 할애하는 선택과 집중은 자연스러워 보인다. 그러나 정치참여를 독려하는 프로그램에게 불필요한 모습이다. 대선이 끝나도 정치참여는 계속 이뤄져야 한다. 시민들의 정치참여를 이끌고자 한다면 작은 의견 하나도 놓치지 않으려는 노력이 필요하다.

선거 순위보다 정책 공약

프로그램 패널들은 여야 유력 후보의 지지율을 마치 스포츠 중계하듯 해설한다. 순위는 늘 사람들의 관심을 불러일으킨다. 특히 1등에 대한 관심은 가장 뜨겁다. 오디션 프로그램 등 예능에서도 순위를 나열하는 방식이 자주 사용되고는 한다. 회차마다 달라진 각 후보들의 지지율을 토대로 패널들은 지지율 등락의 원인, 캠페인의 문제점, 야권 단일화 여부 등을 지적한다. 분명, 누가 국가의 지도자가 될지 알아보는 것은 중요한 일이다. 하지만, 현재 한국의 경제, 사회가 직면한 현실, 각 개인의 삶 등과 선거가 어떻게 연관되어 있는지 짚어주는 것도 필요하다. 선거철마다 언론이 지적받는 '경마 중계식 보도'는 경계해야 한다.

수십 년 전부터 정책선거를 해야 한다는 목소리가 높았다. 하지만,

여전히 네거티브 전략으로 점철된 선거 양상은 계속되고 있다. 대선 후보들이 부동산, 저출산 문제 등 현재 한국 사회를 어떻게 판단하고 있는지, 어떤 공약을 내세우는지는 유권자들의 선택에 중요한 지표다. KBS 〈뉴스9〉는 올해 초 〈당신의 약속, 우리의 미래〉를 기획해 방송하기도 했다. 우리 사회에서 가장 중요한 의제가 무엇인지를 유권자들에게 직접 물어 10개 주제로 추려낸 것이다. 이를 통해 유권자들이 각 후보들의 공약을 비교·평가해 볼 수 있는 기회를 제공했다. 〈정치합시다2〉 또한 중계식 접근보다는 공약에 집중된 대화를 지향한다면 유권자들의 선택에 더 많은 영향을 끼칠 것으로 보인다. 선거는 끝났지만 정치는 계속된다!

〈정치합시다2〉의 출연진은 대통령 선거 개표방송에도 함께했다. 이 프로그램을 '대선 페이스메이커'라고 일컬을 만하다. 하지만, 선거가 아닌 '정치'를 하자고 외친다. 선거에 참여하는 것은 정치참여의 일부일 뿐 정치는 여러 형태로 계속되어야 한다. 프로그램에서 드러난 진영별로 나눠진 패널의 구성, 호남, 대구·경북 등 지역별로 구분된 각 회차는 마치 현재 한국 정치의 현주소를 보여주는 듯하다. 하지만, 〈정치합시다2〉는 이러한 현실을 보여주면서도 어느 한쪽에 치우치지 않고자 노력한 모습들이 보인다. 그중 대표적인 것이 대화의 방식이다. 패널들이 출처가 명확한 정보를 토대로 토론하고, 서로의 의견에 귀 기울이며 존중하는 모습은 정치 대화를 주저하는 모든 시민들에게 필요한 자세다. 〈정치합시다2〉의 '화기애애한 대화'가 한국 정치의 새로운 시작점이 될 수 있기를 기대한다.

MZ세대와 예능이 만나다

강내경

MZ세대와 예능의 결합

지금 우리 한국 사회에서 가장 주목받고 있는 'MZ세대'. 1980년대 초반
부터 2000년대 초반 사이에 출생한 밀레니얼 세대와 1990년대 중반부터
2000년대 초반 사이 출생한 Z세대를 통칭하는 용어다. 불과 2~3년 전까
지만 해도 낯설게만 들리던 이 용어는 어느새 일상 속 깊숙이 침투해 '요
즘 세대'의 대명사가 되었다.

오늘날 MZ세대는 소비의 주역으로 부상하며 사회 중심에 서게 되
었다. 그러한 MZ세대를 겨냥하거나 소재로 한 새로운 콘셉트의 예능
프로그램이 속출하기 시작하면서, 기성 예능들에 신선한 충격을 주고
있다. MZ세대를 향한 대중의 궁금증을 해소해 주는 것은 물론, 기성 예
능과는 다른 방식으로 신선한 재미를 함께 자아내기 때문이다.

현재 지상파 및 케이블 방송에서는 다양한 MZ세대 예능이 방영되는 추세다. MZ세대의 리얼 여행 버라이어티 예능 〈뿅뿅 지구오락실〉, '요즘 것들'이 살아가는 방식과 가치관을 관찰한 〈요즘 것들이 수상해〉, MZ세대의 소비 철학을 비추는 〈푸어라이크〉, 스마트폰 없이 일상을 살아가는 Z세대를 담은 〈Z멋대로 생존기, Z나 때는 말이야〉, 세계 각국 젊은이들의 삶과 관심사를 살펴보는 MZ세대 특별기획 〈내가 알아서 할게〉 등이 그 예다.

이 프로그램들은 디지털 환경에 친숙하고, 개인의 행복을 가장 중시하며 소비하는 MZ세대만의 특징을 드러내고 있다. 이는 사회적으로 MZ세대의 관심이 높아진 상황에서, 시청자의 이목을 사로잡으며 새로운 안방극장으로 자리 잡게 했다. 몇 가지 프로그램을 중심으로, MZ세대 예능에서 드러나는 특성은 어떠한 가치가 있으며 기성 예능과는 어떻게 다른지, 어떻게 보완되어야 하는지 분석해 보고자 한다.

넘치는 에너지, 색다른 리액션의 〈뿅뿅 지구 오락실〉

〈뿅뿅 지구오락실〉(이하 지구오락실)은 지난 6월부터 9월까지 tvN에서 방영된 나영석PD의 새로운 예능 프로그램이다. 지구로 도망간 달나라 토끼를 잡기 위해 네 명의 용사들이 시공간을 초월하며 게임을 펼치는 콘셉트로 '여행', '게임' 등 기존의 나 PD표 예능 프로그램의 테마를 고스란히 이어받았다. 그러나 주목할 만한 점이 한 가지 있다. 〈1박 2일〉, 〈신서유기〉 등 그동안 남성 중심으로 구성되었던 프로그램들과 달리, 〈지구오락실〉에서는 평균 나이 25세의 MZ세대 여성 출연진이 모였다는 것이다. 코미디언 이은지, 래퍼 이영지, 아이돌 가수 미미와 안유진의 조합은 신선한 충격과 재미를 안겨주었다. 〈지구오락실〉은 비드라마 부문 화제성과 동시간대 시청률 모두 1위에 오르고 유튜브 클립 조회수 수백만 회를 기록하는 등 그 인기를 입증했다. 자유롭고 솔직한 출연자들과 어찌할 바를 모르는 제작진의 케미스트리는 '세대 격차'라는 신선한 웃음 코드를 형성하며 MZ세대만의 색다른 예능을 선보였다.

먼저 MZ세대는 자유롭고 개방적이며, 수평적인 관계를 선호한다는 특징이 있다. 온라인 소통에 더욱 친숙한 이들은 나이나 직책에 대한 질서에 무딜 수밖에 없다. 특히 개인주의적 성향이 강한 이들은 타인의 취향을 존중하는 만큼 자신의 취향 또한 존중받기를 바라며, 수직적이고 일방적인 소통 방식은 거부한다. 〈지구오락실〉에서는 멤버들 간에 이러한 수평적 관계가 돋보인다. 1992년생부터 2003년생까지 아우르는 네 명의 출연진들 사이에는 서열이 존재하지 않는다. 기존의 남성 중심 출연자의 예능 프로그램에서는 나이나 경력 등으로 서열이 만들어졌고 리더 한 명이 동료들을 이끄는 구성이었다. 예로 〈신서유기〉에서는 강호동을 정점으로 형과 동생의 관계가 형성되며 적잖이 서열의 영향을 받았다. 그러나 〈지구오락실〉은 진짜 친구 같은 분위기에서 멤버들의 환상적인 호흡을 보여준다. 수평적인 분위기 속에 각자의 위치에서 끼를 분출하며 멤버들 간 최상의 조화를 이루고 있는 것이다. 특히 맏언니인 이은지는 나이 차를 강조하지 않고 동생 멤버들에게 허물없이 대하며 재미를 더했다. 넘치는 에너지와 흥으로 분위기를 압도하는 이영지와 걸크러시한 이미지와 달리 허당기를 발산하는 미미는 물론이고, 바르고 얌전할 줄만 알았지만 뻔뻔함과 상당한 예능감을 갖춘 반전 매력 안유진의 조합은 기대 이상의 시너지를 만들어냈다.

수평적 소통에 익숙한 멤버들은 제작진과의 갑을 관계도 깨부수며 새로운 웃음 포인트를 만들었다. 방송 경력 22년 차 나 PD에게 "PD님

몇 년 차예요?"라고 물으며 나 PD를 무릎 꿇게 하는가 하면, "노화된 제작진", "영석이형!"이라 부르며 스타 PD의 위상을 뒤바꿔 놓는다. 야심차게 준비한 게임이 분량을 뽑기도 전에 종료되고, 휴식 시간에 게임을 더 달라고 조르거나 음식을 건 게임에서 배부르다고 하는 등 넘치는 에너지와 스스럼없는 태도로 제작진을 쥐락펴락하며 그야말로 진땀을 흘리게 만든다. 흔히 예능에서 볼 수 있는 제작진과 출연진의 호흡 역시 바뀌었다. 그간 경쾌하게 '땡'을 외치며 출연자들을 난처하게 만들던 나 PD가 오히려 어린 출연자들에게 호되게 '역관광' 당하며 당황하는 모습이 잇따른다. 갑에서 을로 전락하는 제작진의 모습은 기존의 예능과는 다른 신선한 재미를 선사했다. 이는 그간 예능계의 고령화와 식상함에 지친 시청자에게 안성맞춤인 관전 포인트였다.

MZ세대의 또 다른 특징으로는 디지털 환경에 친숙하다는 것이다. 기술의 발달과 함께 유년 시절부터 디지털 환경에 노출되고 성장한 만큼, 디지털 활용에 능숙하며 신기술에 대한 수용과 적응이 빠르다. 흔히 디지털 네이티브라고 불리는 이들은 디지털 환경 속에서 자신을 기록 및 표현하고 온라인 유통시장에서 상당한 영향력을 발휘하기도 한다. 이러한 특징은 〈지구오락실〉의 또 다른 핵심 장면을 만들어냈다. 멤버들이 난도 최상의 미션을 디지털 기술을 활용해 30초 만에 해치워 버리며 기세등등한 모습을 보인 것이다.

제작진은 태국어로 식당 이름이 적힌 엽서 한 장을 남기며 제한 시간 안에 찾아오라는 돌발 미션을 건넨다. 태국어는 물론이고 태국 지리도 모르는 멤버들에겐 그야말로 곤혹스러운 상황이었다. 그러나 그들은 당황하지 않았다. 안유진은 태국 현지인에게 식당 이름을 소리 내어 읽어달라고 부탁하며 음성인식으로 번역을 시도하는가 하면, 텍스트를 촬영해 번역에 단번에 성공해 가뿐하게 식당을 찾는 데 성공한다. 식당까지 제작진이 없이 이동해야 했던 멤버들은 지도 앱을 능숙하게 활용하며 최적의 경로를 확인하고 막힘없이 이동한다. 촉박할 줄 알았던 시간은 현저히 많이 남았고, 제작진의 선물을 사 오는 여유까지 보였다. 어렵고 돌발적인 미션으로 멤버들을 골탕 먹이려고 했던 제작진들은 당황한 기색을 금치 못했다. 이에 이영지는 "그 시절이랑 다르다"라며 일침을 날린다. 이처럼 디지털 기술을 통해 정보를 습득하는 것에 익숙한 멤버들은 제작진에게 새로운 변수를 더해주며 기존의 예능 틀을 바꿔놓았다.

나아가 미디어에 익숙한 MZ세대 출연진답게 개인 영상을 촬영하거나 인증 숏을 남기는 등 다양한 SNS 콘텐츠를 만들어내는 모습도 여럿 담겼다. 이영지가 개인 유튜브 채널에 올리기 위해 방송 중 촬영한 '숨 참고 러브다이브' 뮤직비디오 콘텐츠는 조회수 1000만 회를 넘기며 화제를 낳았다. 방송 촬영 중임에도 자체 콘텐츠 제작에 푹 빠진 멤버들로 인해 제작진들은 기약 없이 대기해야 했다. 그리고 콘텐츠 제작에 열중하는 그들의 모습을 담은 〈지구오락실〉의 촬영본은 해당 뮤직비디오 제작 비하인드로서 또 다른 시각의 재미를 선사하며 시너지 효과를 냈다. 이처럼 출연자들은 제작진이 만들어놓은 시스템을 곧이곧대로 따라가지 않고, 주체적으로 행동하며 오히려 시스템을 압도해 버리는 모습으로 새로운 예능의 판을 깔았다.

MZ세대의 소비 철학이 고스란히, 〈푸어라이크〉

MZ세대는 공동체보다 개인, 특히 자기 자신의 행복을 중시한다. 그리고 가치가 있다고 느끼는 분야에서 적극적으로 소비하는 특징이 있다. 일시적인 만족일지라도 소비하는 순간 즐거움을 느꼈다면 그것이 곧 가치 있는 것으로 여긴다. 나아가 자기만족과 행복을 위해서라면 거금도 기꺼이 투자하는 플렉스(flex) 문화도 생겨났다. 특히, 심각한 경제 불황과 취업난, 팬데믹 등 사회경제적 위기를 겪으며 침체된 기분을 전환하거나 내적 공허함을 충족시키기 위해, 억눌려 있던 소비 욕구가 표출되었고 과감한 소비 성향은 더욱 굳건해졌다. 또한 MZ세대는 소비 행위에 다양한 의미를 부여하고 자신의 개성과 신념 등을 표출하는 수단으로 활용하기 시작했다.

채널A에서 방영된 〈푸어라이크〉는 이러한 MZ세대의 소비 철학을 반영해 "빚을 내더라도 빛나는 인생을 살고 싶다"는 출연자들의 라이프 스타일을 살펴본다. '푸어'란 자신의 경제적 상황과 맞지 않게 과소비를 하는 사람들을 비유하는 신조어다. 〈푸어라이크〉는 다양한 푸어족의 삶을 비추며 방청객 판정단에게 공감 표를 받아 최대 상금 500만 원을 얻는 토크쇼다.

푸어족들의 삶은 다양했다. 영혼까지 끌어 모아 집을 마련하고 경제적 어려움을 겪어 반지하 생활을 하는 하우스푸어, 자신의 수입보다 비싼 1억 3000만 원 상당의 슈퍼카를 구입하고 자칭 노예 생활을 하고 있다는 카푸어, 2년 동안 클럽에 쓴 돈만 6000만 원에 이르는 클럽 VVIP지만 택배 포장 일을 돕고 화장품도 빌려 쓰고 있다는 클럽 푸어, 600병가량의 위스키를 구입하는 등 총 1억을 투자해 홈 바를 차렸지만 현직 백수, 실업급여로 생계를 유지하는 위스키푸어, 1년 중 넉 달을 타기 위해 할부로 1억 원을 투자해 제트보트를 구입했지만 마이너스 통장을 메우지 못하는 제트보트푸어까지. 자신의 행복을 위해서라면 이중적인 생활도 마다하지 않았다. 티끌 모아 플렉스라는 독특한 소비 생활 방식으로 자신만의 삶을 즐기고 있었다.

플렉스하며 풍요롭고 행복한 순간을 누리다가도, 그 이면에서 푸어(poor)하게 살아가는 이들의 모습을 들여다보는 것은 시청자들의 이목을 단숨에 사로잡았다. 누구에게나 소비 욕구는 있지만, 지출 능력을 넘어선 과소비는 지양하는 것이 도덕적 규범인데, 생활고를 겪으면서도 화려한 삶을 사는 젊은 푸어족들의 독특한 삶은 그야말로 자극적이었기 때문이다.

MC들과 방청객 판정단은 시청자를 대변하며 푸어맨의 소비생활을 응원해 줄 것인지, 멈추라는 조언을 해줄 것인지 냉정한 판단을 내린다. 같은 MZ세대라도 푸어맨의 소비 방식에 동의하지 않는 등, 돈에 대해 솔직한 이야기를 나누며 서로를 이해하고 의견 차이를 좁히는 계기를 마련한다. 그러한 과정에서 '술', '자동차', '제트보트' 등 요즘 MZ세대가 빠져 있는 관심사나 취미생활들을 확인할 수 있었다. 그리고 자신의 소비는 타당한 이유와 가치가 있으며, 자신이 책임진다는 푸어족들의 자신감도 엿볼 수 있었다.

정작, MZ세대는 공감할까?

이처럼 MZ세대가 떠오르는 예능 소재로 자리 잡으며 그들의 특성을 조명하는 프로그램이 급증하고 있다. 이는 분명 MZ세대의 충분한 관심과 화제성을 끌어낼 수는 있었지만, 공감을 얻어내기는 쉽지 않았다. 한 예로, 〈지구오락실〉에서 확인했던 멤버들과 제작진 간의 수평적 관계는 예능 프로그램 특성상 오락적 요소를 위해 허용된 특수한 경우였다. 아무리 MZ세대라 한들, 실제 사회생활을 하면서 계급을 타파하고 수평적 관계를 실천하기는 어려운 것이 현실이다.

〈푸어라이크〉의 경우 역시, 실제 젊은 세대의 시청자들도 푸어맨들에게 공감과 응원을 보내기보다는 우려하는 반응이 대다수였다. 독특한 소비생활을 하는 극소수의 젊은 출연진들을 비추고 '요즘 세대의 소비 철학은 이렇다'고 일반화하는 것은 명백한 오류이자 실수다. 그저 우발적으로 신선했던 순간들을 MZ세대의 특징이라 틀 짓고 세대 간 격차를 두드러지게 하여 웃음을 유발하는 방식이 전부라면, 이 또한 머지않아 식상하게 보일 수 있다. 나아가 세대 간 차이를 강조하고 갈등을 조장하는 위험 요소가 될 수도 있다. 또한 관찰 카메라, 게임, 토크쇼 등 기존 예능 프로그램의 진부한 형식을 그대로 이어가면서 MZ세대의 다분한 공감과 지지의 목소리를 기대하는 것은 과한 욕심이라고 볼 수도 있다.

MZ세대는 정작 자신이 MZ세대인지 모른다. 어쩌면 어른들이 규정한 'MZ세대'라는 틀에 갇혀 그것을 따르도록 요구되는 중일지도 모른다. 더불어, M세대와 Z세대는 엄연히 다르다. 10대와 40대를 같은 세대로 묶는 것이 과연 타당한 것일까? M세대는 아날로그를 어느 정도 경험하고 PC를 접했다면, Z세대는 PC보다도 스마트폰을 더 빨리 접한 세대다. M세대는 유행에 민감하고 그것을 따르려는 경향이 큰 반면, Z세대는 취향에 부합하는 것들만 소비하려고 한다. 이렇게 조금만 들여다보면 두 세대 간 차이는 확고하다. 그러한 두 세대를 하나의 그룹으로 묶어 통칭하는 것은 정작 당사자들의 고개를 갸우뚱하게 만든다.

더불어 MZ세대는 대개 부정적인 이미지로 소비되는 경우가 많다. 가령 "자기중심적이다", "열정이 부족하다" 등의 오해는 자연스럽게 따라오기 마련이다. 이러한 사회적 인식 속에 MZ세대를 겨냥한 예능 프로그램은 공감을 얻어냈다고 하기도, MZ세대에 대한 편협적인 시각을 깨고 새로운 메시지를 던졌다고 보기도 어렵다.

MZ세대 예능, 기회를 잡아라

MZ세대가 주 활동 계층으로서 현재의 K-문화를 이끌고 있는 요즘, MZ세대의, MZ세대를 위한, MZ세대에 의한 예능은 쏟아져 나오고 있다. 그리고 그것들은 지금껏 볼 수 없었던 신선한 관전 포인트를 제공하며 기성 예능 판을 흔들어놓았다. MZ세대 특유의 주체적이고 능동적인 면모와 그들의 관심사, 라이프스타일 등을 공유하며 새롭게 부상하는 세대의 트렌드를 반영하고 새로운 리액션과 호흡을 만들어냈다.

본문에서 살펴본 예능 프로그램에서 MZ세대는 디지털보다는 아날로그에, 개인보다는 공동체에, 현재보다는 미래에, 개방보다는 질서에 친숙하고 가치를 두는 기성세대와는 확연히 구분된 특성을 보였다. 그러나 해당 프로그램들이 MZ세대도 공감하지 못하는 MZ세대의 특징을 강조하고 일반화할 우려를 낳은 것은 다소 아쉬운 부분이기도 했다. 특히나 전파력이 강한 미디어는 무분별하게 확산되는 MZ세대론을 경계할 필요가 있다. MZ 예능 프로그램은 MZ세대를 직접적으로 설명할 필요도, 그들의 모습을 확대해석 할 필요도 없다.

MZ세대가 향후 인구의 가장 큰 비중을 차지할 것으로 전망되는 만큼, 그들의 선호와 욕망을 읽어내는 것은 중요하다. 현재 제작진에게 주어진 숙제는 더 많은 청춘들의 공감을 불러일으키는 것이다. 세대 간 격차를 좁히고 경계를 허물며 공존의 메시지를 전달한다면, 시청층을 폭넓게 넓힐 수 있는 기회가 될 것이다.

우리는 모두 회색 양이다

SBS 〈검은 양 게임〉 비평

이윤석

흰 양과 검은 양

늦은 밤 무리에서 낙오되어 헤매던 어린 양인 당신은 우연히 다른 양들을 만났다. 다른 양들 모두 각자의 무리에서 낙오되어 길을 헤매다 만났다고 했다. 당신은 같은 양을 만났다는 반가움에 온종일 무리를 찾느라 힘들었던 얘기를 하며 어리광을 부린다. 다른 양들은 고생 많았다며 내일 날이 밝으면 함께 원래 무리를 찾자며 호의를 베푼다. 밤새 서로에 대한 궁금한 이야기를 나누고 함께 초원을 걷자 당신은 그들과 금세 친구가 되었다.

하지만 날이 점점 밝아오자 다른 양들이 슬금슬금 당신을 피하기 시작한다. 밤새 함께 나누던 우정은 어디 갔는지 어느새 그들은 당신에게 이만 무리를 떠나달라고 말한다. "날 떠나지 마! 우리는 친구가 된 게 아니었어? 함께 돕자고 했잖아!" 당신이 외쳐보지만 그들은 말한다. "우린 너와 함께할 수 없어. 우리는 남은 양끼리 서로 도와야 해. 모두를 다 도울 순 없어. 넌 우리와 다른 검은 양이잖아."

검은 양 효과는 집단의 결속과 유지를 위해 내부자 중 무리의 특성과 가장 먼 자를 일탈자로 간주해 처벌함으로써 남은 이들의 일체감을 강화하는 효과를 말한다. 양 무리 속에 있는 검은 양은 흰 양들의 결속력을 위해 희생되는 존재다. 검은 양을 밀어내며 흰 양 공동체의 일체감을 강화하는 것이다.

우리 사회에서 검은 양 효과는 생각보다 쉽게 관찰된다. 도널드 트럼프 미국 전 대통령은 미국인의 결속을 위해 이주민을 극도로 억제하고 탄압했다. 미국의 역사가 곧 이주의 역사였음에도 현재의 미국 시민 결속을 위해 아직 미국의 시민이 되지 못한 이들을 일탈자로 간주하고 처벌했다. 우리나라도 크게 다르지 않다. 장애인들이 이동권 보장을 요구하며 지하철에서 시위를 벌였을 때 일부 정치인들은 절대다수인 비장애인들의 편의를 해쳤다는 이유로 그들의 의견을 묵살하고 오히려 비난하기도 했다. 비장애인처럼 대중교통을 이용하고 싶다는 요구를 무시하고 시민이 불편을 겪었다는 사실에만 포커스를 맞춰 그들을 일탈자로 규정하고, 결속해 비난함으로써 장애인을 검은 양으로 만들었다.

우리는 이런 사회의 일면을 〈검은 양 게임〉에서도 찾아볼 수 있다.

우리 중에 다른 ×가 있어

SBS 〈검은 양 게임: 장르만, 마피아〉 4부작은 2030에게 익숙한 '마피아 게임'을 모티브로 한다. 마피아 게임에서 시민(흰 양)은 마피아(검은 양)를 찾아내 죽이면 승리한다. 마피아는 자신이 시민인 척하며 선량

한 시민을 마피아로 몰아 살해해야 하고, 시민은 그런 마피아를 찾아 모두 제거해야 한다. 일정 수 이상의 시민이 사망하면 마피아가 승리하고 그 전에 모든 마피아를 찾아내 죽이면 시민이 승리한다. 이 과정에서 모든 참가자는 누군가를 지목해야 하고, 다수의 선택을 받은 사람은 재판을 받아 다수결에 의해 생사를 판결받는다. 게임에서 사망한 사람은 더 이상 게임에 참여할 수 없다.

〈검은 양 게임〉이 보통의 마피아 게임과 다른 점이 있다면 참가자에게 각자의 코드가 존재한다는 것이다. 참가자는 #금수저, #N잡러, #금수저, #왕따, #LGBT, #핵인싸, #한부모가정 등 자신의 삶을 반영한 코드가 있다. 참가자들은 서로의 코드를 알지 못하고 특정 코드(검은 양 코드)를 가진 검은 양들을 찾아내야 한다. 진행자의 선택에 의해 마피아로 무작위 지목받는 마피아 게임과 달리 〈검은 양 게임〉에서 검은 양은 한 가지 공통된 특성이 있는 사람이다. 그동안 살아온 삶을 반영한다는 점에서 기존의 마피아 게임과 큰 차별점이 있다.

함부로 자신의 코드를 드러내는 것은 위험하다. 자신이 어떤 사람인지 최대한 숨겨야 의심을 피할 수 있다. 자신의 코드가 노출되었다면 그 코드가 검은 양 코드라고 의심받을 때 벗어날 수 없다. #페미니스트 코드를 가지고 있던 참가자 H(가수 핫펠트)는 참가자들이 #페미니스트가 검은 양 코드라고 의심하자 가장 먼저 용의선상에 오르기도 했다.

참가자들은 검은 양 코드를 찾기 위해 여러 게임을 통해 단서를 획득했다. 안젤리나 졸리와 일론 머스크의 사진, 〈스타크래프트〉의 셔틀, 촬영의 배경이 되었던 학교와 종소리까지. 그 모든 단서가 가리킨 검은 양 코드는 '왕따'였다. 검은 양 코드가 밝혀진 이후부터 참가자들은 서로가 왕따 피해 경험이 있는지 의심하기 시작했다. 트랜스젠더인 참가자 E(인터넷 방송인 풍자)를 성소수자이기 때문에 학창 시절 왕따를 당했

을 것이라 의심하기도 하고, 혹은 그저 자신과 연합이 된 사람들을 #핵
인싸 코드를 가지고 있더라도 왕따 출신일 수 있다며 의심했다.

결국 대부분의 참가자가 예상했던 트랜스젠더 참가자 E와 자신의
왕따 경험을 다른 이에게 실수로 말했던 참가자 D(사업가 김경훈)가 검
은 양이었음이 밝혀지면서 검은 양 게임의 승자는 흰 양으로 결정된다.
그 와중에 검은 양을 맞췄음에도 상금을 획득하지 못한 흰 양들의 모습
은 하나의 웃음 포인트가 되었다.

서바이벌을 가장한 사회의 게임

작년 웹 예능 〈머니게임〉, 드라마 〈오징어 게임〉, MBC 〈피의 게임〉까
지, 서바이벌 게임은 시청자들의 흥미를 끈다. 하지만 비슷해 보이는 서
바이벌 게임 콘텐츠에 시청자는 피로감을 느끼기도 한다. 〈검은 양 게
임〉은 형식에서 익숙한 마피아 게임을 사용했기에 뻔한 서바이벌 게임
콘텐츠일 수 있다. 하지만 형식이 아닌 내용 측면에서 매우 신선한 콘텐
츠였다. 출연자의 삶을 집중적으로 조명한 것은 다른 서바이벌 게임에서
쉽게 찾지 못했던 부분이다.

마피아 게임은 주 시청층인 2049 중 2030에게는 매우 익숙한 게임
이다. 마피아 게임을 잘 모르는 시청자층에게도 예시를 활용해 여러 번
설명해 주어 게임 룰에 대한 이해도를 높였다. 친절하게 게임 룰이 제시
되니 시청자는 굳이 룰을 이해하기 위해 큰 수고를 들이지 않아도 되었
다. 참가자 코드를 대부분 제시해 주니 각 참가자가 어떤 사람인지 대략
파악하기 쉬웠다. 긴 설명 없이 몇 가지 코드로 시각화하니 출연자의 캐
릭터 파악이 용이했다. 간단한 게임 방식과 시각화된 캐릭터는 출연자

의 삶에 시청자가 집중할 수 있는 환경을 조성했다.

〈검은 양 게임〉은 검은 양 코드였던 '왕따'가 어떻게 만들어지는지를 여실히 보여주었다. 일종의 모의실험과도 같았다. 누군가를 검은 양으로 몰아 자신은 살아남고 상금을 타가려는 모습은, 한 출연자가 이 프로그램을 평가했듯 "서바이벌을 가장한 사회의 게임"이었다. 어디선가본 것 같은 인터넷 기사, 누군가에게서 들은 것 같은 소문 때문에 출연자 H(가수 핫펠트)는 무리에서 배척당하고 검은 양으로 지목되어 게임에서 첫 번째로 탈락했다. 모든 단서를 추리해 흰 양의 승리에 기여했음에도 등장할 때부터 다른 참가자들과 빠르게 친해지지 못해 연합을 형성하지 못한 참가자 G(사업가 정재호)도 마찬가지로 탈락했다. 그는 탈락하며 "당신들은 왕따 가해자와 다를 것이 없습니다"라는 메시지를 남기기도 했다. 누군가를 떨어뜨려야 살아남을 수 있는 게임 속에서 명확한 증거가 없더라도 출연자들은 나와 같은 편이 아니라면 그들을 가볍게 배제하고 탈락시켰다. 힌트로 제시된 학교폭력 상담 번호 117, 학교라는 배경 공간, 각자 명찰에 표시된 사회화 지수, 메신저 친구 수 등 다양한 장치들도 왕따라는 주제를 잘 살리는 좋은 소재들이었다.

〈검은 양 게임〉은 우리가 가진 편견이 사람을 차별하고 검은 양으로 만드는 데 어떻게 활용되는지 잘 보여주었다. 왕따 경험이 있었는지서로 의심하는 과정에서 다른 출연자에게 "게이처럼 생겼다고 해서 왕따를 당할 수도 있었다"라고 말한 출연자도 있었다. 출연자들은 트랜스젠더 출연자 E(인터넷 방송인 풍자)는 성소수자라는 이유로 당연히 왕따를 당했을 것으로 추측되기도 했다. 각자의 사회적 특성이 다수의 것이아니라는 이유로 쉽게 그들을 배척하는 모습을 보여주었다. 왕따 경험이 있을 것으로 생각되는 사람을 또다시 왕따로 만들었다. 멋대로 검은양 코드라고 추측한 #입양가족으로 인해 어떤 출연자는 어느새 일본 사람처럼 취급되는 웃지 못할 해프닝도 있었다. 우리가 가진 편견이 얼마나 사람을 배척하고 차별하는 도구가 될 수 있는지를 보여주었다.

이런 상황에서 소수자는 살아남기 위해 두 가지 선택지 중에서 선택해야 했다. 당당하게 자신의 특성을 인정해 차별받고 불이익을 받거나, 의심받지 않기 위해 자기 자신의 특성을 부정하거나. 사회에서 수많은 사람의 편견 때문에 자신의 특성을 드러내는 것을 망설이는 사람이나 편견에 맞서 싸우기 위해 모든 불편을 감수하는 사람들을 생각하면, 의미심장한 대목이다.

우리는 어떻게 검은 양이 되는가

〈검은 양 게임〉은 '왕따'라는 사회적 함의를 담은 서바이벌 게임으로서 더할 나위 없이 높은 완성도를 보였다. 하지만 마피아 게임이라는 형식은 왕따라는 소재에 어울렸을지 몰라도 편견을 통해 왕따가 되는 과정을 드러내는 데 효과적이었다고 보기 어렵다. 오히려 마피아 게임이라는 형식에 잡아먹혔다는 생각이 들 정도다.

마피아 게임의 특성상 누군가를 마피아나 검은 양으로 몰아가는 모습은 이 사회가 왕따를 만들어가는 모습과 크게 다르지 않다. 하지만 검은 양을 찾아가는 과정에서 개개인의 서사에 관심을 두기보다는 각자의 특성과 코드가 사람을 묶는 하나의 범주로만 사용되었다는 느낌이 든다. 실제 사회에서는 마피아 게임처럼 자신이 살아남기 위해서가 아닌 그저 차별 그 자체로만 존재하는 차별도 많다. 누군가를 떨어뜨리기 위해 특정 코드에 해당하는 사람이 아닐까 몰아가는 방식은 그 코드가 가진 편견과 차별에 관한 사회적 함의를 담기에는 충분하지 못했다. 만약 이 코드가 #흙수저, #빚쟁이, #정신병력 등이 아닌 단순한 #A, #B, #C 등으로 표기되었더라도 큰 차이가 없었을지도 모르겠다. 자신의 정체성을 부정하고 거짓말을 해야 살아남을 수 있는 마피아 게임이라는 형식 속에서 개인의 특성은 제대로 드러나기 어렵다.

이러한 아쉬움은 게임 진행 방식에서도 잘 드러난다. 출연자들은 보물찾기, 지뢰찾기 같은 단순한 게임을 통해 힌트를 얻는다. 이 힌트는 검은 양 코드를 추리하는 데 도움을 주는 코드다. 다른 사람이 어떤 코드를 가졌는지 찾는 것이 아니라 검은 양이 무슨 코드인지 알아내기 위해 출연자들은 혈안이 된다. 개개인이 가진 특성과 그에 따른 편견 및 차별을 드러내고자 했다면 게임이 아닌 출연자 간의 대화가 방송에 더 많이 드러날 수 있도록 해야 했다.

자신은 #왕따가 아니라 #한부모가정 출신이었기 때문에 약해 보이지 않기 위해 운동을 하여 특수부대에 입대했다고 말하는 장면도 그저 검은 양이 아니라고 주장하는 과정에서 스치듯이 밝혀졌다. 오히려 사람들의 편견을 전시하는 꼴이었다. 말랐던 몸에서 특수부대원이 된 사람은 어떤 계기가 있었을 것이고 그것은 왕따를 당했기 때문일 것이라 의심한 것은 우리 사회가 가진 편견을 잘 드러낸다. 자신의 정체성이 어떠하든 그것을 숨길 필요가 없고 당당하게 드러낼 수는 있다. 그러나 마피아 게임의 특성상 그 정체성을 드러낼 수 없고, 출연자 개인의 서사에 집중한 코너가 아닌 단순 게임이므로 그들 인생의 서사를 좇아 이를 통해 편견과 차별을 찾아내는 과정이 드러나기 어렵다.

또한 〈검은 양 게임〉은 지나치게 자극적이다. 자신의 인생 전반이 담겨 있는 코드를 활용해 게임을 진행하므로 참가자가 굉장히 감정적으로 대응할 수밖에 없다. 참가자는 게임에서 탈락하지 않기 위해 자신의 과거를 드러내야 하고 자신이 겪어온 삶 자체를 부정해야 한다. 한 출연자는 자신이 왕따를 당했을 것 같다는 다른 사람들의 의심에 크게 분개하며 오열하기도 했다.

제작진이 〈검은 양 게임〉을 풀어가는 영상 방식도 꽤 자극적이었다. 탈락자를 진행 요원이 끌고 가 오물을 연상하게 하는 물을 부어버리는 것은 차별받는 이들을 배척하는 사회의 모습을 은유한다고 여겨지지만, 다소 폭력적으로 느껴지기도 한다. 한 출연자가 다른 출연자에게 한 "게이처럼 생겼다고 해서 왕따를 당했을 것이다"라는 발언을 방송에 내보낸 것도 마찬가지다. 3화에서 출연자 B(전 군인 고인호)는 모든 출연자가 서로를 왕따로 의심하는 상황에서 출연자 G(사업가 정재호)도 따돌림 당했던 경험이 있을 수 있다고 하며 해당 발언을 했다. 굉장히 논란이 될 수밖에 없고 출연자에게 크게 타격이 갈 만한 발언이었다. 하지만 4화에서 밝혀진 바로는 해당 발언이 있기 얼마 전 출연자 G는 다 함께 있는 자리에서 자신이 외국 학교에 다니던 시절 게이처럼 생겼다는 말을 자주 들었다고 했다. 이런 맥락에서 볼 때 성소수자라는 이유로 따돌림을 받았을 것이라는 편견에서 자유롭지는 못하더라도, 출연자 B가 성소수자에 대한 스테레오타입으로 다양성을 존중하지 못하는 사람이라는 비판을 듣지 않을 수도 있었다. 하지만 이를 한 화가 아닌 두 화로 나눠 방영하면서 논란이 될 만한 발언을 시청자 몰이용 소재로 사용한 것이 아닌지 의심이 든다.

결과적으로 〈검은 양 게임〉의 전체적인 흐름은 왕따라는 주제에는 부합했지만, 편견과 차별을 온전히 담아내기에는 부족했다. 마피아 게임이라는 형식은 출연자들이 가진 특성을 드러내기보단 그들이 가진 특성에 대한 편견을 전시하는 데 그치고 말았다. 남들과 다른 검은 양을 찾아내 배척하는 사회 속에서 그 과정을 담아낸 것도 충분히 의미가 있다. 하지만 차별은 결국 다수와 다른 소수에 대한 편견에서 시작된다는 점에서 편견이 형성되는 과정을 다루는 것도 매우 중요하다. 그러나 이를 다루기 어려웠던 형식에서 한계를 느낀다.

　　우리는 모두 회색 양이다. 흰 양이나 검은 양이 아니다. 회색 양들 사이에서 조금 더 희고 조금 더 검은 양이 있을 뿐이다. 하지만 우리는 조금이라도 더 어두운 양이 있으면 그를 검은 양이라고 부르며 무리에서 배척한다. 어딘가에 가면 당신도 검은 양이 될지 모른다. 이제는 누가 더 희고 검은지 따지는 것이 아니라 각자의 색을 존중하고 함께 살아가는 사회를 만들어야 하지 않을까.

이런 리얼은 사양하겠습니다

김현지

1. 요즘 리얼을 말씀드리겠습니다

MBC 〈무한도전〉으로 대표되는 리얼 버라이어티의 성공 이후 바야흐로 요즘 미디어는 새로운 리얼에 빠져 있는 것처럼 보인다. 과연 2022년 요즘의 리얼은 과거의 리얼과 어떤 점이 달라졌을까. 과거 미디어가 표방한 리얼이 게임의 행위자를 연예인으로 삼았다면 요즘 미디어가 주목하는 주체는 일반인 출연자로 점점 그 범위를 넓히고 있다. 전문 방송인이 아닌 일반 출연자는 시청자 입장에서 출연자에 대한 친밀감과 몰입도를 높인다는 장점은 있으나 언제나 편집을 사이에 둔 조작 논란과 시청자들의 비난에 따른 일반 출연진의 정서적 피해 호소라는 부작용을 낳아왔다. 특히 10대 일반인의 출연이 늘어나면서 리얼 예능에서 10대 일반인 출연자를 다루는 방식에 대한 비판 또한 일고 있다.

이러한 리얼 예능과 더불어 짚어봐야 할 리얼리즘은 드라마 내에 자리한 폭력적 리얼리즘이다. 드라마 장르가 다양해지고 연출의 퀄리티도 높아지면서 영상미학이라는 명분 아래 안전불감증에 가까운 액션 신과 폭력 장면 클로즈업 또한 빈번해지고 있다. 그 과정에서 부상을 당하는 대상이 사람뿐 아니라 동물로 확대되었고, 동물 출연 촬영물의 제작 윤리 기준 수립의 필요성을 부각시켰다. 리얼 예능의 또 다른 문제점은 리얼이 생명인 스포츠 예능에서의 조작 논란이다. 각본 없는 드라마라 불리는 스포츠와 리얼 예능이 결합한 스포츠 예능의 인기로 인해 요즘 연예인들은 자신들의 본업이 아닌 예능 속 스포츠 선수로 자신들의 매력을 뽐내고 있다. 시청자들 또한 그러한 연예인들의 고군분투를 보며 마치 경기를 관람하듯 함께 울고 웃었으나 일부 내용이 방송의 재미를 위해 조작되었다고 밝혀져 장르적 진정성이 퇴색된 바 있다.

이상에서 언급한 세 분야의 리얼은 방송 장르와 출연진 선정 측면에서 현 방송 콘텐츠에 반영된 소재의 다양성, 수용성의 다변화를 보여주지만, 그 다양성을 다루는 창작자의 태도와 감수성이 그에 발맞춰 가고 있는지 고민해 볼 여지를 남긴다.

2. 연반인과 소품 사이: 리얼 프로그램 속 10대 일반인 출연자의 위치

연반인이라는 말이 있다. 연예인과 일반인의 결합어로 리얼 예능에 출연한 일반인들이 연예인에 버금가는 인기를 누리는 요즘 세태를 반영한 신조어다. 과거에도 일반인이 출연하는 연애 버라이어티나 실험 카메라, 사연 프로그램들이 많았으나 과거 해당 프로에 출연했던 출연자들이 유튜브를 통해 당시 리얼 프로의 대다수가 각본이라고 밝힌 상황에서 과거 리얼 프로그램의 진정성을 진지하게 받아들일 사람은 없다고 본다. 역시 방송은 다 연출이라는 진리에 고개를 끄덕일 뿐.

다만 예능에 출연하는 일반인 출연자의 비중과 영향력은 예전과는 사뭇 달라졌다. 모두가 유명인이 될 수 있는 유튜브 시대에 발맞춰 일반 인들의 미디어 노출은 예전에 비해 문턱이 낮아졌고 미디어 노출에 대한 출연진들의 인식도 실보다는 득에 가까운 것으로 보인다. 유명세가 사회적 성공으로 연결되는 요즘 시대에 자신을 홍보할 수 있는 주요 창구로 리얼 예능이 자리 잡았기 때문이다. 남녀 솔로의 데이트 매칭을 담은 리얼 예능 〈나는 솔로〉와 〈환승연애〉, 〈돌싱글즈〉 등 연애 리얼리티에 나오는 일부 출연진은 연반인에 가까운 인기를 끌고 있으며, 방송 후 일반인 출연진의 과거와 과도한 상업적 행보 등이 도마 위에 오르기도 했다.

출연진 검증 문제는 일반인이 출연하는 리얼 프로그램이 늘 앓아온 고질병이기도 하다. 연예인들의 학폭(학교폭력) 고발 기사가 줄을 잇던 2022년을 뒤돌아보면 연예인도 아닌 일반 출연진들의 과거 검증이 100% 이뤄지는 건 불가능에 가깝다. 그렇기에 출연진 검증 문제는 제작진의 출연진 검증 시스템 체계화와 더불어 인플루언서를 희망하는 일반인 출연자의 자기 양심과 미디어 파급력 인식에 그 결과가 달려 있다.

다만 프로그램의 재미를 위해 악의적 편집, 자극적 편집을 남발하는 일은 별개다. 특히 출연진이 미성년자였을 때 더 문제가 된다. 개인 SNS 채널에 자신을 홍보하는 데 익숙한 10대들이 미디어 속에서 악역, 희화화의 대상으로 노출되었을 때 감당해야 할 비난과 그 대처 능력에 대해서 고려하지 않을 수 없다. 그렇기에 미성년자를 주체로 한 리얼 예능, 관찰 프로그램에서는 방송의 취지가 다양성에 대한 사회적 인식 제고와 유용한 정보의 전달에 있다 하더라도 이를 다루는 방송의 톤이 폭력적이진 않은지 세심하게 들여다볼 필요가 있다. 리얼이란 명분하에 출연진에게 과한 설정을 강요하진 않았는지, 그들을 소품처럼 다루지 않았는지 말이다.

지난 9월 KBS2 〈살림하는 남자들 시즌 2〉에서 중학생 다섯 명이 단체로 포경수술을 받는 장면을 방송에 내보내 시청자들의 뭇매를 맞았다. 포경수술의 장점을 전하고자 한 취지였고, 학생과 학생 부모님의 동의를 받아 수술을 진행했다는 자막을 넣었으나 미성년자 학생의 포경수술이 희화화 소재로 쓰였다는 비판을 면할 수 없었다. 관찰 리얼 예능을 표방하는 프로그램 특성상 출연진 아들의 포경수술을 다룬 점은 이색적이었으나, 이를 다루는 방식은 출연진의 인권을 고려하기보다 여과 없이 적나라했다. 아이들이 상의를 탈의한 채 줄줄이 수술대에 누운 모습은 아동 인권보다는 재미가 우선이라는 인상을 남겨주었다. 비록 출연 학생들의 수술 동의가 있었고 공중파에서 성교육이나 의학 지식을 진술하게 다루려 한 점은 이해하나, 이를 다루는 연출의 방식은 과도한 리얼이 불러온 불편한 노출에 가까웠다.

이와 더불어 10대에 부모가 된 고딩엄빠들의 일상을 다룬 리얼 가족 프로그램 MBN 〈고딩엄빠〉 또한 조작 논란에 휩싸였다. 이 프로그램의 기획의도는 10대에 부모가 된 고딩엄빠들이 겪는 경제적·정신적 문제와 가족 갈등을 보여줌으로써 미성년 부모에 대한 사회적 편견을 줄이고 이들을 응원하는 것이라고 한다. 방송 홈페이지에 고딩엄빠 후원 링크란을 만들어 이들을 도와주려는 취지를 드러내긴 했으나, 부부 사이에 막말, 생활비 갈등, 육아 문제 등 자극적인 설정을 중심으로 이들을 드러냈다. 한 출연자는 "편견을 없앤다는 취지라고 해서 촬영을 결심한 건데 오히려 편견만 키운 것 같아 씁쓸하다"라는 심정과 함께 방송에 과장과 조작이 있었음을 폭로한 방송 후기를 남겼다. 해당 회차가 끝난 후 출연진들의 철없는 행동을 꾸짖는 댓글과 함께 방송의 자극성에 대한 비판과 출연진들이 받게 될 상처를 우려하는 댓글도 올라와, 해당 방송의 취지와 이에 적합하지 않은 연출 방식이 시청자들의 피로감을 낳고 있음을 읽을 수 있었다.

시청자들의 몰입을 위해 자극적인 설정을 짜놓고 출연진의 행위를 조작하는 행위 외에도 미성년 출연진의 일부 행동이 미디어에 노출되었을 때 어떤 비판이 일지 알면서도 이를 방관하고 다음 회차의 흥미 요소로 활용하는 경연 방송의 스토리텔링 또한 리얼을 명분으로 한 잔혹 경연에 가깝다. 최고의 여고생 댄스 크루를 선발하는 Mnet〈스트릿댄스 걸스 파이터〉에서는 클루씨가 안무 교환 미션에서 상대팀에게 우스꽝스러운 안무를 전해주는 모습이 방송을 타 많은 네티즌들에게 악플 세례를 받았다. 다음 회차 방송에서는 클루씨의 멘토 라치카와 클루씨의 멤버들이 눈물을 흘리며 비매너적 태도를 반성하는 모습을 보였으나 이미 그때는 프로그램의 뜨거운 인기만큼 10대 여고생 클루씨의 멤버들이 온갖 악플에 시달린 후였다.

댄서라는 직업의 위상을 높인〈스트릿 우먼 파이터〉의 스핀오프로서 최고의 댄서를 꿈꾸는 여고생들의 당찬 도전과 재능을 보여주는〈스걸파〉의 제작 취지는 신선하고 훌륭했으나, 방송의 후폭풍을 최소화할 수 있는 게임 설정이나 이들의 실수를 감싸줄 어른스러운 편집은 역시나 애초부터 존재하지 않았다. 2011년 MBC〈나는 가수다〉에서 제작진과 출연진이 게임의 룰을 깨고 탈락자 김건모에게 재도전의 기회를 주는 장면은 당시 시청자의 공분을 샀지만, 10년이 지난 지금의 경연 프로그램은 리얼이라는 미명하에 어린 출연진들이 게임 속에 도사린 함정에 발을 헛딛고, 기꺼이 빌런의 역할을 해주길 고대하는 것만 같다.

이러한 흐름 속에서 과연 리얼 프로그램들은 우리 사회의 다양성과 다양성을 대표하는 구성원의 진짜 일상과 심정을 진지하게 담아낼 각오가 되어 있는 것인가, 이러한 이야기가 대중의 눈에 들기 위해선 자극적인 연출 외에 답은 없는 것인가 하는 의문이 든다. 연반인과 소품 사이에서 출연진들의 위치는 어디에 있는가. 특히 10대 출연진을 내세운 리얼 프로그램에서는 제작 윤리와 책임에 대해 더 엄격한 날을 세울 필요가 있다.

3. 리얼의 두 이름: 임이여, 그 선을 넘지 마시오

10대 일반인 출연진을 자극적으로 그려낸 리얼 예능, 리얼 다큐 외에도 과도한 리얼리즘으로 시청자를 충격에 빠뜨린 드라마 작품이 있다. 2022년 방송통신심의위원회에 가장 많은 민원이 접수된 KBS1 〈태종 이방원〉이다. 〈태종 이방원〉은 퓨전 사극이 홍수를 이루는 가운데 KBS가 7년 만에 부활시킨 정통 대하 사극이라는 점에서 방영 전부터 화제를 모았다. 사료와 고증에 충실한 이야기 전개, 주체적 여성관, 속도감 있는 편집, 화려한 영상미, 배우들의 열연이 돋보인 드라마였으나 극 중 이성계가 낙마하는 장면을 CG로 처리하지 않고 말의 다리를 와이어로 묶어 넘어뜨리는 방법으로 연출한 사실이 알려져 논란이 일었다.

전파를 탄 이성계의 낙마 장면이 CG로 연출되었다면, 구도상 박진감 넘치고 리얼하게 그려냈다는 평가를 받았을지도 모른다. 화면에 잡힌 말의 모습은 머리 방향으로 수직 낙하하는 듯했다. 한데 이러한 포즈가 말의 다리를 와이어로 묶어 머리부터 떨어지도록 의도한 결과물이며 결국 이러한 촬영 방식으로 인해 말이 죽음에 이르렀다면 이것은 리얼리즘을 앞세운 폭력에 해당한다.

　최근 영화나 드라마 속 낙마 장면은 CG 처리나 말 모형을 사용해 말이 다치거나 죽는 일을 사전에 예방한다. 대체할 만한 촬영 기법이 존재하는데도 실제 말을 이용해 리얼한 장면을 담아내려 한 점은 연출자의 선을 넘은 욕심에서 비롯된 것일까, 아니면 동물보호라는 신윤리에 대한 감수성을 저버린 그릇된 촬영 관행에서 비롯된 것일까. 영화나 드라마 촬영 현장을 한 번이라도 목격한 사람들은 더러 이런 말을 한다. 현장에서 보면 별거 아닌데 화면으로 보면 박진감과 긴장감이 넘친다고.

　드라마는 진짜가 아닌 이야기와 상황을 진짜처럼 보이게 만드는 기술자들의 콘텐츠다. 이야기의 긴장감과 몰입도를 높이기 위해 다양한 촬영 기법과 편집 기법을 사용하는 건 시각적 신선함을 선사하지만, 과한 리얼리즘 추구로 폭력 장면이나 부상 장면을 포르노에 가깝게 날것 그대로 노출하는 건 장면의 맥락에 담긴 자극을 최대치로 끌어올린 폭력 전시에 가깝다. 덧붙여 드라마 장르가 다채로워지면서 시청 연령 '19세 이상'을 달고 나오는 공중파 드라마도 많아졌다. 다루는 소재의 다양성을 떠나 장르적 리얼리즘이라는 명분하에 자극을 위한 자극을 전시하는 화면 전개와 리얼한 사운드 설정, 클로즈업 사용이 극의 몰입도가 아닌 눈요기를 높이는 기제로 남용되고 있는 건 아닌지 생각해 볼 문제다. 영상미학과 영상 고문은 백지 한 장 차이다. 특히 이러한 전시가 사람과 동물의 생명을 담보로 한 결과물이라면 가짜니까 넘어갔던 예술적 허용 기준을 넘어서는 시대착오적 연출에 가깝다.

　어쩌면 이러한 문제는 시청자들의 방송 콘텐츠 평가 기준이 다각화되면서 일어난 일인지 모른다. 결과물만 보고 콘텐츠를 평가했던 시청자들이 출연자나 제작진들의 폭로, 채널 팬덤 커뮤니티를 통한 의혹 제기 등을 통해 제작 과정에도 돋보기를 들이대기 시작했다. 제작진이 추구하는 리얼과 시청자가 추구하는 리얼의 온도차는 SBS 〈골 때리는 그녀들〉의 득점 순서 편집 논란에서 뚜렷이 드러난다. FC 구척장신과 FC 원더우먼의 경기는 〈골 때리는 그녀들〉 애시청자들의 큰 기대를 불러 모았으나 한 네티즌이 스코어 순서가 조작된 것 같다는 의혹을 제기했다. 결국 제작진은 사과했고, 피디 교체까지 이어졌다.

각본 없는 방송은 없다는 방송가의 전제를 염두에 둔다면 극적 재미를 위한 편집은 조작이 아닌 편집 재량에 가깝다. 다만 리얼 예능, 그것도 "각본 없는 드라마"라 불리는 스포츠를 결합한 스포츠 예능에서 시청자가 전제로 하는 건 경기를 대하는 선수들의 진정성과 그것을 포착해 담아내는 제작진의 객관적 시선이다. 시청자가 믿는 리얼 승부라는 기준에서는 득점 순서를 바꾼 일이 방송의 재미를 위한 편집 재량이 아닌 프로그램의 진정성을 해치는 조작으로 여겨진 것이다. 방송가가 내놓은 '리얼'을 둘러싼 논란에는 이렇듯 방송의 생리라 불리는 기존의 제작 관행 및 연출 방식과 시청자들의 높아진 시청 평가 기준이 대치하고 있다.

4. 리얼 승부: 결과물을 넘어 과정에 대한 평가로

ESG(환경, 사회책임, 지배구조) 경영이라는 말이 사회적 의제로 떠오른 지 오래다. ESG 경영을 놓고 수익 창출이 목표인 기업의 생리를 무시한 이상적 의제라는 혹평도 존재한다. 방송 또한 공정성과 공익성을 눈앞에 내세우지만 킬러 콘텐츠를 통한 수익 창출이라는 목적은 여타 산업 분야와 다를 바가 없다. 다만 제작 프로세스하에서 제작·보도 윤리에 대한 가치 비중은 마치 ESG의 유행처럼 더욱 높아지고 있다. KBS는 2020년 '방송 제작 가이드라인'과 '취재 보도 준칙'을 개정했고 소수자 차별 금지 대상을 확대했다. 〈태종 이방원〉 낙마 사건 후에는 곧바로 '방송 제작 가이드라인'에 동물 출연 조항을 신설했다.

이러한 가이드라인이 실제 제작 과정과 현장에서 얼마만큼의 강제성과 영향력을 발휘할지 알 수 없지만, 제작진의 노동 인권, 출연진 인권, 편집 윤리, 동물보호, 아동보호, 환경보호, 성차별 금지 등 다양한 사회적 가치가 충실히 반영되는 방송 프로그램이 늘어났으면 한다. 리얼이라는 타이틀과 그럴듯한 취지를 명분으로 선을 넘는 방송이 늘어나는 상황에서 시청자들의 항의와 비판 여론을 반영한, 요즘 시대에 걸맞은 제작 가이드라인 또는 제작 윤리 강령의 탄생을 기다려볼 일이다. 좋은 방송이란 무엇인가? 재미와 감동을 주는 방송이 좋은 방송일까, 시청자의 신뢰를 저버리지 않는 방송이 좋은 방송일까. 그리고 그 신뢰는 결과물의 만듦새에서만 오는가. 결과물의 평가에서 제작 과정과 제작 환경에 대한 평가로 그 범위가 확대될 수는 없는가. 이제는 좋은 방송에서 '진짜' 좋은 방송이란 무엇인지 제작 과정 전반을 들여다보고 평가할 수 있는 시상식이 하나쯤 생겼으면 좋겠다. 리얼 승부가 필요한 때다.

어서 오세요, 방구석 상영관에

JTBC 〈방구석 1열: 확장판〉을 통해 살펴본 콘텐츠 리뷰 방송의 지향점

이민아

현대인의 영화 감상법

스마트폰 보급과 함께 시작된 개인 미디어 시대. 온 가족이 TV 앞에 모여든 저녁 풍경은 어느덧 옛날이야기다. 이제는 나 홀로 밥을 먹으면서, 혼자 영화도 보는 시대가 되었다. 이는 오늘날의 영화 감상 트렌드다. 나 혼자 방구석에서 영화를 보는 것. 방구석 영화관 유행은 코로나19에 따라 더욱 가속화되었다.

　그래서일까, 어떤 영화 리뷰 방송 프로그램은 제목이 〈방구석 1열〉이다. 출연진이 모여 앉은 방구석 스튜디오, 시청자들도 마찬가지로 방구석에서 방송을 본다. 그리고 마치 방구석에서 영화 소모임을 하듯이, 출연진들의 개인 감상을 듣는다. 〈방구석 1열〉이란 제목에서 '방구석'은 콘텐츠를 감상하는 장소뿐만 아니라, 정겨운 소모임처럼 출연진들의 이야기를 경청한다는 의미도 담겨 있다.

여기서 중요한 점은 출연진들의 감상이 지극히 개인적이라는 부분이다. 시청자는 출연진의 개인적인 감상으로부터 공감을 느끼거나, 신선한 견해에 고개를 끄덕인다. 이 점에서 〈방구석 1열〉은 기존의 영화 리뷰 방송 프로그램보다는 유튜브의 영화 리뷰 영상과 닮았다.

방송사의 영화 리뷰 프로그램 대부분은 출연진의 주관이 제한된다. 출연자는 자신의 경험이나 지식을 선보이기보다는, 객관적인 줄거리 설명에 주력한다. 주관을 발휘하더라도 장면에 대한 짧은 감탄사가 전부다. 영화의 모든 이야기가 소개되지 않고, 결말을 제거한 맛보기 줄거리가 제시된다. 이 때문에 스토리 라인 전체에 대한 총평은 등장하기 어렵다. 시청자에게 영화 한 편을 깊이 이해시키기보다는, 조금 자세한 예고편으로 시청자의 영화 관람을 유도하는 데에 집중한다. 그러나 충분한 영화 관람 동기를 일으키고 있는지는 의문이다. 한 회차에 등장하는 영화는 많고, 각각의 작품에 할당되는 시간은 제한적이기 때문이다. 영화 한 편을 깊이 있게 소개하는 영화 리뷰 영상 유튜브와는 다르게, 다양한 영화를 얕게 소개하는 게 영화 리뷰 방송 프로그램들의 특징이라고 할 수 있겠다. 출연자의 주관은 최대한 배제한 채로 말이다.

그렇다면 유튜브의 리뷰 영상은 방송사의 것과 무엇이 다를까. 유튜브 리뷰 영상은 영화 전반에 대한 소개와 더불어, 유튜버 개인의 주관적인 해석과 다양한 사람들의 견해를 종합적으로 소개하고 있다. 아직 영화를 보지 않은 이들은 호기심에 유튜브 리뷰 영상을 시청한다. 보지 않고도 본 것과 같은 감상을 얻고 싶은 사람들은 주요 줄거리와 핵심 장면, 그리고 숨겨진 속뜻까지 배우고 싶어서 일타 강사(유튜버)의 리뷰 영상을 이용한다. 영화를 감상한 이들은 영화를 보다 깊이 있게 이해하기 위해 유튜브로 향한다.

이러한 지점에서 보았을 때 '영화 소개'에 더해진 '주관적인 해석과 해설'은 오늘날의 리뷰 영상이 갖추어야 할 필수 조건이라 할 수 있다. 그러나 방송사의 영화 프로그램들은 이 조건들을 충분히 만족시키지 못하는 실정이다. 그래서인지 영화 리뷰 영상을 보려는 이들 대부분은 유튜브를 찾는다. 방송사의 영화 프로그램들이 지위를 상실해 가고 있다고 보아도 무방할 것이다. 이러한 흐름 속에서, 유튜브의 영화 리뷰 영상과 닮아 있는 방송 프로그램 〈방구석 1열〉의 출현은 주목할 만하다.

영화가 보고 싶을 때, 방구석 상영관

〈방구석 1열〉의 특징은 프로그램 포맷, 출연진, 연출 방식의 세 가지 측면으로 살펴볼 수 있다. 먼저 프로그램 포맷을 살펴보자. 여느 영화 프로그램들이 그러하듯 두 영화를 선정해 비교 분석하는 '방구석 매치'가 주요 코너로 자리하고, 그 뒤에 비교·분석된 영화와 비슷한 영화들을 추천하는 '방구석 AI 추천 영화'가 이어진다. 그리고 마지막에 '오늘의 추천 독립영화'를 말없이 보여주면서 프로그램을 마친다.

게스트는 메인 코너인 '방구석 매치'의 테마에 맞추어 초청된다. 이때 게스트 구성 방식은 크게 두 가지 형식으로 구분할 수 있다. 하나는 '지식 기반 게스트 구성'이고, 다른 하나는 '경험 위주 게스트 구성'이다.

'지식 기반 게스트 구성'의 예시로 지난 2021년 11월 7일에 방영한 '코로나 특집'을 살펴보자. 해당 방송에서는 팬데믹이나 사회 혼란에 관련된 영화를 소개했고, 의료계 '명승권' 교수와 심리학 박사 '김경일' 교수가 출연했다. 명승권 교수는 팬데믹에 관한 의학 지식을 전하고, 김경일 교수는 사회 혼란 속 인간 심리를 심층적으로 해설했다. 영화를 보다 깊이 이해할 수 있도록 도와주는 전문 지식을 제공한 것이다.

'경험 위주 게스트 구성'에 관해서는 2021년 12월 5일 방송된 '청춘 영화 특집'을 이야기할 수 있다. 현대사회 속 어려움을 겪는 청년세대를 다룬 영화들을 이야기하면서, 수많은 좌절을 겪은 소설가 '박상연'과 청년 직장인이자 방송인인 '재재'가 등장했다. 두 게스트는 영화 속 청년들의 이야기에 공감하고 개인적인 경험을 소개해 주면서, 영화 속 인물들에 보다 깊이 빠져들도록 도왔다.

고정 패널에 대한 이야기도 빼놓을 수 없다. 가장 최근에 방영된 〈방구석 1열: 확장판〉에서 배우 '봉태규'와 감독 '변영주', 기자 '박상연'이 출연을 지속했고, 희극인 '유세윤'과 '장도연'이 새롭게 합류했다. 게스트뿐만 아니라 고정 패널의 직업도 무척 다양하게 구성되었음을 확인할 수 있다.

이렇듯 〈방구석 1열〉은 영화 자체에 대한 전문 지식을 전하는 데에 주력하던 영화 비평 프로그램들과 달리, 출연진의 지식과 개인 경험을 중시한다. 이 지점에서 보자면 '영화 비평 프로그램'이라기보다는 '영화 기반의 인문학 프로그램'처럼 보인다. 영화에 깊이를 더하고, 영화 바깥의 사회를 바라보는 관점에도 영향을 준다. 그래서인지 〈방구석 1열〉은 출연진들이 도란거리는 방구석 바깥을 창문 너머로 비추면서 끝난다. 방구석 상영관에서 영화를 관람한 시청자들을 영화 바깥의 현실로 돌려보내듯이.

최근 예능 시청자가 풍부한 인문 지식을 전달하는 '인포테인먼트'에 주목한다는 점에서, 〈방구석 1열〉이 다양한 인문 분야를 다룬다는 건 당연해 보이기도 한다. 유튜브의 리뷰 영상에도 '전문가 반응'이라는 테마로, 개인의 지식과 경험을 종합하는 리뷰 콘텐츠가 많다. 그러나 〈방구석 1열〉처럼 두 명의 게스트와 네 명의 고정 패널이라는, 총합 여섯의 출연자가 등장하지는 않는다. 이러한 측면에서 보았을 때, 풍부한 지식과 경험을 가진 출연진을 다채롭게 구성해 내는 일은 텔레비전 방송이 지닌 분명한 강점이라고 할 수 있겠다.

좌석은 방구석 1열

이 글은 유튜브와 텔레비전 방송을 비교하는 데에 목적을 두지 않는다. 그러나 오늘날 유튜브가 주요 미디어 플랫폼으로 자리매김한 점, 또한 〈방구석 1열〉과 같은 영화 리뷰 영상에서 유튜브가 특히 강세를 보인다는 점, 무엇보다 〈방구석 1열〉이 유튜브와의 상생을 추구한다는 점에서, 둘 사이를 비교하는 건 어쩔 수 없어 보인다.

〈방구석 1열〉이 추구하는 상생은 무엇일까. 여타 예능 프로그램과 마찬가지로 방송 내용을 편집해 유튜브에 업로드하는 건 물론이고, 방송에 유튜브를 활용하기까지 한다. 대부분의 영화 리뷰 프로그램에서 영화를 소개하는 일은 진행자나 리포터가 담당한다. 그런데 〈방구석 1열〉은 독특하게도 영화 소개를 유튜버에게 맡긴다. 유튜버를 출연시키는 것은 아니고, 유튜버의 영상을 활용한다. 영화 소개는 유튜버에게 맡겨두고, 출연진은 자료 영상에 리액션하는 데에 주력한다. 그 덕분에 출연진은 보다 마음 편히 작품 감상을 이야기할 수 있게 된다. 이러한 포맷을 갖추었기 때문에 출연진의 심도 깊은 인문 비평이 가능한 것인지도 모른다.

유튜브를 경쟁자로 생각해 상반된 노선을 걷거나 유튜브 콘텐츠에 동화되는 듯한 모습을 보이는 여러 프로그램들과는 대조적인 모습이다. 〈방구석 1열〉은 유튜브를 적극적으로 활용하면서도, 자료 화면과 출연자의 리액션이라는, 기존의 방송 프로그램에 친숙한 연출을 잃지 않았다. 영화 소개가 어디까지나 '자료 화면'으로 제공된다는 부분은 제법 중요한 지점이다. 특정한 사람이 영화 내용 전반을 소개하지 않고, 모두가 패널의 입장으로 참여하기 때문에 다양한 리액션이 가능해진다. 만약 누구 한 사람이 영화 소개를 담당했다면, 패널들의 리액션은 제한적이었을 것이다. 오디오가 물릴 수도 있으니 말을 자제해야 하고, 리액션은 모두 독백처럼 이루어졌겠다. 누군가의 리액션에 대해 진지한 토의를 시작하면 영화 소개의 흐름이 끊길 테니 말이다. 그러나 영화 소개가 자료 화면으로 구성된 덕분에, 패널들은 편안한 마음으로 저마다의 소감을 이야기할 수 있게 되었다. 여기가 자신의 최애 장면이라는 짤막한 이야기부터 시작해서, 이 부분에서 드러난 인간 심리가 어떠한지에 관한 깊은 분석까지. 출연진들이 장면마다 본인 감상을 남기는 것이 가능해졌다.

이 밖에도 〈방구석 1열〉에는 뉴미디어를 활용한 연출이 다수 보인다. 출연진의 감정을 묘사하는 자막은 해시태그 형태이고, 첫 출연하는 게스트는 ID 닉네임으로 소개된다. 오늘날의 리뷰 콘텐츠가 주로 유튜브나 블로그 등의 인터넷에서 많이 생산된다는 것을 고려했을 때, 〈방구석 1열〉의 연출은 적절해 보인다. 어찌 보면 프로그램 자체가 방구석 인터넷 영화 평론가들을 모아 대화시키는 것을 기본으로 삼고 있는지도 모르겠다.

방구석 밖으로 뻗어나가는 힘

〈방구석 1열〉은 유튜브뿐만 아니라, 한국 콘텐츠 전반과의 상생 가능성을 지니고 있다. 2022년 1월 16일 방영된 '연상호 감독 특집'에서는, 영화 감독이자 애니메이터인 연상호의 애니메이션 영화를 소개했다. 이때 그의 애니메이션을 소개하는 데에서 그치지 않고, 국내 애니메이션 시장의 주요 문제에 대한 날카로운 지적도 연이었다. "한국 애니메이션은 크리에이티브는 있는데 산업 구성이 덜 되었다", "산업을 지원해야 하는데 상업적인 지원만 계속되고 있다" 등의 국내 애니메이션 산업 전반에 대한 고찰을 덧붙이기도 했다. 시청자로 하여금 한국 애니메이션의 걸작을 맛봄과 동시에 국내 애니메이션 산업의 문제점에 대해서도 인식하게 만든 것이다. 앞으로도 〈방구석 1열〉이 극영화뿐만 아니라 애니메이션 또한 다루면서 국내 애니메이션 산업에 긍정적인 관심을 유도할 수 있으리라 기대된다. 이는 비단 애니메이션 산업에만 국한된 이야기는 아닐 것이다. 애니메이션을 넘어 영화 산업 전체에 관심을 집중시킬 수도 있겠다.

또 어떤 콘텐츠들과 상생을 도모할 수 있을까? 여기서 다시 유튜브 속 리뷰 영상으로 돌아가 보자. 유튜브에는 다양한 리뷰 영상이 존재하는데, 유튜버들은 영화만 리뷰하지 않는다. 영화뿐만 아니라 드라마, 웹툰 등 다양한 콘텐츠에 대한 리뷰를 진행하고 있다. 영화 프로그램들도 영화에 국한되지 않고 보다 풍부한 콘텐츠를 리뷰할 수 있으리라 생각한다. 〈방구석 1열〉도 콘텐츠 확장의 필요성을 인식했는지, 〈방구석 1열: 확장판〉에서는 넷플릭스 웹드라마 〈지금 우리 학교는〉을 다룬 바 있다. 코로나19 시기 영화 콘텐츠의 부진과 OTT의 부상에 발맞추어 이루어진 변화인지도 모르겠다.

오늘날 세계는 〈오징어 게임〉, 〈지금 우리 학교는〉 등의 K-넷플릭스 콘텐츠에 주목하고 있다. 국내에서도 높은 관심을 받는 것은 물론이다. 이렇듯 화려한 OTT 오리지널 콘텐츠와 드라마가 연이어 등장하는 지금, 리뷰 프로그램들이 시네마 콘텐츠에 국한될 필요는 없다. 사실 K-

드라마에 대한 국내외를 막론한 관심은 이전부터 뜨거웠다. 그런데도 드라마 리뷰에 주력한 방송 프로그램이 없었다는 사실이 오히려 놀랍다. 지금이라도 리뷰 프로그램들이 드라마뿐만 아니라 다양한 형식의 콘텐츠들을 다룰 수 있기를 바랄 따름이다. 그로써 시청자는 새로운 경험에 즐거워하고, 콘텐츠 시장은 보다 활기를 띠게 될 테니까.

방구석 상영관과 리뷰 콘텐츠

바야흐로 마이크로블로깅과 자기표현의 시대이다. 자기 의견 표출은 콘텐츠 비평 분야에서 가장 활발하다고 해도 과언이 아니다. 오늘날의 미디어 수용자들이 바라는 정보와 비평은 단순한 사실 전달 이상의 무엇이다. 그들은 감정과 경험을 요구하고 있다. 이에 〈방구석 1열〉은 출연진의 주관과 해석을 충분히 보여주면서 시청자의 요구에 응답했다.

다양한 미디어로부터 생산된 콘텐츠가 범람하는 요즘이다. 이제는 리뷰도 하나의 콘텐츠가 되었다. 그렇다면 리뷰 콘텐츠가 갖추어야 할 필수 요소가 무엇일지 고민해 보는 일은 무척 당연하다. 〈방구석 1열〉처럼 콘텐츠 리뷰에 필요한 역량을 고민하고 다양하게 시도하는 리뷰 프로그램이 더욱 늘어났으면 하는 바람이다.

청소년 불행 포르노도 '예능'일까요?

MBN 〈어른들은 모르는 고딩엄빠〉 비평

정서윤

엄마가 된다는 건

"엄마, 나 태어날 때 어떻게 태어났어?"

"엄청 대단하게 태어났지. 근데 그 순간은, 그게 기억이 안 난다? 그러
니까 그 순간이 기억이 안 나. 그러니까 죽을 둥 살 둥 한 거 같아. 낳고
나서 너무 오한이 와가지고 덜덜덜 떨렸거든. 담요를 세 장이나 덮어줬
는데도 추운 거야. 걸어서 입원실로 가는데 기미가 얼굴에 완전 까맣게
핀 거야. 깜짝 놀랐다니까."

2000년 11월 9일, 뉴스에서도 그해 가을 들어 가장 추웠다고 하던
날, 서른 살의 엄마는 동대문구에 있는 경희 의료원에서 무거운 몸을 억
지로 이끌고 일어서서는 한 발, 한 발 걸었다. 엄마가 일하던 직장에서

도 한참 멀었던 의료원까지 굳이 걸어가 낳겠다고 한 데에는 첫째를 제왕절개로 출산했을지라도 둘째는 자연분만을 하겠다는 엄마의 굳센 의지가 있었다.

　누구나 각자의 방식대로 대단하게 태어났을 것이다. 그렇지만 나는 내가 특별히 대단하게 태어났다고 기꺼이 말한다. 우리 엄마의 배를 빌려서, 전기톱 같은 고통을 딛고 선 엄마의 걸음에 힘입어 태어났으니까. 단순하고 보편적이지만 특별한 이유다. 톱질에 비유될 만큼이나 아픈 고통과 직접 아이를 낳아야겠다는 의지 사이에서 치렀을 엄마 스스로의 싸움, 편안한 쉼터에서 나와 아예 새로운 개체가 되겠다는, 나와야겠다는 사실을 몸으로 자각했던 나 스스로의 싸움.

　마치 자신의 마당 앞에 둘 생각이 없었던 가스 정압기가 반강제적으로 설치되는 일처럼, 당신이라는 개인의 공간에 다른 개체가 들어서게 되었다. 앉을 권리, 편히 쉴 권리를 포기하면서 두 명의 무게를 감당하며 걷는다. 단지 두 다리로 두 심장을 지탱한다. 당신이 받는 고통이라는 대가 덕에 나는 편안한 방 하나를 제공받았다. 한 명의 몸이 아닌 당신은, 아직 형체도 모르는 살덩이를 위해 밥을 밥답게 먹지 못하고, 잠을 잠답게 자지 못한다.

　원래 그런 거란다, 엄마가 된다는 건. 엄마의 무게는 서른 살이 되어도, 마흔 살이 되어도 버거운 무게인 것만 같다. 이 무게를, 고등학생이 견디기에는 너무나 버겁지 않을까.

허를 찌르는 부제: '어른들은 모르는'

다음은 〈고딩엄빠〉 MC 박미선의 오프닝 멘트다.

〈고딩엄빠〉가 이 〈고딩엄빠〉 친구들의 모든 행동을 지지하거나 정당화하자 이런 취지가 아니라 어찌 되었건 미성년자가 생명을 탄생시켰고, 탄생을 시킬 거고, 그 태어난 생명 자체가 당연하게 보호되어야 하는 게 마땅하잖아요. 그래서 이 아이들이 어떤 사연을 가지고 있고, 어떤 삶을 살고 있는지 저희가 한번 솔직한 모습을 들여다보는 시간을 갖도록 하겠습니다.

〈고딩엄빠〉는 2022년 3월 6일부터 지금까지 채널 MBN에서 방영 중인 예능 프로그램이다. 고등학생을 일컫는 '고딩', 그리고 엄마와 아빠를 합친 단어 '엄빠'의 합성어를 제목으로 삼았다. 제목에서도 직관적으로 드러내듯 〈고딩엄빠〉는 청소년기에 임신, 출산을 겪은 부모를 보여준다. 일요일마다 "대한민국 대표 엄마 아빠"라는 타이틀과 함께 코미디언 박미선과 가수 하하, 배우 인교진이 출연하며, 회차마다 심리상담가, 변호사 등의 전문가가 게스트로 등장한다.

프로그램은 현재 임신 중인 학생부터 아이의 엄마가 된 학생까지, '고딩엄빠'들의 일상 다큐멘터리 방영과 리액션하는 패널들의 모습들을 보여주는 방식으로 진행된다. 이해를 돕기 위한 재연드라마 영상도 제법 큰 비중을 차지한다. 남편 없이 아이를 키우는 청소년 엄마부터 살벌하게 싸우는 〈고딩엄빠〉의 모습까지, 쉴 새 없이 기저귀를 갈고, 청소를 하고, 아이를 안은 채 5층 계단을 오르내려야 하는 리얼한 현실들을 비춘다. '독박육아'와 양육의 고통은 얼추 공론화된 바 있는 육아의 현실이지만, 그 틈을 비집고 '엄마'와 '엄마의 엄마' 간 갈등이 들어오면서 이 이야기가 청소년의 이야기임을 뚜렷하게 감각하도록 한다.

프로그램 1회차에서 MC 인교진은 "고딩엄빠가 그렇게 많을까" 하는 의문을 제기한다. 이처럼 현실에 얼마나 많은 '고딩엄빠'가 있을지 생각해 보면 특수한 사례일 것 같다는 생각이 보편적이다. 하지만 보건복지부 자료에 따르면 한 해에 무려 918명, 그러니 거의 1000명에 가까운 청소년들이 아이를 출산한다. 그중 11명 정도는 15세 미만이라고 한다. 놀라는 출연진들의 반응에 방송은 "일반적이지 않은 특수한 사례"라는 자막으로 갈음한다.

이러한 자막은 조금 씁쓸한 여운을 남긴다. 대체 일반적이지 않은 특수한 사례란 무엇일까. 고등학생의 출산은 흔하지 않은 일일 것만 같다고 MC들이 언급했듯이 '고딩엄빠'들은 특수한 집단으로 인식되는 것이 보편적이다. 그러나 버젓이 여기, 존재하지 않는가. 청소년 출산 문제를 쉬쉬하는 풍조에서 벗어나 양지로 끌어올리는 것이 프로그램 〈고딩엄빠〉의 목적이 아닌가. 15세 미만의 출산 사례도 존재한다는 사실을 마치 가리려는 듯, 특수 사례라는 스티커를 붙이는 일이 마냥 반갑진 않다.

2018년 보건복지부의 청소년 건강행태조사에 따르면 평균적인 첫 성관계 연령은 13.6세다. 방송에서도 지적하듯 2020년 보건복지부의 청소년 건강행태조사에 따르면 10명 중 세 명꼴로 피임도구를 미착용한다. 임신하는 나이가 어려질수록 문제는 심화된다. 한창 자아를 확립하는 청소년기에 부모 역할을 하게 되면서 청소년 부모는 혼란을 겪는다. 또한 청소년의 부모들이 사회적 체면을 생각해 임신중절 합의서를 작성하는 부분도 언급한다. 실제 그 합의금 시세는 3억 원에서 5억 원을 오가는 거금이다. 거액의 합의금과 아이를 낳을지 말지 본인이 온전히 선택하기 어려운 상황에 처하는 아이들. 분명 존재하는 사례이나 이번에도 자막은 "일반적이지 않은 특수한 사례"로 갈음한다. 이쯤 되면 어른들은 사실 '모르는' 게 아니라 '모르고 싶어 하는' 것은 아닌지 의심스럽다.

청소년 출산 이슈를 양지로 끌어냈다는 점에서 프로그램 〈고딩엄빠〉가 도전적인 여정을 지나고 있음은 칭찬해 마땅하다. 그럼에도 취지대로 청소년 출산이라는 묵직한 이슈를 어떠한 방식으로 공론화하고 있는지는 면밀히 비판해 볼 필요가 있다.

매력적 리얼리티, 소극적인 해결책

10대에 부모가 된 고딩엄빠들의 다양한 이야기와 좌충우돌, 세상과 부딪히며 성장하는 리얼 가족 프로그램(〈고딩엄빠〉 프로그램 개요).

〈고딩엄빠〉에서 재연드라마는 청소년 부부의 서사에 몰입감을 부여하는 중요 역할을 담당한다. 비교적 유명하지 않은 배우들이 고등학생과 그 부모님의 서사를 연기함으로써 더욱 드라마틱한 연출과 다큐멘터리에의 몰입을 돕는다. 재연드라마가 총방송 분량의 절반을 웃돌기도 한다.

대표적인 육아 리얼리티 예능, SBS의 〈슈퍼맨이 돌아왔다〉를 떠올려 보자. 아빠들이 아이들을 양육하는 모습을 비추면서, 굳이 재연드라마라는 형식을 쓰지 않아도 충분히 한 편을 구성할 수 있었다. 프로그램 〈고딩엄빠〉에서 재연드라마가 꼭 필요했던 이유는 바로 청소년 출산의 가장 큰 고비는 출산 이전, 임신에서 출산까지의 과정이기 때문일 것이다. 청소년은 독립적인 선택을 하기에는 좀 더 어려운 환경에 처해 있기 때문에 아이를 출산하기까지 가족의 도움을 필요로 한다. 또한 갑작스러운 임신은 갑작스러운 이별과도 맞닿아 있기에 남편이 부재하는 경우라면 가족과의 합의가 더욱 절실하다. 그러나 엄마라면 청소년 자녀의 출산을 발 벗고 환영할 수는 없는 일이다. 재연드라마에서는 대개 덜컥 엄마, 아빠가 되어버린 자녀와 부모의 갈등을 다룬다.

서사를 재연드라마로만 설명할 수 있는 것은 아니다. 엄마와의 인터뷰, 엄마의 엄마와의 인터뷰 등을 통해 충분히 이야기 전달이 가능하기 때문이다. 그렇다면 〈고딩엄빠〉는 왜 재연드라마라는 방식을 선택한 것일까? 드라마틱한 서사 전달 기능을 통해 다큐멘터리의 집중도를 높일 수 있기도 하지만, 무엇보다 그것이 더 '재미있는 이야기'를 완성할 수 있기 때문이다. 실제 아이들의 사례를 몰입하기 쉽게 각색한 후 배우들을 출연시키고 하나의 드라마로 완성한다. 사실 출산에서 임신까지의 내용을 뒷받침하기에 드라마의 서사는 지나치게 자극적이고 단순하다. 이를테면 아이가 자해를 하는, 자칫하면 트라우마틱할 수 있는 사건도 칼이 직접 프레임 안에 들어오는 직관적인 장면으로 비춰진다.

물론 청소년의 임신은 경제적인 문제, 학업의 단절, 신체적·정신적 성숙도 등 다양한 문제들을 안고 있으므로 극단적인 갈등 상황이 터무니없는 것은 아니다. 다만 그러한 갈등 과정을 강조해 보여주는 것은 오히려 본질적인 문제보다 각 사례의 표면적인 문제 인식에 그치게 만든다. 프로그램은 '고딩엄빠'의 갈등이나, '고딩엄빠'와 그들 부모님 간의 갈등은 적극적으로 다루지만 어떻게 해결해 나가야 하는지, 준비되지 않은 출산을 줄이기 위해서는 어떤 것이 필요한지를 다루는 데에는 소극적이다. 회차마다 등장하는 전문가들도 사실상 화면에 보이는 '고딩엄빠'의 일상을 보며 짤막하게 일대일 심리 상담을 해주는 것에 그칠 뿐이다. 과연 "국민이 필요로 하고 관심을 갖는 내용을 다룸으로써 공적 매체로서의 본분을 다하고" 있는지 의문이 든다.

청소년 부부의 명예 보호는 어디에

방송은 타인의 명예를 훼손하여서는 아니 된다.
　　　　　　　　　　　　　　— 방송심의규정 제20조(명예훼손 금지)

방송은 사회적으로 소외받는 사람들을 다룰 때에는 특히 인권이 최대
한 보호되도록 신중을 가하여야 한다.
　　　　　　　　　　　　　　　　— 방송심의규정 제21조(인권 보호)

　　리얼리티라는 명목 아래, 프로그램 〈고딩엄빠〉는 부부의 사생활을
가감 없이 보여주고 있다. 음지에 있던 청소년 출산 문제를 공론화한 건
좋은 취지였으나, 과연 아직 성인이 채 되지 못한 청소년들의 사생활을
적극적으로 노출해도 되는지에 대해선 윤리적인 대책이 필요해 보인
다. '고딩엄빠'이기 때문에 출연한 청소년 부부들은 본인은 물론이고,
자식들까지도 얼굴과 이름을 모두 공개한 채 TV에 노출된다.
　　중요한 것은 출연하는 '고딩엄빠'들은 사회적으로 열악한 상황에
놓인 청소년 부부인 동시에, 일반인이라는 점이다. 일반인의 서사를 다
소 자극적인 형태로 방송에 내보내는 것에 비해 출연진 보호는 미흡하
다. 〈고딩엄빠〉는 부부 사이의 갈등을 지나치게 적나라하게 방영하기
도 했다. 시즌 1에서는 한 고등학생 부부의 살벌한 싸움이 그대로 방영
되었는데, 둘의 싸움이 실제로 칼을 드는 범죄로까지 이어진 사건이 있
었다. 해당 사건 이후 이 부부는 결별했다. 사건 직후 회차에서는 아내
와 남편 각각의 인터뷰를 보여주면서 상황을 수습하려는 듯했으나, 긴
장감 넘치는 음악과 함께 피해자 남편의 인스타그램 폭로 영상, 네티즌
의 댓글을 드러냄으로써 오히려 이러한 상황에 더욱 불을 지피는 것 같

다는 생각을 지울 수 없었다. 해당 영상은 12분가량으로 편집되어 공식 MBN 유튜브 계정에 업로드되었으며, 게다가 "최고의 5분: 고딩엄빠"라는 부제를 덧붙이고 있다.

〈고딩엄빠〉 시즌 2에서도 아내가 남편의 머리채를 잡는 장면, 서로 욕설을 주고받는 장면이 그대로 방영되기도 했다. 어디까지가 '리얼'이고 어디부터가 각본인지 알 수 없다고 하더라도, 이러한 장면을 편집하지 않고 내보내는 것은 윤리적·도덕적으로 부적절해 보인다. 앞서 말했듯 출연진들은 어린 나이에 부모가 되었지만, 방송인이 아닌 일반인이며, 보호받아 마땅한 청소년이다. 그러나 방송사 MBN은 이 자극적인 갈등 장면들을 유튜브 계정에 게시하고, 댓글 창도 막아두지 않은 상태다. 출연한 청소년 부부 개인에게 비난의 화살이 돌아가는 것은 자연스러운 수순이다.

자극적인 재연드라마에 이어 실제 범죄로 연결되었던 사건 이후의 영상을 "최고의 5분"이라는 부제를 달아 업로드하는 것, 그리고 청소년 출연진들이 메인인데도 유튜브 댓글 창을 막는 등의 추가 조치를 하지 않는 것. 이러한 방송사의 태도로 미루어보아 〈고딩엄빠〉 측은 출연한 청소년 부부들의 인권 보호보다는 여론의 관심과 극적인 재미 추구에 더욱 힘쓰고 있는 듯하다. 이는 "사회적으로 소외받는 사람들을 다룰 때에는 특히 인권이 최대한 보호되도록 신중을 가하여야 한다"라는 방송심의규정에도 어긋난다. 청소년 출산에 대해서 좀 더 건전한 공론화를 위해서는 출연진들의 인권 보호를 우선해야 한다. 각종 악플이나 인신공격, 명예훼손으로부터 출연진들이 보호받을 수 있도록 〈고딩엄빠〉 제작진들은 주의를 기울일 필요가 있다.

고단한 히어로물은 현재진행형

MC 하하는 프로그램에서 "아기가 아기를 키우는 것 같아요"라고 말한 적이 있었다. 그렇다, 고등학생이면 충분히 아기라고 불려도 될 만큼 어린 나이다. 아직 앞으로의 비전을 펼치기도 전에 찾아온 아기가 "선물이자 벌 같다"라고 말했던 청소년 엄마의 인터뷰가 와닿는다. 치열한 육아의 현장에 있다 보면 항상 아기가 사랑스럽기만 할 수는 없을 것이다. 제대로 걷지도 말하지도 못하고, 무엇이 위험한지 아닌지를 구분하지 못하는 아기를 돌본다는 것은 사실상 두 명의 몫을 다하는 것이 아니라 다섯 명의 몫을 스스로 하는 것이라고 해도 과언이 아니다. 그렇지만 방송의 몫까지 더해진다면, 고등학생이 무너지지 않기엔 버거울지도 모르겠다. "모든 엄마들은 히어로"라는 말은 사실 슬픈 말 같다. 그 누구도 태어날 때부터 히어로일 수는 없었을 것이다. 그저 부추기는 말에 히어로가 되어야 했을 뿐이다. 고단한 히어로의 삶은 네모난 프레임 안에서 오락으로 소비되고 말아야만 하는 것일까. 오락은 짧지만, 오늘도 그들의 고단함은 현재진행형이다.

소외를 들여다보는 사람들

최윤미

지난 2020년 7월, 국내 3대 미제 사건 중 하나로 꼽혀왔던 화성 연쇄살인
사건의 진범 이춘재가 재수사를 통해 검거되며 공식적으로 수사가 종료
되었다. 대한민국 1호 프로파일러 권일용 교수와 고나무 작가의 동명의
논픽션 에세이를 원작으로 하는 SBS 드라마 〈악의 마음을 읽는 자들〉의
마지막 엔딩은 다음과 같은 대사로 막을 내린다.

> 오랜 시간 동안 해결되지 않은 대성 연쇄살인사건[1] 범인이 어디선가
> 이 방송을 보고 있다면 꼭 전하고 싶습니다. 과학은 나날이 발전하고
> 있고, 이 세상에 완전범죄는 없다고. 그러니 반드시 잡힐 거라고.

---

1   여기서 대성 연쇄살인사건은 화성 연쇄살인사건을 말한다.

과학과 수사 기법의 발전으로 영원히 해결되지 않을 것만 같던 사건이 종결된 지 2년이 채 지나지 않은 지금, 이 드라마가 전하고자 하는 메시지는 명확하다.

〈악의 마음을 읽는 자들〉은 연쇄살인범을 쫓는 프로파일러의 이야기를 다루고 있다. 이 때문에 선과 악의 대립이 극명하게 나타난다. 그러나 범죄자를 쫓으며 악에 동화되어 가는 자신의 모습에 혼란을 겪는 주인공의 모습은 이 극명한 대립을 흐릿하게 하는 듯하다. 누구나 괴물이 될 수 있다는 대사 또한 이를 뒷받침해 준다. 그러나 우리가 명심해야 할 것은, 결국 선하기 때문에 고뇌하는 것이라는 점이다. 필자는 이러한 선과 악의 대립을 '이항대립'이라는 개념으로 설명하고자 한다. 여기서 이항대립이란 두 가지의 대립적인 요소가 한 짝을 이루는 것을 뜻한다. 또한 악을 들여다보며 혼란스러워하는 주인공을 '중도항'이라는 개념으로 설명하고자 한다. 여기서 중도란 원불교의 개념으로, 어느 한쪽에 그릇되게 치우치지 않고 가장 올바른 도를 행하는 것을 말한다. 이는 불의에 반대되는 정의의 개념이며, 견해나 사상, 행위가 올바르게 도에 부합될 때 중도가 된다.[2]

심연을 들여다보는 사람

〈악의 마음을 읽는 자들〉은 범죄자에게 초점을 맞추기보다 그를 쫓는 프로파일러의 이야기를 조명한다. '범죄행동분석팀'의 탄생과 권일용 교수

---

2 네이버 원불교대사전, "중도". https://terms.naver.com/entry.naver?docId=2114001&cid=50765&categoryId=50778(검색일: 2022.6.21) 참조.

를 모티브로 한 '송하영'(김남길 분)이라는 캐릭터가 우리나라 최초의 프로파일러로 거듭나는 과정을 인간적인 시선으로 그려낸다. 연쇄살인범들과의 면담을 통해 점차 피폐해져 가는 하영의 모습은 철저하고 냉철하게 범죄자와 '나'를 구분할 것만 같던 프로파일러를 향한 우리의 타자화된 시선을 거두게 하고 그의 고뇌에 공감을 불러일으킨다.

　극 초반의 송하영은 제 속내를 털어놓지도 않고 감정 표현도 잘 하지 않는다. 인간의 내면을 이해하고 공감하는 건 절대 할 수 없을 것처럼 보이지만, 사실 그는 누구보다 높은 감수성을 지니고 있다. 첫 화에서 하영은 어린 시절 물에 빠지는 사고를 겪는데, 그때 수장된 시신을 발견한다. 보통 아이라면 두려움에 떨었겠지만 그는 공포를 느끼는 대신 그녀의 손을 잡아주고 싶었다고 고백한다. 이렇듯 하영은 어떤 이들보다 인간의 심연을 들여다볼 수 있는 존재다. 사건이 발생하면 언제나 유가족부터 찾아가는 것처럼 늘 피해자와 유가족을 우선으로 생각하는 것도 하영이 타인에 대한 높은 감수성을 가졌기 때문일 것이다.

반대편에 선 존재

작중 하영과 대립하는 존재는 분명하다. 하영의 대립 항은 바로 연쇄살인범들이다. 그동안 대한민국 사회가 한 번도 겪어보지 못한 연쇄살인마의 연이은 등장으로 모두가 공포에 떨고 혼란스러워했던 2000년대의 실제 사건을 다룬 이 드라마는 아주 의식적으로 범죄자에게 과도한 서사를 부여하지 않으려 한다. 제작진의 이러한 의식은 인물의 대사를 통해서 반복되어 나타난다.

"부자들 불법으로 돈 벌고 여자들 몸 간수 똑바로 안 하고 공무원 벌레
처럼 사는 세상! 다 혼나야지. 내가 아니면 누가 그것들을 벌 줘?"

"마치 본인이 사회정의를 구현하는 것처럼 얘기하네. 본인한테 그럴
자격이 있어요?"

"뭐 자격이라기보다는 그냥 살인은 내 직업 같은 거지."

"직업?"

"누군가는 해야 할 일을 내가 하는 거지."

"그래서 너보다 힘없는 사람들, 약한 사람들만 골라서 그랬어? 그게 얼
마나 찌질한 짓인지 너 스스로도 잘 알고 있지, 구영춘?"

"뭐?"

"넌 그들을 벌할 자격이 없어."

"…… 그러니까 말 같지도 않은 합리화로 니 그 끔찍한 행위들을 정당
화하지 마. …… 구영춘, 너는 그냥 찌질한 살인자일 뿐이야."

특히 유영철을 모티브로 한 구영춘(한준우 분)은 불우했던 어린 시
절을 이야기하며 자신이 저지른 범죄를 합리화하고 그에 누군가는 해야
하는 일이라며 거창한 의미를 부여한다. 이에 하영은 분노하며 그를 그
저 찌질한 살인자로 전락시킨다. 드라마에서 서사를 갖는다는 것은 권
력을 갖는다는 것이다. '말'을 한다는 것, 자신의 이야기를 전할 수 있다
는 것은 그 기회를 얻은 것만으로도 권력을 가졌다는 의미다. 이 때문에
드라마상에서 어떤 캐릭터에 가할 수 있는 징벌은 서사를 빼앗는 것이
다. 이 드라마는 범죄자들의 비대해진 자아를 억누르고 발화의 기회를
제공하지 않는다. 작년 14.6%의 최고시청률을 기록한 〈빈센조〉(닐슨코
리아), 16.0%의 최고시청률을 기록한 〈모범택시〉(닐슨코리아)와 같은
사적 제재물이 큰 인기를 얻고 '사이다'라는 밈이 널리 사용되며, "그럴

만 했다"라는 정서적 공유가 보편화된 현재, 기어코 법의 테두리 안에서 벌하려 하고 범죄자의 행동에 납득할 만한 서사 부여를 지양하는 이 드라마는 이러한 우리 사회에 화두를 던진다. 악을 악으로 벌하는 것은 과연 우리에게 무엇을 남길까. 한 가지 분명한 사실은 그 어떤 것도 정당화될 수 없다는 것이다.

선과 악, 그리고 중도

> 괴물과 싸우는 사람은 자신이 이 과정에서 괴물이 되지 않도록 조심해야 한다. 만일 네가 괴물의 심연을 오랫동안 들여다보고 있으면 심연도 네 안으로 들어가 너를 들여다본다.
>
> — 프리드리히 니체

연쇄살인범들이 쏟아내는 오물을 온몸으로 받아내던 하영은 이들의 심리를 이해하기 위해 '그화되기'를 택한다. 언제나 자신보다 남을 더 생각하는 하영은 하루빨리 범인을 잡아야 한다는 조급함에 그들에게 빠르게 동화된다. 범죄 수법을 재연해 보기도 하고, 칼을 들고 사건 현장을 배회해 신고를 당하기도 하며, 종국에는 '내가 그들이라면'이 아닌 '나라면'이라는 가정을 통해 범인의 심리를 읽어내려 한다. 이렇게 자신과 대척점에 선 이들에게 가까워지던 하영은 이러한 자신의 변화에 혼란스러워하고 두려워한다. 남기태(김중희 분)와의 면담 후 거친 숨을 몰아쉬며 굽이진 도로를 운전하는 하영의 모습에 그동안 면담했던 살인범들의 모습이 오버랩되는 장면은 아무도 가보지 않았던 길을 위태롭게 걸어가던 그의 마음을 대변하는 듯하다. 그리고 그는 결국 자신만이 다치게 사고를 넘으로써 그 무겁던 책임에서 도망치듯 벗어난다. 아무에 게도 자신의 마음을 온전히 드러내지 않던 하영은 사고 후 병실에 누워 자신을 프로파일러의 길로 이끈 국영수(진선규 분)에게, 다시 돌아가고 싶지 않다며 사직서를 제출한다. 가장 두려운 건 자신이 그들처럼 되는 것은 아닌지에 대한 불안감이라고 고백하는 그를 자신이 그렇게 만들었 다는 죄책감에, 영수는 하영을 차마 잡지 못한다. 그렇게 하영은 깊이 침전한다.

그를 다시 수면 위로 끌어올린 것은 바로 피해자와 유가족, 동료들 이었다. 병원에서 자신이 맡았던 사건의 유가족을 우연히 마주한 하영 은 울화가 치밀어도 우리를 위해 노력해 준 사람들이 있어 버티며 살아 간다는 속내를 듣는다. 더 이상 누군가 소중한 사람을 잃지 않게 힘이 되어달라며 건넨 군고구마를 받아들고 병실로 돌아온 하영은 그 소중 한 마음을 삼킨다. 혼자 걷고 있는 줄 알았던 길이 누군가와 함께 걷는 길이었다는 것을 깨달은 것이다. 자신을 기다리는 동료들의 연락과 오 직 피해자와 그 가족만 생각하자며 수첩에 적어놓은 글귀, 그리고 유가 족의 진심은 하영을 진정한 프로파일러로 성장한다. 선과 악의 대립 항 속에서 악의 마음을 들여다보다 무너졌던 하영은 비로소 한 쪽에 그릇 되게 집착하지 않고 가장 알맞은 도를 행해가는 중도항으로서 스스로 를 자리매김한다. 하영은 이제 쉽게 흔들리지 않을 것이고, 흔들려도 잡아줄 존재가 있음을 안다. 마음속에 일던 혼란은 잠재워졌다.

시대를 살아낸 사람들에게

프로파일러라는 아무도 가지 않은 길을 걸어간 하영의 주변엔 좌천된 거 아니냐는 소리까지 들어가며 '범죄행동분석팀'을 만든 국영수와 여자라는 이유만으로 동료 형사들에게 인정받지 못하면서도 피해자들을 위해 머리카락을 길렀던 윤태구(김소진 분), 범죄자에 초점을 맞춰 자극적인 기사만을 쏟아내던 기자들 사이에서 피해자를 위하고 사회에 물음을 던지는 기사를 썼던 최윤지(공성하)가 있다. 이들의 공통점은 바로 소외와 싸우는 사람들이라는 것이다. 이들은 당시 사회의 보편적 정서에 반하는 지점을 하나씩 가지고 있다. 이 때문에 이들이 사회로부터 소외되는 건 어쩌면 당연한 일인지도 모른다. 그러나 이들은 끝까지 싸웠다. 덤볐고, 기어코 승리했다. 사회의 무관심이 만들어낸 괴물들을 상대하며 이들의 투쟁은, 자신들이 당한 피해 사실이 남의 일로만 여겨지며 이제껏 소외되어 온 피해자들에게 심심한 위로를 건넨다.

다만 아쉬운 점은 PPL이다. 최종회 방영 후 SBS 유튜브 채널에 미방송분 영상이 올라왔는데, 이 영상에는 각자의 방식으로 일상을 살아가는 범죄행동분석팀의 모습이 담겼다. 특히, 피해자들을 그림으로 그려 추모하는 정우주(려운 분)가 노트를 한 장씩 넘기는 장면은 피해자를 기억하고 위하겠다는 드라마의 일관된 태도를 보여준다. 그러나 이 장면은 본방송에 송출되지 않았다. 이렇게 여운을 남기는 장면을 빼고 PPL을 송출했다는 점이 조금 아쉽지만 유튜브를 통해서라도 공개했다는 점에서, 그것이 제작진들이 할 수 있는 최선이었으리라고 짐작할 뿐이다.

〈악의 마음을 읽는 자들〉은 우리의 무관심과 소외가 어떻게 우리 사회를 병들게 했는지를 보여준다. 드라마의 시간적 배경에서 꽤 많은 시간이 지난 현재, 우리가 살아가고 있는 이 사회는 어떻게 바뀌었을까? 사람마다 다르게 느끼겠지만 변하지 않는 사실은 타인을 살피는 관심이 우리 사회를 보다 더 나은 방향으로 나아갈 수 있게 한다는 것이다. 그렇기 때문에 이 드라마가 전하는 메시지는 지금도, 앞으로 오랜 시간이 지나더라도 우리의 가슴 한편에 깊게 자리할 것이다. 소외를 들여다보는 것은 이제 누군가가 아닌 이 사회를 살아가는 우리의 역할이다.

정상가족은 없다

MBN 〈고딩엄빠〉, 〈고딩엄빠2〉

신지원

〈아빠 어디가〉(2013)로부터 시작된 육아예능은 없어지지 않을 것처럼 그 기세를 굳건히 하고 있다. 정상가족 이데올로기를 기반으로 한 이 예능들은 마치 불야성을 이룬 것 같다. 이상적인 가족의 모습, 귀엽고 천진난만한 아이들의 모습은 보고만 있어도 어쩐지 사회에 안정되게 편입된 기분을 느낀다. 방송은 언제나 그런 완벽한 모습들을 조망한다. 현실적인 측면에 대해서도 보여주지만, 대개는 누구나 바라는 이상의 삶이다. 무의식중에 시청자들은 방송에 비친 모습을 희망한다. 이효리가 등장한 〈효리네 민박〉(2017) 이후 100만 명가량의 내국인 관광객이 제주도로 여행을 떠났다는 기사는 방송 속 비친 모습을 선망하고, 그렇게 행동하도록 하는 방송의 영향력을 보여주는 지표다. 이처럼 방송은 단지 재미를 유발할 뿐만 아니라 실제 사람들의 삶을 움직이는 힘을 가지고 있다. 그런 상황 속에서 계속되는 방송은 초점을 이제 완전히 사람들의 '삶'으로 옮겨온다. 연예인의 삶을 관찰하더니 완전히 밀착해서 작동하는 모습을 보여주기도 하고, 그들은 심적인 고민(남들에게 말할 수 없는 진솔한 고백)을 꺼내 들기도 한다. 물론 TV 화면 너머의 사람들은 그것이 꾸며진 일인지 진짜 현실인지 구분할 수 없지만, 적어도 보는 시청자들은 그것이 진실이라고 믿게 된다. 그러면서도 점점 초점은 이제 연예인이 아닌 비연예인으로 이동한다. 일반인들의 삶을 우리는 이전과 달리 다큐멘터리, 뉴스가 아닌 예능으로 확인할 수 있게 된다. 그 삶에는 우리와 정말로 맞닿은 현실이 있었고, TV 화면 너머에 진짜 사람이 있는 듯한 믿음을 시청자는 가지게 된다. 이제 텔레비전은 우리에게 연애와 결혼, 출산에 대한 진솔한 이야기를 꺼내 들기도 한다. 사회를 구성하는 가족, 그리고 가족을 형성하기 위한 필수 요소인 연애, 결혼, 출산 등에 대한 호의적인 시선은 계속해서 있었지만, 우리가 이토록 많은 육아 예능, 연애 리얼리티 프로그램에 이렇게나 노출된 적이 있던가. 사람들은 결혼율과 출산율이 떨어진 지금의 상황에서 등장한 MBN의 예능 〈고딩엄빠〉, 〈고딩엄빠2〉 프로그램의 진정성과 의도에 대한 고민을 시작할 수밖에 없다.

〈고딩엄빠〉, 〈고딩엄빠2〉는 우리가 흔히 보고 있던 정상가족 이데올로기를 찬찬히 부서뜨린다. 어린 나이에 부모가 된 계기, 어떻게 해서 아이를 가졌는지 재현, 그리고 현실 속 그들의 삶을 집에 설치된 많은 카메라를 통해 TV 화면으로 옮겨온다. 가부장제를 기반으로 한 대한민국은 오랫동안 고등학생의 섹슈얼리티, 임신, 출산에 대해서는 금기시하며 언급을 피했었다. 가끔 등장하는 모습은 대개 뉴스였고, 우리는 그러면서 '문제 회피'와 '과잉보호'를 이 지점에서 선택해 오히려 그들을 무지와 편견의 영역으로 들여놓은 것은 아닌가? 그런 고민에서 비롯되어 나온 듯한 프로그램인 〈고딩엄빠〉, 〈고딩엄빠2〉는 "아직 이른 나이에 부모의 책임감을 짊어진 고딩엄빠들! 새 생명을 포기하지 않고 기특한 선택을 한 이들의 실제 생활은 어떤 모습일까? 벼랑 끝에 선 고딩엄빠들이 어엿한 사회의 일원으로 성장할 수 있도록 응원하고 지지하고, 방법을 모색해 본다"라는 기획의도를 내세우며 어린 나이에 임신, 출산, 육아를 경험한 그들을 카메라 앞으로 데려온다. 사회적으로 오랫동안 소외되어 온 그들이 내부로 진입할 수 있도록, 인식의 변화를 꾀하자는 것인데, 실제로 이 프로그램은 그 반대로 기획의도에서 벗어난 채 오히려 가부장제·정상가족 이데올로기를 공고화하고 그것을 신성화하는 데 더욱 박차를 가한다. 더불어 고딩엄빠의 '아이들'이 아닌 부모를 진정으로 응시하고 있는지 의문이 든다. 그 지점을 함께 살펴보고자 한다.

기괴한 이데올로기의 공고화와 신성화

프로그램 〈고딩엄빠〉, 〈고딩엄빠2〉는 복지의 사각지대에 놓여 있는 미혼모, 이른 나이에 아이를 가져 결혼까지 이르게 된 가족들을 조망함으로써 다양한 사회적 가족 구성을 방송으로 직접 비춰 보여준다. 그들이 누릴 수 있는 복지제도에 대해 조언해 주기도 하고, 필요한 법적 자문을 통해 그들이 자신의 삶을 지탱할 수 있도록 도움을 제공하기도 한다. 기획의도와 맞물려 잘 작동하고 있는 듯한 이 프로그램은 정작 내부로 진입하게 되면 미세하게 난 균열들이 눈에 띈다.

이 방송의 MC들은 전부 정상가족 이데올로기를 대표하는 인물들의 일부다. 박미선과 하하의 배우자 역시 연예인이며, 그들은 방송에 여러 차례 얼굴을 비친 바 있다. 특히나 MC인 인교진은 2016년 KBS 〈슈퍼맨이 돌아왔다〉(2013~) 방송을 통해 이미 그들의 안정된 가정을 방송으로 보여주기도 했었다. 그러나 〈슈퍼맨이 돌아왔다〉는 방송을 통해 계속해서 정말 이상적이지만 모두가 보편적으로 가질 수 없는 안정된 가정만을 골라 보여준다는 점에서 이미 여러 차례 질타받은 적이 있는 프로그램이다. 그 프로그램에서 예능의 이미지를 쌓은 배우 인교진은, 이 방송에 등장해서 다른 MC들과 함께, 고딩엄빠들을 계속해서 기특해한다. 젊은 나이에 아이를 가지고 책임감 있는 모습에 대해서, 그들이 가족을 잘 부양하거나 살림하는 모습에 대해서. 그들의 삶은 너무나 손쉽게 평가되고 지적당한다. 그들이 〈고딩엄빠〉의 삶을 지적할 수 있는 권리를 부여받은 것은 MC이기 때문이겠지만, 그 내부를 파고들면 그들이 계속해서 정상가족 이데올로기를 대변하는 주체로 방송 프로그램이나, 그들의 SNS에 등장하기 때문이다.

이 지점에서 프로그램이 불편해지기 시작한다. 다양한 가족의 면면을 비추기 위해 등장하지만, 정작 정상가족을 둔 MC가 이들을 평가하고, 이러한 가족 형태의 위태로움을 부각시킨다. 특히나 〈고딩엄빠2〉에 이르러서 더욱 심해진다. 〈고딩엄빠2〉에서는 〈고딩엄빠〉보다 더욱더 다양한 가족의 형태가 제시된다. 그 과정에서 너무나 손쉽게 가족들은 이미지화되고 자극적으로 소모된다. 그들이 지금 어린 나이에 가족을 구성했다는 이유로 너무나 손쉽게 평가당할 수 있는 대상으로 여겨지고 있는 것은 아닌가?

물론 프로그램 속 MC나 스페셜 게스트 등은 그들의 선택을 응원하기도 한다. 그러면서도 "자기 자식은 안 된다"라는 단호한 태도, 자기 자식에 대입하면 억장이 무너지는 기분을 느낄 것이라는 이중적인 태도를 보인다. 어린 나이에 임신, 출산, 육아를 겪고 있는 일반인 출연자들을 앞에 두고 할 만한 적절한 이야기라고는 볼 수 없다. 이러한 태도를 두고 물론 통쾌하다고 말하고, 당연하다고 말하는 시청자들도 있겠지만, 한편으로는 그들의 상처에 대해 우려를 표한다.

물론 대다수 가정이 부정적인 삶을 살고 있는 것은 아니다. 그들은 스스로 자신의 삶을 꾸려나가는 모습을 보이기도 한다. 하지만 그들은 부모에게 직접적으로 도움을 요구해 함께 살고 있는 등 온전히 독립된 한 인간으로의 모습을 보여주지 않는다. 이러한 과정에서 프로그램에 비치는 가족상을 보고 사람들은 내심 일반 가정을 신격화하게 된다, 마치 저들은 정상 가족이 아니라는 듯이.

아이가 아닌 너의 삶은

〈고딩엄빠〉 1화에서는 이 프로그램의 방향성을 다음과 같이 제시한다.

> 〈고딩엄빠〉 방송이 이 친구들의 모든 행동을 지지하거나 정당화하자는 취지가 아니라 어찌 되었건 미성년자가 출산하는 현실. 태어난 아이는 보호받아야 마땅하다. 이들의 일상과 사연을 통해 〈고딩엄빠〉들의 현실을 파악하자는 취지이다.

여기서 아이러니가 생긴다. 그들의 현실을 파악할 때 부모로서가 아닌 한 개인으로서 그들의 삶은 어디로 증발했는가. 고딩엄빠에서는 그들의 삶을 촬영하고 있지만, 정작 미성년자 부모의 삶은 어떻게 지켜졌는가에 대한 언급은 등장하지 않는다. 잠시 학습권에 대한 언급을 하고 있지만(〈고딩엄빠〉 4회) 단지 그뿐이고, "방학 때 출산을 하게 되어 다행"이라는 문구로 넘길 뿐이다. 게다가 촬영 당시 이미 성인이 되어 지금의 생활을 지켜내는 모습만이 보인다. 아이를 낳은 부모인 그들도 결국 우리 제도권 내에서 보호받아야 할 대상임은 분명하다. 그러나 초

338

점은 아이와 그들의 위태로운 생활에만 맞춰진다.

이 프로그램의 주체는 〈고딩엄빠〉임에도 자세히 바라보면 그들은 아이에 관해 집중하는 모습이다. 이른 나이에 출산을 하게 되면 망가지는 미성년자의 건강 문제는 제기되지 않을 뿐만 아니라, 출산 말고도 남아 있는 선택지인 임신중절에 대해서는 거의 부정적인 이미지를 부각시킨다. 물론 그들이 출산을 택했기에 임신중절에 관해서 부정적인 측면을 강조할 수 있는 문제이지만, 과도하게 임신중절 수술을 고통스럽게 묘사한다. "듣기만 해도 힘든 임신중절 수술 과정"이라는 자막과 함께 아이를 긁어낸다는 이야기와, 흐뭇해하는 청소년 성상담가의 얼굴을 줌인 한다.

물론 〈고딩엄빠〉뿐만 아니라 다른 방송에서도 임신중절과 관련해 부정적인 이미지를 고수하고 있다. 2020년 12월 31일 이후 낙태죄는 효력을 잃게 되었고 임신중절은 더 이상 처벌할 수 없는 행위다. 그럼에도 유난히 이에 대해 부정적인 이미지를 그려낸다. 낙태에 관해 한국 사회가 부정적인 입장을 고수하기 때문인데, 실제 여성이 낙태를 하는 비율을 보면 청소년 낙태율보다 기혼여성의 낙태율이 더 높다고 볼 수 있다.[1]

tvN의 드라마 〈우리들의 블루스〉(2022)에서도 고딩엄빠가 등장한다. 전교 1~2등을 다투는 방영주와 정현은 교제를 하다 아이를 가진다. 영주는 임신 사실을 깨닫고 산부인과에 임신중절 수술을 상담하러 간다. 그 과정에서 아이의 심장 소리를 들은 영주는 "피임을 잘 했어야지"

---

[1] 실제 여성이 낙태를 선택하는 이유를 묻는 질문에 "이미 자녀가 있기 때문에"가 51.6%로 가장 높았고, 그다음으로는 "아이를 키울 만한 경제 형편이 못 되는 것 같아서"(41.2%), "건강이 나빠질 것 같아서"(31.9%), "자녀의 터울 조절을 위해서"(23.7%), "맞벌이라 양육의 어려움이 있어서"(18.3%), "일이나 공부에 방해가 될 것 같아서"(14.0%) 등이 주요 이유로 나타났다는 점이 유의미하다. 김채윤, 「여성 인권으로서의 임신중단권」, ≪이화젠더법학≫, 10(2018), 220쪽.

라는 타박도 듣는다. 결국은 주위의 도움을 받아 아이를 출산하지만, 방영주의 선택권보다는 아빠인 정현의 설득이 억압적으로 작용한다.

　낙태에 관해 한국 사회는 지나치게 보수적인 태도를 보인다. 이 과정에서 태어날 아이는 중요하게 여겨지지만, 정작 그 아이를 가진 '여성'에 대해서는 아이가 태어나기 전부터 어머니로서의 자세를 강요당하는 느낌이다. 그들은 삶에 대해 보장받지 못하고 있다. 〈고딩엄빠〉에서도 마찬가지다. 그들의 삶을 존중하기보다는 아이를 낳았다는 사실에 대해 대견해할 뿐이다.

나오며

〈고딩엄빠〉, 〈고딩엄빠2〉에서 우리는 다양한 가족상을 목도했다. 우리 사회에서 오랫동안 외면당한 그들에 관해 우리는 안타까워했고, 한편으로는 그들이 TV 화면에 나온다는 것에 부정적인 태도를 보였다. 물론 그들에 관해서 결코 긍정적인 입장만 나올 수는 없을 것이다. 실제로 폐지 요구가 쏟아지고 있는 시청자 게시판을 보면 더욱 그렇다. 다만 사람들은 등장하는 이들에게 돌을 던지기보다 프로그램에 직접 돌을 던지기 시작했다. 무엇이 문제인지를 파악한 것이다. 우리는 너무나 많은 이데올로기를 강요당한다. 무엇이 옳고 그른지는 본인이 판단해야 함에도 불구하고 이미 방송은 너무나 많은 필터를 통해서 우리에게 이것이 옳고 그르다라며 의견을 강요한다. 〈고딩엄빠〉, 〈고딩엄빠2〉 또한 그런 측면에서 너무나 많은 편견을 우리에게 강요하고 있는 것은 아닌가. 사회가 요구하는, 방송에서 아름답게 그려지는 정상가족은 현실에서 존재하지 않는다.

그림자에서 주체로!
판을 까니, 멋있는 언니들이 춤춘다

이미정

2021년 늦여름, 대한민국을 들썩이게 할 프로그램 하나가 등장했다. '대한민국 최고의 스트리트댄스 크루를 찾기 위한 리얼리티 서바이벌 프로그램'을 표방한 〈스트릿 우먼 파이터〉(이하 〈스우파〉, 2021.8.24~10.26, 9부작)는 등장부터 강렬했다. 코로나 팬데믹으로 문화 공연이 줄줄이 취소되는 상황에서 '춤'이라는 격렬한 소재를 전면에 내세운 것도 놀라운데, 여성 댄서(우먼)라는 대상에 '스트릿'과 '파이터'라는 단어를 덧붙이니 더욱 이색적인 조합이 되었다.

'악의적인 편집'으로 뒷말이 많던 Mnet의 경연 프로그램 포맷에 새로운 내용을 채워 넣은 기획에 우려를 표하는 시청자들도 많았다. 하지만 이러한 걱정은 그저 기우에 불과했다. 방송이 전파를 탄 뒤, 대중의 반응은 즉각적이고 가히 폭발적이었다. 매회 방송이 끝나면 수많은 소셜미디어와 인터넷은 그녀들에 대한 이야기로 도배되었고, 해당 프로그램이 방송되는 기간 내내 '비드라마 화제성 1위'를 굳건히 유지했다. 방송이 끝나고 약 1년의 시간이 지난 지금까지도 프로그램에 출연했던 댄서들에 대한 관심과 인기는 계속되고 있다.

어떤 이유로 시청자들은 '스우파'에 이토록 열광했을까? 이 글을 통해 몇 가지 관점에서 〈스우파〉의 매력 포인트를 짚어보고자 한다.

보이지 않던 그림자를 주체로 세우다

내가 그의 이름을 불러 주기 전에는

그는 다만

하나의 몸짓에 지나지 않았다.

내가 그의 이름을 불러 주었을 때

그는 나에게로 와서

꽃이 되었다.

— 김춘수 시인의 시 「꽃」 중에서

〈스우파〉는 댄서라는 직업에 대한 대중의 인식을 크게 전환하는 데 성공했다. 그동안 댄서는 이른바 '가수를 빛내기 위한 존재'로 여겨졌고, 성공한 소수를 제외하고는 전문 직업인으로 존중받지 못했다. 더욱이 여성 댄서에 대해선 '예쁘고 섹시한' 여성이 '쇼적인 볼거리'를 위해 무대에 서는 것이라는 수준의 인식이 팽배했다. 하지만 조명에서 비껴 있던 이들에게 스포트라이트를 비추니, 그녀들의 진면목이 드러나기 시작했다.

단 몇 분의 무대를 위해 며칠을 고민하고, 여러 명이 합을 맞춰 수

342

십, 수백 시간 동안 땀 흘리며 하나의 무대를 완성해 가는 과정은 경이롭고 감동적이었다. 화려한 무대 뒤에서 누군가 감내해야 했을 수많은 땀과 눈물, 그 인고의 시간들을 되돌아보게 했다. '센터'가 아닌 '가장자리의 아무개'에 관심을 갖자 그녀만의 이야기, 새로운 서사가 눈에 들어왔다. 그동안 누구도 불러주지 않았던 이름을 부르자, 그녀들은 새로운 의미가 되어 우리에게 다가왔다. 보이지 않았던 그림자가 당당한 주체로 우리 앞에 서는 과정을 지켜보며, 모두가 응원하고 함께 기뻐했다. 그녀들은 존재 그 자체로 반짝였고, 멋있었다.

누군가의 길이 되기 위해, 기꺼이 무대에 서다

〈스우파〉에 출연하는 8개 크루(팀)와 리더들이 공개되었을 때 이른바 '춤 좀 아는' 사람들은 꽤나 놀랐다. 춤에 대해 문외한인 일반인들은 상금이나 인지도 때문에 나온 댄스그룹 정도로 여겼지만, 출연자 대부분은 업계에서 손꼽히는 전문가들이었다. 어떤 이들은 "각자의 영역에서 심사위원으로 손색없을 이들까지 다 나와 필드에 섰다"라며 어려워진 공연계를 걱정하며 한탄했다.

　방송의 인기 덕분에 이제는 개개인의 이력과 스토리가 많이 알려졌지만, '댄서들의 댄서' 모니카와 '배틀계의 뮤즈' 립제이(프라우드먼), '대한민국 걸스 힙합의 역사' 허니제이(홀리뱅), 2019 NBC '월드 오브 댄스(WOD)'에서 4위를 하며 제니퍼 로페즈의 극찬을 받은 아이키(HOOK), 세계적인 댄스 팀 '저스트 절크' 최초의 여성 멤버 출신으로 수많은 인기 케이팝(K-POP) 가수들의 안무를 짠 슈퍼루키 리정(YGX)까지, 각자에 대한 수식만으로 한국 댄스계의 여성 서사를 정리할 만한 전설의 인물들이 무대에 올랐다.

　　방송과 방송 이후의 인터뷰를 통해 전해진 그녀들의 각오와 의지는 그 결이 같았다. "지금의 내"가 빛나기 위해서가 아니라, 뒤를 따라올 "후배들에게 길이 되어주기 위해" 그녀들은 모든 걸 내려놓고 무대에 섰다. 그녀들의 멋진 퍼포먼스를 보고 같은 박자에 몸을 들썩이며, 이 땅의 수많은 소녀들이 '미래의 댄서'를 꿈꾸었을 것이다. 생존이라는 벽에 부딪혀 자신의 꿈을 입 밖으로 내지 못했던 많은 이들이, 꿈을 향해 한 발짝 내딛을 용기를 얻었을 것이다. 〈스우파〉의 인기에 힘입어 몇 달 뒤 전파를 탄 〈스트릿댄스 걸스 파이터〉(2021.11.30~2022.1.4, 6부작)는 그 수많은 꿈들의 일부를 확인하는 기회이자 확실한 증거였다.

끝내 포기하지 않은 그녀들의 열정이 결실을 맺다

서두에서 잠깐 언급했지만, 전 세계를 덮친 코로나 팬데믹 상황은 대중과 무대를 중심으로 돌아가는 공연계엔 더욱 치명적이었다. 수많은 공연이 줄줄이 무산되고, 경제 한파를 이유로 새로운 기획과 투자는 외면당했다. 많은 문화 공연계 사람들이 설 무대와 일자리를 찾지 못하고 무대를 떠난 이들이 생계를 위해 택배나 배달 기사를 한다는 기사가 이어졌다. 하지만 이러한 상황에서도 꿈을 포기하지 않고, 연습을 이어가는 이들의 이야기는 우리에게 큰 감동과 울림을 주었다. '남들이 뭐라 하든 자기가 하고 싶은 일을 계속해 나가는' 그 우직함과 정직한 땀방울을 우리는 믿었고, 힘찬 응원을 보냈다.

　　메인도 아닌 서브로 인식되는 댄서들에게 그 시련은 더욱 가혹하게 다가왔을 것이다. 하지만 자신이 사랑하는 춤을 포기하지 않고 투잡,

스리잡을 뛰면서 버틴 그녀들의 열정과 노력은 마침내 성공이라는 꽃을 피웠다. 무대를 잃어버린 댄서들과 긴 팬데믹 상황에 지쳐가는 대중을 위해 역발상으로 '댄서들을 위한 무대'를 기획하고, 안전하게 촬영을 이어온 제작진의 노고에도 고마움을 전하고 싶다. 덕분에 그 여름은 신나고 짜릿했으며, 누군가에겐 힐링의 시간이 되었다.

잘 봐, 언니들 싸움이다! 리더십과 우정이 빛나다

〈스우파〉가 서바이벌 형식으로 기획된 프로그램이다 보니 "경쟁", "싸움", "배틀", "탈락" 등 자극적인 단어가 늘 따라붙었다. 사전에 공개된 예고편에서 Mnet은 그동안 여러 서바이벌 프로그램을 통해 쌓은 역량을 내보이며 '매운 맛'을 예고했다. 약자를 지목해 떨어뜨리는 '노 리스펙트' 배틀을 시작으로 강자의 선택에 따라 순위와 생존이 결정되는 계급미션에서 살아남기 위한 신경전과 눈치 싸움, 맥락은 생략된 채 비방과 욕설로 점철된 인터뷰 영상까지. "춤으로 패는 여자들", "여자들의 춤 싸움"이라는 문구를 대놓고 홍보하며 '여성'들의 '거친 싸움'을 강조하는 선정성 속에서도 이 프로그램이 타 오디션 프로그램들과 차별성을 보일 수 있었던 건 '멋진 언니들' 덕분이었다.

제작진이 파놓은 함정들을 요리조리 피해가며 '약자'가 아닌 '라이벌'을 지목해 멋진 경연을 벌이고, 치사한 수를 쓰기보다는 실력이라는 정공법으로 위기를 돌파하는 그녀들의 선택은 매 순간 빛났고, 감동적이었다. '실력'과 더불어 이 프로그램의 또 다른 성공 비결은 '서로에 대한 존중(리스펙)'이었다. 이기지 못하면 프로그램에서 하차해야 하는 부담감 속에서 그녀들은 결정적인 순간에 모든 걸 벗어 던지고 철저히 '춤'

으로 맞붙었다. 서로를 향해 야유하고 빈정대다가도 음악이 시작되면 눈빛부터 달라졌다. 무대에 선 순간, 힘든 시간을 버티며 이 길을 걸어온 상대 댄서에 대한 존중과 애정을 담아 함께 무대를 누볐다. 압도적인 춤 실력과 존중을 기반으로 그녀들은 경쟁을 넘어 매회 전설의 무대를 만들어냈다.

프로그램 이후에도 많은 이들에게 회자된 명언 중 "잘 봐, 언니들 싸움이다!"라는 허니제이의 말은, '경쟁'을 떠올리게 하는 표면적인 의미와 거리가 멀다. 그녀는 이후 인터뷰를 통해 "배틀 때문에 속상해서 우는 친구들도 있었다.…… 다들 힘들어해서 '얘들아 좀 즐겨'라는 마음이었다"라고 그 속뜻을 털어놓았다. 유독 무섭고 센 언니 캐릭터로 부각된 모니카가 자신을 워스트 댄서로 지목한 상대에게 내뱉은 "제 얼굴 똑바로 보세요"라는 말 역시, 화면상에선 경고하는 무서운 선언처럼 보였지만, 그 속뜻은 '누구와 맞붙더라도 위축되지 말고, 더 당당해져야 한다'는 의미의 격려였다고 한다. 이와 같이 프로그램 전반에 걸쳐 촘촘히 깔린 '여성들의 리더십, 열정, 의리, 우정'의 코드들을 놓치지 않고 읽어낸 시청자들은 더 환호하고 열광할 수밖에 없지 않았을까?

주체적인 여성들의 공간이 더 필요하다!

'주체로 우뚝 선 그림자 노동'에 대한 관심과 더불어 '몸 쓰는 여자들'에 대한 열풍이 합쳐지면서 대중의 반응은 그야말로 폭발했다.

'세상이 예전과는 다르다'고 하지만 여전히 '여성들의 공간'을 주장하는 목소리를 비난하는 이들이 존재한다.[1] 앞에서 한껏 칭찬한 〈스우파〉의 메인 CP가 〈스우파〉의 후속작 격인 〈스트릿 맨 파이터〉 제작발표회에서 "여자 댄서들에게 질투와 욕심이 있었다면, 남자 댄서들에게서는 의리와 자존심 대결을 볼 수 있었다"라는 성차별적인 발언을 하는 해프닝이 있었다. 이 발언이 논란이 되자 Mnet 측은 사흘 만에 "(방송의) 핵심 가치인 '편견을 깨는 새로움'에 맞지 않은 발언"이라며 사과를 했지만, "〈스우파〉는 여성 댄서들의 리더십과 우정을 보여줘서 크게 히트했는데 CP가 그것을 깎아내리고 있다"라는 비판에서 완전히 자유로워질 수는 없었다.[2] 이 사건이 방송계 전반에 걸쳐 여성들에 대한 편견과 선입견이 얼마나 뿌리 깊은지, 다시 한번 성찰해 보는 계기가 되길 바란다.

기계적 균형을 넘어(아니, 우선 기계적인 균형만이라도) 현재의 기울어진 운동장을 바로 세우고, 함께 즐기기 위해선 지금보다 더 많은 공간들을 만들고 확장하려는 노력이 필요할 것이다. 이러한 노력은 방송 제작진의 책무이면서, 우리 시청자의 권리이자 의무다. 많은 이들의 노력으로 이어나갈 방송계의 크고 작은 변화를 기대하고, 진심으로 응원한다.

판만 잘~ 깔아주세요. 신나게 놀 준비는 얼마든지 되어 있으니까요!

1   "남학생의 운동장 전유를 지적했다가 온라인상 폭력으로 두번의 휴직을 한 초등학교 선생님", ≪한겨레≫, 2022.8.26. https://m.hani.co.kr/arti/culture/book/1056281.html.
2   "'여자 댄서는 질투와 욕심', '스맨파' CP 발언 사과에도 부정적", ≪미디어오늘≫, 2022.8.29. http://www.mediatoday.co.kr/news/articleView.html?idxno=305587.

익숙함에 속아 불편함을 잊지 말자

〈스물다섯 스물하나〉 속 미성년자와
성인의 사랑에 대한 불편함을 중심으로

이유림

1. 서론

1998년 IMF 사태로 꿈을 잃은 청춘들의 방황과 성장을 그려낸 드라마, 〈스물다섯 스물하나〉. 희도와 유림의 서사, 승완과 지웅, 이진까지 함께 한 풋풋한 우정 이야기, 그리고 모두의 성장 이야기까지, 많은 시청자들은 〈스물다섯 스물하나〉라는 드라마에 과몰입하며 이들의 우정과 성장을 응원하고, 사랑했다. 어쩌면 드라마 속 등장인물들이 서로에게 아무런 조건 없이 주는 응원의 메시지가 지금의 청춘들이 그토록 듣고 싶어 했던 말이기에 더 사랑받을 수 있지 않았을까 하는 생각이 든다. 또한 시청자들은 〈스물다섯 스물하나〉를 보면서 희도와 이진 사이의 관계에 분명히 '설렘'을 느끼며 이들의 사랑을 응원한다. 결국 희도와 이진이 헤어졌을 때는 많은 시청자들이 아쉬워하고, 또 분노하기도 했다. 1화부터 15

화까지 큰 사랑을 받은 것에 비해 마지막 화에서는 혹평을 찾아보기가 더 쉬웠다. 사실은 희도의 딸 민채가 '백민채'가 아닌 '김민채'이고, 다이어리를 보는 민채가 백이진의 얼굴과 이름조차 몰랐다는 점에서 희도와 이진이 결국 이어지지 않을 것이라는 암시가 계속 있었음에도 불구하고, 시청자들이 이 정도로 아쉬워한 것은 희도와 이진의 관계에 설렘을 느꼈다는 충분한 근거가 된다. 그렇다면, 드라마 속 이들의 사랑 이야기는 정말 아름답고, 응원받을 수 있는 것인가? 이에 대해서는 더 생각해 보아야 한다. '미성년자'와 '성인'이라는 등장인물들의 나이 때문이다.

2. 미성년자와 성인, 어떻게 다를까?

대한민국에서 '미성년자'는 만 19세에 달하지 아니한 사람으로, 부모 등 법정 대리인의 보호를 받고, '미성년자보호법' 등으로 법의 보호를 받는다. '성인'은 만 19세 이상으로, 성년에 도달한 자를 말한다. 성인이 되면 '청소년보호법'에서 제외되며, 미성년자보다 누릴 수 있는 것들이 많아짐과 동시에 스스로 책임져야 하는 것들도 많아진다. 또한 미성년자들은 보통 '학교'라는 작은 사회 안에서 생활하며 보호받는 반면에, 성인들은 '진짜' 사회를 마주하며 미성년자와는 비교할 수 없는 더 많은 경험을 한다. 이는 드라마 속 이진의 대사에서도 알 수 있다. 〈스물다섯 스물하나〉의 주인공 나희도와 백이진은 각각 18살, 22살일 때 처음 만난다. 고등학생 희도는 펜싱선수라는 꿈을 안고 학교 펜싱부에서 활동한다. 하지만 IMF로 펜싱부가 없어지자 희도는 펜싱부가 있는 태양고로 전학을 가기 위해 나름대로 노력을 한다. 그 노력이 잘못된 방법이었기에, 희도는 큰 일에 휩쓸릴 뻔한다. 그런 희도를 이진이 구해주는데, 이때 이진은 희도에게 "너 왜 법이 미성년자를 보호하는 줄 알아? 상상력이 부족하기 때문이야"라며 "나쁜 일을 저지를 때 성인의 상상력과 미성년자의 상상력은 천지 차이"라고 경고한다. 미성년자보다 훨씬 자유로운 성인은 그 '자유'를 가지고 더욱 많은 경험을 하고, 직접 경험하지 못한 미성년자는 성인의 상상력에 미치지 못하는 것이다. 정리하자면, 미성년자와 성인의 가장 큰 차이점은 '경험'인 것이다. 10화의 '수학여행' 에피소드는 미성년자와 성인의 경험 차이를 단적으로 보여준다. 이진은 수학여행을 한 번도 가보지 못한 희도와 유림을 위해 승완, 지웅과 함께 바다로 수학여행을 떠난다. 이진은 아이들에게 저녁 준비를 맡기지만, 하나같이 미숙한 모습만 보인다. 이들을 보며 이진은 수학여행 온 걸 후회하기도 한다. 해당 회차를 통해 경험이 없어 스스로는 무언가를 해내지 못하는 미성숙한 미성년자의 모습과, 이를 보며 답답해하는 성인의 모습을 볼 수 있다.

허용된 세상이 확연히 다른 미성년자와 성인 사이 '경험'의 차이는 꽤나 크다. 오죽하면 "정상적인 성인은 미성년자를 연애 대상으로 보지 않는다"라는 말까지 회자되는 세상이다. 더 많은 것을 경험할 수 있는 성인은 그만큼 더 많은 것을 기대할 것이다. 하지만 미성년자는 그 기대를 거의 충족시키지 못할 것이다. 당장 집 앞 편의점에서 맥주 한 캔 마시는 것도 미성년자에게는 허용되지 않은 세상이니 말이다. 또한 미성년자는 스스로의 가치관이 아직 성립되지 않았을 시기다. 자신이 어떤 생각을 가지고 살아갈지는 인생에서 중요한 부분인데, 확실한 가치관이 성립되지 않았을 때 타인, 특히 성인과의 관계에서 휘둘리게 된다면 좋지 않은 영향을 받을 가능성이 크다.

미성년자와 성인은 경험의 차이, 가치관의 차이, 더 나아가 각자가 책임질 수 있는 범위도 다르다. 우리는 미디어에서 미성년자와 성인의 사랑을 다룬 프로그램을 볼 때, 이러한 '차이'를 언제나 인식해야 한다.

3. 미성년자와 성인의 사랑, 왜 불편한 것일까?

〈스물다섯 스물하나〉는 드라마의 제목이 무색하게, 총 16회차 중 거의 대부분의 회차가 고등학생 희도와 성인 이진의 이야기를 담고 있다. 14화가 되어서야 태양고 4인방이 성인이 된다. 희도와 이진의 사랑 또한 스물하나, 스물다섯에 시작된 것이 아니다. 희도와 이진이 열아홉, 스물셋인 9화에서 이미 이진은 희도에게 고백한다. "우리가 무슨 관계냐"라는 희도의 질문에 이진은 "난 널 사랑하고 있어, 나희도. 무지개는 필요 없어"라고 답한다. 8화에서 이진과의 관계에 대해 고민하는 희도에게 이진은 "난 고민 끝났어, 해본 적도 없지만"이라고 말하기도 한다. 그리고 "사랑"이라고 고백한 것이다. 방송사에서는 스물셋과 열아홉에 서로 '의지'했다고 포장하지만, 이들은 이미 이때부터 혹은 이전부터 사랑이라는 감정을 느끼고 있었던 것이다. 희도는 확실히 말하진 않지만, 이진과의 관계를 고민하며 자신이 이진을 좋아한다는, 혹은 '썸'의 분위기를 인지하고 있다는 것을 드라마는 계속 묘사한다. 방송부 시절 이진의 목소리가 담긴 카세트에 '다은'이라는 사람이 등장했을 때 졸업앨범까지 찾는 희도의 모습, 이진이 동네 아주머니들과 이야기하는 모습을 보고 "여자가 없으면 못 사는구나"라고 말하며 질투하는 희도의 모습 등 희도가 이진을 '좋아한다'고 유추할 수 있는 장면은 쉽게 찾아볼 수 있다.

　서로에게 의지하고 정신적 지주가 되어주는 것도 사실이지만, 이들은 분명 설렘을 느끼는 관계다. 네이버 TV 〈스물다섯 스물하나〉 채널에서 볼 수 있는 희도×이진 하이라이트 영상들의 제목에는 "심쿵", "설렘 유발", "두근두근" 등의 단어가 붙어 있다. 이와 같은 단어 선택은 희도와 이진의 관계를 시청자들에게 '사랑하는 사이' 혹은 '썸 타는 사이'로 보여주고 싶었던 것 아닐까? 이들이 미성년자와 성인임에도 불구하고 말이다.

　미성년자와 성인의 불편한 사랑은 12화 이진의 대사에서 살펴볼 수 있다. 이진을 찾아온 희도의 전 남자친구에게 이진은 "걔가 지금 자기가 뭘 하는지 모른다고? 몰라도 돼, 내가 아니까"라고 말한다. 해당 부분은 시청자들의 많은 사랑을 받았고, 현재까지도 명대사로 회자되고 있다. 그러나 우리는 이러한 이진의 표현을 주의 깊게 봐야 한다. 앞서 말했듯 미성년자와 성인 사이에는 경험의 차이가 존재하며, 미성년자는 자신만의 가치관이 성립되지 않았다. 주변 사람들, 특히 경험이 많은 성인에게 휘둘리기 좋은 상태인 것이다. 보통 어린이나 청소년 등 미성년자를 대상으로 이루어지는 '그루밍 범죄'가 있다. 이는 피해자에게 호감을 얻거나 돈독한 관계를 맺어 심리적으로 지배한 뒤 범죄(특히 성범죄)를 저지르는 것을 말한다. 범죄까지 이어지지 않더라도, 성인이 미성년자를 심리적으로 지배한다는 것은 위험한 일이다.

　그루밍 범죄보다 보편적인 '가스라이팅'을 통해 그 위험성을 알 수 있다. 상대를 조종하고, 교묘한 언행으로 상대의 자주성을 무너뜨린다. 정신을 조금씩 갉아먹으며 스스로를 믿지 못하게 만드는 수법으로, "친밀하고 치밀한 적"으로도 표현된다. 더 멋진 경험만 하도록 해주고 싶다는 의도에서 나온 이진의 대사였지만, 현실에서 이는 어쩌면 상대방의 정신 지배를 정당화하는 위험한 대사가 될 수 있다. 둘의 대화를 우연히 엿들은 희도는 감동받은 듯한 표정을 짓는다. 정신적으로 친밀해진 것처럼 느끼게 되는 것이다. 성인이, '어른 미(美)'를 보여주며 하는 말은 미성년자의 마음을 흔들기에 충분하다. 경험이 쌓여 가치관이 형성되고 스스로 생각할 줄 아는 힘이 길러진다. 그러한 맥락에서, 앞서 언급한 이진의 대사는 이진 본인만 생각한 이기적인 말이라고 느껴졌다. 희도가 무엇을 하는지는 이진만 알면 되는 것이 아닌 희도 스스로가 알아야 하는 것이다. 시간이 아깝다고 느껴져도, 희도가 겪고 나아가야 하는 길인 것이다. '달달함'을 보여주고자 했던 장면이지만, 현실에서 이는 그루밍 범죄, 가스라이팅의 시작이 될 수 있는 것이다.

4. 수면 위로 떠오른 미성년자의 혼전 임신, 이건 왜 불편 하지?

〈스물다섯 스물하나〉를 시청하며 느꼈던 불편함과 비슷한 맥락의 불편함을 느낀 예능 프로그램이 있다. 10대에 부모가 된 사람들을 소개하는 〈고딩엄빠〉라는 프로그램이다. 어린 나이에 부모가 된 청소년들의 모습을 보여주며 이들의 현실적인 이야기를 들려준다는 취지로 제작되었다. '임신' 그리고 '출산'은 하나의 생명을 책임져야 하는 행동이다. 하지만 미성년자는 아직 본인조차 스스로 완전히 책임질 수 없는 나이다. 부모에게서 경제적으로 독립하지도 못했을뿐더러 정신적으로도 미성숙한 단계다. 원하는 때 결혼해 스스로 살아갈 경제력이 있는 부부도 아이를 갖는 것을 신중히 생각한다. 하나의 생명을 키운다는 것은 경제적으로는 물론이고 육체적·정신적으로도 굉장히 고된 일이기 때문이다. 아이를 돌보기 위한 시간적 여유도 있어야 한다. 이처럼 육아를 위해서는 준비해야 할 것들이 굉장히 많다. 그러니 준비되지 않은 혼전 임신, 그것도 미성년자의 혼전 임신은 위험한 일이다. 임산부의 건강 문제도 있을 뿐 아니라 그나이에 당연히 누려야 할 것들을 누리지 못한다. 또한 준비되지 않은 상태에서 태어난 아기가 제대로 돌봐질 수 있을지도 의문이다. 해당 프로그램의 출연진들 중에는 양가 부모님의 적극적인 지원을 받으며 행복하게 사는 고딩엄빠들도 있지만, 대부분은 금전 문제가 있거나, 남편 없이 미혼모가 되어 혼자 아이를 키우거나, 본인의 아이를 돌보지 않고 모든 것을 자신의 부모님에게 떠넘기는 고딩엄빠의 모습이다. 그렇기에 현실적인 문제들을 보여줘 경각심을 길러준다는 평가도 있다. 그러나 경각심을 심어주는 것도 잠시일 뿐, 미디어에서 미성년자의 출산, 육아 등의 모습이 계속해서 노출되다 보면 점점 '그럴 수도 있는 것'이 될 수도 있다. 또 다른 문제는 미성년자의 출산과 육아를 미화해 버린다는 것이다. 패널들, 그리고 편집은 "축하", "축복", "아름다운 생명" 등의 단어로 이들의 '사고'를 포장한다. 18살의 나이에 둘째를 갖게 된 한 고딩엄빠에게 무작정 "축하한다"고 하는 패널들의 모습에서 이러한 문제를 확인할 수 있다. 과연 이 고딩엄빠가 자신의 아이였어도 '축하한다'는 말이 먼저 나올 수 있었을까?

5. 방송사의 역할은 옳지 않은 것을 아름답게 '포장'해 주는 것?

〈스물다섯 스물하나〉와 〈고딩엄빠〉를 보며 느꼈던 불편함은 '익숙해짐에 대한 무서움'이다. 해외에서 수행한 한 연구에 따르면, 다양한 디지털 미디어 콘텐츠(유튜브, SNS 등)를 통해 흡연에 매우 긍정적인 내용들이 청소년들을 대상으로 빈번하게 노출되고 있으며, 이 같은 콘텐츠를 접한 청소년일수록 흡연에 더욱 긍정적인 시각을 보유하게 되는 것으로 파악되었다고 한다. 특히 곧바로 모방행동을 하거나, 향후 흡연의지에 대한 긍정적 예상을 밝히는 등의 심각한 영향력을 보고하는 연구들도 존재한다. 이는 비록 해외에서 보고된 사항들이긴 하나, 우리나라 청소년들에게도 해당될 것으로 추측된다. 현재 우리나라에서는 비속어가 나오는 영화를

TV로 방영할 때 '삐~ 처리'를 한다든가, 담배나 칼 등을 모자이크 처리한다. 청소년들이 이것들을 보게 되어 익숙해지고 배워서 따라 할 수 있기 때문이다. 흡연을 긍정적으로 보여주던, 부정적으로 보여주든 간에 미디어를 통해 '자주' 보게 되면 점점 그에 익숙해지고 적응이 되어간다. 익숙함은 생각보다 무서운 존재다. '익숙함에 속아 소중함을 잃지 말자'는 말이 있다. 사람들은 무언가에 익숙해지고 무뎌지면 그것이 '당연하고 그래도 되는 것'이 되어버리고, 깊게 생각하지 않게 된다. 〈스물다섯 스물하나〉에서는 미성년자와 성인의 사랑을 '그럴 수 있는' 것으로, 〈고딩엄빠〉에서는 미성년자의 혼전 임신을 '응원받을 수 있는 것'으로 포장해 간다. 미성년자와 성인의 사랑, 미성년자의 혼전 임신 이 두 가지는 절대로 당연하고 응원받을 수 있는 것이 되어서는 안 된다. 아름답게 포장되어서도 안 되는 것이다. 〈스물다섯 스물하나〉의 제목이 실제 내용 중 가장 많은 분량을 차지하는 이진과 희도의 나이인 〈스물셋 열아홉〉이었으면 정말 지금처럼 많은 사랑을 받을 수 있었을까? 〈스물다섯 스물하나〉는 이들의 사랑을 '응원'으로 아름답게 포장한 것에 불과하다. 드라마 속 희도와 이진처럼 현실의 스물둘, 열여덟이 처음 만나 사랑하게 되는 사이가 되는 것이 흔한 일일까. 그게 '희도'와 '이진'이었기에 가능한 일이 아니었을까 하는 생각이 계속해서 든다. 〈고딩엄빠〉도 이들의 어려움, 고통, 문제점을 현실적으로 보여주기보다는 완전히 자극적인 소재를 찾거나, 시어머니에게 사랑받는 며느리의 모습을 보여주곤 한다. 미성년자의 나이에 부모가 된 아이들의 이야기를 '예능'으로 소비하는 것이 타당한지 다시 한번 고민해 봐야 한다.

6. 결론

미성년자와 성인의 사랑을 아름답게 그려낸 〈스물다섯 스물하나〉, 그리고 미성년자의 혼전 임신을 응원받을 수 있는 것으로 그려낸 〈고딩엄빠〉.

미디어를 통해 보이는 미성년자와 성인의 사랑을 더욱 경계해야 하는 이유는 결국 그 피해가 모두 미성년자의 몫이기 때문이다. 정신적으로 덜 성장한 미성년자는 드라마 속 이진의 말대로 자신이 무얼 하는지 제대로 모를 수 있다. 그렇기에 미성년자인 자신보다 법적으로 허용된 범위도 넓고, 더 많은 경험을 한 듯한 성인을 보면 자신도 모르게 따르게 될 수 있다. 현실의 미성년자와 성인은 모두 희도와 이진 같을 수 없다는 것을 알아야 한다. 이런 드라마를 통해 미성년자는 성인에게, 성인은 미성년자에게 환상이 생기게 된다. 마치 먹방을 보며 '맛있겠다'고 생각하는 것처럼 말이다. 미성년자의 혼전 임신도 마찬가지다. 〈고딩엄빠〉라는 프로그램을 보고 어떤 청소년도 '아, 나도 임신해야지'라고 생각하진 않겠지만, '생각보다 반응이 나쁘지 않잖아?' 등 가볍게 생각할 수 있다. 미디어가 해야 할 일은 청소년들이 혼전 임신에 익숙하게 만드는 것이 아니라, 제대로 된 피임 방법을 알려 이런 일이 일어나지 않도록 하는 것이다.

우리는 지금 미디어의 홍수 속에 살고 있다. 걷지도 못하는 아기들이 유튜브를 통해 「아기상어」를 듣고, 부모님은 우는 아이를 달래주기 위해 휴대폰을 건네준다. 이렇듯 우리는 미디어와 함께 자라고 있다 해도 과언이 아니다. 그만큼 미디어는 사람들의 생활에 큰 영향을 미치고 있다. 시청자들은 직접 경험하지 못할, 현실에서는 일어날 수 없는 일들을 미디어를 통해 접하며 대리만족을 느끼기도 하고 즐거움을 느끼기도 한다. 또 환상을 갖기도 하고 따라 하고 싶어 하기도 한다. 유행하는 드라마, 웹툰 등의 등장인물이 하는 행동을 분석해 따라 하는 '~병'이 생기기도 한다. 미디어 속 인물이 하는 행동을 보고 궁금증을 갖고 따라 하거나 그러한 행동에 환상을 갖게 되는 것이다.

미디어는 우리가 익숙해지면 안 되는 것에 익숙하게 만드는 역할을 하는 것이 아니다. 우리는 미디어를 통한 반복적인 접근으로 익숙함에 속아 넘어가는 것을 경계해야 한다. 정상적인 '불편함'이 '예민함'으로 바뀌게 두면 안 된다. 또한 콘텐츠 제작자들은 자신의 제작물이 시청자들에게 어떤 영향력을 끼칠지 언제나 염두에 두고 작품을 만들어야 한다. 그 영향력이 '선한 영향력'이라면, 그게 진정한 미디어의 역할을 다하는 것이라고 볼 수 있을 것이다. 익숙함에 속아, 불편함을 잊지 말아야 한다.

이상하고 별나지만,
가치 있고 아름다운 것들

김미소

자폐스펙트럼장애를 아시나요?

자폐의 공식적인 진단명은 '자폐스펙트럼장애'다. 그러나 우리는 이러한 공식적인 명칭에 익숙하지 않은 세상에 살고 있다. 대부분의 사람들은 아마 자폐의 공식 명칭이 무엇인지 잘 몰랐을 것이다. 어쩌면 누군가는 '자폐스펙트럼장애'라는 이름을 평생 모르고 살아갔을 수도 있다. 자폐아, 자폐인이라는 명칭은 우리에게 너무나도 익숙하지만, '자폐스펙트럼장애'라는 명칭은 다소 낯설게 느껴진다. 조금의 관심과 노력만 있었다면 쉽게 알 수 있었을 사실을 우리는 왜 이제까지 모른 채 외면하고 살았던 것일까. 단편적인 한 부분에만 매여 있지 말고 숨겨진 다양한 부분들까지도 살펴봐야 했던 것은 아닐까.

우리나라에 등록된 장애인 수는 전체 인구 대비 약 5%인 것으로 조사된다. 수치상으로 20명 중 한 명꼴이기 때문에 5%라는 수치가 적어 보일지라도 결코 적은 숫자가 아니다. 게다가 등록되지 않은 장애인 수를 포함한다면 훨씬 높은 비율을 보일 것이다. 그만큼 우리는 장애를 지닌 수많은 분과 함께 살아가고 있다는 뜻이다. 하지만 우리가 '자폐스펙트럼장애'라는 명칭을 잘 알지 못했던 것처럼, 그동안의 미디어에서는 장애인의 단편적인 겉모습만 보여주는 데에 그쳤다. 겉으로 보이는 모습에만 초점을 맞추고 주체적인 인물보다는 도움을 받아야 하는 수동적인 인물로 묘사하면서 왜곡된 틀을 생산해 냈다. 그들이 무슨 생각을 하는지, 어떤 행동을 보이는지, 무엇을 좋아하고 무엇을 싫어하는지 등 정작 중요한 내면의 것들은 놓치고야 말았다.

이런 상황 속에서 장애인에 관한 왜곡된 틀을 변화시킬 만한 작품이 등장했다. 바로 드라마 〈이상한 변호사 우영우〉이다. 장애인이 어떤 생각을 하며 살아가는지, 어떤 행동을 하는지, 좋아하는 것과 싫어하는 것은 무엇이지 등 정말 중요한 이야기들을 한 편의 드라마 속에 정교하게 담아내려고 노력했다. 우리는 이 작품 덕분에 기존 미디어가 보여준 왜곡된 틀과는 전혀 다른 새로운 모습을 만나볼 수 있게 되었다. 물론, 모든 미디어 속 이야기가 그러하듯이 양날의 검은 항상 존재하기 마련이지만, 그럼에도 좋은 작품으로서 평가받을 만한 이유는 충분하다. 우리는 아마도 드라마 〈이상한 변호사 우영우〉가 아니었다면 '자폐스펙트럼장애'가 무엇인지 여전히 몰랐을지도 모른다. 그럼 지금부터 우리에게 새로운 가르침을 준 변호사 영우를 통해 미디어 속에서 나타난 변화에 관해 이야기해 보고자 한다.

그저 나 자신의 일부분입니다

〈이상한 변호사 우영우〉의 주인공 영우에게는 자기소개를 할 때마다 항상 따라붙는 수식어가 있다. 바로 "특이 사항 자폐스펙트럼장애"라는 말이다. 법조문과 판례를 정확히 외울 만큼 천재적인 두뇌를 가졌지만, 보통 사람들이 쉽게 할 수 있는 일에는 어려움을 느끼는 자폐스펙트럼장애를 동시에 지녔다. 하지만 영우는 자신의 장애를 숨기려 하지도 않았고 이로 인해 절대 좌절하지도 않는다. 오히려 당당하게 그 사실을 인정하고 털어놓았으며, 부끄러움의 대상으로 생각하지 않았다. 영우는 첫 재판에서 자신은 자폐스펙트럼장애가 있으니 말투가 어눌하고 행동이 어색해도 양해해 달라는 말을 한다. 시니어 변호사 명석이 긴장한 영우를 대신해서 발언하려던 찰나에, 영우가 재판장 앞에서 한 말이다. 영우는 누군가의 도움을 받지도 않았고, 장애를 숨기려 하지도 않았다. 그저 자신의 있는 그대로를 믿고 최선을 다해 피고인을 변호했다. 여태까지 미디어에서는 주로 장애의 아픔을 조명하거나 장애를 힘들고 극복해야 할 대상으로 보는 시선이 존재했다. 장애의 불편함 그 자체를 재현하기도 했고, 장애인을 꼭 보호받아야 하는 사람인 것처럼 묘사하기도 했다. 시대가 변화하면서 장애인을 미디어 속에서 표현해 내는 방식이 점차 긍정적으로 변화하고 있는 것은 사실이지만, 아직 장애를 불행과 연민의 대상으로 여기는 모습이 남아 있다. 그러나 실제 현실에서 그들은 항상 누군가에게 도움을 받아야만 살아갈 수 있는 수동적인 인물이 아니며, 장애를 비관하지도 않는다. 미디어는 세상을 비추는 거울이라는 말이 있듯이 미디어가 세상을 비춰주는 역할을 할 수도 있지만, 반대로 현실 세상이 미디어를 따라갈 수도 있는 법이다. 미디어 속에서 조명되던 장애인에 관한 이야기들이 너무 수동적이거나 너무 비관적이라면 우리 사회는 그 이야기를 보이는 그대로 받아들일지도 모른다. 그렇기 때문에, 이 드라마는 진취적이면서도 숨김없는 모습을 보여주는 영우를 통해 장애가 부끄럽고, 극복해야 할 힘든 존재가 아닌 그저 '나 자신의 일부분'이라는 메시지를 우리에게 던져주었다.

영우는 변호사이다. 사건의 진실을 밝혀 의뢰인과 피고인을 최선을 다해 도와야 하는 변호사이다. 도움을 받는 것보다 도움을 주는 것에 더 익숙할 수밖에 없다. 영우를 변호사로 설정한 것 자체가 도움을 받는 데 익숙했던 미디어 속 장애인의 모습을 변화시킨다. 명석이 국민참여재판에서는 변호사가 불쌍하게 보이는 것이 좋다고 말하자, 영우는 자폐스펙트럼장애를 가진 자신만큼 불쌍하게 보일 사람은 없을 거라고 말한다. 여기서 자칫하면 장애는 곧 불행의 존재라는 기존의 잘못된 프레임에 여전히 갇혀버릴 우려가 발생한다. 하지만 다행인 점은 이 발언을 영우 자신이 아무렇지도 않게 했다는 점이다. 만약 다른 인물이 발언했다면 여전히 장애를 불쌍한 존재로 여기는 모습이 관찰되었을 것이다. 하지만 오히려 영우가 거리낌 없이 담담하게 언급하면서 장애인을 불쌍한 존재로 여겨왔던 기존 사회의 잘못된 프레임을 비판하는 듯 보였다. 장애를 부끄러움의 대상으로 생각하지 않고 오히려 이를 통해 다른 사람을 도와주겠다는 영우. 도움을 받는 대상이 아닌 도움을 주는 사람으로서 행동하려는 적극적인 모습은 그동안 장애를 연민과 좌절의 대상으로 바라보았던 시선들이 잘못되었음을 깨닫게 해준다.

세상을 비추는 거울의 역할

그러나 〈이상한 변호사 우영우〉에서도 장애를 불행과 연민의 대상으로 바라보는 시선들이 전혀 없었던 것은 아니다. 영우와 함께 있다는 이유만으로 봉사활동을 하는 거냐고 묻기도 하고, 아무 이유 없이 영우의 겉모습만 보고 "파이팅"이라고 외치기도 한다. 영우와의 연애는 힘든 연애라고 단정 지어버리는 발언도 스스럼없이 보여주며, 항상 보살펴야 하는 여자로 취급받기까지 한다. 비록, 장애를 힘든 존재로 여기는 장면들이 여럿 포착되어 아쉬움이 남기는 하지만, 그럼에도 이를 표현하는 방식에는 분명한 차이가 있었다. 〈이상한 변호사 우영우〉는 장애인의 모습을 힘든 존재로 묘사하는 것이 아니라, 그들 주변에 있는 다른 사람들을 통해서 장애에 관한 인식을 드러냈다는 점이다. 오히려 장애를 불쌍하게 여기는 주변 인물들을 통해 장애에 관한 인식을 보여주면서, 현재 우리 사회가 실제 장애인들을 어떻게 바라보고 있는지에 대해 간접적으로 느낄 수 있게 만들었다. 장애인을 겉모습으로만 판단하는 시선들, 장애인을 이유 없이 동정하는 행동들, 장애인을 수동적인 인물로 바라보는 모습들 등. 우리 사회는 아직 장애인에 관한 편견에 은연중 사로잡혀 있다는 것을 적나라하게 표현했다. 만약, 장애를 부끄러워하지 않는 영우의 당당한 모습만을 보여주었다면 더 이상 장애를 연민의 대상으로 생각하지 않을 수는 있지만, 실제 현실에서 겪고 있는 문제와는 직면할 수 없게 된다. 미디어는 세상을 비추는 거울의 역할을 하는 만큼 미디어 속에 나타난 이야기들이 현실을 왜곡하지 않도록 비추는 역할도 분명히 해야 한다. 현실을 왜곡하지 않으면서도 앞으로 우리 사회가 지향해야 할 방향을 시청자들에게 보여주는 것이 미디어의 진정한 역할이지 않을까. 이 드라마는 영우의 진취적인 모습을 통해 이제껏 장애를 바라보았던 잘못된 시선들이 변화해야 한다는 점을 일깨워 주었다. 이뿐만 아니라 사회가 장애를 어떻게 인식하고 있는지 조명해 반성의 창을 열어주었다.

같지만 다르고, 다르지만 같습니다

'서번트 증후군'은 자폐증과 같은 뇌 기능 장애가 있는 사람 중 일부가, 특정 분야에서 엄청난 재능을 보이는 것을 의미한다. 영우는 서울대와 서울대 로스쿨을 수석으로 졸업했으며, 변호사 시험 성적 1500점 이상을 받은 천재 중의 천재다. 몇몇 의뢰인은 영우의 겉모습만 보고 마음에 들어 하지 않는 눈치를 보였지만, 서울대와 서울대 로스쿨을 수석으로 졸업했다는 말을 듣고 나면 조금이나마 안도하는 눈치를 보인다. 시청자들은 비범한 능력을 갖춘 주인공을 통해 놀라움과 재미를 느끼기도 하며, 선망의 대상으로 생각하기도 한다. 하지만, 그 능력이 너무 현실과 거리감이 느껴진다면 오히려 거부감이 들지도 모르며 비현실적인 판타지라는 생각을 가지게 될 수밖에 없게 만든다. 다수의 한국 드라마들은 비범한 능력이 있는 주인공을 내세워서 사건을 해결해 나가는 모습을 여러 차례 보여주었다. 〈이상한 변호사 우영우〉 역시 서번트 증후군을 가진 영우를 통해 천재 변호사가 의뢰인을 변호하고 사건을 해결하는 장면들을 연출한다. 그러나 주인공이 가진 뛰어난 능력 그 자체에 너무 과도하게 초점을 맞춘다면 이는 오히려 또 다른 왜곡된 틀을 생산해 낼 우려가 있다. 발달장애인이라면 반드시 한 가지 분야에 뛰어난 능력을 보유하고 있을 것이라는 잘못된 환상을 부추길 수도 있으며, 고스펙, 고능력을 지닌 장애인만이 성공할 수 있는 세상이라는 잘못된 편견에 사로잡힐 가능성이 있다. 이러한 미디어 속 환상들은 현실에서 실제 살아가는 장애인들의 삶을 억압해 버리는 결과를 가져올지도 모른다. '발달장애인=천재'라는 잘못된 편견에 사로잡혀 평범하게 살아가는 장애인들의 삶을 외면해 버릴 수도 있다.

　〈이상한 변호사 우영우〉는 영우의 능력에만 초점을 맞추지 않는다. 영우처럼 자폐스펙트럼장애를 가진 인물 정훈이를 등장시켜, 발생할 수 있는 우려의 목소리를 사전에 최대한 차단하고자 했다. 정훈이는 영우처럼 자폐스펙트럼장애를 지녔다는 점에서 공통점이 있지만, 중증도 자폐인이라는 점에서 영우와는 조금 다르다. 주체적으로 행동하는 영우와 달리 정훈은 의사소통이 어렵고, 어머니와 늘 함께해야 했다. 정훈이의 어머니는 영우의 모습을 보며 자꾸만 비교하게 되고 속상해하게 된다며 자신의 솔직한 심정을 이야기한다. 이런 모습들은 장애인 모두가 영우처럼 뛰어난 능력을 갖추고 살아갈 것이라는 잘못된 편견들을 갖지 않도록 도와준다. 그뿐만 아니라, 장애인 가족의 고충과 힘든 속사정까지도 들여다볼 수 있게 함으로써 현실 사회에서 살아가는 장애인들의 삶을 부분적이나마 대변해 줄 수 있었다. 하지만 정훈이 등장한 에피소드는 겨우 한 편에 불과했기에, 정훈이를 예시로 이 세상에 살아가는 모든 장애인의 마음을 대변할 수는 없었다. 오히려 정훈이를 등장시킴으로써 장애가 있으면 영우처럼 천재적인 능력을 갖춰야만 사회에서 살아갈 수 있다는 편견이 재생산될 우려도 엿보였다. 또한 "자폐인은 영우처럼 천재적이거나 또는 정훈이처럼 중증 증상을 보일 것이다"와 같은 양극화된 편견을 조성할 우려도 있다. 하지만, 〈이상한 변호사 우영우〉를 통해 자폐인은 천차만별이라는 사실을 인식할 수 있었으며, 세상엔 영우와 같은 사람만 있는 것이 아니라는 점을 깨달을 수 있었다. 영우와 같은 천재적인 사람만을 주목하지 않고, 현실에서 살아가는 다른 장애인들의 모습을 작게나마 표현하고자 했다는 점에서 의미가 크다. 같지만 다르고, 다르지만 같은 이 세상의 모든 다양한 사람들의 모습을 미디어가 온전히 담을 수는 없었지만, 작게나마 그들을 이해하는 데 도움이 되는 시작점을 만들어주었다.

'사람'이 받아들여질 수 있는 세상

영우 주변에는 법무법인 '한바다' 식구들이 존재한다. 그들은 영우를 특별히 배려하지도 않고 심하게 차별하지도 않으며, 그저 동등한 한 구성원으로 대해준다. 〈이상한 변호사 우영우〉가 더 특별했던 이유는, 영우의 주변 동료들을 통해 '사람'이 받아들여질 수 있는 환경과 자세가 무엇인지 보여주었다는 것이다. 특히 시니어 변호사 명석은 우리가 지향해야 하고 우리가 본받아야 할 상징적인 인물로서, 장애인을 대하는 주변 사람들의 올바른 이상형을 보여준다. 명석은 자폐스펙트럼장애를 지닌 영우를 처음 만나서는 차별적인 시선으로 영우를 바라봤으나, 금방 자신의 어리석음을 깨닫고 진정으로 사과했다. 장애를 차별적인 시선으로 바라본 것 자체가 잘못되었다기보다는 그 차별을 인정하지 않고 사과하지 않는 사람들이 더 큰 잘못을 저지르는 행위라는 사실을 우리는 느낄 수 있었다. 명석은 잘못을 사과하고 그 후엔 다른 동료 변호사들과 동등하게 영우를 대했으며 잘못했을 땐 꾸중을, 잘했을 때 칭찬을 아끼지 않았다. 사람이 사람을 받아들일 수 있는 환경을 제공하고 누구나 동등한 입장에서 상대를 대해주는 마음. 어찌 보면 가장 쉬워 보일지 몰라도 우리 사회에서 쉽게 찾아볼 수 없는 이상적인 인물이다.

한바다 식구들은 영우의 장애를 자연스럽게 받아들이고 동등한 입장에서 똑같은 동료로서 대한다. 그들에게 영우는 절대 연민의 대상이 아니다. 그저 나와는 조금 다른 사람일 뿐. 애처롭게 바라보지 않는다. 같은 동료로서 라이벌 의식을 불태우기도 하고 때론 서로 협력해 도움을 주는 역할을 한다. 그간, 장애인의 주변 인물들을 통해 우리가 성장하고 배워야 할 지향점을 전달해 준 미디어 속 이야기들은 많이 찾아보기 어려웠다. 미디어는 우리 사회가 지향해야 할 방향점을 제시해 주는 역할을 수행해야 한다. 이 때문에, 주변 인물들을 통해 우리가 직접 배워야 할 이상적인 모습을 제시해 준 〈이상한 변호사 우영우〉라는 작품이 고맙게 다가올 수밖에 없다.

이상하고 별나지만, 가치 있고 아름답습니다

〈이상한 변호사 우영우〉는 0.9%의 시청률로 시작해 꾸준히 증가하면서 17.5%라는 엄청난 쾌거를 이루며 유종의 미를 거둔 작품이다. 장애에 관한 주제를 무겁게 표현하지 않았으며, 많은 사람에게 감동을 전달해 줄 수 있게끔 유쾌하고도 진지하게 풀었다. 그동안 배려라는 이름으로 실천했던 행동들이 어쩌면 서툴렀을 수도 있었기에, 우리는 이 작품을 통해 스스로를 되돌아볼 수 있었다. 기존 미디어가 보여주었던 장애인을 향한 시선들이 이제는 조금 더 나은 방향으로 바뀌어야 한다는 사실을 직시하게 해준 것처럼 말이다. 그리고 더 나은 사람이 되기 위해서, 모두가 사회의 한 구성원으로서 살아가기 위해서 어떻게 행동하고 어떻게 나아가야 하는지에 대해 우리에게 많은 생각거리를 던져주었다. 모든 것에서 완벽할 수는 없듯이 아쉬움이 남는 부분도 존재하지만, 그럼에도 이 작품이 장애인에 관한 시선을 바꿀 수 있도록 도왔다는 점에서 의미가 크다. 물론, 이 드라마를 통해 장애인에 관한 인식이 급격하게 좋아질 것으로 생각하진 않는다. 하지만, 단편적인 겉모습만 보느라 내면의 깊은 사정들을 알지 못했던 우리에게 지금이라도 한 단계씩 바뀌는 건 어떻겠냐고 말해주고 있는 것만 같았다. 영우는 우리에게 '자폐스펙트럼장애'가 무엇인지 관심을 두도록 만들었으며, 장애인을 향한 시선과 관심이 올바른 길로 향할 수 있도록 인도했다.

영우는 자기 삶이 이상하고 별나더라도 가치 있고 아름다운 존재라고 표현했다. 앞으로의 방송들이나 여러 다양한 미디어 매체 모두 장애를 결함과 극복의 대상으로 보는 시각을 자제하고, 평범한 일상을 살아가는 우리 사회 구성원의 한 모습으로 보여줄 수 있기를 바란다. 이상하고 별나더라도 그 속에서 가치 있고 아름다운 것들을 발견해 내는 미디어가 더 많이 탄생할 수 있기를 희망하며, 영우처럼 때론 이상하고 때론 별나더라도 좋은 영향을 줄 수 있는 아름답고 가치 있는 미디어로 한 단계씩 성장해 나갈 수 있기를 진심으로 바란다.

애환의 블루스에서 희망의 블루스로

2022 좋은 방송을 위한 시민의 비평상 수상집

ⓒ 방송문화진흥회, 2022

엮은이 **방송문화진흥회**
펴낸이 **김종수**
펴낸곳 **한울엠플러스(주)**
편집 **이동규·최진희**

초판 1쇄 인쇄 **2022년 12월 7일**
초판 1쇄 발행 **2022년 12월 16일**

주소 **10881 경기도 파주시 광인사길 153 한울시소빌딩 3층**
전화 **031-955-0655**
팩스 **031-955-0656**
홈페이지 **www.hanulmplus.kr**
등록번호 **제406-2015-000143호**

Printed in Korea.
ISBN 978-89-460-8228-1 03070

* 책값은 겉표지에 표시되어 있습니다.